# 司马光治平社会建设思想研究

## ——《资治通鉴》史论解读

黄金铸 著

凤凰出版社

图书在版编目（CIP）数据

司马光治平社会建设思想研究 ：《资治通鉴》史论解读 / 黄金铸著. -- 南京 ：凤凰出版社，2013.3
ISBN 978-7-5506-1723-0

Ⅰ. ①司… Ⅱ. ①黄… Ⅲ. ①史学理论－中国－古代 Ⅳ. ①K092.2

中国版本图书馆CIP数据核字(2013)第016493号

| | |
|---|---|
| 书　　名 | 司马光治平社会建设思想研究<br>——《资治通鉴》史论解读 |
| 著　　者 | 黄金铸 |
| 责任编辑 | 汪允普 |
| 出版发行 | 凤凰出版传媒股份有限公司<br>凤凰出版社(原江苏古籍出版社)<br>发行部电话025-83223462<br>南京市湖南路1号A楼,邮编:210009 |
| 出版社地址 | 南京市中央路165号,邮编:210009 |
| 出版社网址 | http://www.fhcbs.com |
| 经　　销 | 凤凰出版传媒股份有限公司 |
| 照　　排 | 江苏凤凰制版有限公司 |
| 印　　刷 | 扬中市印刷有限公司<br>扬中市科技园区东进大道6号,邮编:212212 |
| 开　　本 | 880×1230毫米　1/32 |
| 印　　张 | 17.125 |
| 字　　数 | 430千字 |
| 版　　次 | 2013年3月第1版　2013年3月第1次印刷 |
| 标准书号 | ISBN 978-7-5506-1723-0 |
| 定　　价 | 58.00元 |

(本书凡印装错误可向承印厂调换,电话:0511-88420818)

# 目 录

# 自　序

《资治通鉴》的218篇史论萃集了司马光及35位前贤对千年历史兴衰治乱规律的智慧总结，所反映出的社会治理思想丰富而多彩。《通鉴》史论皆有感而发，因事出论，绝无凿空立论、无病呻吟之弊，并高度统一于治平社会建设之主线，体现出强烈的史鉴意识和经世致用精神。其立策三术、为政八真、人本思想皆跃动着烁古耀今的智慧华彩。

司马光治平社会建设思想是中国思想史上的宝贵财富，具有良好的整体性和系统性，具有朴素的以人为本精神和重礼尚德特点。同时，它还表现为一个预防和化解社会矛盾的过程，它止视历史，直面黑暗，重微崇谏，以远谋为立论出发点，以务实为立论归宿，区分轻重缓急处理社会矛盾，追本溯源，穷探社会治理根本之道。苟能躬行并落实之，则政治别一景象，而社会清朗如绘矣。故其思想值得深入发掘和借鉴。

司马光所处的北宋中期，是社会矛盾逐渐激化、宋初以来治平之世式微的时期。当时，赵宋王朝已是每况愈下，“天下未尝一日无事”①，“积贫积弱”的国势已经铸成。王安石变法，用非其人，执行不利，本欲利国利民，却时常转为害民渊薮。司马光一本其治平

---

① 司马光：《传家集》卷二十《陈三德上殿劄子》，影印《文渊阁四库全书》本。

社会建设思想，旗帜鲜明地反对并最终废止了王安石新法。姑不论其矫枉过正处及长期影响如何，至少在当时还是迅速赢得了“今日再升平”[①]的和谐局面。

司马光的个人阅历和治史求鉴的思想，使之尤为重视对“关国家兴衰，系生民休戚”[②]的“治乱之迹”[③]的探索。历史及现实均表明，致乱之因多样，或以政治黑暗、君昏臣贪，或以用非其人、奸臣当道，或以经济凋敝、民不聊生，或以法令苛烦、残民害政，或以穷兵黩武、国无宁日，或兼而有之。致治之道则高度一致，君明臣忠，四民安业，崇礼尚德，政治清明。故司马光思想之核心与总归乃治平社会建设，其重要内容则包括人本思想、以礼治国思想、用人思想、法制思想、经济思想、军事思想、文化思想等。

“为学日益，为道日损”，日损则归于要旨，得其精华矣。司马光《进〈通志〉表》曰“治乱之原，古今同体”[④]。探寻治乱之道，以至简至约为化境，司马光思想正可约归为“治平社会建设”六字。

---

① 朱熹：《宋名臣言行录》后集卷五《吕诲》，影印《文渊阁四库全书》本。

② 司马光：《传家集》卷十七《进〈资治通鉴〉表》，影印《文渊阁四库全书》本。

③ 司马光：《传家集》卷十七《谢赐〈资治通鉴〉序表》，影印《文渊阁四库全书》本。

④ 司马光：《传家集》卷十七，影印《文渊阁四库全书》本。

# 导　论

## 一　研究背景

### （一）司马光及《资治通鉴》在中国历史上享有隆崇地位

司马光（1019—1086），初字公实，号迂夫，后更字君实，晚号迂叟。生于宋真宗天禧三年，死于宋哲宗元祐元年，享年68岁。陕州夏县（今属山西省夏县）涑水乡人，世称涑水先生。追赠太师、温国公，谥文正。故后世又常以温公、温国公、温国文正公尊称之。

司马光是北宋著名的政治家、史学家、文学家，历仕仁宗、英宗、神宗、哲宗四朝。其为人质朴醇厚、温良谦恭，为官刚正不阿、忠清爱民，为学严谨致用，尤长史学。其人格堪称儒学教化之典范，其《资治通鉴》堪称中国文化之瑰宝。

《资治通鉴》是我国古代历史上第一部编年体通史巨著。全书294卷，300余万字。其记事上起周威烈王二十三年（前403），下讫后周显德六年（959），涵盖了周、秦、汉、魏、晋、宋、齐、梁、陈、隋、唐、后梁、后唐、后晋、后汉、后周16个朝代1362年的历史。成书之日即受到宋神宗嘉评，此后一直倍受历代帝王、名臣和学者推崇。

宋神宗盛赞《通鉴》说："前代未尝有此书，过荀悦《汉纪》远矣。”[①]宋高宗说:“读《资治通鉴》,知司马光有宰相度量。”[②]宋代学者中,洪迈曾手抄《通鉴》三遍,张仲隆以“通鉴”名其书斋,王应麟为《通鉴》撰《答问》,并称“自有书契以来,未有如《通鉴》者”。[③] 倪思将《通鉴》和列群经之首的《周易》相提并论,说:“《易》以明天地万物之理,《通鉴》纪治乱兴亡之迹。推其理而知其盈虚,考其迹而究其得失,是其学也有用,其于用也,斯为有益。予昔之学贪多务得,余今之学捐华摘实。手此二书,朝夕䌷绎,迨其久也,怡然理会,涣然冰释,寂然不动,退藏于密。”[④]南宋著名理学家朱熹说,“温公之言,如桑麻谷粟”,[⑤]须臾不可或缺。对《通鉴》的尊崇,已近乎神化了。宋末元初胡三省说:“为人君而不知《通鉴》,则欲治而不知自治之源,恶乱而不知防乱之术。为人臣而不知《通鉴》,则上无以事君,下无以治民。为人子而不知《通鉴》,则谋身必至于辱先,作事不足以垂后。乃如用兵行师,创法立制,而不知迹古人之所以得,鉴古人之所以失,则求胜而败,图利而害,此必然者也。”[⑥]元初设兴文署刊刻诸经子史,“以《资治通鉴》为起端之首”。[⑦] 明代胡应麟认为,“自司马之为《通鉴》也,汉、唐而上昭昭焉;自《通鉴》之止司马也,宋、元而下泯泯焉”。[⑧] 明末清初顾炎武说:“宋人

---

① 李焘:《续资治通鉴长编》卷三百五十,中华书局 1990 年版,第 8390 页。

② 张端义:《贵耳集》卷上,影印《文渊阁四库全书》本。

③ 王应麟:《困学纪闻》(全校本)卷十三《考史》,上海古籍出版社 2008 年版,第 1559 页。

④ 倪思:《经钼堂杂志》卷二,《续修四库全书》影印明万历潘大复刻本。

⑤ 朱熹:《朱子语类》卷一百三十,影印《文渊阁四库全书》本。

⑥ 胡三省:《新注〈资治通鉴〉序》,《资治通鉴》卷首,中华书局 1956 年版。

⑦ 《兴文署新刊〈资治通鉴〉序》,《资治通鉴》卷首,中华书局 1956 年版。

⑧ 胡应麟:《少室山房笔丛》卷十三《史书占毕》,中华书局 1958 年版,第 179 页。

书如司马温公《资治通鉴》……以一生精力成之，遂为后世不可无之书。”[①]清代著名史学家王鸣盛高度评价《通鉴》：“此天地间必不可无之书，亦学者必不可不读之书也。”[②]《四库全书总目》也称赞《通鉴》“网罗繁富，体大思精，为前古之所未有”。民国初年，梁启超认为：“《通鉴》亦天地一大文也。其结构之宏伟，其取材之丰赡，使后世有欲著通史者，势不能不据为蓝本，而至今卒未有能愈之者焉。温公亦伟人哉。”[③]又说司马光《资治通鉴》“简繁得宜，很有分寸，文章技术不在司马迁之下”，[④]可并称我国史学界前后“两司马”。近人陈寅恪在其《唐代政治史述论稿》自序中说：“夫吾国旧史多属于政治史类，而《资治通鉴》一书，尤为空前杰作。”岑仲勉在其《通鉴隋唐纪比事质疑》自序中说：“《资治通鉴》是我国极负盛名之通史，论到编纂的方法，史料的充实，考证的详细，文字的简洁，综合评论，确算它首屈一指。”[⑤]金毓黻在其《中国史学史》中说：“所谓剥肤存液，取精用宏，神明变化，不可方物者，非《通鉴》一书不足以当之，此所以为冠绝古今之作也。”[⑥]柏杨译《资治通鉴》一经问世，便荣获1983年度台湾地区“最具影响力的书”，其序云：“在中国浩如烟海的史籍中，事实上只有两部才是最有价位的著作，一是司马迁先生的《史记》，另一部是司马光先生的这部《资治通鉴》。”由此可知，《资治通鉴》在当时及后世均获得了很高的评

---

① 顾炎武著，黄汝成集释：《日知录集释》卷十九《著书之难》，上海古籍出版社2006年版，第1084页。

② 王鸣盛：《十七史商榷》卷一百，上海书店2005年版，第932页。

③ 梁启超：《新史学》，《梁启超史学论著四种》，岳麓书社1985年版，第245页。

④ 梁启超：《中国历史研究法补编》，上海古籍出版社1998年版，第304页。

⑤ 岑仲勉：《通鉴隋唐纪比事质疑》，中华书局1964年版。

⑥ 金毓黻：《中国史学史》，商务印书馆1999年版，第248页。

价，在我国史学发展史上占有极其重要的地位。《资治通鉴》是一部简明翔实的编年史，它在历史编纂学方面取得了诸多重要的成就，为后世史家提供了宝贵的典范。

《通鉴》集合了个人修史与史馆修史之长，既有史馆制度下集体合作与中央财力、物力支持的优势，又不同于唐代史馆制度下重臣领衔、众人同修的格局，助手仅负责搜集资料、编纂长编，而审定成稿则完全出自司马光一人之手。这样的安排使得《通鉴》不仅体例严谨、脉络清晰，而且文字风格前后一致，如出一人之手。这也成为《通鉴》备受后世推崇的重要原因。

《资治通鉴》取得了辉煌的史学成就[①]：

1. 网罗宏富，细大不遗

《资治通鉴》向以史料充实、考证精详著称。司马光《进〈资治通鉴〉表》云："遍阅旧史，旁采小说，简牍盈积，浩如烟海。"可见其搜集材料之广。

据考，《通鉴》丛目及长编的取材极其广泛，司马光提出了"宁失于繁，毋失于略"的原则，所收史料除正史之外，诸如稗官野史、百家谱录、总集别集、传状碑志等尽收其中。南宋高似孙对《通鉴》引征书目所做的统计认为，除了"正史"以外，仅杂史就有 222 种之多。但后人的考证不断突破这一数字，现多数学者认为达 300 余种[②]，6500 多卷，3000 多万字。其实，《通鉴》行文，通例不记出处，仅于记事互有出入时，方陈列众说，考辨真伪，择信而从，因而许多书目今已无法考知了，《通鉴》征引书籍远不止此数。

---

① 参李昌宪《司马光评传》，南京大学出版社 1998 年版，第 397—410 页；张志哲《中国史籍概论》，江苏古籍出版社 1988 年版，第 340—348 页。

② 按，陈光崇《张氏〈通鉴学〉所列〈通鉴〉引用书目补正》考得 359 种，高振铎《〈通鉴〉参据书考辨》考得 339 种，两文均载《〈资治通鉴〉丛论》，河南人民出版社 1985 年版。

最早论及《资治通鉴》引用资料的是司马康，他指出：除19部正史外，编写楚汉时期历史，引用过荀悦的《汉纪》、袁宏的《后汉纪》、司马彪的《续汉书》；编写南北朝时，引用过北魏崔鸿的《十六国春秋》、梁朝萧方等的《三十国春秋》及《太清记》、《建康实录》等书；唐代以后，保存下来的史料越来越丰富，对稗官野史、各家谱录、正集别集、碑碣墓志、行状别传也不敢稍有忽视。其中尤其重视柳芳的《唐历》，其书记叙了隋恭帝义宁元年(617)至唐代宗大历十四年(779)的历史，司马光将其撷取殆尽。南宋著名学者洪迈考证，就唐一代而言，《通鉴》叙述隋末王世充、李密事用《河洛记》，魏征谏诤用《谏录》，李绛奏议用《李司空论事》，叙安史之乱中张巡等坚守睢阳事用《张中丞传》，李愬平淮西用《凉公平蔡录》，李泌事用《邺侯家传》，李德裕处理太原、泽潞、回纥事用《两朝献替记》，大中时吐蕃尚婢婢事用林恩《后史补》，韩偓凤翔谋画用《金銮密记》，平徐州庞勋用《彭门纪乱》，讨浙江裘甫用《平剡录》，记扬州毕师铎、吕用之事用《广陵妖乱志》，采摭丰博，不弃稗官、野史等。① 司马光早在编纂之初就明确告知助手：国家组织编写或认可的"实录"、"正史"，未必皆可据，民间流传的杂文、小说亦未必皆无凭，当择善而从。故《资治通鉴》向以取材广泛、网罗宏富见称。北宋仁宗时成书的《崇文总目》，是当时最权威的目录书，但《通鉴》所征引之书，有相当一部分是其所未登录的。

随着研究的不断深入，《资治通鉴》取材广泛的特点，也得到了愈来愈多的证实和认可。总体上看，《通鉴》秦汉部分没有多少今人未见的新资料，而魏晋南北朝部分所用的资料已有约十分之一不见于现存其它史籍，唐五代部分的史料，则约有半数仅见于《通鉴》，而被其征引的这些书籍今多已亡佚。如此，《资治通鉴》一书

① 参洪迈《容斋随笔·容斋四笔》卷十一《册府元龟》，上海古籍出版社1996年版，第743页。

所保存的史料便显得格外珍贵了。

2. 考订精当，启迪后学

对文献的辨伪考异工作，古已有之。早在春秋时期孔子的学生子贡就怀疑过历史文献的真实性，他认为纣不像文献记载的那样罪大恶极。孟子也说过“尽信书，则不如无书”。司马迁作《史记》时，已明确提出了“考信于六艺”的原则，即对儒家奉若神明的经典持怀疑态度，要认真进行去伪存真的考证工作。裴松之为《三国志》作注，除广泛搜集史料以补遗阙、备异闻外，对于“纰缪显然，言不附理”的记载也都有所论辨，并加以矫正。唐代杜佑编纂《通典》，每于小注中考订史料之真伪。但这些都不可与司马光的考异工作相提并论。我国史学中真正严格意义上的考异法是由司马光创立的，《通鉴考异》是我国第一部考史专著。南宋李焘《续资治通鉴长编》、李心传《建炎以来系年要录》，清代徐乾学《资治通鉴后编》、毕沅《续资治通鉴》、夏燮《明通鉴》等编年体著作皆采考异法订正史事，虽然成就各异，但均有所创获。清代盛极一时的乾嘉学派也以考据见长，其代表人物钱大昕、王鸣盛、赵翼所作《二十二史考异》、《十七史商榷》、《廿二史札记》，皆考据学的名作，无不深受《通鉴》考史方法的影响。今日考史，就具体方法而言，亦大致不出其规模。如王永兴在其《陈寅恪先生史学述略稿》一书的目录中，就明确列出“陈寅恪先生史学主要渊源于司马光欧阳修为代表的宋贤史学”和“陈寅恪先生继承并发展宋贤长编考异治史方法”的标题。足见《通鉴》对后世史学影响之深。

《通鉴》取材广泛，一事往往参据三四种乃至十数种史料编撰而成。这方面的成就集中体现于其《资治通鉴考异》中。凡遇来源各异、相互抵牾的史料，必先考其异同，而后去伪存真。如《通鉴》记安史之乱中颜杲卿倡义河北一事，全文不过四百余字，而引用《河洛春秋》、殷亮《颜杲卿家传》、《玄宗实录》、《肃宗实录》、《唐历》、《旧唐书》、《颜氏行状》等史书凡 7 种，考辨颜杲卿起兵反抗安禄山的史实,全文长达2573字。此外,对王世充巩北之败,安禄山丧师之赦,李仲言之见用,杨嗣复、李珏等之贬等,司马光所出考证文字也都在千言以上。

研究显示,仅《通鉴·唐纪》部分,司马光就根据实录和杂史诸书指出《旧唐书》不妥之处约378处,《新唐书》不妥之处197处,用《长历》纠正"正史"年月日错误80余处,用《唐历》纠正"正史"不妥之处亦不下70处。由此可见,司马光所说编修《通鉴》"抉擿幽隐,校计毫厘",诚不诬也。因此,《资治通鉴》的史料比起十七史来更为可靠。南宋高似孙说"不观正史精熟,未易决《通鉴》之功绩也",①对《资治通鉴》而言,是恰如其分的。

3. 秉笔直书,叙事平实

《通鉴》的长处之一,还在于它能比较客观地记述历史事件。以往的历史学家们出于维护封建伦理道德与统治的需要,在编写历史时,往往为尊者讳,为亲者讳,任情褒贬,还硬将一些王朝定为正统,一些王朝定成伪政权。司马光对此则不以为然,他认为一名对历史负责的史学家,应具备超脱通达的态度,"据其功业之实而言之",主张历史学家在编写历史时应"止欲叙国家之兴衰,著生民之休戚,使观者自择其善恶得失,以为劝戒","无所抑扬,庶几不诬事实,近于至公"。② 即史家的责任在于客观地记述历代王朝的兴亡盛衰和人民群众的喜怒哀乐,如此方不至歪曲历史;而政治之成败与人物之臧否,一由读者去评判,并从中吸取经验教训。

《通鉴》是一部为统治集团提供借鉴的书,为了突出其"劝戒"作用,司马光在《通鉴》中对历史上的黑暗统治与统治阶级的骄奢淫逸作了大量的揭露,记录了许多昏君,对历史上杰出的帝王如汉

① 高似孙:《纬略》卷十二《通鉴》,影印《文渊阁四库全书》本。
② 《资治通鉴》卷六十九,中华书局1956年版,第2187页。

武帝、魏孝文帝等，也在肯定其历史功绩的同时，毫不留情地指出其过失。

4. 创编年体史之典范

编年体乃《史记》开创纪传体前中国古史之正体，以《左传》为其代表。随着大一统的实现和历史事件的日趋繁复，其固有的诸多不足日渐凸显出来。刘知几《史通》评曰："论其细也，则纤芥无遗；语其粗也，则丘山是弃。"既不便于完整而集中地叙述人物与史事，也不便于将不同性质的史料区分记录。于是，司马迁创立了纪传体，此后历代因之，成为中国史体之主流。但纪传体亦有其弊端，它"同为一事，分在数篇，断续相离，前后屡出……编次同类，不求年月，后生而擢居首帙，先辈而抑归末章"。① 章学诚《文史通义》云："合纪传之互文，而编次总括乎荀、袁，司马光《资治通鉴》作焉。"②

《通鉴》之编年较《左传》之编年有了重大的发展，它以正史"本纪"为经，以"传"为纬，将"志"之大端编入相应之年，又充分运用追叙、插叙以及人物首出交代籍贯、世系等编纂书法，较好地将纪传、编年之优点萃于一炉。而《通鉴》的姊妹篇《通鉴目录》又可视为"表"的演化。如此，《通鉴》便理所当然地成了编年史的典范之作。自《通鉴》问世以来，被冷遇了千余年的编年史体重现辉煌，宋、元、明、清各代，续《通鉴》之书，继踵而出，呈争奇斗妍之势。其中袁枢所作《通鉴纪事本末》，又开创了纪事本末体。梁启超认为"纪事本末"体与近代流行的章、节、目体最为接近。就史体而言，至赵宋之世，纪传、编年、纪事本末鼎足而三之势成。然探本究实，则《通鉴》

---

① 刘知几著，浦起龙通释：《史通通释》卷二《二体》，上海古籍出版社2009年版，第25页。

② 章学诚著，叶瑛校注：《文史通义校注》卷四《释通》，中华书局1985年版，第373页。

已囊括古今史籍各体于一帜，对中国三大史体之形成与发展具有突出的承上启下作用。

司马光及其《通鉴》，在今人思妃主编的《影响中国历史进程的100名人》和张秀平、王晓明主编的《影响中国的100本书》中，均赫然入榜。

### （二）《通鉴》研究与其影响和地位不相匹配，其史论研究尤为薄弱

司马光及其《资治通鉴》在中国历史上的影响和地位鲜有比肩，不容忽视。新中国成立以前，尤其是长期的封建社会时期，人们对司马光及《通鉴》的重视程度，可谓丝毫不逊色于司马迁及其《史记》。然而，新中国成立以来，我国史学界对两司马的评价及研究却出现了颇大的差异，司马光及《通鉴》研究明显滞后于司马迁及《史记》研究，相关研究成果亦呈现出前者明显少于后者的现象，而且，对司马光思想所持批判继承态度中的批判成分浓重。

事实上，无论是从史料之丰富、考订之精密、组织编纂之严整有序、文字学及史学功力之深厚，还是从社会经济文化之发达程度、史书编纂人力与财力投入之多寡、帝王支持度等编纂的外部条件考察，司马光及《通鉴》均无理由逊色于司马迁之《史记》。惟其时代不同，社会矛盾有异，司马迁修史于封建制度远未完善，汉武帝积极进取而国力日益凋敝、民怨渐深、社会矛盾日趋尖锐，并与文景治世形成鲜明反差之时，而司马光则修史于封建制度日臻完善，和谐稳定成为社会发展主旋律之际，社会弊端与矛盾之解决，关键在于完善封建制度及秩序的贯彻执行，而不涉及封建制度及秩序本身的根本改变。故前者更多地体现出历史批判精神，后者则更多地表现出维护与完善封建制度的愿望。但两者均不失为合时合宜的、其所处时代所可能提供的最佳选择。而从本质上看，两者更是君子之见和而不同，皆在追求社会的长治久安与和谐发展。

一如当今成熟的国际企业重大决策必分别组织，同时并出可行性论证与不可行性论证一般。一味强调“究天人之际，通古今之变，成一家之言”与“以史为鉴，止欲叙国家之兴衰，著生民之休戚”之不同，[①]无疑为弃本而逐末。考虑两者在本质上的统一，不宜认为两司马在史识上有明显的高下之分。

随着社会的发展与进步，学术氛围日益开放，和谐社会建设成为时代发展的主旋律，有必要重新审视和发掘司马光《通鉴》及其史论的核心思想与价值。

吾师周国林先生在其主编的《白话资治通鉴》前言中高度评价了《通鉴》的史学成就，认为：“司马光的历史观未必能被今人苟同，但书中记人则神采飞扬，栩栩如生，呼之即出；叙事则词采纵横，汪洋恣肆；抒发心怀清风穆如，长歌慷慨；渲染征战则意气飞扬，一泻千里。辞彩华美逊于齐梁，文风骨气直逼两汉。其内容思想博大精深，求实考信，通古今之变，兼收并蓄，拾遗补阙，考评兴衰得失于前世，镜鉴往昔当今于后人，实为一部皇皇大书。”其论《通鉴》史论曰：“虽然其间也有今日看来失当甚至陈腐平庸的见解，但却绝无凿空立论、无病呻吟之弊，是读者可以特别留意之处。”[②]既认识到司马光思想的博大精深，亦看到司马光历史观未必被今人苟同，适有深入发掘与研究之必要。

二十世纪八十年代以来，《通鉴》研究不断深入，已蔚成学术之林，然就《通鉴》史论研究领域考察，虽间有新作问世，却多为零星的碎片式研究，亦在一定程度上存在用功不足，文献采摭片面，主观性过强，唯取合意，不顾其余诸弊端，缺乏具有系统理论指导的

① 俞文冉、陈乃宣：《两司马治史之比较研究》，《武汉大学学报》（人文科学版）2001 年第 6 期。

② 周国林、顾志华：《白话资治通鉴》，周国林撰“前言”，岳麓书社 2005 年版。

全面、科学的研究。2009 年 8 月末，笔者在“维普资讯中文科技期刊数据库”上以 1989—2009 年为检索时段，以“题目或关键词”中含“《资治通鉴》史论”为检索条件，所得条目竟然为零；以含“臣光曰”为检索条件，也仅得到 7 条记录。相关研究之薄弱，由此可窥其斑。

### （三）和谐社会建设呼唤总结和借鉴历史上的社会治理智慧

《通鉴》鲜明的资治目的和司马光对社会治理的深刻历史思考，无疑是今天和谐社会建设可资借鉴的宝贵财富。现阶段，我国社会已进入经济高速发展期，同时，也是各种社会矛盾的凸显和高发期，为了确保我国社会的健康与可持续发展，党中央适时地提出了以人为本的科学发展观和和谐社会建设的指导方针，战略既定，方向已明，具体措施尚未明朗，弃历史上丰富的社会治理经验教训与思想智慧于不顾，显非明智之举。深入探研司马光治平社会建设思想，发掘其合理内涵，古为今用，是时代向我辈学人提出的崭新课题，亦我等义不容辞的社会责任。

明末清初学者王夫之在其传世之作《读通鉴论》卷末《叙论四》中称《通鉴》：“旨深哉！司马氏之名是编也。曰‘资治’者，非知治知乱而已也，所以为力行求治之资也。”又称：“‘鉴’者，能别人之妍媸，而整衣冠、尊瞻视者，可就正焉。……故论鉴者，于其得也，而必推其所以得；于其失也，而必推其所以失。其得也，必思易其迹而何以亦得；其失也，必思就其偏而何以救失；乃可为治之资，而不仅如鉴之徒县（悬）于室、无与炤之者也。”“其曰‘通’者，何也？君道在焉，国是在焉，民情在焉，边防在焉，臣谊在焉，臣节在焉，士之行己以无辱者在焉，学之守正而不陂者在焉。虽扼穷独处，而可以自淑，可以诲人，可以知道而乐，故曰‘通’也。”①揭示了《通鉴》之

---

① 王夫之：《读通鉴论》，中华书局 1975 年版，第 955—956 页。

旨在于明社会治乱之得失，探究共通的致治之道。

《通鉴》史论是司马光思想的直接阐释和《通鉴》宗旨最明确的体现，《通鉴》史论研究即司马光治平社会建设思想研究。

## 二 相关研究综述

### （一）《通鉴》研究综述

《通鉴》是司马光与其助手呕心沥血十九年(《周秦纪》八卷，为司马光承诏设局修史前所自修，其修史时间未计入其中)所编成的，最终完稿于元丰七年(1084)，距今已九百余年。此间，《通鉴》一刻再刻，广为流传，早已不只是封建帝王"资治"的专用品，而变成普及于世的中国历史书籍了。研究《通鉴》的学者更是代不乏人，《通鉴》及其相关著作的研究，已形成为学术界一项专门的学问了。

《通鉴》甫一问世，便引起了学者的关注。《通鉴》于杭州镂版时的"校对宣德郎"刘安世，即曾作《通鉴音义》十卷，惜世不传。与其同时代的刘羲仲(刘恕长子)，归纳整理了司马光与刘恕讨论编修的情况，作《通鉴问疑》一卷。略晚于刘羲仲的晁说之生当南北宋之交，仰慕司马光，推尊《通鉴》，又与司马康、刘羲仲交往甚密，所以对《通鉴》编修情况多所了解，在其《嵩山文集》卷十七《送王性之序》和卷十八《题〈长编〉疑事》两条中，保存了《通鉴》初期编修分工、史料来源和刘恕编修《长编》情况的部分材料。

《通鉴》成书于北宋末年，所以北宋一代尚来不及对其展开深入研究。至南宋，情况已大不相同了。《通鉴》研究的学者接踵而出，研究《通鉴》蔚然风行，且成就巨大，俨成学界盛事。依其研究特点,可把当时的《通鉴》学者队伍分成三支:一支是以李焘、李心传、刘时举为代表的续《通鉴》学者;一支是以朱熹、袁枢为代表的改编《通鉴》学者;一支是以史召、王应麟、胡三省为代表的注释《通鉴》学者。

元明两代,《通鉴》研究反不如南宋热烈,朱熹的《通鉴纲目》被人为地抬高了,《通鉴》的地位被压低了。尽管如此,仍有一批治《通鉴》的大家涌现。从时间上说,元初和明末是元明两代《通鉴》研究成果较显著的时期。从历史上看,凡当新旧政权更替或社会矛盾尖锐的时候,往往也是研究《通鉴》兴盛的时候。元明两代的《通鉴》研究,略可分为两大支:一支是续《通鉴》学者,一支是订补《通鉴》学者。

续《通鉴》学者又可分为续前、续后、别续三类。续前者有宋末元初金履祥的《通鉴前编》十八卷。续后者主要有薛应旂著《宋元资治通鉴》一百五十七卷、王宗沐(新甫)著《宋元资治通鉴》六十四卷。别续者,指续《通鉴纲目》和续《通鉴纪事本末》之作。主要有明陈仁锡《纲目前编》(后来南轩亦就是书加以改纂,名为《资治通鉴纲目前编》二十五卷)、明陈柽《通鉴续编》二十四卷、胡粹中《元史续编》十六卷、许诰《通鉴纲目前编》三卷、商辂等奉敕撰《续通鉴纲目》二十七卷、明陈邦瞻(德远)《宋史纪事本末》和《元史纪事本末》。此外,元明以来还有些研究《纲目》的著作,名为《发明》(尹起莘)、《书法》(刘友益)、《考异》(汪克宽)、《质实》(冯智舒)等。可知续《纲目》较之续《通鉴》更盛,表明《纲目》的地位已凌驾于《通鉴》之上了。

元明两代为《通鉴》作订补的学者较多。这些学者对《通鉴》献疑送难之语,少则几条,多则成篇,亦有长篇巨帙。成就最著者首推明末严衍与其门人谈允厚竭三十年之力所成之二百九十四卷长篇巨帙《资治通鉴补》。

清初,顾炎武力倡"经世致用"之学,至乾嘉时期"考据学"大兴，许多学者冲破元明以来重《纲目》而轻《通鉴》的束缚，无论是“经世致用”还是求实考证，鲜不涉足《通鉴》研究，于是《通鉴》研究又呈热潮，诞生了不少有价值的学术著作，开拓了《通鉴》研究的范围，丰富了《通鉴》学的内容。清代研究《通鉴》的学者略可分为四支：一支以顾炎武为代表的以“经世致用”为目的研究《通鉴》的学者，一支以徐乾学、毕沅为代表续《通鉴》的学者，一支以钱大昕为代表考据《通鉴》的学者，一支以王夫之为代表评论《通鉴》的学者。

以“经世致用”为目的研究《通鉴》的学者顾炎武（亭林），是清代冲破元明以来重《纲目》而轻《通鉴》局面的第一人。此外，杭世骏讲学于扬州安定书院，为学生所列“四通”就有《通鉴》（其余“三通”是《通典》、《通志》、《通考》）。黎庶昌作《周以来十一书应立学官议》，《通鉴》亦居其中。曾国藩在其《与罗少村书》中说：“窃以先哲经世之书，莫善于司马文正公《资治通鉴》……实六经以外不刊之典也。”①刘恭冕在《致刘伯山书》中，甚至建议把《通鉴》与五经并列。这都反映出有清一代对《通鉴》的重视。

续《通鉴》学者主要有徐乾学和毕沅。徐乾学曾领《一统志》局，他集合万斯同、阎若璩、胡渭等一时名流学者，作《资治通鉴后编》一百八十四卷。毕沅主持编纂《续资治通鉴》二百二十卷，一时史家宿学，如王鸣盛、钱大昕、邵晋涵、章学诚、王昶、孙星衍、瞿中溶、李锐、洪亮吉等皆参与其事，经营三十年而成。

在清代用《通鉴》义例而续明代史事之书还有陈鹤所著《明纪》六十卷，夏燮所著《明通鉴》九十卷（附记六卷）。

续《纲目》之书有张廷玉奉敕撰《通鉴纲目三编》四十卷，以续朱熹、商辂之书；《御批通鉴辑览》一百十六卷，附《明唐桂二王本末》三卷，惜其书笔削操于圣意，学术价值不高。

顾炎武为考据《通鉴》及《通鉴注》用力最勤者，其它如钱大昕

---

① 曾国藩：《曾国藩全集·书札》卷六，光绪二年传忠书局刻本。

(竹汀)有《通鉴注辩正》二卷,陈景云有《通鉴胡注举正》一卷,赵绍祖有《通鉴注商》十八卷。

对朱熹《纲目》也有学者作过许多考证工作,陈景云《纲目订误》四卷,张庚《纲目释地纠缪》六卷、《纲目释地补注》六卷,均属此类。

王鸣盛在《十七史商権》、《蛾术编》,赵翼在《陔余丛考》中对《通鉴》、《通鉴纲目》、《通鉴外纪》、《续资治通鉴长编》、《宋元通鉴》等的编修和撰著都有精到的考证。顾栋高及其他人所作司马光《年谱》也有考证。全祖望《鲒埼亭集外编》卷四十有《通鉴分修诸子考》一文。

评论《通鉴》的学者,最著名的是王夫之(船山),王氏有《读通鉴论》三十卷(卷末附叙论),以《通鉴》史事作论。

民国时期,《通鉴》研究领域出现了一些带有全面总结性的著作,崔万秋《通鉴研究》、张须(煦侯)《通鉴学》、陈垣(援庵)《通鉴胡注表微》乃其中的杰出代表。此外,梁启超、章太炎等国学大师对《通鉴》亦皆有所评论,可供参考。其它见诸报纸杂志的专论如林纾《续司马文正保身说》(1927)、张芝联《〈资治通鉴〉纂修始末》(1944)、陈千钧《〈通鉴〉民族思想蠡测》(1936—1937)等,均有一定的学术价值,可供参阅。

新中国成立以来,我国史学界在马列主义指导下对《通鉴》进行了批判的继承。1956年,《资治通鉴》标点本由中华书局出版。《通鉴》一书从帝王秘府和少数官僚、学者的案头解放出来,空前地普及了。五十余年来尤其是近二十年来,海内外出版和再版的《通鉴》研究专著和普及读物不下百种,报刊杂志上发表的研究论文近千篇。普及与研究并重,研究范围与领域日益广泛,研究方法与理论不断推陈出新,并跳出了传统的史学和文学范畴,向政治学、军事学诸领域延伸。在"中国期刊全文数据库"中,输入关键词"资治通鉴",选择"文史哲"为检索范围、1979—2009年为检索期间,命中论文四百余篇；选择“全部”为检索范围，命中逾千篇。可见《通鉴》影响及研究范围之广之大。以下仅就传统史学领域内的研究内容与成果作一简要归纳和概括。

从时间上看，二十世纪五十年代以标点本《资治通鉴》的出版为主要成就，这为以后《资治通鉴》研究的广泛和深入发展提供了便利条件。但个人研究成果尚未及整理发表，成果不多。六七十年代以讨论《资治通鉴》编修分工与提纲问题的研究论文居多，并形成了新中国第一次《通鉴》研究的小高潮。但受时代背景制约，一方面相当一部分文章的政治色彩过浓，缺乏科学价值；一方面高水平的成果还不够丰富，最重要的研究著作是岑仲勉的《通鉴隋唐纪比事质疑》；而且讨论多未取得统一认识。这一时期，台湾地区的《通鉴》研究也取得了不菲的成绩，学者黄盛雄、李则芬均有《通鉴》研究专著问世。日本学者荒木敏一、佐伯富等亦有专著问世。八十年代以来，研究成果日益丰富，并形成如下特点：

一是研究内容上的广泛性。既有综合研究，又有编纂分工与方法研究、《通鉴》史料研究、《考异》研究、史论研究、司马光思想研究、影响与传播研究、句读校勘类研究等；既有政治、军事研究，又有经济、文化、民族研究等。

二是研究方式上的多元化。既有传统的校勘、考证方法，又有哲学分析、经济分析等方法。

三是出现了大量普及性读物。以1993年中华书局出版白话《资治通鉴》为代表，各类出版社纷纷推出适合其目标市场的价格不一、繁简各异的《资治通鉴》版本。

四是出现了全面总结《资治通鉴》研究状况的大型工具书——《资治通鉴大辞典》(1994)。

五是召开了全国性的《资治通鉴》学术研讨会和纪念司马光逝世900年学术研讨会，并出版了《〈资治通鉴〉丛论》(1985)、《司马光与〈资治通鉴〉》(1986)和《纪念司马光王安石逝世九百周年学术研讨会论文集》(1986)。

六是涌现出一批学术专著,并出现了研究《通鉴》的硕博士论文。

从研究内容上看,集中在编修分工与方法、评介、注释与今译、校勘与考证、思想与借鉴、版本与传播等方面。以下仅就其与《通鉴》文献学关系密切者择要略述之。

一是编修分工与方法:新中国成立以来《通鉴》研究论文以讨论编修分工与提纲问题的最多。1961 年 6 月 18 日,翦伯赞在《人民日报》上发表了《学习司马光编写〈通鉴〉的精神——跋〈司马光通鉴稿〉》一文,并引起了争论。翦文发表不到两个月,阎简弼便发表了《为〈通鉴〉的编写分工质疑》[①]的文章,反驳翦文。一周后,翦伯赞又发表了《为〈通鉴〉编写分工问题释疑》[②]的文章,进一步申述自己的观点。

继翦、阎之后,又有卞僧慧发表《关于〈资治通鉴〉的几个问题》[③],张传玺发表《〈资治通鉴〉是怎样编写的——读司马光〈答范梦得〉书后》[④],覃保霖发表《关于〈通鉴〉编写的分工问题》[⑤],李正中发表《关于"司马光通鉴稿"质疑》[⑥],加入了讨论。

关于《通鉴》编修分工和提纲问题的讨论约停息了 15 年。1977 年王曾瑜发表的《关于编写〈资治通鉴〉的几个问题》[⑦],开启

① 《人民日报》1961 年 8 月 10 日。
② 《人民日报》1961 年 8 月 18 日。
③ 《光明日报》1961 年 10 月 16 日。
④ 《光明日报》1961 年 12 月 20 日。
⑤ 《广西日报》1962 年 9 月 26 日。
⑥ 《天津日报》1961 年 9 月 6 日。
⑦ 《文史哲》1977 年第 3 期。

了新一轮的讨论。继有曹家琪长达3万余字的《资治通鉴编修考》[①]，又有仓修良、杨正基发表了商榷性的文章[②]。

《通鉴》编修分工问题的讨论，自全祖望以来，已有几百年的历史，新中国成立之后的讨论尤其热烈，各家所论见仁见智。但分工并不是固定的、而是随着时间和人事的变化而有所调节的看法是得到普遍认同的，现在讨论的主要问题集中在分修诸人各个时期所承担的具体任务上，惜仍未达成认识上的统一。

二是校勘与考证：其内容主要包括两方面，即对《考异》的研究和对《通鉴》史事、编年时间的考证。

对《考异》的研究，多散见于《通鉴》研究的论著中，较早的专论有易民的《读〈通鉴考异〉札记三则》[③]和蒋见元的《读〈资治通鉴考异〉》[④]等。此后，影响较大的相关研究有王仲荦、郑宜秀《〈通鉴考异〉的史料考订价值》[⑤]、陈光崇《张氏〈通鉴学〉所列〈通鉴〉引用书目补正》[⑥]和《〈通鉴〉引用书目的再检核》[⑦]、高振铎《〈通鉴〉参据书考辨》[⑧]、邱居里《从〈通鉴考异〉看〈通鉴〉的史料来源与选材特点》[⑨]、周征松《〈资治通鉴考异〉所见书目检核——与陈光崇、高振

① 《文史》1977年第5辑。

② 仓文：《〈通鉴〉编修的全局副手刘恕——兼谈〈通鉴〉编修分工的几个问题》，载《中国历史文献研究集刊》第一集；杨文《〈通鉴〉的提纲和〈通鉴〉的编纂程序》，载《中国史研究》1982年第1期。

③ 《山东大学学报》(哲学社会科学版)1963年第4期。

④ 《华东师范大学学报》1981年第2期。

⑤ 《史学史研究》1984年第2期。

⑥ 《〈资治通鉴〉丛论》，河南人民出版社1985年版。

⑦ 《河北师院学报》(哲社版)1987年第2期。

⑧ 《〈资治通鉴〉丛论》，河南人民出版社1985年版。

⑨ 《史学史研究》1985年第5期。

铎二先生商榷》[1]、仓修良《从〈通鉴考异〉看司马光的求实精神——司马光史学思想研究之二》[2]、李美月《〈通鉴考异〉引书考》[3]、吕美泉《〈资治通鉴考异〉二札》[4]、王文涛《〈通鉴考异〉著作凡例分析》[5]等。

考证《通鉴》史事的代表论著是岑仲勉的《通鉴隋唐纪比事质疑》。这是一本读史札记，随读随记，为作者研究隋唐史的副产品，共得六百余条，“目的在于考史，而不是论史。他用有关的史籍碑刻与《通鉴》比较勘验，以纠正《通鉴》原文的讹误，尤着重于订正人名、地名和事件发生的时间”，[6]对“胡注”不当之处也偶有涉及，书名虽称“比事质疑”，但是“侧重在比事方面”。[7]

吴玉贵著《资治通鉴疑年录》(中国社会科学出版社 1994 年版)是近年来国内《通鉴》考证的一部力作。作者穷尽《通鉴》所有纪事时间，经过系统研究考证，揭示出《通鉴》纪事时间上的近九百处错误。在著作的长篇前言中，作者还归纳出《通鉴》纪事时间错误的六类情况、八项原因及前人校勘失误的七种问题。

此外，还有为数不少的考证类论文，但多为零星拾遗类短文，此不赘述。

总之，校勘与考证方面的研究尚缺乏系统性和完整性。

三是史料学与编纂学：近年来该方面的研究无重大突破和发展，主要原因是缺乏深入细致而又系统全面的近乎体力劳动

---

① 《山西师大学报》(社会科学版)1986 年第 3 期。

② 《司马光与〈资治通鉴〉》，吉林文史出版社 1986 年版。

③ 台北文化大学 1982 年博士论文。

④ 《史学史研究》1999 年第 3 期。

⑤ 《南华大学学报》(社会科学版)2003 年第 2 期。

⑥ 陈达超：《〈通鉴隋唐纪比事质疑〉整理后记》，中华书局 1964 年版。

⑦ 岑仲勉：《通鉴隋唐纪比事质疑》“自序”，中华书局 1964 年版。

的史料比勘校对。对《通鉴》编纂书法的研究长期停滞于原有基础或结论之上，偶或涉及，亦存在严重的史料不完善缺陷；而有一条史料不循既定书法，就将严重影响已有结论。对此，或穷尽所有数据以证之，或作出合理而可信的解释，别无他法。而南北朝时期，诸国林立，政权替代频仍，情况至为复杂，最需统一记述规范，却又最难以规范，故刘恕问疑处多集中于此。相关研究成果亦因其难而颇少。主要有周荔等《〈资治通鉴〉在史料学上的贡献》①、高蕴华《读〈通鉴〉魏晋南北朝各卷》②、李锋敏《从〈通鉴〉与两〈唐书〉比较中看〈通鉴〉在研究唐史中的重要地位》③、王德保《〈通鉴〉周秦汉纪史源问题》④等。有关通鉴编纂学方面的研究，则多集中于分工与方法问题的探讨，极少编纂书法方面的专论，现仅见孙文泱《〈通鉴〉年代学方法举例》⑤、崔岩《以隋唐为例驳"〈通鉴〉不载文人"说》⑥、陈国本《再评胡三省论〈通鉴〉书法》⑦等寥寥数篇文章。

四是史论与思想：二十世纪八十年代以来，《通鉴》研究领域诸名家如季平、陶懋炳、宋衍申、施丁、宋晞等皆有专文或专著对之进行研究，其它学者的研究也各具特色，既有观点上的创新，也有方法上的创新，形成《通鉴》研究中的一个热点。有关研究成果详后。

---

① 《山西大学学报》(哲学社会科学版)1984 年第 4 期。
② 《史学史研究》1991 年第 2 期。
③ 《甘肃高师学报》1999 年第 6 期。
④ 《南昌大学学报》(人文社会科学版)2002 年第 2 期。
⑤ 《首都师范学院学报》(社会科学版)1987 年第 2 期。
⑥ 《洛阳师范学院学报》2003 年第 3 期。
⑦ 《盐城师范学院学报》(哲学社会科学版)2000 年第 3 期。

## （二）《通鉴》史论研究综述

### 1.《通鉴》史论概述

#### (1)《通鉴》史论篇数与内容

史论，泛指就史事所发的议论、评价等。其题材多样，既可以是独立的文章，也可以是各种著作的一个组成部分，还可以是独立的专著。政论是指对当时之政事所发的议论、评价等，多以奏疏等形式出现，其与史论本质上无别，后世视之则皆史论也。本书第六章即多引司马光政论探讨其思想来源。

在史书中置论发表著者观点的史论形式，历史悠久，是我国史学的优良传统之一。《资治通鉴》史论包括司马光本人之论和转引前贤之论两大部分。“臣光曰”乃司马光本人之论的专称，类同《左传》之“君子曰”、《史记》之“太史公曰”，是一种因事立论、直接表达作者思想观点的特有的形式，也是《资治通鉴》一书不可分割的重要组成部分。

为了突出教化、史鉴功能，《通鉴》非常重视史论。关于《通鉴》史论的具体篇数，后人统计多所不同。清人武耀光《司马温公通鉴论》的统计数字为181篇；柴德赓先生在《资治通鉴介绍》一书中的统计为186篇，其中“臣光曰”102篇，前人史论84篇；陈光崇先生在《资治通鉴述论》(1978)一文中的统计为213篇，其中“臣光曰”116篇，前人史论97篇；最精确的是宋衍申在《〈资治通鉴〉究竟附有多少史论》(1986)一文中的统计，史论总数为218篇，其中“臣光曰”119篇，前人史论99篇。并进一步统计出，一项史事下有两论者11处，两论中有一“臣光曰”者6处。这样，在全书中总计有206项史事下附有史论。

据笔者以五年时间两次通读中华书局版《资治通鉴》所整理的资料考察，宋衍申对《通鉴》史论的统计数据是确凿而精审的。但在其论文中，亦偶有所疏。

其一,《通鉴》卷七十二“陈寿评诸葛亮执政”与“习凿齿论诸葛亮水鉴无私”,所论史事不同,史事发生时间亦不同,两论间有不同的史事隔断,显为一事一论,[1]而宋衍申先生误以为皆系于诸葛亮死,将两论合称为“论诸葛亮”,划入一事两论,且未标明习凿齿论的页码。但数据统计时,似又未将其列入一事两论之中。除此而外,仍有 11 条一事两论者,且皆为两论连书,中无隔断。盖刊印之疏误也。

其二,“范晔曰”论“桓谭言谶非经出”后标注页码作 p1482,当为 p1428;“臣光曰”论“周世宗可谓仁、明”后标注页码作 p9531,当为 p9530。亦刊印之疏。

---

① 《资治通鉴》卷七十二,中华书局 1956 年版,第 2298—2300 页。陈寿所论史事为:魏明帝青龙二年,亮死,谥曰忠武侯。初,亮表于汉主曰:“成都有桑八百株,薄田十五顷,子弟衣食,自有余饶,臣不别治生以长尺寸。若臣死之日,不使内有余帛,外有赢财,以负陛下。”卒如其所言。丞相长史张裔常称亮曰:“公赏不遗远,罚不阿近,爵不可以无功取,刑不可以贵势免,此贤愚所以佥忘其身者也!”陈寿评曰:“诸葛亮之为相国也,抚百姓,示仪轨,约官职,从权制,开诚心,布公道;尽忠益时者,虽仇必赏,犯治怠慢者,虽亲必罚,服罪输情者,虽重必释,游辞巧饰者,虽轻必戮,善无微而不赏,恶无纤而不贬;庶事精练,物理其本,循名责实,虚伪不齿;终于邦域之内,咸畏而爱之,刑政虽峻而无怨者,以其用心平而劝戒明也。可谓识治之良才,管、萧之亚匹矣。”习凿齿所论史事为:初,长水校尉廖立,自谓才名宜为诸葛亮之副,常以职位游散,怏怏怨谤无已,亮废立为民,徙之汶山。及亮卒,立垂泣曰:“吾终为左衽矣!”曾被诸葛亮废徙的李平,“常冀亮复收己,得自补复”,闻亮卒,“策后人不能”,“亦发病死”。习凿齿论曰:“昔管仲夺伯氏骈邑三百,没齿而无怨言,圣人以为难。诸葛亮之使廖立垂泣,李严(此李严,即前文李平,蜀汉尚书,恃才自负。后改严为平,有自警意)致死,岂徒无怨言而已哉!夫水至平而邪者取法,鉴至明而丑者忘怒;水鉴之所以能穷物而无怨者,以其无私也。水鉴无私,犹以免谤;况大人君子怀乐生之心,流矜恕之德,法行于不可不用,刑加乎自犯之罪,爵之而非私,诛之而不怒,天下有不服者乎!”

其三，史论总数为218篇，其中一事两论者为11条，则出论史事当为207条，不为206条。此则计算之误。

如此，则《资治通鉴》全书史论部分总计218篇，一类系由司马光本人所书，凡此类史论，皆冠"臣光曰"三字以为标识，计119篇；另一类为征引前贤撰写之史论，其人有荀子(2篇)、孟子、贾谊、司马迁(2篇)、扬雄(6篇)、班彪(3篇)、班固(15篇)、荀悦(8篇)、仲长统、陈寿(5篇)、鱼豢、华峤、袁宏(3篇)、习凿齿(6篇)、孙盛(5篇)、干宝、虞喜、徐众、范晔(3篇)、沈约(4篇)、裴子野(11篇)、崔鸿(2篇)、萧方等、萧子显、傅玄、袁崧、荀崧、颜之推、陈岳(2篇)、李延寿(2篇)、柳芳、苏冕、权德舆、李德裕、欧阳修(2篇)，凡35人，少则1篇，多者达15篇，其始皆署原作者姓氏或称号，计99篇。就出论史事而言，多为一事一论，计196条；间有一事两论者，计11条，其中，两论皆前贤所作者5条，两论中有一"臣光曰"者6条。出论史事凡207条。

207条史事、218篇史论，融个人与前贤智慧于一炉，为我们了解和分析司马光思想提供了丰富而宝贵的资料。

《通鉴》史论内容丰富，举凡关涉社会治理之大要，有益于治平社会建设之经验与教训，皆在其中。《通鉴》本属有为而作，因事而纳忠，史论所及又皆司马光认为极其重要，或具有典型意义，或可由微见著的人、事、言、行。故从整体上看，《通鉴》史论同时具备广和要两大显著特点。

《通鉴》史论内容，包括了与治平社会建设密切相关的政治、经济、军事、民族、礼教、法制、文化、用人等方面，涉及帝王、宰辅大臣、女宠戚宦、太子王储、忠孝智贤等人物，关注到骄奢、聚敛、纳谏、隐逸等问题，体现了重微、远谋、务实、惜时、保业等思想。

《通鉴》内容丰富。宋神宗在所撰《资治通鉴序》中就说："其所载明君、良臣，切摩治道，议论之精语，德刑之善制，天人相与之际，休咎庶证之原，威福盛衰之本，规模利害之效，良将之方略，循吏之条教，断之以邪正，要之以治忽，辞令渊厚之体，箴谏深切之义，良谓备焉。……列于户牖之间而尽古今之统，博而得其要，简而周于事，是亦典刑之总会，册牍之渊林矣。”①曾国藩在《与罗少村书》中则说：“窃以先哲经世之书，莫善于司马文正公《资治通鉴》。其论古皆折衷至当，开拓心胸。如因三家分晋而论名分，因曹魏移祚而论风俗，因蜀汉而论正闰，因樊英而论名实，皆能穷物之理、执圣之权。又好叙兵事所以得失之由，脉络分明；又好详名公巨卿所以兴家败家之故，使士大夫怵然知戒，实六经以外不刊之典也。”总之，正如胡三省在《资治通鉴·唐纪》开元十二年内注所云：“温公作《通鉴》，不特纪治乱之迹而已，至于礼乐、历数、天文、地理，尤致其详。读《通鉴》者如饮河之鼠，各充其量而已。”②只不过以善足为法、恶足为戒的事迹为主，着重政治史、侧重治乱之道而已。

《通鉴》的编年体例，决定了其不可能设专传、专志集中讨论经济、文化、法律、民族、宗教等问题，相关史料皆散见于编年记事之中。非不言也，易忽略耳。如陈光崇先生在其《通鉴文化史述略》③一文中，就整理归纳出长达5万余字的文化史内容。

司马光在《贻刘道原》书中要求刘恕搜集和整理资料时说：“其符瑞等，皆无用，可删；《后魏·释老志》，取其要用者……存录其律历、礼乐、职官、地里、食货、刑法之大要。”④史论亦是如此。显然，只要有益于治世，皆在其关注之中，并不刻意排斥食货、释老等经济与文化内容。其中，司马光所特别强调的以礼治国、君明臣直、知人善任、信赏必罚等，均包含了众多经过历史检验的真知灼见，对于当时的政治具有积极的借鉴作用。当然，也不可否认，个别史

① 《资治通鉴序》，《资治通鉴》卷首，中华书局1956年版。
② 《资治通鉴》卷二百一十二，中华书局1956年版，第6759页。
③ 载陈光崇《通鉴新论》，辽宁教育出版社1999年版，第73—126页。
④ 司马光：《传家集》卷六十三，影印《文渊阁四库全书》本。

论显得消极迂腐，关于经济、文化等方面的史实与史论所占比例相对较低，亦为不争之事实。但《通鉴》毕竟是一部编年体史书，从司马光编纂动机与采用的体裁来考虑，这样的处理还是比较恰当的。

《通鉴》史论多论礼①，又多论帝王、宰相，多引经史为佐证。余初以为特点，并皆一一考校之。后颇涉十九史②所及前贤史论，又读《唐鉴》③等，乃识非特温公，古贤鲜不如此也，其要皆不离此大端。且儒家经书，乃中国文化原点精华，深植于人心，甚至说温公史论无一字不可于经书中寻得其精神，亦不为过也。又深研之，察识《通鉴》史论除明引经书外，复多暗引，如此则其数不可确计矣。恐挂一漏万，反成其弊，故删其相关统计与分析研究内容。另从文献学角度考察之，则经学影响所及，无处不在矣。史学之史料来源，主体为国家石室藏书、帝王实录、起居注、前代正史等，率多正统儒学思想指导下编纂而成的王侯将相家史，百姓生活罕见其中。限于此，自不能不如是。吾以为此本浅显，开卷可识，不足为《通鉴》史论之特点。且季平先生总结"臣光曰"的史论结合问题时，早已概括其特点有三：一曰"以经评史"，二曰"据史立论"，三曰"以史论史"。④ 故不赘论。

(2)《通鉴》史论最准确地反映了司马光的思想

就文献学之史料选择角度考察，《通鉴》史论较之于《通鉴》史

---

① 仅"臣光曰"中便直接引用《论语》、《诗经》、《尚书》、《易经》、《春秋》等儒家经典之语五十余处，其中尤以《论语》等孔子言论为最多，其次为《诗经》，再次为《尚书》和《易经》。

② 《资治通鉴》记事所对应二十四史之前十九史。

③ 参汪高鑫《司马光范祖禹唐史观点不一致论》，《安徽史学》2001年第1期。

④ 季平：《再评〈资治通鉴〉的"臣光曰"》，载刘乃和、宋衍申主编《司马光与〈资治通鉴〉》（吉林文史出版社1986年版）。后来学者所论，概不出于此。

文，更准确地反映了司马光的思想。史以记实为本，以经世致用为要。“实录”乃我国史学之优良传统，既为实录，则必人杂忠奸，言分良莠，事异是非，不可能皆为司马光所认可；同时这也是史家别出史论以明己见，以求经世致用的基本原因。以《通鉴》史论为研究对象，有利于最准确地把握司马光的思想。

刘知几《史通》称：“夫论者所以辩疑惑，释凝滞。若愚智共了，固无俟商榷。丘明‘君子曰’者，其义实在于斯。”①《通鉴》史论亦然，事关重大，或事理晦而不明，则以史论明致其意，辩疑惑，释凝滞。故多有对历史上人、事、言、行的独到见解和否定与批评，并准确地传递出作者的思想和政治见解。

《通鉴》史论中的“臣光曰”部分，最真实而准确地反映了司马光的思想。

研究司马光思想者常引《通鉴》史料为分析对象，其实是有失严谨的。如《通鉴》卷五十三元嘉元年(151)记载崔寔《政论》内容：“凡为天下者，自非上德，严之则治，宽之则乱。何以明其然也？近孝宣皇帝明于君人之道，审于为政之理，故严刑峻法，破奸轨之胆，海内清肃，天下密如。……文帝以严致平，非以宽致平也。”然后又记载：“仲长统尝见其书，叹曰：‘凡为人主，宜写一通，置之坐侧。’”史事记载到此戛然而止。仅就史事的记载来看，似为褒赞崔寔《政论》，实难得出否定结论。然而，司马光恰恰不赞同崔寔《政论》中所言的治世主张，“臣光曰”：“崔寔之论，以矫一时之枉，非百世之通义也。”②类似情况不胜枚举。

《通鉴》史论中的前贤之论部分，亦真实而准确地反映了司马光的思想。关涉《通鉴》1362 年史事之前贤史论，若与己见吻合，

---

① 刘知几著，浦起龙通释：《史通通释》卷四《论赞》，上海古籍出版社 2009 年版，第 75 页。

② 《资治通鉴》卷五十三，中华书局 1956 年版，第 1724—1725 页。

则于其前冠以论者之名，不掠其美而照录之；偶或以为前人史评小有缺失则略删减之。如司马光引班固《汉书·王莽传》赞评王莽，在"俱用灭亡"后有意删除了原文中"皆炕龙绝气，非命之运，紫色蛙声，余分闰位"[①]数句。表明司马光对天命之说不感兴趣，也不相信，对"紫色蛙声，余分闰位"所指新莽政权如间色邪声、不能列入历史正位的五行替代说也不认同；或以为无必要，或不同意前人史评，则一概不录；若感其意犹未尽，则补以己见，六条一事两论而有一"臣光曰"者[②]皆如是。例如，后周太祖显德元年(954)记冯道之死，司马光将欧阳修《新五代史·杂传序》中贬斥冯道的评语移植过来，犹觉不足，于是，另出"臣光曰"，继续深刻揭批冯氏，并阐发新意："非特道之愆也，时君亦有责焉。"[③]由此可见，第二类史论亦反映了司马光的政治历史观。

总之，《通鉴》史论最准确地反映了司马光的思想，是研究司马光思想的最佳历史文献。

(3) 必须总汇贯通地理解《通鉴》史论

《通鉴》史论以资治为目的，不拘形式，有感而作，因事而发，有利于研究的史、论结合，避免了纯理论式的空泛说教。

《通鉴》史论皆为因事而发，故其结论往往具有强烈的针对性，必需综合考察，对比研究，方可准确理解司马光思想。

《通鉴》史论皆因事而发，虽不乏延展综论，要不离本事，而史事皆有其特殊的时代背景，存在着形、势、情[④]的差异，即所有史论

---

① 《资治通鉴》卷三十九，中华书局1956年版，第1251页。

② 六条为论韩非之死、论蒙恬之死、论贯高之死、评汉武帝、评霍光族诛、评冯道。

③ 《资治通鉴》卷二百九十一，中华书局1956年版，第9512页。

④ 《资治通鉴》卷十，荀悦论立策三术，中华书局1956年版，第333—334页。

都是建立在一定的前提条件基础之上的，故其不同背景下的论断常不免看似相互抵牾矛盾。如时而强调严法治众，时而又反对严法，强调礼教化人；一贯坚持忠君观，甚至说“臣之事君，有死无贰”，“正女不从二夫，忠臣不事二君”[①]，又褒赞项羽灭暴秦[②]，称颂裴矩佞于隋而忠于唐[③]；时而强调君臣纪纲名分为万世不易之礼，时而又说人君治民“御之得其道则附顺服从，失其道则离叛侵扰，固其宜也”[④]；时而强调天下治乱尽在人君，时而又强调以人为本；时谓天下治道尽在于礼，时谓“为治之要，莫先于用人”[⑤]，时谓“军旅大事，国之安危、民之死生系焉”[⑥]，时谓“政之大本，在于刑赏”[⑦]，等等。非总汇贯通理解，难辨孰重孰轻、先后次序矣！故必全面综合考察，然后可真知司马光思想。

2.《通鉴》史论研究综述

由迄今为止《通鉴》史论的基本篇数与类型尚未有定论的事实可知，相关研究尚远不够深入细致，研究深度与广度双双不足。简单、肤浅、片面、直观地归纳概括型研究居多，未能上升到整体理论高度去把握司马光思想之精髓，对于史论中蕴含的深刻社会治理思想仅停留在重视纳谏和善谏、强调君明臣直、治国要知人善任、崇俭戒奢、信赏必罚[⑧]，或关注国计民生、旨在以古鉴今、饱含忧患意识[⑨]

---

① 《资治通鉴》卷二百九十一，中华书局 1956 年版，第 9510—9511 页。

② 《资治通鉴》卷十一，中华书局 1956 年版，第 355 页。

③ 《资治通鉴》卷一百九十二，中华书局 1956 年版，第 6029 页。

④ 《资治通鉴》卷五十六，中华书局 1956 年版，第 1817 页。

⑤ 《资治通鉴》卷七十三，中华书局 1956 年版，第 2329 页。

⑥ 《资治通鉴》卷二十一，中华书局 1956 年版，第 700 页。

⑦ 《资治通鉴》卷七十九，中华书局 1956 年版，第 2503 页。

⑧ 刁书仁：《试论“臣光曰”中可供借鉴的因素》，载《〈资治通鉴〉丛论》，河南人民出版社 1985 年版。

⑨ 吴漫：《〈通鉴〉“臣光曰”的内涵和忧思》，《历史教学》2006 年第 6 期。

的认识层面，甚至认为《通鉴》史论体现出分布不均、因需而设的特点。有时数卷无论，有时又一卷数论，所论亦大多居卷中或卷末，远无太史公的布局之胜①。不免过于注重形式而失其根本。

总体来看，古代的相关研究仅见只言片语，湮没于《通鉴》研究之中，如王夫之《读通鉴论》，虽多有不同于《通鉴》史论之见，却终非针对《通鉴》史论之专门研究，迄未形成研究性专著。近代亦如此，无大起色。首版于 1948 年，功力深湛、研究范围宽广而影响巨大的张须的《通鉴学》，亦未专设篇目探讨《通鉴》史论。

二十世纪五十年代以来，有关《通鉴》史论的研究才逐渐受到学者尤其是台湾地区学者的重视。1954 年，宋晞率先出版了研究专著《司马光史论》，对《通鉴》史论进行了颇有成效的专题性研究。1968 年，黄盛雄发表《通鉴史论述例》一文，1979 年又出版《通鉴史论研究》专著，这是"文革"后第一部有关"通鉴学"的学术专著，对《资治通鉴》的研究起到了积极的推动作用。但均受限于篇幅，研究尚不够全面和深入。

八十年代以后，大陆学者开始加入《通鉴》史论研究的行列，并逐渐成为研究的主力军。而且在有关《通鉴》的综合性研究和史学史研究著作中，史论渐成为不可或缺的重要内容。到 1984 年，《通鉴》问世 900 年，值此之际，学术界也迎来了《通鉴》史论研究的第一次高潮。1980 年，季平发表了《评〈资治通鉴〉中的"臣光曰"——批判封建思想、继承文化遗产初探》②，从正反两方面剖析了司马光的政治观点，并着重对其观点的糟粕部分进行了批判，认为"司马光的'臣光曰'思想体系是反动的、腐朽的"。显然，这是在

① 郦波：《从"太史公曰"到"臣光曰"——略论二"司马"史论义例之异同》，《学海》2001 年第 1 期。

② 载《西南师院学报》1980 年第 1 期。以下论著仅括注年份，出处参本书之主要参考文献。

特殊的年代以批判的眼光进行的研究，一些观点已不合时宜，且仍不够全面。此后，又有张利群的《试论〈资治通鉴〉中的“臣光曰”》(1985)、刁书仁的《试论“臣光曰”中可供借鉴的因素》(1985)、施丁的《司马光史论的特点》(1986)、王淑英的《通鉴论赞选释》(1986)、宋晞的《司马光史论》(1986)、马忠民的《司马光的史论》(1986)、陶懋炳的《司马光史论表微》(1986)、季平的《再评〈资治通鉴〉的“臣光曰”》(1986)、宋衍申的《〈资治通鉴〉究竟附有多少史论》(1986)、施丁的《王夫之对司马光史论的批评》(1987)、季平的《司马光在〈资治通鉴〉中的史论》(1987)①等相继发表，且研究开始趋于客观，以积极的借鉴为主流。

八十年代还出现了两部《通鉴》史论研究的专著，一为台湾地区学者潘英的《资治通鉴司马光史论之研究——资治通鉴之中心思想》(1987)，一为大陆学者陶懋炳的《司马光史论探微》(1989)。潘著约16万字，统计出《通鉴》史论共200则(有遗漏)，认为司马光史论的中心内容是“君如何取下、臣如何事上”，其中“明显地劝诫皇帝的至少有112则，阐释人臣之道的至少有67则”。并将其思想归纳为六条主要脉络：“仁义礼智信的实践、赏罚之道、忠奸贤不肖之辨、孝道之实行、皇子之教育及御戎狄之道”；按其评论之得失分为四类：“立论精辟，无懈可击”者51则，“尚有卓识，但欠圆满”者49则，“严重迂腐不通者”65则，“不通的程度较不严重的”35则。作者肯定司马光“为政守信，信赏必罚，尚节俭去奢靡，远奇诡尚稳健，以仁义御戎狄”的思想，但研究重心更多地放在了对司马光史论的批判上，指出《通鉴》史论有三大缺点：成王败寇，以成败论是非；言必称三代，泥古不化；倒因为果，以果证因。指斥《通鉴》有为“资治”而牺牲史实之弊，甚至认为“赵宋文弱不竞”乃司马光“侈言仁义、不务实际、政尚退缩，不图进取”所致。总之，对

---

① 载季平《司马光新论》，西南师范大学出版社1987年版。

司马光及《通鉴》史论持基本否定态度，直斥司马光“史识下下”，显然有失公允。陶著约 20 万字，总汇《通鉴》、《稽古录》、《温国文正司马公文集》中之司马光史论二百余条，逐条评论。作者深具史家通识眼光，并有着深湛的史学功力，本着实事求是的精神和古为今用的宗旨，为我们奉上了不少精彩的评论。惜皆就司马光史论本身而置评，未作分类之综述，未能完整展示司马光史论之思想。

九十年代，《通鉴》史论的专门化研究发展滞缓，成果不多，仅见施丁的《评〈司马光史论探微〉》(1990)等寥寥数篇文章。

进入二十一世纪，学者的思维极大开放，学术积累不断提高，社会地位和收入良好，为学术研究奠定了良好的基础。同时，随着我国高等教育事业的迅猛发展，又有大量研究生参与到相关研究中来。此外，社会发展也进入了社会矛盾和问题的高发期，政府提出了以人为本建设和谐社会的要求。在此背景下，《通鉴》史论的专门化研究又迈入一个新的发展高潮，研究领域进一步拓展，研究方法也有所突破，但也在一定程度上受到了评职称等功利主义色彩的影响，混杂了一些质量低劣的文章。

这一时期，有姜杜芳《略说〈资治通鉴〉的史评格式》(2000)、郦波《从“太史公曰”到“臣光曰”——略论二“司马”史论义例之异同》(2001)、李建《论司马光〈通鉴〉史论的内容特点》(2002)、刘丽丽《〈资治通鉴〉“臣光曰”评介》(2003)、吴漫《〈通鉴〉“臣光曰”的内涵和忧思》(2006)等论文发表。此外，还有数篇相关硕士论文完成，如湘潭大学周方高的《论〈资治通鉴〉史论中司马光的治国思想》(2002)等。

### （三）司马光思想研究综述

关于司马光思想的研究，涉及面更广，研究成果也更加丰富。但因受到国内学术研究大环境的影响，其研究成果的宏富期，亦集中于二十世纪八十年代以后。

这一时期对司马光思想观念方面的研究比较丰富。1986 年，山西师大学报编辑部刊发《纪念司马光逝世九百周年专刊》，收论文15篇，内容涉及司马光生平经历、理学思想、历史观、社会观、变法思想、文学成就、书法成就以及对《涑水记闻》、《稽古录》的评价等，并收入1986年以前有关司马光和《通鉴》的研究论著目录。大体而言，二十世纪九十年代以前的这类研究以政治思想为主，兼及史学思想，辐射至哲学思想、人才观、民族观等方面。在政治思想方面，研究者尤其关注对其变法思想的研究。如杨渭生《司马光与〈资治通鉴〉》(1982)指出司马光与王安石二人只有维护封建统治具体方法上的分歧。顾全芳《重评司马光与王安石的分歧与斗争》(1986)及《重评司马光与王安石变法》(1990)二文，评析了二人变法思想之短长。季平《司马光新论》(1987)，收文13篇，以比较司马光和王安石变法思想的差异为主。此外，陶懋炳《司马光论君道析》(1986)也对司马光变法做了深入探究。

在史学思想方面。宋衍申《试论司马光的史学思想》(1986)一文详细阐述了司马光求通变、求考信、重礼、重英雄史观四个方面的史学思想。相关论文较重要的还有陶懋炳《"鉴前世之兴衰，考当今之得失"——评司马光的史学思想》(1982)、季平《从〈稽古录〉看司马光的史学观点》(1982)、施丁《两司马史学异同管窥》(1985)、孙方明《论司马光的史学思想》(1988)、杨渭生《评司马光的历史观》(1988)、吴怀祺《〈资治通鉴〉的价值观和司马光的历史观》(1988)等。2000年以来，则有汪高鑫《对司马光历史盛衰论的再认识》(2000)，俞文冉、陈乃宣《两司马治史之比较研究》(2001)，于瑞桓《司马光的史学思想及其理学精神》(2002)，武少民《司马迁与司马光史学思想之异同》(2002)，聂翔雁、霍矜萍《谈王夫之与司马光史学思想的相似性》(2003)，申慧青《论司马光的史学思想对范祖禹及其所著〈唐鉴〉的影响》(2008)等文。

在政治与社会治理思想方面。较早的研究成果是顾全芳的《司马光的政治思想》(1984)和《司马光的务实精神》(1986)、刘旭《司马光的民本思想浅探——纪念司马光逝世900周年》(1986)等。近年来,则有蔡瑞霞《〈稽古录〉的历史兴亡论》(2001),冯立鳌的《司马光〈资治通鉴〉中的治国理念》(2003),周方高、宋惠聪《论司马光民本思想》(2007),陈涛、范立舟《司马光哲学与政治思想刍议》(2007),马加路《司马光社会控制思想探析》(2009)等文。同时,也出现了安徽大学硕士巫蓉的学位论文《关于司马光社会历史观的几个问题》(2007)。

在经济思想方面。较早的研究成果有宋衍申《评司马光的经济思想》(1985)、汪圣铎《司马光的财政管理思想》(1986)、虞祖尧《简论司马光的经济思想》(1987)等。2000年以来,则有张扶直《司马光的经济思想》(2002)、李胜渝《论司马光的经济法制变革思想——兼论与王安石变法思想的异同》(2004)、丁万明《试论司马光的经济思想》(2007)等。

在法制思想和军事方面。有关研究常附见于司马光的政治与社会治理思想综合论述之中,专门性的研究十分薄弱。在司马光的法制思想方面,检索仅得李克武《王安石与司马光法律思想比较分析》(1989)一篇专文及陈抗生《两宋在法学理论上的探索》(1984)等数篇相关论文,亟待加强。司马光军事思想的专门性研究成果同样单薄,仅有张全明《评司马光对农民起义的态度》(1986)、杨松水《简评司马光的国防论》(2001)、魏鸿《从〈资治通鉴〉看司马光的边防思想》(2005)等寥寥数篇。

在文化思想方面。对司马光文化思想较为系统而全面的综述型研究极其罕见,但就某一方面所作的研究尚可称富。主要有张全民《司马光在〈资治通鉴〉中的非"正统"史观》(1988),铮甫《汉成帝之死与"荧惑守心"——从〈资治通鉴〉关于天人感应的一则记载谈起》(1999),木田知生《略论宋代礼俗思想——以司马光〈书仪〉和〈家范〉为主》(2000),王立军《试论司马光礼学思想的基本特征》(2001)及《司马光礼学思想初探》(2002),于瑞桓《司马光的史学思想及其理学精神》(2002),宋东侠《司马光的妇女观》(2003),崔岩《以隋唐为例驳"〈通鉴〉不载文人"说》(2003),张小兰《司马光的忧国之心》(2004),马东瑶《司马光与熙丰时期的洛阳诗坛》(2004),王德保、杨晓斌《以史为鉴与道德评判——论司马光的咏史诗》(2004),武国权《从〈通鉴·唐纪〉看司马光的反佛教思想》(2005),杨建宏《略论司马光的礼学思想与实践》(2005),龙小军《略谈〈春秋〉与〈资治通鉴〉的相承关系》(2007),孔令慧《论司马光家训特色及当代启示》(2008)等。

此外,还出现了王守芝《司马光的诗歌与其思想之关系》(陕西师范大学2003年硕士论文)、甄燕《〈类篇〉研究》(内蒙古师范大学2004年硕士论文)、张晓敏《〈温公家范〉主体思想研究》(青岛大学2008年硕士论文)、冯志珣《论〈司马温公家范〉》(陕西师范大学2008年硕士论文)、韩勇《司马光与〈资治通鉴〉》(山东大学2008年硕士论文)、邱梦艳《司马光史学的理学精神》(湖南大学2008年硕士论文)等一批硕士论文。而刘丽丽《司马光交游考述》(郑州大学2004年硕士论文)亦有助于理解司马光的文化思想。

附带说明一点,关于司马光文化思想的研究,可供参考的研究成果颇丰,如瞿林东《中国古代史学家思想的几个特点——再论古代史学家与中国思想史》(2007)及各种思想史与史学史著作等,此不一而论。

在哲学思想方面。赵吉惠《评司马光的哲学思想》(1986)一文,探讨了司马光政治态度前后期矛盾变化的思想基础。姚瀛艇《论司马光经学史学思想的哲学基础》(1986)一文,重点论述了司马光的"天人观点"。仓修良、夏瑰商《司马光无神论思想剖析》一文,则从宗教观角度分析了司马光的唯物精神。近年则有陈涛、范立舟《司马光哲学与政治思想刍议》(2007)等文。

在民族思想方面。二十世纪三十年代,陈千钧先生就发表了《〈通鉴〉民族思想蠡测》(1936—1937)的长文,着重于发掘司马光的民族气节观，以激励国人的抗日自觉精神。八十年代后，木芹《试论司马光的民族观》(1986)一文，肯定了司马光对狭隘民族观和民族偏见的冲破。此外还有吴光耀的《站在反战前列的主和派司马光》(1984)，黄君萍的《漫评司马光的民族思想》(1985)，周方高、薛治国的《关于司马光民族观的若干思考》(2002)，何忠礼、周方高的《论司马光民族观的继承性与创造性》(2004)，王守芝的《论司马光诗歌中的民族观》(2008)等文。此外，还有刘加志的《司马光的华夷观研究》(山东大学2008年硕士论文)。

在用人思想方面。相关研究不可谓不丰，但具有良好文献功力的研究成果却远不足以与之相匹。较早的研究有，崔凡芝《司马光的才德观》(1986)讨论了司马光的才德思想，季平《司马光的知人善任论述评》(1987)重点探讨了司马光的人才观。近年来，则有陈国本《论〈资治通鉴〉的人才观》(2001)、周方高《司马光人才思想述论——以〈资治通鉴〉“臣光曰”为中心》(2004)等文可资参考。

## 三　研究内容与方法

### (一) 司马光治平社会建设思想研究总体框架

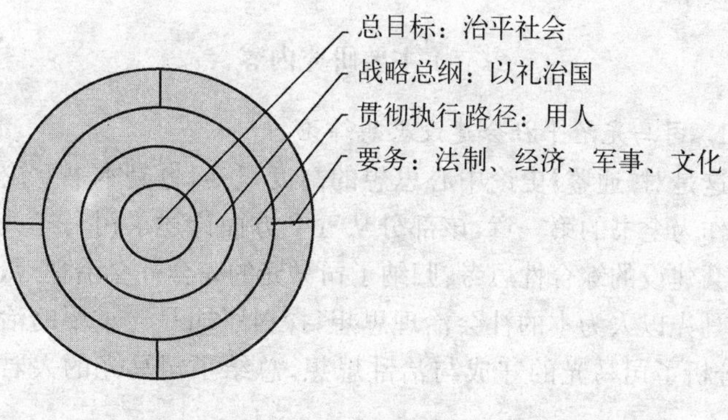

上图的研究框架以司马光社会治理的治平美业论为核心，以四要务说与六要件说为主线，以司马光社会治理的四言说、五才三德一道论、五规论为辅线（四要务则任官、立政、怀民、交邻。六要件则民者，国之堂基也；礼法者，柱石也；公卿者，栋梁也；百吏者，茨盖也；将帅者，垣墉也；甲兵者，关键也。四言则才、行、德、道。五才则创业、守成、陵夷、中兴和乱亡五类君主；三德则仁、明、武；一道谓用人之道。五规则保业、惜时、远谋、重微、务实。详参"司马光的综合社会治理观"），并将其有机地整合于现代社会治理的一般理论之中。核心明确，主线突出。其中的以礼治国和用人思想，在司马光治平社会建设思想体系中具有整体功能。

司马光治平社会建设思想是中国思想史上的宝贵财富，它有着良好的整体性和系统性，具有朴素的以人为本精神和重礼尚德特点。同时，它还表现为一个预防和化解社会矛盾的过程，它正视历史，直面黑暗，重微崇谏，以远谋为立论出发点，以务实为立论归宿，区分轻重缓急处理矛盾，追本溯源，穷探社会治理根本之道，值得深入发掘和借鉴。

本书在总汇贯通地领会《通鉴》史论核心思想的基础上，尽可能忠实而全面地反映司马光思想的原貌，并据此设计研究框架，力争形成具有良好创新性与研究深广程度，并富有现实应用价值的研究成果。

### （二）主要研究内容

1. 司马光治平社会建设思想综论

这是对《通鉴》史论中心思想的高度概括，也是本书立论的核心。作为全书的第一章，该部分从五个方面论述了司马光关于治平社会建设的综合性思考：归纳了司马光的综合社会治理观，阐释了司马光以人为本的社会治理思想，探讨了司马光重要的治国思想，分析了司马光的守成与治乱思想，总结了司马光的人君治国之道。

其中，努力领悟陈寅恪先生“神游冥想”和“总汇贯通”的治史方法[①]，从五个角度较为全面系统地诠释了司马光的综合社会治理观：一曰以人的素质发展与应用为中心的社会治理体系——四言说；二曰以实务和构筑要件为中心的社会治理体系——四要务说与六要件说；三曰以人君为中心的社会治理体系——五才三德一道论；四曰以史鉴为中心的社会治理体系——五规论；五曰以治平社会为理想追求的综合社会治理观——治平美业论。

2. 司马光的以礼治国思想

此乃司马光治平社会建设思想的理论总纲。司马光所谓之礼，包罗万有，无所不在，不同于今日所言之礼。本章将其划分为纪纲名分制度规范之礼、道德规范之礼和行为规范之礼三个层面展开讨论，揭示出司马光重礼尚德，强调以社会统治秩序为核心的制度规范之礼，重视应用性强的行为规范之礼的事实。

3. 司马光的用人思想

用人乃贯穿司马光治平社会建设思想始终的重要思想。该部分从人才区别与辨实、重要的用人思想、人力资源管理思想、司马光特予强调的几种用人之失等方面较为全面而系统地阐释了司马光的用人思想。其中，“天下信未尝无士也，任贤必治，任不肖必乱”、“为治之要，莫先于用人”等思想，堪称历史规律之精辟总结；“其居位也久，其受任也专，其立法也宽，其责成也远”的用人考绩原则和分类责实的考绩方法，适足为今鉴。

4. 司马光的法制思想、经济思想、军事思想

在法制思想方面，探讨了司马光对法制本源的追寻，归纳出司马光主要的执法思想，强调了区别公私大小轻重缓急、辩证务实执

① 王永兴：《陈寅恪先生史学述略稿》，北京大学出版社 1997 年版，第 126—133 页。

法的原则,揭示了司马光反对失刑之滥杀、滥赦的态度。

在经济思想方面,阐释了司马光特色鲜明的经济思想,明确指出司马光关注经济,自觉重视经济分析与经济史料之记载,视经济发展为治世、盛世的重要特征,重视养民利民经济,赞美重农思想与技术经济,重视生产建设性劳动与货币流通经济,反对奢侈享乐经济与盘剥聚敛经济,并对司马光经济思想进行了全新视角的综合分析与评价。

在军事思想方面,探讨了司马光"道为军事之魂、人心乃制胜之本"和"夫兵之设,非以害人,所以养人也"①的战略思想,归纳出司马光坚持以礼治军、崇慕以情治军、必择以严治军、不弃变通治军的理性认知。既指出"军旅大事,国之安危、民之死生系焉"②,治世不可去兵,又强调"兵者凶器,圣人不得已而用之",深得辩证统一思想之精髓。

5. 司马光的文化思想

该部分从司马光的学术文化思想、通变史观、天命史观、忠文化观、隐文化观、谏文化观六个方面集中论述了司马光的文化思想。体现了司马光从社会文化建设高度对治平社会建设的深刻思考。明确指出司马光肯定作为诸子之学的道教,而反对作为神仙方技之学的道教异端;并揭示出司马光所谓之文学仅指辞藻表达之学,内涵狭窄,不同于今日所谓之文学,等等。

6. 司马光治平社会建设思想探源

该部分从三个层面进行了司马光治平社会建设思想探源的研究:由司马光的阅历探寻其思想来源;由司马光的著作探寻其思想来源;由《通鉴》取材标准和著述目的探寻其思想来源。拓展了研

① 司马光:《传家集》卷六十七《秦坑赵军》(庆历五年作),影印《文渊阁四库全书》本。

② 《资治通鉴》卷二十一,中华书局 1956 年版,第 700 页。

究空间，并在一定程度上弥补了《通鉴》史论唯论大事要事、难以尽现司马光全部思想之不足。

### （三）主要研究方法

就本书的基本研究思路而言，简单地说，不外乎条分缕析，深悟史论之精义，总汇而贯通之，类分而综述之，本书亦不过《通鉴》史论之类编耳。其具体研究方法主要有：

1. 比较法。同类相似类比法，同类相异类比法。此乃本书分类的基础和研究的基本方法，本书尤其重视同类相异史论的通识性分析和研究。

2. 重点分析、点面结合法。以《通鉴》史论为重点，兼顾司马光其它相关论述与实践展开研究。各章研究的具体内容均为目前学界研究相对薄弱或未有定论或极重要处，学界研究成果丰富且有定论处则从略。

3. 整体分析法。通考全部218篇史论，不回避史论中相互矛盾之处，将其全部纳入论述之中，神游冥想，总汇贯通，整体理解司马光思想，庶几可构建准确反映司马光史论精髓的治平社会建设理论框架。本书各章节均努力谋求全方位、多角度、综合性、系统性的研究。

4. 历史阶段分析法。高度重视历史阶段分析法的运用，借以分析和理解《通鉴》史论，并使之达到矛盾的统一。如“立策三术”、“刑罚主于治乱，德教主于兴平”，有助于补充理解司马光“先礼义而后勇力”、礼教治世为“知所先务而得其本原”的常规社会治理思想。

5. 长时段历史分析研究法。本书多处强调指出司马光“远谋”、“重微”所体现出的长时段历史分析法，并专列司马光的“通变史观”一节展开集中探讨。该方法有助于我们从更高的层面理解司马光一些形似矛盾的论述。如司马光强调治军之道“严而已矣”,乃就长时段历史分析得出之一般性认识结论,但这是建立在以礼治军基本思想之上的,同时,其对李广、慕容恪以情治军的成功也绝不否定,只是认为不可推广为制。

6. 心理分析法。运用心理分析研讨了司马光的少年成名心理、长期谏官职业心理、文人心理、人本观念等对其治平社会建设思想的影响。

## 四 研究意义与创新

### (一) 研究意义

1. 补阙拾遗,纠正学术界研究偏失,填补研究空白。本书设专门章节探讨了司马光以人为本的社会治理思想和文化思想,富有创意地研究了司马光的人力资源管理思想,创新性地评价了司马光的经济思想和天命史观,拓展性地进行了司马光治平社会建设思想探源的研究。

2. 为今天我国和谐社会建设提供有益的历史借鉴。本研究重视史、论结合,注重矛盾分析,以实事求是的精神和古为今用的态度,深入发掘司马光思想的合理内涵,吸收为主,批判为辅,建构并提炼出可以总摄司马光思想精髓的治平社会建设理论体系,研究成果可为我国当代和谐社会建设提供有益的借鉴。

3. 以《通鉴》史论为研究文本,有利于准确反映司马光思想的精髓。史论乃司马光著述目的和思想所寄,研究《通鉴》史论,即研究《通鉴》所蕴含的司马光思想。较之《通鉴》史文,史论无疑更准确地反映了司马光思想的精髓。

4. 以《通鉴》史论为研究文本,有利于实现史、论的完美结合,有助于理解司马光思想中突出的经世致用特征。

## （二）研究创新

1. 提炼司马光思想精髓，发掘并建立了司马光以治平社会建设为核心的思想理论体系。

2. 努力尝试矛盾统一地理解和认识司马光的思想。将《通鉴》218 篇史论全部纳入研究，并力求合理而富有说服力地解释其间存在的不一致与矛盾。

3. 引入现代经济发展理论、人力资源管理理论等分析和评价司马光的经济思想与用人思想，并对司马光经济思想作出了全新视角的评价。

4. 发掘幽隐，明确提出了司马光强调信息传递和行政执行力、重视技术经济、重视生产建设性劳动与货币流通经济等重要思想。

5. 在全面深入研究的基础上，对司马光天命思想作出了较为清晰的解释，得出司马光天命思想不涉迷信的明确结论。

6. 引入心理分析、事件激励等现代理论，探讨司马光的阅历对其思想形成的影响；通过对司马光全部著作的研究探寻其思想来源。力争全面、准确地把握司马光思想。

必须指出，本书还存在诸多不足，甚至是严重的缺失，如从中国思想史角度对司马光治平社会建设思想进行的纵向和横向比较研究尚付阙如；一些结论的归纳概括旁证不足，难辞武断之咎；部分史料重复使用，有交叉累赘之弊；因固执地坚持对史论的全覆盖和以内容定标题的原则，以致各级标题颇多不规整；仅考虑专业人士阅读，行文通俗性显著不足等，均有待进一步完善。

# 第一章　司马光治平社会建设思想综论

治平社会建设思想是司马光全部思想的总归，其内容丰富多彩，包括以礼治国思想、用人思想、法制思想、经济思想、军事思想、文化思想等，本书将逐章论述之，本章仅就其综合性内容略陈于次。

## 第一节　司马光的综合社会治理观

由于《通鉴》史论皆因事出论，出论本事所处社会背景各异，关涉社会治理之范畴不同，而各处所论多其时社会治理之大要，故《通鉴》史论如玉盘之散珠，各有侧重，具有突出的时代性和独立性，相对缺乏系统性。若不考虑其特殊的时代背景，仅看其结论，则不免有相互抵牾处。必综合考察，辨析矛盾，汇总其要，而后可知温公社会治理之整体史观。同时，也有必要适当跳出史论，考察司马光相对集中而系统的社会治理论述，作为研究的理论指导与补充。

### 一　以人的素质发展与应用为中心的社会治理体系：四言说

社会是由人构成的，亦是由人施治的。个人对社会的价值与贡献，决定于其自身的素质。关于人自身的发展与素质的提高，司马光曾概括为才、行、德、道“四言”。

迂叟为《四言铭》，见者忽之，曰老生常谈耳，故有系述。孔子称才难，夫才者，所受于天，非人所能强也。故推十合一曰士，千人曰俊，万人曰杰，出于其类，拔于其萃，此其所以难也。闻言易悟曰聪，睹事易辨曰明，敢为不惧曰勇，强力不屈曰健。有是四者，才则美矣，然未足恃也。自古恃才而不勤德行，以杀身丧家亡国者，踵相及也。彼皆天之所与，非己之所为，又奚足以骄人哉！君子则不然，有其才，必思美其行以成之。尽心于人曰忠，不欺于己曰信，善父母曰孝，善兄弟曰友。夫孝友百行之先，而后于忠信。何也？苟孝友而不忠信，则非孝友矣。能是四者，行则美矣，未及于德也。正直为正，正曲为直，适宜为中，交泰为和。正直非中和不行，中和非正直不立，若寒暑之相济，阴阳之相成也。夫察目睫者，不能见百步；瞻百步者，亦不能见目睫。均是德也，执其近小而遗其远大，守其卑浅而忘其高深，是犹不免为小人焉。故君子好学不厌，自强不息，推之使远，廓之使大，耸之使高，研之使深，发于心，形于身，裕于家，施于国，格于上，下被于四表，虽尧舜周孔，莫不本于是矣。呜呼！舍是而云道者，皆不足学也。①

由是可知，司马光论道，一本于人，涉及四大基本要素和十六个子要素，这些要素共同构成了其社会治理观的基本框架。社会之治理，在于得人，人求美才，才求行用，行求和谐以进于德，德求光大利世以达于道。社会之美发于才，践于行，进乎德，达于道，第次超越精进。其主要观点如下：

---

① 司马光：《传家集》卷六十七《四言铭系述》（元丰二年五月十七日作），影印《文渊阁四库全书》本。

第一，聪、明、勇、健四天赋要素构成“才”之主体。然而才有优劣，施之于事，复有行善为恶之别，乱臣贼子恃之，适足害世。故必得行为规范以约束之，以免酿“恃才而不勤德行，以杀身丧家亡国者，踵相及”之历史悲剧。

第二，忠、信、孝、友四内修要素组成“行”之核心，乃才之社会诉求与集中体现。然而行有百端，先后有序，必得正直中和以达于和谐。

欲美其行，必不能舍于教化、法治两途。正如《传家集》卷六十九《并州学规后序》（嘉祐二年作）所云：“天下所以化，在于学；百官所以治，在于法。然则学为化原，法为治本。”教化、法治行，乃可达于正直中和。

第三，正、直、中、和之“行”谓“德”，以协调四行之抵牾与矛盾，乃四行之升华与和谐态。然而德有“近小”、“远大”与“卑浅”、“高深”之分，“犹不免为小人焉”；故必由“好学不厌，自强不息”之径，促成“德”之“深远高大”，经世致用，以达于道。

第四，深、远、高、大之“德”谓“道”。《传家集》卷六十四《中和论》（元丰七年十月三日作）亦云：“中者天下之大本也，和者天下之达道也。智者知此者也，仁者守此者也，礼者履此者也，乐者乐此者也，政者正其不然者也，刑者威其不从者也，合而言之，谓之道。道者圣贤之所共由也，岂惟人哉！天地之所以生成万物，靡不由之。”道包涵了和谐社会与事物发展的基本规律和本质要求，具有抽象性和普适性，而司马光更强调其经世致用的应用性和执行性。

此所论之道，毕竟显得玄远而难及，为求其经世致用之效，司马光又对其作了简明的解释，《通鉴》卷十七建元元年（前 140）引董仲舒曰：“道者，所繇适于治之路也，仁、义、礼、乐，皆其具也。”还将其实现途径简单地概括为顺乎物理人情，防御不使逾矩。《传家集》卷六十六《情辩》云，“知其物理之常”，“夫情与道一体也”，“顺人情而为之”，道也；又云：“情者，水也；道者，防也。情者，马也；道者，御也。水不防，则泛溢荡潏，无所不败也；马不御，则腾突奔放，无所不之也。防之御之，然后洋洋焉注夫海，骎骎焉就夫道。”

总之，上述司马光社会治理观起自“皆天之所与”之才，终于“深远高大”玄邈之道，固不免抽象空泛之弊，故时人亦以为“老生常谈”而“忽之”，其科学性尤不可以今世理论责之。但从其熙宁三年(1070)52岁时专文论之，复于元丰二年(1079)61岁时同题再度“系述”之，以及类似情况在其文集中极其罕见的事实推断，此诚为其整体社会观极为重要且较成熟而集中的体现，并对其历史观形成了全面而深刻的影响。惜前人尚未给予应有之重视。从积极的角度考察，这段文字则可视为起于一般人之天性，终于社会治理大道的终极探索，透露出其对人与社会终极关怀的科学理念和社会研究方法。司马光以开阔的社会视角展开讨论，较好地摆脱和超越了狭隘的阶级立场框囿与桎梏。这也提醒我们不可固囿于阶级分析立场，而应以更宽广宏大的社会和谐观审视司马光思想。

在司马光才行德道社会治理体系中，行、德、道均属广义之礼的范畴。行乃狭义之礼，约为儒经所规范之基本范畴，行本于仁善，行之美者为礼，行礼合一，四行皆礼之大要也。德、道则为广义之礼，乃狭义之礼的目标层愿景。要而言之，个人作用于社会者，用才与行礼两端。

## 二 以实务和构筑要件为中心的社会治理体系：四要务说与六要件说

从社会治理的实务考察，司马光认为帝王治国有四大要务：任官、立政、怀民、交邻。

“臣光曰”评荆轲刺秦王而速燕亡：

> 夫为国家者，任官以才，立政以礼，怀民以仁，交邻以信；

是以官得其人，政得其节，百姓怀其德，四邻亲其义。夫如是，则国家安如磐石，炽如猋火，触之者碎，犯之者焦，虽有强暴之国，尚何足畏哉！①

任官、立政、怀民、交邻四者又以才、礼、仁、信为本。才者，天生有别；礼、仁、信者，皆德之属也。综合反映了司马光尊重客观事实与德政合一、德政双修的治国理念。

司马光还将国家与社会比喻为巨室，提出了社会治理六要件说：

凡守太平之业者，其术无他，如守巨室而已。今人有巨室于此，将以传之子孙，为无穷之规，则必实其堂基，壮其柱石，强其栋梁，厚其茨盖，高其垣墉，严其关键。既成，又择子孙之良者使谨守之，日省而月视，攲者扶之，敝者补之。如是，则虽亘千万年无颓坏也。夫民者，国之堂基也；礼法者，柱石也；公卿者，栋梁也；百吏者，茨盖也；将帅者，垣墉也；甲兵者，关键也。是六者，不可不朝念而夕思也。夫继体之君谨守祖宗之成法，苟不隳之以逸欲，败之以谗谄，则世世相承无有穷期。及夫逸欲以隳之，谗谄以败之，神怒于上，民怨于下，一旦涣然而去之，则虽有仁智恭俭之君，焦心劳力，犹不能救陵夷之运，遂至于颠沛而不振。呜呼，可不鉴哉！今国家以此承平之时，立纲布纪，定万世之基，使如南山之不朽，江河之不竭，可以指顾而成耳。失今不为，已乃顿足扼腕而恨之，将何益矣！②

---

① 《资治通鉴》卷七，中华书局 1956 年版，第 231 页。

② 司马光：《传家集》卷二十一《进五规状》（嘉祐六年八月十七日上），影印《文渊阁四库全书》本。

巨室之构成要件有六：堂基、柱石、栋梁、茨盖、垣墉、关键。对应的社会治理要件为：民者，国之堂基也；礼法者，柱石也；公卿者，栋梁也；百吏者，茨盖也；将帅者，垣墉也；甲兵者，关键也。善此六者，则国家与社会可“亘千万年无颓坏也”。六者皆要，缺一不可。其中尤以民（堂基）与礼法（柱石）为要中至要，而公卿、百吏、将帅、甲兵则完善保全之从属要件也。

## 三　以人君为中心的社会治理体系：五才三德一道论①

《稽古录》中的“臣光曰”集中在《历年图》和《历年图序》中，合36条，计7700余字。从卷十一中部至卷十五的《历年图》，简要记载了“由三晋开国，迄于显德之末造”②共35个政权的治乱兴衰事迹，并在每个政权灭亡时，附以一篇“臣光曰”。卷十六的《历年图序》即以“臣光曰”开篇，它是在前35条分论基础上的概括总结，是36条“臣光曰”的精华所在，提炼出以人君为中心的社会治理体系：“人君之道有一，其德有三，其才有五。”

司马光认为“国之治乱，尽在人君”。体现在史论中，他也特别重视为君之道。所不同的是《资治通鉴》的“臣光曰”大多因人就事而论，而《历年图》则偏重于评述历代王朝的兴亡，君王为政的得失，更集中地反映了司马光以帝王为中心的历史兴亡观。

五才，是根据历朝历代帝王才能高下而将其划分为创业、守成、陵夷、中兴和乱亡五类君主。自古创业难，中兴尤难。中兴之君于国家危亡中求治，必有过人之才。故司马光将中兴之君与创业之君并称为有上才的君主。才能中等的君主分为守成与陵夷二类。“守成者，中才能自修者也”。中才而不知加以自修者，则不免

---

①　参蔡瑞霞《〈稽古录〉的历史兴亡论》，《史学史研究》2001年第2期。

②　司马光：《进〈稽古录〉表》，吉书时点校《稽古录》卷首，北京师范大学出版社1988年版。

沦为陵夷之君，其人“习于宴安，乐于怠惰，人之忠邪，混而不分，事之得失，置而不察，苟取目前之佚，不思永远之患”。“下愚不可移者”如隋炀帝、唐懿宗、陈后主一类，为乱亡之君。①

在五才划分的基础之上，司马光总结出了一套人君“修心治国”的守成方案：修心“三德”与治国“一道”。并称：“历观古今之行事，竭尽平生之思虑，质诸圣贤之格言，治乱安危存亡之道，举在于是，不可移易。”②

人君修心三德，即仁、明、武。“仁者，非妪煦姑息之谓也。兴教化，修政治，养百姓，利万物，然后可以为仁。明者，非巧谲苛察之谓也。知道义，识安危，别贤愚，辨是非，然后可以为明。武者，非强亢暴戾之谓也。惟道所在，断之不疑，奸不能惑，佞不能移，然后可以为武。”③

帝王要治理好国家，仅有内治之道是不够的，还必须与外治之道相结合。司马光指出：“仁、明、武，所出于内者也；用人、赏功、罚罪，所施于外者也。出于内者，虽有厚有薄，有多有寡，禀之自天然，好学则知所宜从，力行则光美日新矣。施于外者，施之当，则保其治，保其安，保其存；不当，则至于乱，至于危，至于亡。”④司马光解释其外治“一道”曰：“何谓人君之道一？曰：用人是也。”⑤具体而论，其用人之道又可分为任官、信赏、必罚三者：“致治之道无他，

① 司马光：《稽古录》卷十六，北京师范大学出版社 1988 年版，第 178—180 页。

② 司马光：《司马温公文集》卷七《进修心治国之要劄子》（元丰八年四月十九日上），商务印书馆 1936 年版，第 179 页。

③ 司马光：《稽古录》卷十六，北京师范大学出版社 1988 年版，第 179 页。

④ 司马光：《司马温公文集》卷七《进修心治国之要劄子》（元丰八年四月十九日上），商务印书馆 1936 年版，第 179 页。

⑤ 司马光：《稽古录》卷十六，北京师范大学出版社 1988 年版，第 178 页。

在三而已：一曰任官，二曰信赏，三曰必罚。”[①]并强调“择人而任之，此政之本也；赏善而罚恶，此事之大也”[②]，用人乃国家“治乱之原，安危之机”[③]。

## 四　以史鉴为中心的社会治理体系：五规论

嘉祐六年（1061）八月十七日，司马光上《进五规状》[④]。“五规”指保业、惜时、远谋、重微、务实五个方面，这是司马光“夙夜惶惑，口与心谋，涉沥累旬，乃敢自决”归纳出的历史经验。他认为这五个方面是社会治理者必备的重要思想认识，是“守邦之要道，当世之切务”。

保业。司马光认为，“天下，重器也，得之至艰，守之至艰”。创业之君对得天下之艰每有深切感悟，但守成之主则因处和平环境，常不识保业至艰，“以为子孙万世如泰山之不可摇也，于是有骄惰之心生。骄者，玩兵黩武，穷泰极侈，神怒不恤，民怨不知，一旦涣然，四方糜溃，秦隋之季是也；惰者，沈酣宴安，虑不及远，善恶杂揉，是非颠倒，日复一日，至于不振，汉唐之季是也。二者或失之强，或失之弱，其致败一也。斯不亦守之至艰乎！”司马光统计，自周室东迁至五代末的1700余年间，统一不过500多年，乱世多而治世少。赵宋建国已历80年，是难得的治世，但愈值此时，愈当谨慎，他警示仁宗皇帝：“《周书》曰：心之忧危，若蹈虎尾，涉于春冰。臣愿陛下夙兴夜寐，兢兢业业，思祖宗之勤劳致王业之不易，援古

① 司马光：《司马温公文集》卷二《言御臣上殿劄子》，商务印书馆1936年版，第39页。

② 司马光：《司马温公文集》卷五《陈治要上殿劄子》（治平三年七月十八日上），商务印书馆1936年版，第109页。

③ 司马光：《司马温公文集》卷四《上皇帝疏》（嘉祐八年四月二十七日上），商务印书馆1936年版，第76页。

④ 司马光：《传家集》卷二十一，影印《文渊阁四库全书》本。

以鉴今,知太平之世难得而易失,则天下生民至于鸟兽草木无不幸甚矣!”

惜时。司马光认为物极则反,“盛衰之相承,治乱之相生,天地之常经,自然之至数也”,故“圣人当国家隆盛之时,则戒惧弥甚,故能保其令问永久无疆也”,“时乎,诚难得而易失也”。

远谋。司马光引《易·既济》曰:“君子以思患而豫防之。”为天下国家者,“制治于未乱,保邦于未危”。“治之之术,非有他奇巧也,在察其病之缓急,择其药之良苦,随而攻之,勿责目前之近功,期于万世治安而已矣。”强调有远见的国君应在平时要想到非常之时,由当前而想到长远,不做长久考虑的人是愚人。

重微。司马光引《虞书》曰:“兢兢业业,一日二日万几。”并解释说:“万几,几之为言微也,言当戒惧万事之微也。”圣明的国君要防微杜渐,努力做到“销恶于未萌,弭祸于未形”,并指出“治之于微,则用力寡而功多,治之于盛,则用力多而功寡”。

务实。司马光认为,“为国家者必先实而后文”,务实是社会治理的根本和前提,形式主义是社会治理的大害。他特别强调指出必须辨明十大务实内容:“夫安国家、利百姓,仁之实也;保基绪、传子孙,孝之实也;辨贵贱、立纲纪,礼之实也;和上下、亲远迩,乐之实也;决是非、明好恶,政之实也;诘奸邪、禁暴乱,刑之实也;察言行、试政事,求贤之实也;量材能、课功状,审官之实也;询安危、访治乱,纳谏之实也;选勇果、习战斗,治兵之实也。”并指出“实之不存,虽文之盛美,无益也”。最后向仁宗皇帝提出了殷切期望和警示:“伏望陛下拨去浮文,悉敦信实。选任良吏,以子惠庶民;深谋远虑,以保安宗庙;张布纲纪,使下无觎心;和厚风俗,使人无离怨;别白是非,使万事得正;诛锄奸恶,使威令必行;取有益、罢无用,使野无遗贤;进有功、退不职,使朝无旷官;察谠言、考得失,使谋无不尽;择智将、练勇士,使征无不服。如是,则国家安若泰山而四维之也,又何必以文采之饰、歌颂之声眩耀愚俗之耳目哉!”

《进五规状》是针对北宋社会弊端提出的五项政纲，也是司马光对历史治乱的深刻总结，更是历史与现实的贯通连接，表现了一位远见卓识的政治家正视现实、改造流弊的深刻思考，也将司马光与保守迂腐、安于现状的世俗官僚严格区分开来。

## 五　以天下治平为理想追求的综合社会治理观：治平美业论

帝王之道，或开国，或守成，或创建盛世，或失道衰落，或中兴立业，或保国，或亡国。其至高境界乃开创治平之美业也。此之所谓治平美业，包括了太平盛世、小康之世与中兴之世等。

司马光病逝，其生前政治和学术上的挚友吕诲之子吕由庚为之作挽诗："地下若逢中执法，为言今日再升平。"[①]传递出社会"升平"乃司马光与吕诲毕生之追求的信息。

司马光《进〈资治通鉴〉表》自述其撰著目的为："监前世之兴衰，考当今之得失，嘉善矜恶，取是舍非，足以懋稽古之盛德，跻无前之至治，俾四海群生咸蒙其福。"[②]亦清晰地表达了以社会四海至治为理想追求的社会治理思想。

学术界或以《通鉴》"专取关国家兴衰，系生民休戚，善可为法，恶可为戒者"[③]、"止欲叙国家之兴衰，著生民之休戚"[④]、"穷探治乱之迹"[⑤]，遂做简单之推理，归之于政治史[⑥]，其实是有失严谨的。

---

① 朱熹：《宋名臣言行录后集》卷五《吕诲》，影印《文渊阁四库全书》本。按，"中执法"即指吕诲。

② 司马光：《传家集》卷十七，影印《文渊阁四库全书》本。

③ 司马光：《传家集》卷十七《进〈资治通鉴〉表》，影印《文渊阁四库全书》本。

④ 《资治通鉴》卷六十九"臣光曰"，中华书局1956年版，第2187页。

⑤ 司马光：《传家集》卷十七《谢赐〈资治通鉴序〉表》，影印《文渊阁四库全书》本。

⑥ 蒙曼：《通鉴学》，载《中华国学·史学卷》，新世界出版社2006年版。

司马光将《通鉴》著述目的定位于“关国家兴衰，系生民休戚”的“治乱之迹”，并不等于只关心政治。政治因素之外的经济、文化（含礼教风俗等）、军事等皆在其中，俱“关国家兴衰，系生民休戚”，均可致“治乱”，且史论亦颇多论之。唯有将《通鉴》史论之核心思想理解为追求政治、经济、军事、文化均衡发展的治平社会，方不诬司马光之旨。

### （一）治平美业的治世特征

1. 尚礼重教，世风醇美

此为治平美业的基本特征和早期特征。《通鉴》卷二十一载班固论朝鲜风俗曰：

> 玄菟、乐浪，本箕子所封。昔箕子居朝鲜，教其民以礼义，田蚕织作，为民设禁八条，相杀，以当时偿杀；相伤，以谷偿；相盗者，男没入为其家奴，女为婢；欲自赎者人五十万，虽免为民，俗犹羞之，嫁娶无所售。是以其民终不相盗，无门户之闭，妇人贞信不淫辟。其田野饮食以笾豆，都邑颇放效吏，往往以杯器食。郡初取吏于辽东，吏见民无闭臧，及贾人往者，夜则为盗，俗稍益薄，今于犯禁浸多，至六十余条。可贵哉，仁贤之化也！然东夷天性柔顺，异于三方之外。故孔子悼道不行，设浮桴于海，欲居九夷，有以也夫！①

“昔箕子居朝鲜，教其民以礼义……是以其民终不相盗，无门户之闭，妇人贞信不淫辟。”司马光引“班固赞”曰：“可贵哉，仁贤之化也！”并说：“故孔子悼道不行，设浮桴于海，欲居九夷，有以也夫！”风俗教化之美，可以成为一个民族或地域的品牌与形象，成为吸引人才的优质社会环境。

---

① 《资治通鉴》卷二十一，中华书局1956年版，第690页。

这里描述的治平美业的主要特征为，教民礼义，世风醇美，民羞于违法，社会和谐。这是治平美业必不可少的基本特征，也是早期特征，集中体现于文化礼治层面，强调人民崇礼自治。当其时也，民风淳朴，不慕奢华，民羞于违法，法令简疏。缺少物阜民丰的经济支撑和严密的法律约束，仍可成就治平美业。

2. 黜陟有序，众职修理，公卿多称其位，海内兴于礼让，民则人给家足

此为治平美业的中期特征。随着大一统国家的建立和社会的迅速发展，社会治理事务日趋复杂和繁重，政务治理与经济发展成为该阶段社会治理的重要内容。于是，在礼治之外，依法治官修政、发展经济开始成为该阶段治平美业之治的重要特征。

“班固赞”论文景之美曰：

孔子称：“斯民也，三代之所以直道而行也。”信哉！周、秦之敝，罔密文峻，而奸轨不胜。汉兴，扫除烦苛，与民休息；至于孝文，加之以恭俭；孝景遵业。五六十载之间，至于移风易俗，黎民醇厚。周云成、康，汉言文、景，美矣！①

“班固赞”关注的焦点仍是单一的“移风易俗，黎民醇厚”的礼治文化方面。司马光显然不满足于其所论，所以《通鉴》在录“班固赞”文景之美后，又详尽地记载了文景盛世的治世特征：

汉兴，接秦之弊，作业剧而财匮，自天子不能具钧驷，而将相或乘牛车，齐民无藏盖。天下已平，高祖乃令贾人不得衣丝、乘车，重租税以困辱之。孝惠、高后时，为天下初定，复弛商贾之律；然市井之子孙，亦不得仕宦为吏。量吏禄，度官用，

① 《资治通鉴》卷十六，中华书局1956年版，第546—547页。

以赋于民。而山川、园池、市井租税之入，自天子以至于封君汤沐邑，皆各为私奉养焉，不领于天子之经费。漕转山东粟以给中都官，岁不过数十万石。继以孝文、孝景，清净恭俭，安养天下，七十余年之间，国家无事，非遇水旱之灾，民则人给家足。都鄙廪庾皆满，而府库余货财；京师之钱累钜万，贯朽而不可校；太仓之粟陈陈相因，充溢露积于外，至腐败不可食。众庶街巷有马，而阡陌之间成群，乘字牝者摈而不得聚会。守闾阎者食粱肉；为吏者长子孙，居官者以为姓号。故人人自爱而重犯法，先行义而后诎辱焉。①

其着眼点主要有三：其一曰帝王有德、政策得宜，孝文"恭俭"、孝景"遵业"，行"清净恭俭，安养天下"政策，"七十余年之间，国家无事"；其二曰风俗醇美，"移风易俗，黎民醇厚"，"人人自爱而重犯法，先行义而后诎辱焉"；其三曰物阜民丰，"非遇水旱之灾，民则人给家足。都鄙廪庾皆满，而府库余货财；京师之钱累钜万，贯朽而不可校；太仓之粟陈陈相因，充溢露积于外，至腐败不可食。众庶街巷有马，而阡陌之间成群，乘字牝者摈而不得聚会。守闾阎者食粱肉；为吏者长子孙，居官者以为姓号。"物阜民丰，"人给家足"，亦成为治平美业的重要特征之一。

附带指出，司马光记载和评价文景之治，非一味誉美，在上述记载后，接着又说："当此之时，罔疏而民富，役财骄溢，或至兼并、豪党之徒，以武断于乡曲。宗室有土、公、卿、大夫以下，争于奢侈，室庐、舆服僭于上，无限度。物盛而衰，固其变也；自是之后，孝武内穷侈靡，外攘夷狄，天下萧然，财力耗矣！"②清醒地认识到盛世背后社会矛盾的积聚，表达了盛世危变的思想。在《通鉴》卷二十

① 《资治通鉴》卷十六，中华书局1956年版，第547—548页。

② 《资治通鉴》卷十六，中华书局1956年版，第548页。

二中，又引"班固赞"评汉武帝曰："文、景务在养民，至于稽古礼文之事，犹多阙焉。"①指出了文景盛世的缺憾与不足。

《通鉴》卷二十七载：五凤三年（前 55）正月，博阳定侯丙吉薨。"班固赞"评宰相丙吉辅成昭宣中兴曰：

> 古之制名，必由象类，远取诸物，近取诸身。故经谓君为元首，臣为股肱，明其一体相待而成也。是故君臣相配，古今常道，自然之势也。近观汉相，高祖开基，萧、曹为冠；孝宣中兴，丙、魏有声。是时黜陟有序，众职修理，公卿多称其位，海内兴于礼让。览其行事，岂虚虖哉！②

昭宣中兴，丙吉为相，史称其良。其治世特征表现为："是时黜陟有序，众职修理，公卿多称其位，海内兴于礼让。"即黜陟不称职者；规范一般官吏，使恪尽职守，行政修明；重视高官的任用，使各称其位；对百姓则教以礼让。突出强调了用人、修职、尚礼三个方面，如是则中兴成。为治不慕多务，执其本要，稳健务实而已。依法治官修政开始成为该阶段治平美业之治的核心特征。

3. 君明臣忠，上令下从，俊良在位，佞邪黜远，礼修乐举，刑清政平，奸宄消伏，兵革偃戢，诸侯顺附，四夷怀服，时和年丰，家给人足，此太平之象也

此为治平美业成熟期的特征。司马光为我们描绘出一个治平社会建设的理想蓝图。涉及社会文化、政治、经济、军事、外交诸方面，全面的治平社会建设成为该阶段治平美业之治的鲜明特征。

唐文宗时，朝臣中形成了牛、李两大派，综而论之，前者保守，后者进取。《通鉴》卷二百四十四记载：大和六年（832），李德裕负

① 《资治通鉴》卷二十二，中华书局 1956 年版，第 747 页。

② 《资治通鉴》卷二十七，中华书局 1956 年版，第 872—873 页。

责西南军务时，吐蕃将领悉怛谋纳土归降。牛僧孺为保西南安靖，主张将其送还吐蕃，致其被杀，其地亦失。有人认为这是快吐蕃而绝来降的愚策，也有人认为是牛氏害李氏之功而蓄意所为。文宗亦有悔意，便问宰相牛僧孺："天下何时当太平，卿等亦有意于此乎！"僧孺对曰："太平无象。今四夷不至交侵，百姓不至流散，虽非至理，亦谓小康。陛下若别求太平，非臣等所及。"

司马光批评牛僧孺诬称小康之世"太平无象"说，阐释了太平之象的治世特征。"臣光曰"："君明臣忠，上令下从，俊良在位，佞邪黜远，礼修乐举，刑清政平，奸宄消伏，兵革偃戢，诸侯顺附，四夷怀服，时和年丰，家给人足，此太平之象也。"接着探讨了阻碍中唐以来社会太平的四大因素：其一曰"阍寺专权，胁君于内，弗能远也"；其二曰"藩镇阻兵，陵慢于外，弗能制也"；其三曰"士卒杀逐主帅，拒命自立，弗能诘也"；其四曰"军旅岁兴，赋敛日急，骨血纵横于原野，杼轴空竭于里闾"。[①] 表达了对太平之象的渴慕和向往。

### （二）褒赞成就治平美业之君臣，严责危害治平美业之行为

#### 1. 褒赞成就治平美业之君臣

《通鉴》卷二十七引"班固赞"论孝宣中兴之君曰：

> 孝宣之治，信赏必罚，综核名实。政事、文学、法理之士，咸精其能。至于技巧、工匠、器械，自元、成间鲜能及之。亦足以知吏称其职，民安其业也。遭值匈奴乖乱，推亡固存，信威北夷，单于慕义，稽首称藩。功光祖宗，业垂后嗣，可谓中兴，侔德殷宗、周宣矣！[②]

褒赞中兴之君能承敝有为。孝宣之治，内则"吏称其职，民安其

① 《资治通鉴》卷二百四十四，中华书局1956年版，第7880—7881页。

② 《资治通鉴》卷二十七，中华书局1956年版，第892页。

业”。于人于事，能做到“信赏必罚，综核名实”；选用的“政事、文学、法理之士”，即行政、教育、法制方面的人才，“咸精其能”；在“技巧、工匠、器械”等科技发展方面，“自元、成间鲜能及之”。外则“信威北夷，单于慕义，稽首称藩”。故“班固赞”曰：“功光祖宗，业垂后嗣，可谓中兴，侔德殷宗、周宣矣！”

唐开元间，卢怀慎与姚崇同为相，自以才不及崇，每事推之，时人谓之“伴食宰相”。“臣光曰”：

> 昔鲍叔之于管仲，子皮之于子产，皆位居其上，能知其贤而下之，授以国政；孔子美之。曹参自谓不及萧何，一遵其法，无所变更；汉业以成。夫不肖用事，为其僚者，爱身保禄而从之，不顾国家之安危，是诚罪人也。贤智用事，为其僚者，愚惑以乱其治，专固以分其权，媢嫉以毁其功，愎戾以窃其名，是亦罪人也。崇，唐之贤相，怀慎与之同心戮力，以济明皇太平之政，夫何罪哉！《秦誓》曰：“如有一介臣，断断猗，无它技；其心休休焉，其如有容；人之有技，若己有之，人之彦圣，其心好之，不啻如自其口出，是能容之，以保我子孙黎民，亦职有利哉。”怀慎之谓矣。①

司马光认为：“崇，唐之贤相，怀慎与之同心戮力，以济明皇太平之政，夫何罪哉！”并引《秦誓》充分肯定并高度赞美了卢怀慎知贤而下，遵贤者法而不改，“以济明皇太平之政”的品德。

2. 严责危害治平美业之人与行为

《通鉴》卷二百四十一元和十四年(819)载：唐宪宗时，兖、海、沂、密观察使王遂，性狷急，好聚敛，治严酷，激起藩镇兵将怨愤。元和十四年，沂州役卒王弁等五人密谋起事，杀王遂，自号留后，统

① 《资治通鉴》卷二百一十一，中华书局 1956 年版，第 6708—6709 页。

领兵众。唐廷闻变，遣曹华为观察使，诱杀王弁及变兵千二百人，平定叛乱。“臣光曰”评唐宪宗诱杀变兵：

> 惜夫！宪宗削平僭乱，几致升平，其美业所以不终，由苟徇近功不敦大信故也。①

肯定宪宗平乱，追求治平美业；反对其平乱诱诈与滥杀方法。

《通鉴》卷一百一十五载：义熙五年（409），刘裕帅东晋军北伐南燕，广固之役，遭到顽强抵抗，付出了惨重的代价。义熙六年，破城灭燕，“裕忿广固久不下，欲尽坑之，以妻女赏将士”，遇大臣劝谏，“裕改容谢之，然犹斩王公以下三千人，没入家口万余，夷其城隍”。“臣光曰”：

> 晋自济江以来，威灵不竞，戎狄横骛，虎噬中原。刘裕始以王师翦平东夏，不于此际旌礼贤俊，慰抚疲民，宣恺悌之风，涤残秽之政，使群士向风，遗黎企踵，而更恣行屠戮以快忿心；迹其施设，曾苻、姚之不如，宜其不能荡壹四海，成美大之业，岂非虽有智勇而无仁义使之然哉！②

明确指出刘裕之所以“不能荡壹四海，成美大之业”，乃不行仁义而“恣行屠戮以快忿心”使然。

司马光还严厉谴责了文饰太平的行为。《通鉴》卷三十六论王莽文饰太平，引“班固赞”曰：

> 孝平之世，政自莽出，褒善显功，以自尊盛。观其文辞，方

① 《资治通鉴》卷二百四十一，中华书局 1956 年版，第 7773 页。

② 《资治通鉴》卷一百一十五，中华书局 1956 年版，第 3627 页。

外百蛮,无思不服,休征嘉应,颂声并作;至于变异见于上,民怨于下,莽亦不能文也。①

指出文饰太平不可能瞒天欺世,明确传达了反对文饰太平的态度。

## 第二节 司马光以人为本的社会治理思想

### 一 司马光以人为本社会治理思想的起源与提出

#### (一) 司马光以人为本的社会治理思想的起源

以人为本思想,简称人本思想。司马光以人为本的社会治理思想是对儒家传统民本思想的继承和发展,是治平社会建设思想的基石。

民本思想是儒家仁学理论体系的重要组成部分。仁是孔子思想体系的理论核心和儒家学说的核心,也是儒家学派道德规范的最高原则,对中华文化和社会的发展产生了重大影响。"仁"字从人从二,即人们互存、互助、互爱之意,故其最初含义是指人与人之间的一种亲善关系。"仁"字始见于儒家经典《尚书·金縢》:"予仁若考。"其仁指美好的道德。孔子把"仁"定义为"爱人",并解释说:"夫仁者,己欲立而立人,己欲达而达人"(《论语·雍也》),"己所不欲,勿施于人"(《论语·颜渊》)。孔子在回答子张问仁时还说,"能行五者(按五者为恭、宽、信、敏、惠)于天下,为仁矣"(《论语·阳货》)。孟子发挥了孔子的思想,把仁同义联系起来,把仁义看作道德行为的最高准则。其"仁",指人心,即人皆有之的"恻隐之心"、仁爱之心;其"义",指正路,"义,人之正路也"(《孟子·离娄上》)。

① 《资治通鉴》卷三十六,中华书局 1956 年版,第 1156 页。

孔子首先把仁作为儒家最高道德规范，提出以仁为核心的一套学说。孟子在孔子仁说的基础上，提出著名的仁政说，要求把仁的学说落实到具体的政治治理中，实行王道，反对霸道，使政治清平，人民安居乐业。为此，孟子提出一些切于实际的主张，重点在改善民生，加强教化。其首要之点是"制民之产"，要求实行"五亩之宅，树之以桑，五十者可以衣帛矣；鸡豚狗彘之畜，无失其时，七十者可以食肉矣；百亩之田，勿夺其时，八口之家可以无饥矣；谨庠序之教，申之以孝悌之义，颁白者不负戴于道路矣。老者衣帛食肉，黎民不饥不寒，然而不王者，未之有也"(《孟子·梁惠王上》)。把仁政说与王道政治联系起来。认为人皆有仁爱之同情心，即不忍人之心，主张"以不忍人之心，行不忍人之政，治天下可运之掌上"(《孟子·公孙丑下》)。行仁政，天下可得到治理；不行仁政，则天下难以治理。孟子认为，即使是百里小国，只要行仁政，天下百姓也会归之而王。他对梁惠王说："地方百里而可以王。王如施仁政于民，省刑罚，薄税敛，深耕易耨。壮者以暇日修其孝悌忠信，入以事其父兄，出以事其长上，可使制梃以挞秦楚之坚甲利兵矣。"(《孟子·梁惠王上》)行仁政须落实到"省刑罚，薄税敛"，发展农业生产等要事上来，只有这样，才能巩固国家经济政治生活的基础。在此基础上，修德行教，使仁爱之心推而广之，即使是坚甲利兵也能战而胜之。强调以仁政统一天下，进而治理天下，提倡以德服人的"王道"政治，反对以力服人的"霸道"政治，批评暴力，反对战争。这是儒家仁政理论的基本出发点。

与仁政学说及重视人权，满足人的基本物质生活需求的理论相联系，从政治治理的实践和人的生存发展的实际需要出发，儒家重视民生，主张满足人们求生存的基本物质欲求，并倡富民思想，强调先富后教，使民从善，然后政权得以稳固。孟子说："无恒产而有恒心者，惟士为能。若民，则无恒产，因无恒心。苟无恒心，放辟邪侈，无不为已。及陷于罪，然后从而刑之，是罔民也。焉有仁人在位,罔民而可为也？是故明君制民之产,必使仰足以事父母,俯足以畜妻子,乐岁终身饱,凶年免于死亡。然后驱而之善,故民之从之也轻。”(《孟子·梁惠王上》)儒家认为,民生是治国之本,民以食为天,衣食足,有恒产才有恒心,满足了百姓的衣食需求,国家才能稳固而得到治理。

儒家从重视民生出发,倡富民思想。儒家经典《周礼》提出“保息养民”的六项措施,即“一曰慈幼,二曰养老,三曰振穷,四曰恤贫,五曰宽疾,六曰安富”。富而安之,体现了儒家早期的富民思想。孔子提出富而教之的思想,“子适卫,冉有仆。子曰:‘庶矣哉!’冉有曰:‘既庶矣,又何加焉?’曰:‘富之。’曰:‘既富矣,又何加焉?’曰:‘教之。’”(《论语·子路》)使人民生活得到满足而富裕,然后施之以教,使人民有道德。把富民作为施教的前提和基础,可见对富民的重视。孔子还把富民与利民、满足人民的物质生活利益联系起来。他说:“因民之所利而利之。”(《论语·子张》)强调利民、富民、保民、爱民,体察和顺应民心的向背,这是儒家富民思想的特征。孟子还设想,物质财富得到很大的丰富和满足,百姓还有不仁的吗？他说:“圣人治天下,使有菽粟如水火。菽粟如水火,而民焉有不仁者乎?”(《孟子·尽心上》)满足了百姓的生活需求,使之富足,就会使民众达到仁的境界而国安。而民穷则争,争则起暴乱,国难以治。可见民富才能国安。使老百姓安居乐业,民富而国富,是儒家政治思想的基本点。

**(二)司马光以人为本的社会治理思想的提出**

《通鉴》卷六十五记载:建安十三年(208),刘备为曹操所迫,投奔荆州刘表(字景升),景升临终,将其子刘琮托付给刘备。不久,刘琮降曹而不预于备。或劝备攻琮,荆州可得。备曰:“刘荆州临亡托我以孤遗,背信自济,吾所不为。”乃转走江陵。以荆州百姓投奔者众,故军行迟缓,或谓备曰:“宜速行保江陵,今虽拥大众,被甲者少,若曹公兵至,何以拒之!”备曰:“夫济大事必以人为本,今人归吾,吾何忍弃去!”司马光引“习凿齿论”曰:“刘玄德虽颠沛险难而信义愈明,势逼事危而言不失道。追景升之顾,则情感三军;恋赴义之士,则甘与同败。终济大业,不亦宜乎!”[①]反映了司马光“以人为本”乃建国立业根本的认识。

此外,《通鉴》还有三处“以人为本”的明确记载。

其一,永元十三年(101)十一月丙辰,诏曰:“幽、并、凉州户口率少,边役众剧,束修良吏进仕路狭。抚接夷狄,以人为本,其令缘边郡口十万以上,岁举孝廉一人,不满十万,二岁举一人,五万以下,三岁举一人。”[②]这里的“以人为本”,指以当地人口数为基准举荐贤良而用之。反映出一些统治者已认识到“以人为本”为贤良开进仕之路有益于安边睦邻。

其二,景龙二年(708)七月,左拾遗京兆辛替否上疏谏曰:“君以人为本,本固则邦宁,邦宁则陛下之夫妇母子长相保也。”[③]反映了“以人为本”有益安邦保业的认识。

其三,元和七年(812)五月,上曰:“国以人为本,闻有灾当亟救之,岂可尚复疑之邪!朕适者不思,失言耳。”命速蠲其租赋。[④]反映出“以人为本”当恤民救灾的思想。

## 二 司马光以人为本社会治理思想的丰富内涵

### (一) 惟人万物之灵,天意即民心

此为司马光人本思想之哲学认识基础。司马光继承了儒家“天地之性人为贵”(《孝经·圣治》)的传统思想,并结合史事予以发扬广大。《通鉴》卷五十六载:东汉建宁二年(169),段颎为将,

① 《资治通鉴》卷六十五,中华书局 1956 年版,第 2083 页。
② 《资治通鉴》卷四十八,中华书局 1956 年版,第 1551—1552 页。
③ 《资治通鉴》卷二百九,中华书局 1956 年版,第 6624 页。
④ 《资治通鉴》卷二百三十八,中华书局 1956 年版,第 7691 页。

"凡百八十战",杀汉阳散羌"三万八千余","于是东羌悉平",段颎亦因之"更封新丰县侯,邑万户"。司马光就此发论,"臣光曰"起论即引《书》称:"天地,万物父母。惟人万物之灵,亶聪明,作元后,元后作民父母。"指出人为万物之灵,君民为父母与子民关系。并据此认为,段颎"虽克捷有功,君子所不与也"。①

《通鉴》卷七十三载:高堂隆上疏魏明帝曰:"《书》曰:'天聪明自我民聪明,天明畏自我民明威。'言天之赏罚,随民言,顺民心也。夫采椽、卑宫,唐、虞、大禹之所以垂皇风也;玉台、琼室,夏癸、商辛之所以犯昊天也。"②高堂隆疾笃,复口占上疏曰:"曾子有言曰:'人之将死,其言也善。'臣寝疾有增无损,常恐奄忽,忠款不昭,臣之丹诚,愿陛下少垂省览!臣观三代之有天下,圣贤相承,历数百载,尺土莫非其有,一民莫非其臣。然癸、辛之徒,纵心极欲,皇天震怒,宗国为墟,纣枭白旗,桀放鸣条,天子之尊,汤、武有之。……夫皇天无亲,惟德是辅。民咏德政,则延期过历;下有怨叹,则辍录授能。由此观之,天下乃天下之天下,非独陛下之天下也!"帝手诏深慰劳之。司马光继引"陈寿评"曰:"高堂隆学业修明,志存匡君,因变陈戒,发于恳诚,忠矣哉!"③盛赞高堂隆之忠。"天聪明自我民聪明,天明畏自我民明威",即上天耳聪目明,实际是人民耳聪目明,上天显赫威灵,实际是人民显赫威灵。高堂隆索性直接解释为"言天之赏罚,随民言,顺民心也",将抽象玄渺的天意赋予了切实的民心内涵。

时值司马氏鹰瞵虎视曹魏政权之际,高堂隆上疏曰:"天下乃天下之天下,非独陛下之天下也!"故当用天下人以保全天下。"夫皇天无亲,惟德是辅。民咏德政,则延期过历;下有怨叹,则辍录授

① 《资治通鉴》卷五十六,中华书局 1956 年版,第 1817 页。
② 《资治通鉴》卷七十三,中华书局 1956 年版,第 2316 页。
③ 《资治通鉴》卷七十三,中华书局 1956 年版,第 2326 页。

能。"百姓赞咏德政，则人君享国长久；怨声载道，则上天就会另选贤能之人授予他国家。明确表达了帝王基业尽在得民心的思想。

**（二）国保于民，国之"根"、"基"在于"爱民"，利民即利国利君**

此为司马光从国家构成主体角度对人本思想的阐扬。《通鉴》周显王十年（前 359）"臣光曰"论"卫鞅变法，立木取信于民"称："国保于民，民保于信；非信无以使民，非民无以守国。"①"非民无以守国"，故曰"国保于民"。

司马光引干宝论西晋兴亡曰："武皇既崩，山陵未干而变难继起……戎、羯称制，二帝失尊。"进而指出，西晋迅速转入衰亡，根本症结在于不务爱民，根基不固。"昔之有天下者所以能长久"，以其"基广则难倾，根深则难拔"。并举例对比说："周自后稷爱民，十六王而武始君之，其积基树本，如此其固。今晋之兴也，其创基立本，固异于先代矣。"②由此可知，这里所谓的"根"、"基"，其核心与本质是"爱民"，而非人们通常所理解的广其封建、众立藩国以扶王廷。③ 这是一种应予足够重视和高度肯定的人本治国思想，体现了对传统认识的超越与发展。

司马光引"干宝论"约 800 字。司马光引前贤之史论，意取其主旨也，虽多为原文照录，亦偶事删减，故于细微处，每不免异见，是本自然。此由司马光《稽古录》关于西晋兴亡之评论与该引论的几处不同可知：其一曰论司马懿，既肯定其才高望重，有大功于魏，又指其"专制朝柄，诛锄异己，平昔之美，扫地尽矣。及景、文相继，

① 《资治通鉴》卷二，中华书局 1956 年版，第 48 页。

② 《资治通鉴》卷八十九，中华书局 1956 年版，第 2835—2836 页。

③ 如《资治通鉴》卷七十四孙盛论魏明帝"不固维城之基，至使大权偏据，社稷无卫"（第 2345 页）；卷一百二十裴子野论刘宋败亡之因，"幼王临州，长史行事；宣传教命，又有典签；往往专恣，窃弄威权，是以本根虽茂而端良甚寡"（第 3768 页）；卷一百二十四裴子野论宋文帝"高祖思固本枝，崇树襁褓；后世遵守，迭据方岳"（第 3914 页）等。

遂迁魏祚”;其二曰论晋武帝,亦在充分肯定其统一天下之功的同时,指出其不足,“恃其治安,荒于酒色。以开基之始,不为远图,崇尚浮华,败弃礼法”;其三曰论晋惠帝,则直斥其“昏愚,不辨菽麦”;其四曰总结西晋败亡原因,曰:“祸生于闺闼,成于宗室,骨肉相残,而胡、羯、氐、羌、鲜卑争承其弊,剖裂中原,齑醢生民,积骸成丘,流血成渊,几三百年,岂不哀哉!”①总之,司马光之论较之干宝之论,更趋客观,且简赅深刻。

周显王三十三年(前336)载:

> 邹人孟轲见魏惠王,王曰:“叟,不远千里而来,亦有以利吾国乎?”孟子曰:“君何必曰利,仁义而已矣!君曰何以利吾国,大夫曰何以利吾家,士庶人曰何以利吾身,上下交征利而国危矣。未有仁而遗其亲者也,未有义而后其君者也。”王曰:“善。”初,孟子师子思,尝问牧民之道何先。子思曰:“先利之。”孟子曰:“君子所以教民,亦仁义而已矣,何必利!”子思曰:“仁义固所以利之也。上不仁则下不得其所,上不义则下乐为诈也,此为不利大矣。故《易》曰:‘利者,义之和也。’又曰:‘利用安身,以崇德也。’此皆利之大者也。”②

“臣光曰”:“子思、孟子之言,一也。夫唯仁者为知仁义之为利,不仁者不知也。故孟子对梁王直以仁义而不及利者,所与言之人异故也。”③司马光清晰地表明了自己的观点:“夫唯仁者为知仁义之为利,不仁者不知也。”人君御民之道首在养之,不能养民,则流离亡散,无以用之。欲养其民,必先利之。何以利之?子思曰:

① 司马光:《稽古录》卷十三,北京师范大学出版社1988年版,第98页。
② 《资治通鉴》卷二,中华书局1956年版,第64页。
③ 《资治通鉴》卷二,中华书局1956年版,第64页。

"仁义固所以利之也。上不仁则下不得其所,上不义则下乐为诈也,此为不利大矣。"这里的不利,显然是指对国家、对人君统治的不利。如此,则利分两种,一为利民,一为利国利君。先行仁义以求利民,然后可以利国利君,三者之利合于一。只求利君利国,而忽略利民和行仁义,则三者难达于统一。对于好利的魏惠王,自当对以:"君何必曰利,仁义而已矣!"体现出司马光利民即利国利君的科学思辨。

**(三)天生圣人、帝王任官、君子养贤,皆在为民**

此为司马光从执政用人角度对人本思想的阐释。司马光曰:"圣人专以利人为心。"①又,《通鉴》卷二十八汉元帝初元元年(前48)载:

(贡)禹至,拜为谏大夫。上数虚已问以政,禹奏言:"古者人君节俭,什一而税,无他赋役,故家给人足。高祖、孝文、孝景皇帝,宫女不过十余人,厩马百余匹。后世争为奢侈,转转益甚;臣下亦稍放效。臣愚以为如太古难,宜少放古以自节焉。方今宫室已定,无可奈何矣;其余尽可减损。故时齐三服官,输物不过十笥;方今齐三服官,作工各数千人,一岁费数钜万,厩马食粟将万匹。武帝时,又多取好女至数千人,以填后宫。及弃天下,多藏金钱、财物,鸟兽、鱼鳖凡百九十物;又皆以后宫女置于园陵。至孝宣皇帝时,陛下恶有所言,群臣亦随故事,甚可痛也!故使天下承化,取女皆大过度,诸侯妻妾或至数百人,豪富吏民畜歌者至数十人,是以内多怨女,外多旷夫。及众庶葬埋,皆虚地上以实地下。其过自上生,皆在大臣循故事之罪也。唯陛下深察古道,从其俭者:大减损乘舆服御

① 司马光:《传家集》卷七十四《迂书·圣穷》,影印《文渊阁四库全书》本。

> 器物，三分去二；择后宫贤者，留二十人，余悉归之，及诸陵园女无子者，宜悉遣；厩马可无过数十匹，独舍长安城南苑地，以为田猎之囿。以方今天下饥馑，可无大自损减以救之称天意乎！天生圣人，盖为万民，非独使自娱乐而已也。”天子纳善其言，下诏，令诸宫馆希御幸者勿缮治；太仆减谷食马；水衡减肉食兽。①

“臣光曰”就此发论，旨在批评贡禹之谏未能“先其所急，后其所缓”，于“谗佞用权”的“当时之大患”，“不以为言”。② 但客观上也借贡禹之谏，表达了“天生圣人，盖为万民”的人本思想。

汉武帝“好四夷之功”，致国弊民贫。但至晚年，能“封田千秋为富民侯，以明休息，思富养民也。又以赵过为搜粟都尉。过能为代田，其耕耘田器皆有便巧，以教民，用力少而得谷多，民皆便之”。“臣光曰”称之：“息民重农，而赵过之俦教民耕耘，民亦被其利。”③在此，司马光从任官用人目的角度阐释了其人本思想。

《通鉴》周显王四十八年（前321）载孟尝君养士曰：“文通傥饶智略，说靖郭君以散财养士。靖郭君使文主家待宾客，宾客争誉其美，皆请靖郭君以文为嗣。靖郭君卒，文嗣为薛公，号曰孟尝君。孟尝君招致诸侯游士及有罪亡人，皆舍业厚遇之，存救其亲戚，食客常数千人，各自以为孟尝君亲己，由是孟尝君之名重天下。”④司马光就此发论，阐明君子养士的根本目的。“臣光曰”：“君子之养士，以为民也。《易》曰：‘圣人养贤，以及万民。’夫贤者，其德足以敦化正俗，其才足以顿纲振纪，其明足以烛微虑远，其强足以结仁

---

① 《资治通鉴》卷二十八，中华书局1956年版，第894—895页。
② 《资治通鉴》卷二十八，中华书局1956年版，第895页。
③ 《资治通鉴》卷二十二，中华书局1956年版，第742页。
④ 《资治通鉴》卷二，中华书局1956年版，第77—78页。

固义;大则利天下,小则利一国。是以君子丰禄以富之,隆爵以尊之;养一人而及万人者,养贤之道也。”然后,直斥“孟尝君之养士也,不恤智愚,不择臧否,盗其君之禄,以立私党,张虚誉,上以侮其君,下以蠹其民,是奸人之雄也,乌足尚哉!《书》曰:‘受为天下逋逃主、萃渊薮。’此之谓也。”[①]此与《四豪论》[②]论孟尝君养士的观点一致,表达了司马光养贤用人以利万民的基本史观。

**(四)“大济生民”,仁之极也**

此为司马光从儒家仁学思想角度对人本思想的阐扬。“臣光曰”论荀彧,以济民、利民作为评价历史人物的终极标准。

《通鉴》卷六十六建安十七年(212)载:

> 董昭言于曹操曰:“自古以来,人臣匡世,未有今日之功;有今日之功,未有久处人臣之势者也。今明公耻有惭德,乐保名节;然处大臣之势,使人以大事疑己,诚不可不重虑也。”乃与列侯诸将议,以丞相宜进爵国公,九锡备物,以彰殊勋。荀彧以为:“曹公本兴义兵以匡朝宁国,秉忠贞之诚,守退让之实;君子爱人以德,不宜如此。”操由是不悦。……(彧)饮药而卒。彧行义修整而有智谋,好推贤进士,故时人皆惜之。[③]

“臣光曰”:

> 孔子之言仁也重矣,自子路、冉求、公西赤门人之高第,令尹子文、陈文子诸侯之贤大夫,皆不足以当之,而独称管仲之仁,岂非以其辅佐齐桓,大济生民乎!齐桓之行若狗彘,管仲不

① 《资治通鉴》卷二,中华书局1956年版,第78页。

② 司马光:《传家集》卷六十五,影印《文渊阁四库全书》本。

③ 《资治通鉴》卷六十六,中华书局1956年版,第2114—2115页。

羞而相之，其志盖以非桓公则生民不可得而济也。汉末大乱，群生涂炭，自非高世之才不能济也。然则荀彧舍魏武将谁事哉！

齐桓之时，周室虽衰，未若建安之初也。建安之初，四海荡覆，尺土一民，皆非汉有。荀彧佐魏武而兴之，举贤用能，训卒厉兵，决机发策，征伐四克，遂能以弱为强，化乱为治，十分天下而有其八，其功岂在管仲之后乎！管仲不死子纠而荀彧死汉室，其仁复居管仲之先矣！

而杜牧乃以为"彧之劝魏武取兖州则比之高、光，官渡不令还许则比之楚、汉，及事就功毕，乃欲邀名于汉代，譬之教盗穴墙发匮而不与同挈，得不为盗乎！"臣以为孔子称"文胜质则史"，凡为史者记人之言，必有以文之。然则比魏武于高、光、楚、汉者，史氏之文也，岂皆彧口所言邪！用是贬彧，非其罪矣。且使魏武为帝，则彧为佐命元功，与萧何同赏矣；彧不利此而利于杀身以邀名，岂人情乎！①

"仁"乃孔子创立的儒学思想之核心。孔子独称管仲之仁，以其能"大济生民"，是乃仁之极也。陈寿《三国志·荀彧传》评价荀彧"机鉴先识，未能充其志"，即指责他未能救汉室之危而适足以倾危之。袁宏《后汉纪》认为"刘氏之失天下"，荀彧"为之"，死有"余愧"。杜牧《题荀文若传后》认为荀彧事曹倾汉犹如"教盗穴墙发柜，多得金玉，已复不与同挈，得不为盗乎"！② 杜牧以荀彧为"盗"，司马光以为"荀彧舍魏武将谁事"，"功岂在管仲之后"，"仁复居管仲之先"，以民本思想评论历史人物，颇具拨乱反正的唯物辩证史识，诚卓见也。

当然，司马光之前已有裴松之《三国志注》及范晔《后汉书》对

① 《资治通鉴》卷六十六，中华书局 1956 年版，第 2115—2117 页。
② 杜牧：《樊川文集》卷六，上海古籍出版社 1978 年版，第 108 页。

荀彧持肯定评价，但均不及司马光之论详瞻，更未达到司马光认知的思想高度。

（五）经济养民，执政为民

此为司马光从经济及执政目的角度对人本思想的集中概括。《通鉴》卷二百三十三载：贞元四年（788）二月，淮南钱帛二十万运抵长安，宰相李泌将其全部输入唐德宗的私用仓库“大盈库”，但仍不能满足德宗挥霍需用，德宗“犹数有宣索，仍敕诸道勿令宰相知”。泌闻之，惆怅而不敢言。“臣光曰”认为，“王者以天下为家”，“阜天下之财以养天下之民”，不当“更为私藏”，行“匹夫之鄙志”，[①]明确表达了阜财养民的人本史观。

《通鉴》卷二十二载：征和四年（前89），汉武帝封田千秋为富民侯、赵过为搜粟都尉，“过能为代田，其耕耘田器皆有便巧，以教民，用力少而得谷多，民皆便之”。“臣光曰”：“息民重农，而赵过之俦教民耕耘，民亦被其利。”[②]在此，司马光表达了息民重农和技术经济利民的进步史观。

《通鉴》卷一百三十八永明十一年（493）载“臣光曰”论魏孝文帝行小仁滥赦军士为盗者：“人主之于其国，譬犹一身，视远如视迩，在境如在庭。举贤才以任百官，修政事以利百姓，则封域之内无不得其所矣。”[③]明确表达了“修政事以利百姓”的观点。

《通鉴》卷二百三十三记载：贞元三年（787）十二月，唐德宗游猎于新店，顺便微服私访于百姓赵光奇家，问丰稔之年百姓安乐否，赵光奇对曰：“诏令不信。前云两税之外悉无他徭，今非税而诛求者殆过于税。后又云和籴，而实强取之，曾不识一钱。始云所籴粟麦纳于道次，今则遣致京西行营，动数百里，车摧马毙，破产不能

---

① 《资治通鉴》卷二百三十三，中华书局1956年版，第7510页。

② 《资治通鉴》卷二十二，中华书局1956年版，第742页。

③ 《资治通鉴》卷一百三十八，中华书局1956年版，第4338页。

支。愁苦如此，何乐之有！每有诏书优恤，徒空文耳！恐圣主深居九重，皆未知之也！"德宗遂免除其家徭役。"臣光曰"："甚矣唐德宗之难寤也！"并指出，"自古所患者，人君之泽壅而不下达，小民之情郁而不上通；故君勤恤于上而民不怀，民愁怨于下而君不知，以至于离叛危亡，凡以此也"。人君既知行政之失，"固当按有司之废格诏书，残虐下民，横增赋敛，盗匿公财，及左右谄谀日称民间丰乐者而诛之；然后洗心易虑，一新其政，屏浮饰，废虚文，谨号令，敦诚信，察真伪，辨忠邪，矜困穷，伸冤滞，则太平之业可致矣。释此不为，乃复光奇之家；夫以四海之广，兆民之众，又安得人人自言于天子而户户复其徭赋乎！"[①]司马光认为，人君用法当矫其过而归诸正，以利天下万民，不当一仍其弊，仅免复一人也。强调了人本思想中利"兆民之众"的本质属性。

此外，司马光还表达了设礼教民、执法为民、设兵养人等人本思想，详见相关章节内容，兹不赘述。

## 三　热情讴歌得人心者

### （一）礼赞爱民帝王

#### 1. 赞唐太宗之畏民（"未副人望"）与爱民

《通鉴》卷一百九十二贞观二年（628）下，司马光饱含热情地记录了两则唐太宗的故事。其一曰畏民。唐太宗谓侍臣曰："人言天子至尊，无所畏惮。朕则不然……兢兢业业，犹恐不合天意，未副人望。"魏征曰："此诚致治之要，愿陛下慎终如始，则善矣。"[②]体现出人君畏民的民本思想。其二曰爱民。"畿内有蝗。辛卯，上入苑中，见蝗，掇数枚，祝之曰：'民以谷为命，而汝食之，宁食吾之肺肠。'举手欲吞之，左右谏曰：'恶物或成疾。'上曰：'朕为民受灾，何疾之

---

① 《资治通鉴》卷二百三十三，中华书局 1956 年版，第 7508—7509 页。

② 《资治通鉴》卷一百九十二，中华书局 1956 年版，第 6048 页。

避!'遂吞之。是岁,蝗不为灾。"①《通鉴》以史代评,热情讴歌了唐太宗爱民和代民受灾的言行,闪烁出朴素而强烈的人本思想光芒。

2. 礼赞周世宗爱民、舍身济民之仁,毁佛铸钱为有益以利民之明

《通鉴》不厌其详地记载了后周世宗毁佛像铸钱的史事细节。如显德二年(955)载:

> 帝以县官久不铸钱,而民间多销钱为器皿及佛像,钱益少,九月,丙寅朔,敕始立监采铜铸钱,自非县官法物、军器及寺观钟磬钹铎之类听留外,自余民间铜器、佛像,五十日内悉令输官,给其直;过期隐匿不输,五斤以上其罪死,不及者论刑有差。上谓侍臣曰:"卿辈勿以毁佛为疑。夫佛以善道化人,苟志于善,斯奉佛矣。彼铜像岂所谓佛邪!且吾闻佛志在利人,虽头目犹舍以布施,若朕身可以济民,亦非所惜也。"②

"臣光曰":"若周世宗,可谓仁矣,不爱其身而爱民;若周世宗,可谓明矣,不以无益废有益。"③周世宗曰"若朕身可以济民,亦非所惜也",司马光极赞其仁、明,鲜明地体现出司马光的人本精神。

**(二)得人心者得天下**

1. 赞司马师引二败为己过,得人心,终得天下

《通鉴》卷七十六载:嘉平四年(252),魏大将军司马师不从诸葛诞之策,兵分三路攻吴,因东路军败而全线溃退。次年春,"朝议欲贬黜诸将,大将军师曰:'我不听公休,以至于此。此我过也,诸将何罪!'悉宥之"。又载:"是岁,雍州刺史陈泰求敕并州并力讨胡,师从

① 《资治通鉴》卷一百九十二,中华书局1956年版,第6053—6054页。
② 《资治通鉴》卷二百九十二,中华书局1956年版,第9529—9530页。
③ 《资治通鉴》卷二百九十二,中华书局1956年版,第9530页。

之。未集,而新兴、雁门二郡胡以远役,遂惊反。师又谢朝士曰:'此我过也,非陈雍州之责!'是以人皆愧悦。"司马光引"习凿齿论"曰:

> 司马大将军引二败以为己过,过消而业隆,可谓智矣。若乃讳败推过,归咎万物,常执其功而隐其丧,上下离心,贤愚解体,谬之甚矣!君人者,苟统斯理而以御国,行失而名扬,兵挫而战胜,虽百败可也,况于再乎!①

罪己而得人心,终得天下。人君御国,只要懂得了这种善得人心的道理,虽行为失误却能名声远扬,军事暂时受挫却能最终战胜敌人,那么,即使失败一百次都无妨,何况只有两次呢!这种认识,在今日已发展为完善的危机管理理论,可有效地化不利为有利、转被动为主动。

2. 赞司马昭以德克寿春,种惠敌国之人,结异类之情

《通鉴》卷七十七记载:甘露三年(258),司马昭统军攻吴寿春,谋略得当,又"能以德攻",积极争取人心,取得大捷。志满骄生,欲遣诸军轻兵深入,一举灭吴。王基谏曰:"昔诸葛恪乘东关之胜,竭江表之兵以围新城,城既不拔,而众死者大半。姜维因洮西之利,轻兵深入,粮饷不继,军覆上邽。夫大捷之后,上下轻敌,轻敌则虑难不深。今贼新败于外,又内患未弭,是其修备设虑之时也。且兵出逾年,人有归志,今俘馘十万,罪人斯得,自历代征伐,未有全兵独克如今之盛者也。武皇帝克袁绍于官渡,自以所获已多,不复追奔,惧挫威也。"司马昭及时醒悟而罢兵,并擢封王基为东武侯。司马光引"习凿齿论"曰:

> 君子谓司马大将军于是役也,可谓能以德攻矣。夫建业

① 《资治通鉴》卷七十六,中华书局1956年版,第2402页。

者异道,各有所尚而不能兼并也。故穷武之雄,毙于不仁;存义之国,丧于懦退。今一征而禽三叛,大虏吴众,席卷淮浦,俘馘十万,可谓壮矣。而未及安坐,赏王基之功;种惠吴人,结异类之情;宠鸯葬钦,忘畴昔之隙;不咎诞众,使扬土怀愧。功高而人乐其成,业广而敌怀其德。武昭既敷,文算又洽,推是道也,天下其孰能当之哉!①

"君子谓司马大将军于是役也,可谓能以德攻矣"。攻则先取人心,捷而不杀降众;"穷武之雄,毙于不仁;存义之国,丧于懦退"。故大捷后,能从谏如流,审于形势,克制骄轻,及时中止"遣诸军轻兵深入"灭吴之欲,"种惠吴人,结异类之情(孔安国注曰:种,布也。夫种则有获,种惠于吴人,使归心中国,以成他日混一之功,如种艺之有秋也);宠鸯(魏叛将文钦之子)葬钦(魏叛将文钦),忘畴昔之隙;不咎诞(魏叛将诸葛诞)众,使扬土怀愧"。广布仁义,赏功犒师,安抚降众,种惠吴人,德慰亡叛。司马昭善于处胜,故习凿齿称颂之曰:"功高而人乐其成,业广而敌怀其德。武昭既敷,文算又洽,推是道也,天下其孰能当之哉!"司马昭仁义爱人,敌怀其德,奠三国一统之基。

## 四　严责失人心者

### (一) 失人心则速亡天下

《通鉴》卷一百九十二载:贞观元年(627),"上与侍臣论周、秦修短,萧瑀对曰:'纣为不道,武王征之。周及六国无罪,始皇灭之。得天下虽同,人心则异。'上曰:'公知其一,未知其二。周得天下,增修仁义;秦得天下,益尚诈力:此修短之所以殊也。盖取之或可以逆得,守之不可以不顺故也。'"②周、秦以军事力征得天下则同,

① 《资治通鉴》卷七十七,中华书局1956年版,第2444页。

② 《资治通鉴》卷一百九十二,中华书局1956年版,第6036页。

然一为有道，一为不道，人心则异；人心异而蕴修长与促短之优劣。至若守成，则不二径也，唯仁义顺守一门。体现出司马光强调在社会治理中天下、民心合一的科学发展史观。二者合则国祚修长，离则促短。同卷又载：唐太宗对侍臣言隋亡国，称炀帝朝为官行政，“顺一人颜情，为兆民之深患”，终致“天下大乱，家国两亡”。[①]

**（二）失人心则阻限功业**

《通鉴》卷一百一十五记载：义熙五年（409），刘裕帅东晋军北伐南燕，广固之役，遭到南燕军的顽强抵抗，付出了惨重的代价。次年，破城灭燕，“裕忿广固久不下，欲尽坑之，以妻女赏将士”，大臣劝谏，“然犹斩王公以下三千人，没入家口万余，夷其城隍，送（南燕主慕容）超诣建康，斩之”。“臣光曰”：“晋自济江以来，威灵不竞，戎狄横骛，虎噬中原”，当此之时，要以修明内政为急务，“旌礼贤俊，慰抚疲民，宣恺悌之风，涤残秽之政，使群士向风，遗黎企踵”，本不当“以王师翦平东夏”，更不该于战后“恣行屠戮以快忿心”，所以“宜其不能荡壹四海，成美大之业，岂非虽有智勇而无仁义使之然哉”！[②] 刘裕“恣行屠戮”而“无仁义”，失人心，故“不能荡壹四海，成美大之业”。

**（三）失人心卒至败亡**

《通鉴》卷一百三记载：咸安二年（372），“冠军将军慕容垂言于秦王坚曰：‘臣叔父评，燕之恶来辈也，不宜复污圣朝，愿陛下为燕戮之。’坚乃出评为范阳太守，燕之诸王悉补边郡”。“臣光曰”：

> 古之人，灭人之国而人悦，何哉？为人除害故也。彼慕容评者，蔽君专政，忌贤疾功，愚暗贪虐以丧其国，国亡不死，逃遁见禽。秦王坚不以为诛首，又从而宠秩之，是爱一人而不爱

① 《资治通鉴》卷一百九十二，中华书局 1956 年版，第 6041 页。
② 《资治通鉴》卷一百一十五，中华书局 1956 年版，第 3627 页。

一国之人也，其失人心多矣。是以施恩于人而人莫之恩，尽诚于人而人莫之诚，卒于功名不遂，容身无所，由不得其道故也。①

苻坚宠秩慕容评，失人心，卒至败亡。在此，司马光将得人心擢升至得道的礼学至高境界，等同对待，体现出其得道即得人心、得人心乃得众人之心而非一人之心的深刻认知。

应予指出者，封建制度自秦至宋不断发展完善，呈现出勃勃生机，上层建筑领域理论发展的任务就是要去积极适应这一当时历史背景下最优的社会制度选择，于是强调个人对社会的适应与责任的礼学思想体系日渐成为社会思想主流。由于时代原因，司马光过于强调礼的等级性，强调社会的上下尊卑关系，在一定意义上削弱了儒家原初的仁学思想、民本思想，使孔孟的正统儒学思想在此大打折扣。这是一种客观的历史统一和矛盾统一。还应看到，司马光以人为本的思想，是建立在民乃国家赋税、甲兵之源基础之上的，其爱民、为民、养民思想，意在“养鸡取卵”、“牧牛求奶”，尚不可与今日彻底的全心全意为人民服务的以人为本的思想等同视之。

## 第三节　常规治国思想

### 一　文武兼之，礼法共治，礼教为本

#### （一）文武兼之，先礼义而后勇力

《通鉴》卷二百一十三载：开元十九年（731）三月，“令两京诸州各置太公庙，以张良配享，选古名将，以备十哲；以二、八月上戊致

① 《资治通鉴》卷一百三，中华书局1956年版，第3255—3256页。

祭，如孔子礼”。太公即姜尚，十哲为张良、田穰苴、孙武、吴起、乐毅、白起、韩信、诸葛亮、李靖、李绩。姜太公被封武成王，为武圣，祠武庙自此始。

司马光不赞同立太公庙，尤其反对配十哲。“臣光曰”：“经纬天地之谓文，戡定祸乱之谓武，自古不兼斯二者而称圣人，未之有也。故黄帝、尧、舜、禹、汤、文、武、伊尹、周公莫不有征伐之功，孔子虽不试，犹能兵莱夷，却费人，曰‘我战则克’，岂孔子专文而太公专武乎？”并指出“孔子所以祀于学者，礼有先圣先师故也”，并非专文不武。还认为姜太公尚不能与孔子并列，“自生民以来，未有如孔子者，岂太公得与之抗衡哉！”又辩正说：“自孙、吴以降，皆以勇力相胜，狙诈相高，岂足以数于圣贤之门而谓之武哉！乃复诬引以偶十哲之目，为后世学者之师；使太公有神，必羞与之同食矣。”①

司马光坚持儒家礼义治国思想，反映了北宋重文抑武的时代特点。“古者有发，则命大司徒教士以车甲，羸股肱，决射御，受成献馘，莫不在学。所以然者，欲其先礼义而后勇力也。君子有勇而无义为乱，小人有勇而无义为盗；若专训之以勇力而不使之知礼义，奚所不为矣！”②指出重勇力的社会思想导向蕴涵着巨大的潜在危害。

**（二）礼法共治，礼教治世为“知所先务而得其本原”**

《通鉴》卷四十建武元年（25）载：

> 初，宛人卓茂，宽仁恭爱，恬荡乐道，雅实不为华貌，行己在于清浊之间，自束发至白首，未尝与人有争竞，乡党故旧，虽行能与茂不同，而皆爱慕欣欣焉。哀、平间为密令，视民如子，举善而教，口无恶言，吏民亲爱，不忍欺之。民尝有言部亭长

① 《资治通鉴》卷二百一十三，中华书局1956年版，第6795—6796页。

② 《资治通鉴》卷二百一十三，中华书局1956年版，第6795—6796页。

受其米肉遗者,茂曰:“亭长为从汝求乎,为汝有事嘱之而受乎,将平居自以恩意遗之乎?”民曰:“往遗之耳。”茂曰:“遗之而受,何故言邪?”民曰:“窃闻贤明之君,使民不畏吏,吏不取民。今我畏吏,是以遗之;吏既卒受,故来言耳。”茂曰:“汝为敝民矣!凡人所以群居不乱,异于禽兽者,以有仁爱礼义,知相敬事也。汝独不欲修之,宁能高飞远走,不在人间邪!吏顾不当乘威力强请求耳。亭长素善吏,岁时遗之,礼也。”民曰:“苟如此,律何故禁之?”茂笑曰:“律设大法,礼顺人情。今我以礼教汝,汝必无怨恶;以律治汝,汝何所措其手足乎!一门之内,小者可论,大者可杀也。且归念之!”初,茂到县,有所废置,吏民笑之,邻城闻者皆蚩其不能。河南郡为置守令;茂不为嫌,治事自若。数年,教化大行,道不拾遗;迁京部丞,密人老少皆涕泣随送。及王莽居摄,以病免归。上即位,先访求茂,茂时年七十余。甲申,诏曰:“夫名冠天下,当受天下重赏。今以茂为太傅,封褒德侯。”①

“臣光曰”评光武帝以卓茂为太傅:

孔子称“举善而教,不能则劝”。是以舜举皋陶,汤举伊尹,而不仁者远,有德故也。光武即位之初,群雄竞逐,四海鼎沸,彼摧坚陷敌之人,权略诡辩之士,方见重于世,而独能取忠厚之臣,旌循良之吏,拔于草莱之中,寘诸群公之首,宜其光复旧物,享祚久长,盖由知所先务而得其本原故也。②

礼教设治,人“必无怨恶”而乐其化;律法为治,每致民不知“何

① 《资治通鉴》卷四十,中华书局 1956 年版,第 1284—1285 页。
② 《资治通鉴》卷四十,中华书局 1956 年版,第 1285 页。

所措其手足”。故卓茂提出“律设大法，礼顺人情”说，颇得其质。一般的社会冲突、人际矛盾，皆宜以能“顺人情”的礼教治之，是为治世本原也；设立律法，原本仅为处理礼教无法协调而又关乎社会治理的大事、要事，宜控制其范围而慎用之，是为治世辅助之法也。从人类法律史角度考察，律法条令皆由至简、至要而转繁、转琐。汉初不过约法三章，又《通鉴》卷二十一引班固评朝鲜风俗：“昔箕子居朝鲜，教其民以礼义，田蚕织作，为民设禁八条……今于犯禁浸多，至六十余条。”[①]可知卓茂所言不误。统治者为维护自身利益，律法渐繁，并日渐侵蚀礼教发挥作用之域。今日西方法制社会人情淡漠的现实，已促其反思律法细琐之弊而日益重视中国儒家文化礼教治世思想的合理性。故司马光盛赞卓茂“知所先务而得其本原”。司马光《潜虚》释“讱”曰：“仁也。……王者尚恩德先于刑。”释“教”曰：“教也。……教化既美，习俗乃成；习俗既成，运数莫夺，越千百年，流风不绝。”表达了同样的先礼教后刑法的长期治国方略。

## 二 治世以大德，不以小惠

《通鉴》卷七十五正始七年(246)载：

> 初，丞相亮时，有言公惜赦者，亮答曰：“治世以大德，不以小惠，故匡衡、吴汉不愿为赦。先帝亦言：‘吾周旋陈元方、郑康成间，每见启告治乱之道悉矣，曾不语赦也。若刘景升、季玉父子，岁岁赦宥，何益于治！’”[②]

司马光引“陈寿评”曰：“诸葛亮为政，军旅数兴而赦不妄下，不

① 《资治通鉴》卷二十一，中华书局1956年版，第690页。

② 《资治通鉴》卷七十五，中华书局1956年版，第2367页。

亦卓乎!”①表达了对“治世以大德,不以小惠”思想的充分肯定。

《通鉴》卷一百三十八永明十一年(493)载:

> 大司马安定王休执军士为盗者三人以徇于军,将斩之。魏主行军遇之,命赦之,休不可,曰:“陛下亲御六师,将远清江表,今始行至此,而小人已为攘盗,不斩之,何以禁奸!”帝曰:“诚如卿言。然王者之体,时有非常之泽。三人罪虽应死,而因缘遇朕,虽违军法,可特赦之。”既而谓司徒冯诞曰:“大司马执法严,诸君不可不慎。”于是军中肃然。②

“臣光曰”:

> 先王黈纩塞耳,前旒蔽明,欲其废耳目之近用,推聪明于四远也。彼废疾者宜养,当命有司均之于境内;今独施于道路之所遇,则所遗者多矣,其为仁也,不亦微乎?况赦罪人以桡有司之法,尤非人君之体也。惜也!孝文,魏之贤君,而犹有是乎!③

司马光批判魏孝文帝行小仁滥赦军士为盗者,“其为仁也,不亦微乎?况赦罪人以桡有司之法,尤非人君之体也”;并指出人君之恩“当命有司均之于境内;今独施于道路之所遇,则所遗者多矣”。小仁无补于大治,恩施于众,方为大德。

《通鉴》卷二百三十三贞元三年(787)载“臣光曰”评唐德宗复赵光奇家,批评此乃施政以利“四海之广,兆民之众”而“不为”,“甚

---

① 《资治通鉴》卷七十五,中华书局1956年版,第2367页。

② 《资治通鉴》卷一百三十八,中华书局1956年版,第4338页。

③ 《资治通鉴》卷一百三十八,中华书局1956年版,第4338页。

矣唐德宗之难瘉也!”[①]治国当利天下之众,解万民之困,唯利一人,无益于治也。表达了不施大德、独行小仁非人君治国之道的思想。

## 三　牢记治国两要、三要、四要

熙宁二年(1069)八月五日,司马光所上奏的《上体要疏》是一篇洋洋四千言的大论,其中心是论如何做一个圣明的皇帝,其主要观点是“为政有体,治事有要”,体现了司马光突出的抓主要矛盾的治世思想。[②] 司马光从治国要务角度,概括出治国两要、三要、四要。由简而繁,体现出司马光治国思想的发展与完善;由繁而简,则体现出司马光治国思想中突出的取重择要精神。

### (一)内部治理两要:举贤才以任百官,修政事以利百姓

《通鉴》卷一百三十八记载:永明十一年(493),大司马安定王休执军士为盗者三人,将斩之。魏主行军遇之,命特赦之。“臣光曰”就此发论,概括了人主治国的两要、两途:“人主之于其国,譬犹一身,视远如视迩,在境如在庭。举贤才以任百官,修政事以利百姓,则封域之内无不得其所矣。”[③]两要为任百官与利百姓,两途为举贤才与修政事。

### (二)常规治国三要:王霸无异道,皆本仁祖义,任贤使能,赏善罚恶,禁暴诛乱

司马光从一般性治国要务角度深刻理解历史上争讼纷纭的王霸之道,揭示出王霸无异道的常规治国方略,皆本仁祖义,任贤使能,赏善罚恶,禁暴诛乱。即礼治、用人、法治三要素。礼治为根本,用人为途径,法治为保障。

---

① 《资治通鉴》卷二百三十三,中华书局1956年版,第7508页。

② 司马光:《传家集》卷四十三,影印《文渊阁四库全书》本。

③ 《资治通鉴》卷一百三十八,中华书局1956年版,第4338页。

《通鉴》卷二十七甘露元年(前53)记载：

> 皇太子柔仁好儒，见上所用多文法吏，以刑绳下，常侍燕从容言："陛下持刑太深，宜用儒生。"帝作色曰："汉家自有制度，本以霸王道杂之；奈何纯任德教，用周政乎！且俗儒不达时宜，好是古非今，使人眩于名实，不知所守，何足委任！"乃叹曰："乱我家者太子也！"①

自孟、荀区别王霸之道以来，世颇从其说。汉宣帝深悟其道，外儒内法，"所用多文法吏，以刑绳下"。训责太子好儒，称"汉家自有制度，本以霸王道杂之"，这里的王道指以上古三代圣王为代表奉行的德教治天下之道，霸道强调的则是以春秋五霸为代表推行的法治强国之道。对应于当时流行的学术流派思想，略相当于儒家和法家主张的社会治理之道。儒家尚仁德崇礼义，法家尚刑法寡恩义。两家"名位有尊卑，德泽有深浅，功业有钜细，政令有广狭耳，非若白黑、甘苦之相反也"。

儒家礼义思想并不排斥法家刑法思想的合理成分，不过仅以刑法为进德之径、达道之术，而未崇为治天下之道耳。故司马光论曰："王霸无异道。昔三代之隆，礼乐、征伐自天子出，则谓之王。天子微弱不能治诸侯，诸侯有能率其与国同讨不庭以尊王室者，则谓之霸。其所以行之也，皆本仁祖义，任贤使能，赏善罚恶，禁暴诛乱。"然其时儒学德教之不崇，一由"人主之不为，非先王之道不可复行于后世也"；二由"儒有君子，有小人。彼俗儒者，诚不足与为治也，独不可求真儒而用之乎！稷、契、皋陶、伯益、伊尹、周公、孔子，皆大儒也，使汉得而用之，功烈岂若是而止邪！"并批评汉宣帝"曰王道不可行，儒者不可用，岂不过哉！非所以训示子孙，垂法将

① 《资治通鉴》卷二十七，中华书局1956年版，第880—881页。

来者也”。[①] 司马光肯定儒学德教治天下乃万世不易之道，认为历史上的这些变异不能改变儒学德教治天下大道的正确性。司马光探本求真，将王霸之道统一于治国三要素，这在中国政治史上，亦不失为一项重要的学术成果，有益于终止无谓的争讼，归本于治国实务。

**(三) 综合治国四要：任官、立政、怀民、交邻**

从国际史视角考察，内政外交并重，司马光将治国要务归纳为任官、立政、怀民、交邻四者。

《通鉴》卷七“臣光曰”评荆轲刺秦王而速燕亡：

> 夫为国家者，任官以才，立政以礼，怀民以仁，交邻以信；是以官得其人，政得其节，百姓怀其德，四邻亲其义。夫如是，则国家安如磐石，炽如焱火，触之者碎，犯之者焦，虽有强暴之国，尚何足畏哉！[②]

强调治国有四大要务：任官、立政、怀民、交邻。四者又以才、礼、仁、信为本。才者，天生有别；礼、仁、信者，皆德之属也。综合反映了司马光尊重客观事实与德政合一、德政双修的治国理念。

## 四　谨守立策三术，严审为政八真

**(一) 谨守立策三术**

在治国策略层面，司马光强调和重视灵活权变的思想，肯定荀悦立策三术说。

《通鉴》卷十记载：汉高帝三年（前 204），楚汉战争进入第三年，楚强汉弱的格局依然没有得到根本改变。汉高帝与郦食其商

① 《资治通鉴》卷二十七，中华书局 1956 年版，第 881 页。
② 《资治通鉴》卷七，中华书局 1956 年版，第 231 页。

议削弱楚势力，"食其曰：'昔汤伐桀，封其后于杞；武王伐纣，封其后于宋。今秦失德弃义，侵伐诸侯，灭其社稷，使无立锥之地。陛下诚能复立六国之后，此其君臣、百姓必皆戴陛下之德，莫不乡风慕义，愿为臣妾。德义已行，陛下南乡称霸，楚必敛衽而朝。'汉王曰：'善！趣刻印，先生因行佩之矣。'"张良来谒，汉高帝"具以郦生语告良"，良对以"八不可"，汉王乃悟，遂令销印。[①] 对此，"荀悦论"曰：

夫立策决胜之术，其要有三：一曰形，二曰势，三曰情。形者，言其大体得失之数也；势者，言其临时之宜、进退之机也；情者，言其心志可否之实也。故策同、事等而功殊者，三术不同也。

初，张耳、陈余说陈涉以复六国，自为树党；郦生亦说汉王。所以说者同而得失异者，陈涉之起，天下皆欲亡秦；而楚、汉之分未有所定，今天下未必欲亡项也。故立六国，于陈涉，所谓多己之党而益秦之敌也；且陈涉未能专天下之地也，所谓取非其有以与于人，行虚惠而获实福也。立六国，于汉王，所谓割己之有而以资敌，设虚名而受实祸也。此同事而异形者也。

及宋义待秦、赵之毙，与昔卞庄刺虎同说者也。施之战国之时，邻国相攻，无临时之急，则可也。战国之立，其日久矣，一战胜败，未必以存亡也；其势非能急于亡敌国也；进乘利，退自保，故累力待时，乘敌之毙，其势然也。今楚、赵所起，其与秦势不并立，安危之机，呼吸成变，进则定功，退则受祸。此同事而异势者也。

伐赵之役，韩信军于泜水之上而赵不能败。彭城之难，汉王战于睢水之上，士卒皆赴入睢水而楚兵大胜。何则？赵兵

① 《资治通鉴》卷十，中华书局1956年版，第331页。

出国迎战，见可而进，知难而退，怀内顾之心，无出死之计；韩信军孤在水上，士卒必死，无有二心，此信之所以胜也。汉王深入敌国，置酒高会，士卒逸豫，战心不固；楚以强大之威而丧其国都，士卒皆有愤激之气，救败赴亡之急，以决一旦之命，此汉之所以败也。且韩信选精兵以守，而赵以内顾之士攻之；项羽选精兵以攻，而汉以怠惰之卒应之。此同事而异情者也。

故曰：权不可豫设，变不可先图；与时迁移，应物变化，设策之机也。①

明确提出了决策三要，"一曰形，二曰势，三曰情"，分析了"同事而异形者"、"同事而异势者"、"同事而异情者"三种表现，总结出"权不可豫设，变不可先图；与时迁移，应物变化，设策之机也"的历史结论，表达了史家的通变思想。

**（二）严审为政八真**

《通鉴》卷二十九载荀悦论石显惑君曰：

夫佞臣之惑君主也甚矣，故孔子曰："远佞人。"非但不用而已，乃远而绝之，隔塞其源，戒之极也。孔子曰："政者，正也。"夫要道之本，正己而已矣。平直真实者，正之主也。故德必核其真，然后授其位；能必核其真，然后授其事；功必核其真，然后授其赏；罪必核其真，然后授其刑；行必核其真，然后贵之；言必核其真，然后信之；物必核其真，然后用之；事必核其真，然后修之。故众正积于上，万事实于下，先王之道，如斯而已矣！②

① 《资治通鉴》卷十，中华书局 1956 年版，第 333—334 页。
② 《资治通鉴》卷二十九，中华书局 1956 年版，第 934 页。

"荀悦论"引孔子曰:"政者,正也。"即真也、实也。又论曰:"夫要道之本,正己而已矣。平直真实者,正之主也。"从而将为政之要归于求真。提出为政八真论:考德授位、量能定事、因功论赏、核罪明刑、行真贵之、言真信之、物真用之、事真修之。诠释为政之本在于正,在于考真用实。兹诚精论也,今日为政之要亦不出其外,宜深省而切行之。

## 五 重视信息沟通与政令执行,强调严明刑赏

### (一)重视信息沟通与政令执行

《通鉴》卷二百三十三载:贞元三年(787)十二月,唐德宗游猎于新店,顺便微服私访于百姓赵光奇家,问丰稔之年百姓安乐否,赵光奇对曰:"诏令不信。前云两税之外悉无他徭,今非税而诛求者殆过于税。后又云和籴,而实强取之,曾不识一钱。始云所籴粟麦纳于道次,今则遣致京西行营,动数百里,车摧马毙,破产不能支。愁苦如此,何乐之有!每有诏书优恤,徒空文耳!恐圣主深居九重,皆未知之也!"

施政之患,在于上令不得下行、下情不能上达。"臣光曰":"自古所患者,人君之泽壅而不下达,小民之情郁而不上通;故君勤恤于上而民不怀,民愁怨于下而君不知,以至于离叛危亡,凡以此也。"①表达了重视信息沟通与政令执行的社会治理思想。

### (二)赏功诛罪,人君之任也;政之大本,在于刑赏

#### 1. 赏有功,诛有罪,此人君之任也

《通鉴》卷一百七十二太建八年(576)载:北周大臣伊娄谦聘于齐,肩负刺探北齐军政情况重任。"其参军高遵以情输于齐,齐人拘之于晋阳。周主既克晋阳,召谦,劳之。执遵付谦,任其报复。谦顿首,请赦之,周主曰:'卿可聚众唾面,使其知愧。'谦曰:'以遵

① 《资治通鉴》卷二百三十三,中华书局1956年版,第7508页。

之罪，又非唾面可责。'帝善其言而止。谦待遵如初。"随后，"臣光曰"就此发论：

> 赏有功，诛有罪，此人君之任也。高遵奉使异国，漏泄大谋，斯叛臣也；周高祖不自行戮，乃以赐谦，使之复怨，失政刑矣！孔子谓以德报怨者何以报德。为谦者，宜辞而不受，归诸有司，以正典刑。乃请而赦之以成其私名，美则美矣，亦非公义也。①

以德报怨，于礼为美，然不可害公义也。公义为大，私德事小，宜先正以政刑，而后在此框架内施以仁德，仁德不可害政刑公义也。弃政刑公义而滥施仁德，乃"以成其私名"，失"公义也"。"高遵奉使异国，漏泄大谋，斯叛臣也；周高祖不自行戮，乃以赐谦，使之复怨，失政刑矣！"司马光强调"赏有功，诛有罪，此人君之任也"，认为周武帝失政刑，伊娄谦暗公义。

2. 政之大本，在于刑赏

《通鉴》卷七十九晋武帝泰始三年(267)载：

> 司隶校尉上党李憙劾故立进令刘友、前尚书山涛、中山王睦、尚书仆射武陔各占官稻田，请免涛、睦等官，陔已亡，请贬其谥。诏曰："友侵剥百姓以谬惑朝士，其考竟以惩邪佞。涛等不贰其过，皆勿有所问。憙亢志在公，当官而行，可谓邦之司直矣。光武有云：'贵戚且敛手以避二鲍。'其申敕群僚，各慎所司，宽宥之恩，不可数遇也！"②

① 《资治通鉴》卷一百七十二，中华书局1956年版，第5365页。

② 《资治通鉴》卷七十九，中华书局1956年版，第2502页。

"臣光曰":

政之大本,在于刑赏,刑赏不明,政何以成!晋武帝赦山涛而褒李憙,其于刑赏两失之。使憙所言为是,则涛不可赦;所言为非,则憙不足褒。褒之使言,言而不用,怨结于下,威玩于上,将安用之!且四臣同罪,刘友伏诛而涛等不问,避贵施贱,可谓政乎!创业之初而政本不立,将以垂统后世,不亦难乎!①

司马光批判晋武帝行刑避贵,表达了"政之大本,在于刑赏,刑赏不明,政何以成"的社会治理思想。

## 六　强调治众三要,重视治人二途,严守驭人八柄

### (一)强调治众三要:武、智、仁

司马光曰:"夫治众,天下之大事也,非圣人则不能。夫众之所服者武也,所从者智也,所亲者仁也。三者不备而能用其众,未之有也。然或得之小,或得之大;或用之邪,或用之正。邪正大小之道,其得失吉凶相去远矣。彼小人者,以矫矫为武,瞩瞩为智,煦煦为仁,众人亦有悦而从之者,所谓小也。圣人者,以正人为武,安人为智,利人为仁,天下皆悦而从之,所谓大也。夫小人之得众也,以为上则暴,以为下则乱,故谓之邪。圣人之得众也,所以禁暴而止乱也,故谓之正。夫众非小人之所用也,小人用之以为不正,咎孰大焉。子罕曰:'兵者,所以威不轨而昭文德也。'圣人以兴,乱人以废,此之谓也。"②

武以止乱,得众使归于正,此乃社会治理与成就治平伟业之前

① 《资治通鉴》卷七十九,中华书局1956年版,第2503页。

② 司马光:《温公易说》卷一,影印《文渊阁四库全书》本。

提与基础；智以安人，四民（士、农、工、商）各安其业则盛世可期，太平之基初备；仁以利人，天下皆悦而从之，悦则生产力获最大解放，可使帝王功业最大化。

司马光高度重视兵与武在乱争之世的正人意义，但始终仅将其视为社会治理之前提与辅助手段，而非目的。在社会治理途径的选择上，司马光坚持文主武辅，强调兵与武“所以威不轨而昭文德也”。一旦止乱，就应立即转入以安人利人为特征的智仁治国新阶段。

**（二）重视治人二途：学与法**

司马光曰：“天下所以化，在于学；百官所以治，在于法。然则学为化原，法为治本，兹二者，又可忽欤！”①学而知礼，礼以化民，民化则世安泰。学以化民，乃治民之大要也；法治百官，则治官之大要也。治民以学，治官以法，礼法同治，各有侧重，王道乃成。

**（三）严守人君驭人八柄：爵、禄、废、置、杀、生、予、夺**

《通鉴》卷二百二十载：唐肃宗乾元元年（758），“平卢节度使王玄志薨，上遣中使往抚慰将士，且就察军中所欲立者，授以旌节。高丽人李怀玉为裨将，杀玄志之子，推侯希逸为平卢军使。……朝廷因以希逸为节度副使。节度使由军士废立自此始”。随后“臣光曰”：

> 夫民生有欲，无主则乱。是故圣人制礼以治之。自天子、诸侯至于卿、大夫、士、庶人，尊卑有分，大小有伦，若纲条之相维，臂指之相使，是以民服事其上，而下无觊觎。其在《周易》，“上天、下泽，履。”象曰：“君子以辨上下，定民志。”此之谓也。

---

① 司马光：《传家集》卷六十九《并州学规后序》（嘉祐二年作），影印《文渊阁四库全书》本。

> 凡人君所以能有其臣民者,以八柄存乎己也。苟或舍之,则彼此之势均,何以使其下哉!①

人君驭民之道:立等级治理体系,行八柄之权威。此所谓礼或纲纪,核心即等级治理体系。八柄,出《周礼·天官》:"一曰爵,以驭其贵;二曰禄,以驭其富;三曰予,以驭其幸;四曰置,以驭其行;五曰生,以驭其福;六曰夺,以驭其贫;七曰废,以驭其罪;八曰诛,以驭其过。"②

北魏素来优遇鲜卑勋贵耆宿,每颁以铁券,许以不死。孝文帝改革,亦无变于此。《通鉴》卷一百四十一载:建武四年(497),北魏孝文帝迁都,遇到了来自鲜卑贵族的强力阻挠,险些酿成举兵断关、拥立太子的军事反叛。大臣多参与其中。初,元丕、元睿与仆射李冲、领军于烈俱受不死之诏。及事觉,睿被诛,丕听免死为民,冲、烈承诏免罪,处理颇不一致。"臣光曰":

> 夫爵禄废置,杀生予夺,人君所以驭臣之大柄也。……及魏则不然,勋贵之臣,往往豫许之以不死;彼骄而触罪,又从而杀之。是以不信之令诱之使陷于死地也。刑政之失,无此为大焉!③

"夫爵禄废置,杀生予夺,人君所以驭臣之大柄也",不容轻予废乱。

---

① 《资治通鉴》卷二百二十,中华书局 1956 年版,第 7064—7065 页。

② 《周礼注疏》卷二,阮元校勘《十三经注疏》本,中华书局 1980 年影印,第 646 页。

③ 《资治通鉴》卷一百四十一,中华书局 1956 年版,第 4409 页。

## 第四节　守成与治乱思想

### 一　制治于未乱，保安于未危；无“经国远图”，不足以守成

作为司马光治世思想纲领性表述之一的《进五规状》，就突出强调了“远谋”与“重微”的思想。司马光评魏孝武帝西迁曰：

> 为人君者，必制治于未乱，保安于未危，兢兢业业，日慎一日。不然，怠惰荒淫，使祸流子孙。既乱且危，然后慎之，其可乎！①

又，《通鉴》卷八十七永嘉三年（309）载：“初，何曾侍武帝宴，退，谓诸子曰：‘主上开创大业，吾每宴见，未尝闻经国远图，惟说平生常事，非贻厥孙谋之道也；及身而已，后嗣其殆乎！’”“臣光曰”：“何曾议武帝偷惰，取过目前，不为远虑；知天下将乱，子孙必与其忧；何其明也！”②

西晋之有国，实肇基于司马懿父子，晋武帝司马炎则承其祖父余烈享其成也，其历史使命当为守成。帝王守成之道在“经国远图”，晋武帝虽有“开创大业”之功与能，但甫得天下，初固帝位，便纵其私欲，“偷惰”无为，“未尝闻经国远图，惟说平生常事”。史载晋武帝平吴后，迁吴宫女五千入后宫，致晋宫女逾万人，又公然卖官敛财，纵其奢侈荒淫之欲。上行下效，以致世风奢靡腐败。时人刘毅评晋武帝连东汉桓帝、灵帝都不如。果如宰相何曾之言，晋武

① 司马光：《传家集》卷八十七《魏孝武帝西迁》（庆历五年作），影印《文渊阁四库全书》本。

② 《资治通鉴》卷八十七，中华书局1956年版，第2741—2742页。

帝身死不过一年，西晋便陷入了长达16年(291—306)之久的黑暗的“八王之乱”中，社会政治、经济遭到毁灭性破坏，人民深陷水深火热之中，各地流民纷纷起义，五胡十六国乘势而起。公元316年，匈奴人建立的汉政权攻破长安，西晋灭亡。司马光之论，主要在指斥何曾“身为宰相，知其君之过，不以告而私语于家，非忠臣也”，同时，也从侧面批评了晋武帝“偷惰，取过目前，不为远虑”而致国祚不久的治国之失。

## 二 刑罚主于治乱，德教主于兴平；宽猛相济，与世推移，政是以和

《通鉴》卷五十三元嘉元年(151)载：

涿郡举崔寔，诣公车，称病，不对策；退而论世事，名曰《政论》。其辞曰：“凡天下所以不治者，常由人主承平日久，俗渐敝而不悟，政浸衰而不改，习乱安危，怢不自睹。或荒耽耆欲，不恤万机；或耳蔽箴诲，厌伪忽真；或犹豫岐路，莫适所从；或见信之佐，括囊守禄；或疏远之臣，言以贱废；是以王纲纵弛于上，智士郁伊于下。……

“凡为天下者，自非上德，严之则治，宽之则乱。何以明其然也？近孝宣皇帝明于君人之道，审于为政之理，故严刑峻法，破奸轨之胆，海内清肃，天下密如，算计见效，优于孝文。及元帝即位，多行宽政，卒以堕损，威权始夺，遂为汉室基祸之主。政道得失，于斯可鉴。昔孔子作《春秋》，褒齐桓，懿晋文，叹管仲之功；夫岂不美文、武之道哉？诚达权救敝之理也。圣人能与世推移，而俗士苦不知变，以为结绳之约，可复治乱秦之绪，干戚之舞，足以解平城之围。夫熊经鸟伸，虽延历之术，非伤寒之理；呼吸吐纳，虽度纪之道，非续骨之膏。盖为国之法，有似理身，平则致养，疾则攻焉。夫刑罚者，治乱之药石

也；德教者，兴平之粱肉也。夫以德教除残，是以粱肉养疾也；以刑罚治平，是以药石供养也。方今承百王之敝，值厄运之会，自数世以来，政多恩贷，驭委其辔，马骀其衔，四牡横奔，皇路险倾，方将拑勒鞬辀以救之，岂暇鸣和銮，调节奏哉！昔文帝虽除肉刑，当斩右趾者弃市，笞者往往至死。是文帝以严致平，非以宽致平也。"……山阳仲长统尝见其书，叹曰："凡为人主，宜写一通，置之坐侧。"①

"臣光曰"：

汉家之法已严矣，而崔寔犹病其宽，何哉？盖衰世之君，率多柔懦，凡愚之佐，唯知姑息，是以权幸之臣有罪不坐，豪猾之民犯法不诛；仁恩所施，止于目前；奸宄得志，纪纲不立。故崔寔之论，以矫一时之枉，非百世之通义也。孔子曰："政宽则民慢，慢则纠之以猛；猛则民残，残则施之以宽。宽以济猛，猛以济宽，政是以和。"斯不易之常道矣。②

崔寔《政论》曰："盖为国之法，有似理身，平则致养，疾则攻焉。夫刑罚者，治乱之药石也；德教者，兴平之粱肉也。夫以德教除残，是以粱肉养疾也；以刑罚治平，是以药石供养也。"似颇有理，但司马光指出，崔寔"凡为天下者，自非上德，严之则治，宽之则乱"之论，乃"衰世之君"纪纲丧乱之际"矫一时之枉，非百世之通义也"。显然，司马光并不赞同不辨时宜的一概严法，认为执法之常道乃"宽以济猛，猛以济宽，政是以和"。表达了刑罚主于治乱，德教主于兴平；宽猛相济，与世推移，政是以和的治国思想。

---

① 《资治通鉴》卷五十三，中华书局 1956 年版，第 1722—1725 页。
② 《资治通鉴》卷五十三，中华书局 1956 年版，第 1725—1726 页。

《通鉴》卷一百四十一建武四年(497)载“臣光曰”论北魏预许勋贵不死:“夫爵禄废置,杀生予夺,人君所以驭臣之大柄也。是故先王之制,虽有亲、故、贤、能、功、贵、勤、宾,苟有其罪,不直赦也,必议于槐棘之下,可赦则赦,可宥则宥,可刑则刑,可杀则杀;轻重视情,宽猛随时。故君得以施恩而不失其威,臣得以免罪而不敢自恃。”①司马光《传家集》(四库本)卷七十四《迂书·宽猛》篇(元丰四年十月作)曰:“宽而疾恶,严而原情,政之善者也。”亦表达了宽猛相济的治国思想。

## 三 绝四本,去三游,乱无由生

### (一)统治者内部引发国家混乱的原因:内宠并后,外宠贰政,嬖子配嫡,大都偶国,乱之本也

《通鉴》卷一百八十仁寿四年(604)载:

初,高祖与独孤后甚相爱重,誓无异生之子,尝谓群臣曰:“前世天子,溺于嬖幸,嫡庶分争,遂有废立,或至亡国;朕旁无姬侍,五子同母,可谓真兄弟也,岂有此忧邪!”帝又惩周室诸王微弱,故使诸子分据大镇,专制方面,权侔帝室。及其晚节,父子兄弟迭相猜忌,五子皆不以寿终。②

“臣光曰”:

昔辛伯谂周桓公曰:“内宠并后,外宠贰政,嬖子配嫡,大都偶国,乱之本也。”人主诚能慎此四者,乱何自生哉!隋高祖徒知嫡庶之多争,孤弱之易摇,曾不知势钧位逼,虽同

① 《资治通鉴》卷一百四十一,中华书局 1956 年版,第 4409 页。
② 《资治通鉴》卷一百八十,中华书局 1956 年版,第 5613—5614 页。

产至亲，不能无相倾夺。考诸辛伯之言，得其一而失其三乎！①

“内宠并后，外宠贰政，嬖子配嫡，大都偶国，乱之本也”，隋“得其一而失其三”，故不免于乱亡。

### （二）由被统治者引发社会混乱的原因：三游者，乱之所由生

司马光由游侠郭解被族之事，引班固论游侠诸语后，复引荀悦之议论以推广之，其要皆在于维护纲纪礼义、伦理道德也。“荀悦论”曰：

> 世有三游，德之贼也：一曰游侠，二曰游说，三曰游行。立气势，作威福，结私交以立强于世者，谓之游侠；饰辩辞，设诈谋，驰逐于天下以要时势者，谓之游说；色取仁以合时好，连党类，立虚誉以为权利者，谓之游行。此三者，乱之所由生也；伤道害德，败法惑世，先王之所慎也。国有四民，各修其业；不由四民之业者，谓之奸民。奸民不生，王道乃成。②

基层社会，士农工商四民之外，别有“三游”。“此三者，乱之所由生也；伤道害德，败法惑世”，“不由四民之业者，谓之奸民”，危害社会治理与道德礼法，宜慎重对待，势必去之，方可实现社会治理与财富丰足。

## 四　君明而臣忠，守国之本；君昏则臣佞，亡国之征

### （一）君明臣忠乃守国之本

《通鉴》卷二百七十九清泰二年（935）载：五代十国乱世时期，

① 《资治通鉴》卷一百八十，中华书局1956年版，第5614页。

② 《资治通鉴》卷十八，中华书局1956年版，第607页。

"荆南节度使高从诲,性明达,亲礼贤士,委任梁震,以兄事之。……楚王希范好奢靡,游谈者共夸其盛。从诲谓僚佐曰:'如马王可谓大丈夫矣。'孙光宪对曰:'天子诸侯,礼有等差。彼乳臭子骄侈僭忲,取快一时,不为远虑,危亡无日,又足慕乎!'从诲久而悟,曰:'公言是也。'……乃捐去玩好,以经史自娱,省刑薄赋,境内以安"。梁震见高从诲已能善理政事,遂固请退居,"自是悉以政事属孙光宪"。

"臣光曰"赞荆南君臣之美:"孙光宪见微而能谏,高从诲闻善而能徙,梁震成功而能退,自古有国家者能如是,夫何亡国败家丧身之有。"①五代十国,政权林立,各保一隅,兴亡朝夕。君明臣忠,"自古有国家者能如是,夫何亡国败家丧身之有"。

**(二)君表臣景,君明臣忠,君昏臣佞**

《通鉴》卷一百九十二唐太宗武德九年(626)载:

> 上患吏多受赇,密使左右试赂之。有司门令史受绢一匹,上欲杀之,民部尚书裴矩谏曰:"为吏受赂,罪诚当死;但陛下使人遗之而受,乃陷人于法也,恐非所谓'道之以德,齐之以礼'。"上悦,召文武五品已上告之曰:"裴矩能当官力争,不为面从,傥每事皆然,何忧不治!"②

"臣光曰"评裴矩佞于隋而忠于唐:

> 古人有言:君明臣直。裴矩佞于隋而忠于唐,非其性之有变也;君恶闻其过,则忠化为佞,君乐闻直言,则佞化为忠。是

① 《资治通鉴》卷二百七十九,中华书局 1956 年版,第 9135—9136 页。

② 《资治通鉴》卷一百九十二,中华书局 1956 年版,第 6029 页。

知君者表也，臣者景也，表动则景随矣。①

裴矩仕于隋唐两代，表现却大相径庭，佞于隋而忠于唐。对隋炀帝，则阿谀迎奉，投其所好，被炀帝称为"至诚"，说他"大识朕意，凡所陈奏，皆朕之成算。未发之顷，矩辄以闻。自非奉国用心，孰能若是"！魏征评之曰："承望风旨，与时消息。"②仕于唐，则勇于直谏唐太宗"陷人于法"，非"导之以德，齐之以礼"的善策。太宗纳其言并盛赞之。"臣光曰"则分析了裴矩佞于隋而忠于唐的原因。同卷又载，唐太宗言："君，源也；臣，流也；浊其源而求其流之清，不可得矣。"③均表达了君之明昏对臣能否尽忠奉职有着重大影响，强调了人君在国家治理中的极端重要性。以裴矩佞于隋而忠于唐、隋亡而唐兴的史实，揭示了君明而臣忠乃守国之本，君昏则臣佞为亡国之征的历史规律。

## 五　守成必戒奢戒骄、修礼利民

### （一）夫多财者，奢欲之所自来也，守成必戒奢；骄矜而失人，失人而失天下，守成必戒骄

《通鉴》卷二百三十三载：贞元四年(788)二月，淮南钱帛二十万运抵长安，宰相李泌将其全部输入唐德宗的私用仓库"大盈库"。但唐德宗仍觉得不够其挥霍所用，"犹数有宣索，乃敕诸道勿令宰相知。泌闻之，惆怅而不敢言"。"臣光曰"论宰相李泌为唐德宗理私财：

王者以天下为家，天下之财皆其有也。阜天下之财以养

---

① 《资治通鉴》卷一百九十二，中华书局1956年版，第6029页。

② 魏征等：《隋书》卷六十七《裴矩传》，中华书局1973年版，第1581、1584页。

③ 《资治通鉴》卷一百九十二，中华书局1956年版，第6035页。

天下之民，已必豫焉。或乃更为私藏，此匹夫之鄙志也。古人有言：贫不学俭。夫多财者，奢欲之所自来也。李泌欲弭德宗之欲而丰其私财，财丰则欲滋矣。财不称欲，能无求乎！是犹启其门而禁其出也！虽德宗之多僻，亦泌所以相之者非其道故也。①

唐德宗李适，青年时期亲历了安史之乱，即位后锐意改革，但其改革措施多因安史之乱后唐帝国的积重难返而收效甚微。当一系列改革遭遇挫折后，其雄心亦消磨殆尽，转而肆其奢欲，暴敛私财，加速了唐帝国的衰亡。德宗一生，无论是性格还是行为，都充满了矛盾和悲剧色彩。司马光认为，“王者以天下为家”，当“皐天下之财以养天下之民”，不当“更为私藏”，行“匹夫之鄙志”，并指出“夫多财者，奢欲之所自来也”。表达了守成戒奢的思想。

《通鉴》卷六十五建安十三年(208)载：

益州牧刘璋闻曹操克荆州，遣别驾张松致敬于操。松为人短小放荡，然识达精果。操时已定荆州，走刘备，不复存录松。主簿杨修白操辟松，操不纳；松以此怨，归，劝刘璋绝操，与刘备相结，璋从之。②

司马光引“习凿齿论”曰：“昔齐桓一矜其功而叛者九国；曹操暂自骄伐而天下三分。皆勤之于数十年之内而弃之于俯仰之顷，岂不惜乎！”③表达了守成必戒骄的治国思想。

① 《资治通鉴》卷二百三十三，中华书局1956年版，第7510页。

② 《资治通鉴》卷六十五，中华书局1956年版，第2095页。

③ 《资治通鉴》卷六十五，中华书局1956年版，第2095页。

### （二）修礼利民乃人君守成之道

《通鉴》卷四十七载：章和二年(88)正月，汉章帝崩于章德前殿，年三十一。遗诏："无起寝庙，一如先帝法制。"范晔论汉章帝曰：

> 魏文帝称明帝察察，章帝长者。章帝素知人，厌明帝苛切，事从宽厚；奉承明德太后，尽心孝道；平徭简赋，而民赖其庆；又体之以忠恕，文之以礼乐。谓之长者，不亦宜乎！①

章帝在位期间，崇尚儒学；行宽厚之政，禁酷刑，除酷法五十余条；禁盐私煮、铁私铸；注重选拔廉能官吏；打击豪强地主兼并土地，采取优惠政策募民垦荒，鼓励人口繁衍，减轻徭役赋税；两度派班超出使西域，使西域地区重新称藩于汉。国家兴盛、政局稳定，社会安宁，合明帝朝共称"明章盛世"。范晔论赞章帝有知人之明，并能修德尚礼爱民，"体之以忠恕，文之以礼乐"，"平徭简赋，而民赖其庆"，有宽厚长者之风。

修礼利民，宽厚仁孝修身，忠恕礼乐治国，知人宽简为政，平徭简赋牧民，体现了司马光对守成之君治国的要求。

## 六　齐家治国同一，守国必用三宝

### （一）齐家治国同一

《通鉴》评宋明帝翦除诸弟，首引"沈约论"曰"隆家之道不足"，并指出彭城王刘义康事君，"徒见昆弟之义，未识君臣之礼，冀以家情行之国道，主猜而犹犯，恩薄而未悟，致以呵训之微行，遂成灭亲之大祸"，从而"开端树隙，垂之后人。太宗因易隙之情，据已行之

---

① 《资治通鉴》卷四十七，中华书局1956年版，第1513页。

典，翦落洪枝，不待顾虑。既而本根无庇，幼主孤立，神器以势弱倾移，灵命随乐推回改”。① 继引“裴子野论”曰：“夫噬虎之兽，知爱己子；搏狸之鸟，非护异巢。太宗保字螟蛉，剿拉同气，既迷在原之天属，未识父子之自然。宋德告终，非天废也。夫危亡之君，未尝不先弃本枝，妪煦帝孽；推诚嬖狎，疾恶父兄。……祸福无门，奚其豫择！友于兄弟，不亦安乎！”②

读刘宋一代历史，颇觉帝王之家如虎狼之室，生于其家，非福而祸也。血雨腥风贯穿始终，兄弟如寇仇，一人称帝，余必遭殃，且必欲尽诛之而后快，不见丝毫亲情悯爱。沈论区别昆弟之义与君臣之礼、家情与国道，明确了人在社会中的多重角色关系，并指出自宋太祖刘义隆杀弟彭城王刘义康的“灭亲”之举一出，便成后世援据的“已行之典，翦落洪枝，不得顾虑”；裴论评宋明帝翦除诸弟乃“前乘覆车，后来并辔”，终致宋亡。这是对传统的儒家“齐家治国”同一论思想的继承与发展，有裨史鉴。

**（二）守国必用三宝：仁以合众，信以行令，刑以惩奸**

后汉高祖刘知远残暴嗜杀，用诈篡位，次年而死，其子即位，三年而身死国亡。《通鉴》卷二百八十七天福十二年(947)载：

> 初，契丹留幽州兵千五百人戍大梁。帝入大梁，或告幽州兵将为变，乃尽杀之于繁台之下。及围邺都，张琏将幽州兵二千助重威拒守，帝屡遣人招谕，许以不死；琏曰：“繁台之卒，何罪而戮？今守此，以死为期耳。”由是城久不下。十一月，丙辰，内殿直韩训献攻城之具，帝曰：“城之所恃者，众心耳。众心苟离，城无所保，用此何为！”
>
> 杜重威之叛，观察判官金乡王敏屡泣谏，不听。及食竭力

① 《资治通鉴》卷一百三十三，中华书局 1956 年版，第 4161 页。
② 《资治通鉴》卷一百三十三，中华书局 1956 年版，第 4161 页。

尽，甲戌，遣敏奉表出降。……以重威为太傅兼中书令、楚国公。重威每出入，路人往往掷瓦砾诟之。①

“臣光曰”：

汉高祖杀幽州无辜千五百人，非仁也；诱张琏而诛之，非信也；杜重威罪大而赦之，非刑也。仁以合众，信以行令，刑以惩奸，失此三者，何以守国！其祚运之不延也，宜哉！②

“仁以合众，信以行令，刑以惩奸，失此三者，何以守国！”表达了司马光守国必用仁、信、刑三宝的思想。

# 第五节　人君治国之道

## 一　内修仁明武三德

### （一）赞美人君之仁明武

《通鉴》评汉昭帝之明，引“李德裕论”曰：

人君之德，莫大于至明，明以照奸，则百邪不能蔽矣。汉昭帝是也。周成王有惭德矣；高祖、文、景俱不如也。成王闻管、蔡流言，遂使周公狼跋而东。汉高闻陈平去魏背楚，欲舍腹心臣。汉文惑季布使酒难近，罢归股肱郡；疑贾生擅权纷乱，复疏贤士。景帝信诛晁错兵解，遂戮三公。所谓“执狐疑

① 《资治通鉴》卷二百八十七，中华书局1956年版，第9378页。
② 《资治通鉴》卷二百八十七，中华书局1956年版，第9379页。

之心，来谗贼之口”。使昭帝得伊、吕之佐，则成、康不足侔矣。①

《通鉴》予汉昭帝之明以极高之评价，突出表达了“人君之德，莫大于至明”的思想。

《通鉴》卷二百九十二周世宗显德二年(955)载：

帝以县官久不铸钱，而民间多销钱为器皿及佛像，钱益少，九月，丙寅朔，敕始立监采铜铸钱，自非县官法物、军器及寺观钟磬钹铎之类听留外，自余民间铜器、佛像，五十日内悉令输官，给其直；过期隐匿不输，五斤以上其罪死，不及者论刑有差。上谓侍臣曰：“卿辈勿以毁佛为疑。夫佛以善道化人，苟志于善，斯奉佛矣。彼铜像岂所谓佛邪！且吾闻佛志在利人，虽头目犹舍以布施，若朕身可以济民，亦非所惜也。”②

司马光盛赞周世宗之明，曰：“若周世宗，可谓明矣！不以无益废有益。”③

司马光还以仁明武作为评判人君优劣的重要依据和标准。五代乱世，群雄力争，帝王兴废，远者十余年，近者三四年，鲜见有为贤君，可称道者唯唐庄宗、周世宗耳。针对“二主孰贤”的提问，“臣光曰”论天子之职，称：“夫天子所以统治万国，讨其不服，抚其微弱，行其号令，壹其法度，敦明信义，以兼爱兆民者也。”又论贤君之治，曰：“世宗以信令御群臣，以正义责诸国，王环以不降受赏，刘仁赡以坚守蒙褒，严续以尽忠获存，蜀兵以反复就诛，冯道以失节被

① 《资治通鉴》卷二十三，中华书局1956年版，第763页。

② 《资治通鉴》卷二百九十二，中华书局1956年版，第9529—9530页。

③ 《资治通鉴》卷二百九十二，中华书局1956年版，第9530页。

弃,张美以私恩见疏。江南未服,则亲犯矢石,期于必克,既服,则爱之如子,推诚尽言,为之远虑。”称世宗“宏规大度”。仁爱其民,明于察人辨奸,武“则亲犯矢石”。对待乱世敌国之材,重其“不降”、“坚守”、“尽忠”之美德而佑护褒赏之,对待“反复”、“失节”、“私恩”者则贬黜惩诛之,以纯正世风,导引教化。并引《尚书》“无偏无党,王道荡荡”,“大邦畏其力,小邦怀其德”之语赞之。① 对比可见,周世宗仁明武俱佳,唐庄宗则仅具一武之德,而失其仁、明二德,故曰周世宗贤于唐庄宗。

**(二)批评人君仁明武之失**

《通鉴》卷四周赧王二十三年(前 292)载“臣光曰”评楚襄王迎妇于秦失其“武”:

> 甚哉秦之无道也,杀其父而劫其子;楚之不竞也,忍其父而婚其仇!乌呼,楚之君诚得其道,臣诚得其人,秦虽强,乌得陵之哉!善乎荀卿论之曰:“夫道,善用之则百里之地可以独立,不善用之则楚六千里而为仇人役。”故人主不务得道而广有其势,是其所以危也。②

司马光曰:“聪察强毅之谓才。”③又云:“闻言易悟曰聪,睹事易辨曰明,敢为不惧曰勇,强力不屈曰健。有是四者,才则美矣。”④可知他对强毅勇健是十分赞赏的。竞,强也,或曰争也。君道求其强毅勇健而忌其“不竞”,又求“得其人”。不行仁义而掠地

① 《资治通鉴》卷二百九十四,中华书局 1956 年版,第 9599—9600 页。

② 《资治通鉴》卷四,中华书局 1956 年版,第 121 页。

③ 《资治通鉴》卷一,中华书局 1956 年版,第 14 页。

④ 司马光:《传家集》卷六十七《四言铭系述》(元丰二年五月十七日作),影印《文渊阁四库全书》本。

杀戮,是为无道。“夫道,善用之则百里之地可以独立,不善用之则楚六千里而为仇人役”,故“人主不务得道而广有其势,是其所以危也”。

又,《通鉴》卷二百四十五载:大和八年(834),“时德裕、宗闵各有朋党,互相挤援。上患之,每叹曰:‘去河北贼易,去朝廷朋党难!’”随后“臣光曰”:

> 是以明主在上:度德而叙位,量能而授官;有功者赏,有罪者刑;奸不能惑,佞不能移。夫如是,则朋党何自而生哉!彼昏主则不然。明不能烛,强不能断;邪正并进,毁誉交至;取舍不在于己,威福潜移于人。于是谗慝得志而朋党之议兴矣。①

司马光论明主之治、昏主之治的特征,集中体现于任人辨奸、赏功刑罪两大方面。他认为“仁者,非妪煦姑息之谓也。兴教化,修政治,养百姓,利万物,然后可以为仁。明者,非巧谲苛察之谓也。知道义,识安危,别贤愚,辨是非,然后可以为明。武者,非强亢暴戾之谓也。惟道所在,断之不疑,奸不能惑,佞不能移,然后可以为武。”②如此,对应于人君内修三德,明主之治,“度德而叙位,量能而授官”,则明也;“有功者赏,有罪者刑”则修政治也,仁也;“奸不能惑,佞不能移”则武也。昏主之治,“明不能烛”,则失于修政之仁与察人之明;“强不能断;邪正并进,毁誉交至;取舍不在于己,威福潜移于人”,则失于武也。唐文宗失其仁明武,“于是谗慝得志,而朋党之议兴矣”。其实,去朋党不难,难在人君具备三德之美。

---

① 《资治通鉴》卷二百四十五,中华书局 1956 年版,第 7899—7900 页。

② 司马光:《司马温公文集》卷七《进修心治国之要劄子》,商务印书馆 1936 年版,第 179 页。

## 二　论人君治国之失与改过之美

### (一) 人君治国之失

1. 笃于小仁而未知大谊

《通鉴》卷十二汉孝惠皇帝元年(前194)记载:

> 冬,十二月,帝晨出射。赵王年少,不能蚤起;太后使人持鸩饮之。黎明,帝还,赵王已死。太后遂断戚夫人手足,去眼,辉耳,饮喑药,使居厕中,命曰"人彘"。居数日,乃召帝观人彘。帝见,问知其戚夫人,乃大哭,因病,岁余不能起。使人请太后曰:"此非人所为。臣为太后子,终不能治天下。"帝以此日饮为淫乐,不听政。①

"臣光曰"指出,人子谏父母之过,原则有二:其一曰"为人子者,父母有过则谏";其二谓明"大谊"而弃"小仁"。方法为"谏而不听,则号泣而随之"。不可"为天下之主,不忍母之残酷,遂弃国家而不恤,纵酒色以伤生",若是,乃"笃于小仁而未知大谊也"。②

2. 才智虽美而不在保国家、治天下

司马光高度重视社会治理,既重视其成功经验,亦重视其失败教训。论汉元帝"致孝宣之业衰焉"之前,就对西汉社会治理的重大变迁如"文景称治"、"汉武多事疲民而止之"、"昭宣中兴"等,一一别出史论以志之。

《通鉴》评汉元帝多才误国,司马光引"班彪赞曰":汉元帝"宽弘尽下,出于恭俭,号令温雅,有古之风烈",又"多材艺,善史书,鼓琴瑟,吹洞箫,自度曲,被歌声,分刌节度,穷极幼眇。少而好儒,及

① 《资治通鉴》卷十二,中华书局1956年版,第409—410页。

② 《资治通鉴》卷十二,中华书局1956年版,第410页。

即位，征用儒生，委之以政，贡、薛、韦、匡迭为宰相”。则元帝其人不失儒雅君子之风，堪称富丽多才之美。然儒雅不得治世之道，多才不及治国之要，终致“牵制文义，优游不断，孝宣之业衰焉”。[①]突出强调人君之要在治世，治世之要在用人。汉元帝多才误国、尚儒失人，足为帝王治世之戒。

又如，《通鉴》论魏文帝，引“陈寿评曰”，称其所长在于才美，“天资文藻，下笔成章，博闻强识，才艺兼该”，并委婉地暗示了其所短，欠缺宽广之度量、公平之诚心、宏大之志向、圣王之道、仁厚之德。故评曰：“若加之旷大之度，励以公平之诚，迈志存道，克广德心，则古之贤主，何远之有哉！”[②]表达了魏文帝“才艺兼该”而未在安邦治国，终不能延其国祚的认识。

再如，《通鉴》卷七十四载：三国魏景初三年(239)正月，魏明帝病危，急诏司马懿由魏蜀前线返京以托后事。

> 懿至，帝执其手曰：“吾以后事属君，君与曹爽辅少子。死乃可忍，吾忍死待君，得相见，无所复恨矣！”……懿顿首流涕。是日，立齐王为皇太子。帝寻殂。
>
> 帝沈毅明敏，任心而行，料简功能，屏绝浮伪。行师动众，论决大事，谋臣将相，咸服帝之大略。性特强识，虽左右小臣，官簿性行，名迹所履，及其父兄子弟，一经耳目，终不遗忘。[③]

《通鉴》论人，常始于天资之才，继论德行美恶，行政得失。赞魏明帝“行师动众，论决大事，谋臣将相，咸服帝之大略”；又引“孙盛论曰”称其“天姿秀出”，“沈毅明敏”，“开容善直，虽犯颜极谏，无

① 《资治通鉴》卷二十九，中华书局1956年版，第951页。
② 《资治通鉴》卷七十，中华书局1956年版，第2228页。
③ 《资治通鉴》卷七十四，中华书局1956年版，第2345页。

所摧戮，其君人之量如此之伟也”，才智俱美。然“不固维城之基，至使大权偏据，社稷无卫”，①不免令人叹息。对照《通鉴》卷七十三高堂隆临终上疏魏明帝“可选诸王，使君国典兵，往往棋跱，镇抚皇畿，翼亮帝室”，知所论有据。

3. 不以天下为务，而纵布衣市井之私

《通鉴》卷一百一十三载：刘裕起初“名微位薄，轻狡无行，盛流皆不与相知”，惟王谧奇贵之，预知他“当为一代英雄”。刘裕尝与刁逵赌博，输了钱却不及时给，被刁逵绑在拴马桩上。“谧见之，责逵而释之”，并代刘裕还了钱，“由是裕深憾逵而德谧”。刘裕称帝后，立即重用、册封王谧，而寻机杀掉了刁逵全家。司马光引“萧方等曰”：

> 夫蛟龙潜伏，鱼虾亵之。是以汉高赦雍齿，魏武免梁鹄，安可以布衣之嫌而成万乘之隙也！今王谧为公，刁逵亡族，酬恩报怨，何其狭哉！②

万乘与布衣之礼异也，帝王以天下为务，当立宏图大志，养天下胸怀，而去市井之私。刘裕酬恩报怨，逞私欲，坏法制，不以治国为要，而以恩怨为先，无以垂范后世。

4. 在上为恶，若天裂地震，万物所惊骇

宋文帝与彭城王刘义康是同母所生的亲兄弟，关系一直很好，因此义康常以兄弟之亲而疏于君臣之礼，有些事不免处理失当，并引起宋文帝的不满。《通鉴》卷一百二十三记载：元嘉十八年(441)正月甲辰，宋文帝以义康都督江、交、广三州诸军事，实为流放其到僻远的南方。前龙骧参军巴东扶令育诣阙上表，征引故事，“愿亟召义康返于京甸，兄弟协和，君臣辑睦，则四海之望塞，多言之路绝

① 《资治通鉴》卷七十四，中华书局1956年版，第2345页。

② 《资治通鉴》卷一百一十三，中华书局1956年版，第3566页。

矣”。宋文帝不听，扶令育遂遭赐死。①

司马光引“裴子野论”曰：

> 夫在上为善，若云行雨施，万物受其赐；及其恶也，若天裂地震，万物所惊骇，其谁弗知，其谁弗见！岂戮一人之身，钳一夫之口，所能攘逃，所能弭灭哉？是皆不胜其忿怒而有增于疾疹也。以太祖（即宋文帝）之含弘，尚掩耳于彭城之戮；自斯以后，谁易由言！有宋累叶，罕闻直谅，岂骨鲠之气，俗愧前古？抑时王刑政使之然乎？张约陨于权臣，扶育毙于哲后，宋之鼎镬，吁，可畏哉！②

“夫在上为善，若云行雨施，万物受其赐；及其恶也，若天裂地震，万物所惊骇，其谁弗知，其谁弗见！岂戮一人之身，钳一夫之口，所能禳逃，所能弭灭哉？”宋文帝掩过而赐扶令育死，致“有宋累叶，罕闻直谅”，表达了人君为恶，危害巨大的观点。

**（二）人君改过之美**

1. *为人君者，固不以无过为贤，而以改过为美也*

《通鉴》卷十二汉孝惠皇帝四年（前191）载：

> 帝以朝太后于长乐宫及间往，数跸烦民。乃筑复道于武库南。奉常叔孙通谏曰：“此高帝月出游衣冠之道也，子孙奈何乘宗庙道上行哉！”帝惧曰：“急坏之！”通曰：“人主无过举；今已作，百姓皆知之矣。愿陛下为原庙渭北，月出游之，益广宗庙，大孝之本。”上乃诏有司立原庙。③

---

① 《资治通鉴》卷一百二十三，中华书局1956年版，第3890—3891页。
② 《资治通鉴》卷一百二十三，中华书局1956年版，第3891页。
③ 《资治通鉴》卷十二，中华书局1956年版，第415—416页。

“臣光曰”论人君对待过失之正确态度：一曰“过者，人之所必不免也，惟圣贤为能知而改之”；二曰“为人君者，固不以无过为贤，而以改过为美也”；“改过不吝”，“无耻过作非”；三曰明辨人臣之谏，择善而从，其不善者去之。①

古之圣王，患其有过而不自知也，故设诽谤之木，置敢谏之鼓，岂畏百姓之闻其过哉！是以仲虺美成汤曰：“改过不吝。”傅说戒高宗曰：“无耻过作非。”表达了不以无过为贤，而改过为美的思想。

2. 知过能改，有亡秦之失而免亡秦之祸

《通鉴》卷二十二汉武帝后元二年(前87)记载：

帝聪明能断，善用人，行法无所假贷。隆虑公主子昭平君尚帝女夷安公主。隆虑主病困，以金千斤、钱千万为昭平君豫赎死罪，上许之。隆虑主卒，昭平君日骄，醉杀主傅，系狱；廷尉以公主子上请。左右人人为言：“前又入赎，陛下许之。”上曰：“吾弟老有是一子，死，以属我。”于是为之垂涕，叹息良久，曰：“法令者，先帝所造也，用弟故而诬先帝之法，吾何面目入高庙乎！又下负万民。”乃可其奏，哀不能自止，左右尽悲。待诏东方朔前上寿，曰：“臣闻圣王为政，赏不避仇仇，诛不择骨肉。《书》曰：‘不偏不党，王道荡荡。’此二者，五帝所重，三王所难也，陛下行之，天下幸甚！臣朔奉觞昧死再拜上万寿！”上初怒朔，既而善之，以朔为中郎。②

《通鉴》因此事而发论，综评汉武帝。此为一事两论，首引“班固赞”盛称汉武帝功业，不及其过；继出“臣光曰”补充之，兼述功过，全面客观而得其要。“臣光曰”：

① 《资治通鉴》卷十二，中华书局1956年版，第416页。

② 《资治通鉴》卷二十二，中华书局1956年版，第746—747页。

> 孝武穷奢极欲，繁刑重敛，内侈宫室，外事四夷，信惑神怪，巡游无度，使百姓疲敝，起为盗贼，其所以异于秦始皇者无几矣。然秦以之亡，汉以之兴者，孝武能尊先王之道，知所统守，受忠直之言，恶人欺蔽，好贤不倦，诛赏严明，晚而改过，顾托得人，此其所以有亡秦之失而免亡秦之祸乎！①

此论尤着眼于汉武帝之过，司马光指出，汉武帝好大喜功，"有亡秦之失"，但晚年知过能改，"尊先王之道，知所统守，受忠直之言，恶人欺蔽，好贤不倦，诛赏严明，晚而改过，顾托得人"，"此其所以有亡秦之失而免亡秦之祸"。

3. 罪己得人心，终得天下

《通鉴》卷七十六记载：嘉平四年（252），魏大将军司马师不从诸葛诞之策，兵分三路攻吴。因东路军败而全线溃退。次年春，"朝议欲贬黜诸将，大将军师曰：'我不听公休，以至于此。此我过也，诸将何罪！'悉宥之"。又载："是岁，雍州刺史陈泰求敕并州并力讨胡，师从之。未集，而新兴、雁门二郡胡以远役，遂惊反。师又谢朝士曰：'此我过也，非陈雍州之责！'是以人皆愧悦。"

司马光引"习凿齿论"指出，"司马大将军引二败以为己过，过消而业隆，可谓智矣。若乃讳败推过，归咎万物，常执其功而隐其丧，上下离心，贤愚解体，谬之甚矣！"并说："君人者，苟统斯理而以御国，行失而名扬，兵挫而战胜，虽百败可也，况于再乎！"②司马师引过罪己而得人心，司马氏终得天下。

① 《资治通鉴》卷二十二，中华书局1956年版，第747—748页。
② 《资治通鉴》卷七十六，中华书局1956年版，第2402页。

# 第二章　司马光的以礼治国思想

自从有了人类社会，礼就产生了，它是现实生活的缘饰化，用外之物以饰内情。礼原是宗教祭祀仪式上追求美好和谐的一种仪态，东汉许慎《说文解字》称："礼，履也，所以事神致福也。"①原本并没有等级制度和伦理道德方面的涵义。但在阶级社会出现后，人类开始有等级之分，宗教祭祀也随之出现了身份的限制和区分，于是，作为宗教祭祀仪态的礼便开始具有了社会身份区分的内容，并逐渐转化为奴隶社会和封建社会的一种身份制度。

礼之社会身份制度内涵，至迟在商代已经出现，但作为一种较为严格的社会制度，则形成于周代初年以后。周初，武王伐纣灭殷，为巩固统治，周公便在殷礼基础上，重订礼乐，将作为社会身份意义的礼制度化和系统化。

通常所谓的封建礼数的"礼"，有着等级制度和伦理道德两个方面的属性。作为等级制度的礼，强调的是"纪纲名分"，也就是孔子所谓的"君君、臣臣、父父、子子"。作为伦理道德的礼的基本要素和具体内容，则主要包括孝、慈、恭、顺、敬、和、仁、义等。

在中国封建社会礼的两方面属性中，等级制度为其本质，而伦理道德方面的属性则为等级制度的外在显现。封建礼数实际上是通过向人们灌注孝、慈、恭、顺、敬、和、仁、义等，把这些外在于人的

① 许慎：《说文解字》（校订本）卷一，凤凰出版社 2004 年版，第 1 页。

伦理道德观念变为人的内在需求，去约束人们的思想，限制人们的行为，把人们变为统治阶级的忠实奴仆，以达到维护封建等级制度的目的。正因为如此，所以中国封建社会的历代统治者都把封建礼教作为维护其统治的不二法门。

民国以来，我国的礼仪制度已经脱离了原先为封建时期森严的等级制度服务的本质，只是维系社会良好风气的道德和行为规范。但这并不意味着儒家礼教文化的陈腐没落、西方文明的完美无缺。实际上，我们所鄙弃的只是"礼"中的糟粕，其基本要素与原初精神依旧；而西方文明强调个人与自由、忽视社会和谐与人际规范的弊端日益凸显，反而自觉不自觉地转向儒家文明汲取营养。随着我国和谐社会建设的不断深化，"礼"无与伦比的魅力必将再度绽放异彩，使礼仪之邦的中华文明更加亮丽、清新。

应予略释者，司马光史论及引前贤史论所及之礼，内容极为广泛，无所不在，贯穿于治平社会建设各要务之始终。盖儒学经典、三纲五常、亲礼孝礼、祭礼丧礼、师友之礼等皆在其中，而治军用法亦各遵其礼。以礼治国，自成其完整治世体系矣。

司马光关乎礼之论述多矣，但其内涵、外延颇多不一。究其原因，一则朱熹理学确立推广之前，解经者众多、各抒己见、未达于一，司马光不能不受其影响；二则司马光论述多因事、因时、因势而发，各有侧重；三则或言其形式，或论其本质；四则司马光个人认识上之矛盾与发展。

约而言之，司马光论礼，可分三个层次：一曰以纪纲名分为核心的组织制度规范之礼，此乃司马光礼之总纲与高度浓缩；二曰以仁孝信义为核心的伦理道德规范之礼，是为司马光礼之内涵要素和基石；三曰以经世致用为诉求的行为规范之礼，如家礼、葬礼、孝礼、谥礼、军礼、法礼等，无所不在，包罗万象，它是前两层次之礼内在要求的外在表现，或曰拓展与应用，其中包含了大量诸礼交织而矛盾的具体史事分析与论述，构成了司马光论礼之个性化内容。

三者中，又以“纪纲名分”为其大要与核心，余则此制度规范下之具体而微者。

总之，以礼治国是司马光治平社会建设思想的理论总纲，首重制度规范之礼，强调道德规范之礼，关注经世致用的行为规范之礼及诸礼交织而矛盾的具体史事的辨析，是司马光礼治思想的鲜明特征。

## 第一节 纪纲名分制度规范之礼

### 一 纪纲名分制度规范之礼乃“不可易”之治世总纲

#### （一）治世首重纪纲名分之礼

《通鉴》记事始于周威烈王二十三年（前403）周王初命晋大夫魏斯、赵籍、韩虔为诸侯，别具深意，司马光开宗明义，就此发论，作为《通鉴》之首论，鲜明地传递出司马光以礼治国的基本思想。

“臣光曰”论周王初命魏、赵、韩为诸侯，开宗明义，起论首句即启明其观点：“臣闻天子之职莫大于礼，礼莫大于分，分莫大于名。”继而自问自答以释礼曰：“何谓礼？纪纲是也；何谓分？君、臣是也；何谓名？公、侯、卿、大夫是也。”明确表达出其以礼治国的基本观点。礼者，理也，无处而不在。此之所谓礼，乃治国基本制度层面之大礼，即治世统系、国之治体也，司马光谓之“礼之大经”、“礼之大体”。其基本内容为“天子统三公，三公率诸侯，诸侯制卿大夫，卿大夫治士庶人。贵以临贱，贱以承贵”。① 以今时话语言之，则国体与政体也。所谓国体，即社会各阶级在国家政权中的地位；

① 《资治通鉴》卷一，中华书局1956年版，第2页。

所谓政体，即国家政权的组织形式，统治阶级实现其统治的方式。治体明，复可言其它。

司马光将纪纲名分之礼区分为纪纲和名分两部分，指出礼乃治国之“纪纲”，“名”、“分”则其大要也。天子之职莫大于维护君臣之礼，“君臣之位犹天地之不可易也”。[①]

司马光继曰：“正名，细务也，而孔子先之。……圣人之虑远，故能谨其微而治之。”[②]表明了司马光“远谋”、“重微”思想[③]和对先圣之言的深刻领悟。对周王命晋大夫魏斯、赵籍、韩虔为诸侯的史事评价曰：“三晋之列于诸侯，非三晋之坏礼，乃天子自坏之也。”[④]深刻而虑远。

司马光还从正反两面论述了纪纲名分之礼的作用与极端重要性。“天子统三公，三公率诸侯，诸侯制卿大夫，卿大夫治士庶人。贵以临贱，贱以承贵。上之使下犹心腹之运手足，根本之制支叶，下之事上犹手足之卫心腹，支叶之庇本根，然后能上下相保而国家治安。”“夫礼，辨贵贱，序亲疏，裁群物，制庶事。……然后上下粲然有伦，此礼之大经也。”是时也，“礼之大体什丧七八矣。然文、武之祀犹绵绵相属者，盖以周之子孙尚能守其名分故也”。礼虽丧乱而犹能保其名分，仍可存国不亡。“今晋大夫暴蔑其君，剖分晋国，天子既不能讨，又宠秩之，使列于诸侯，是区区之名分复不能守而并弃之也。先王之礼于斯尽矣！”“君臣之礼既坏矣，则天下以智力相雄长，遂使圣贤之后为诸侯者，社稷无不泯绝，生民之类糜灭几尽。”[⑤]

---

① 《资治通鉴》卷一，中华书局1956年版，第3页。

② 《资治通鉴》卷一，中华书局1956年版，第4页。

③ 司马光：《传家集》卷二十一《进五规状》，影印《文渊阁四库全书》本。

④ 《资治通鉴》卷一，中华书局1956年版，第6页。

⑤ 《资治通鉴》卷一，中华书局1956年版，第2—6页。

### （二）因天理人情而设纪纲名分之礼

《通鉴》卷二百四十四大和五年（831）载"臣光曰"论牛僧孺抚杨志诚之议：

> 昔者圣人顺天理，察人情，知齐民之莫能相治也，故置师长以正之；知群臣之莫能相使也，故建诸侯以制之；知列国之莫能相服也，故立天子以统之。天子之于万国，能褒善而黜恶，抑强而辅弱，抚服而惩违，禁暴而诛乱，然后发号施令而四海之内莫不率从也。《诗》曰："勉勉我王，纲纪四方。"①

表达了"天子—诸侯—群臣—师长—齐民"治世统系的建立，本于天理人情。

《通鉴》卷二百二十乾元元年（758）载"臣光曰"评唐肃宗听由军士废立节度使：

> 夫民生有欲，无主则乱。是故圣人制礼以治之。自天子、诸侯至于卿、大夫、士、庶人，尊卑有分，大小有伦，若纲条之相维，臂指之相使，是以民服事其上，而下无觊觎。②

表达了因止争乱而设纪纲名分之礼的观点。

《通鉴》卷二十七五凤三年（前55）引"班固赞"评丙吉曰：

> 古之制名，必由象类，远取诸物，近取诸身。故经谓君为元首，臣为股肱，明其一体相待而成也。是故君臣相配，古今

---

① 《资治通鉴》卷二百四十四，中华书局1956年版，第7874页。

② 《资治通鉴》卷二百二十，中华书局1956年版，第7064页。

常道,自然之势也。①

指出君臣纪纲名分之礼,乃“古今常道,自然之势”。

《通鉴》卷六十九黄初二年(221)载:蜀中传言汉献帝已遇害,于是汉中王刘备即皇帝位。“臣光曰”因其事而论正闰,其中有云:“天生烝民,其势不能自治,必相与戴君以治之。”②指出人君之设乃人情之必然,人君治民乃烝民之愿,天下无王之时“固亦多矣”,其时则世无道而尚力争,暴乱生而害烝民,烝民不能“保全其生”,故呼唤人君出以治之。表达了因禁暴安民而设君的观点。

《通鉴》卷二百九十一显德元年(954)载“臣光曰”评冯道,其中有云:“天地设位,圣人则之,以制礼立法,内有夫妇,外有君臣。妇之从夫,终身不改;臣之事君,有死无贰;此人道之大伦也。苟或废之,乱莫大焉!”③表达了君臣之礼乃依天地人情自然之理而设的观点。

## 二　纪纲名分之礼本质为尊道

### (一) 皇权非神圣不可侵犯,要在得道

司马光强调纪纲名分之礼“不可易”,乃就其制度之整体合理性而言,并非僵死地认为纪纲名分自身神圣不可侵犯。他深刻地揭示了以皇权为核心的纪纲名分之礼的“不可易”源自其尊道之本质,帝王尽失其道,转为独夫,则皇权已移;行皇道以利天下,则皇权名至实归;皇权以行皇道为本,不行皇道,即自绝皇权,天下人皆可取而代之。

《通鉴》卷六十九载“臣光曰”论正闰有云:“苟能禁暴除害以保

① 《资治通鉴》卷二十七,中华书局 1956 年版,第 872—873 页。

② 《资治通鉴》卷六十九,中华书局 1956 年版,第 2185 页。

③ 《资治通鉴》卷二百九十一,中华书局 1956 年版,第 9511 页。

全其生；赏善罚恶使不至于乱，斯可谓之君矣。”[①]司马光溯本探源，从人君设立与产生的角度指出，能行人君之道，尽人君除害止乱保民之职者，皆可为君。

《通鉴》卷二十七引“班固赞曰”盛赞汉宣帝“遭值匈奴乖乱，推亡固存，信威北夷，单于慕义，稽首称藩。功光祖宗，业垂后嗣，可谓中兴，侔德殷宗、周宣矣！”内注引李奇曰：“推亡者，若纣为无道，天下苦之，有灭亡之形，周武遂推而弊之。”又引颜师古曰：“《尚书·仲虺之诰》曰：推亡固存，邦乃其昌。言有亡道者则推而灭之，有存道者则辅而固之。”[②]又，《通鉴》卷一百九十二武德九年(626)引景州录事参军张玄应诏问政曰：“臣观隋末乱离，其欲争天下者不过十余人而已，其余皆保乡党、全妻子，以待有道而归之耳。”[③]透露出无道亡国，有道者皆可得之的思想。司马光载之，揭示出纪纲名分以有道为前提、行无道乃自弃其纪纲名分，表达了皇权以皇道而存立的原道史观。

《通鉴》卷十一汉高帝五年(前 202)引“太史公曰”论项羽“天亡我”说之谬：“羽起陇亩之中，三年，遂将五诸侯灭秦，分裂天下而封王侯，政由羽出；位虽不终，近古以来未尝有也！”[④]项羽三年而灭秦，短其天下战乱水火之日，合于大道。司马光引“太史公曰”肯定项羽灭暴秦之历史功绩，即承认皇权非绝对神圣不可侵犯。秦二世昏聩无道，天下乱离，群雄并起，逐鹿中原；项羽灭秦，功不可没；汉高帝有道，得秦天下。均无悖于纪纲名分之礼。

《通鉴》卷四十四光武帝中元元年(56)载：

---

① 《资治通鉴》卷六十九，中华书局 1956 年版，第 2185 页。

② 《资治通鉴》卷二十七，中华书局 1956 年版，第 892 页。

③ 《资治通鉴》卷一百九十二，中华书局 1956 年版，第 6028 页。

④ 《资治通鉴》卷十一，中华书局 1956 年版，第 354 页。

> 是岁，起明堂、灵台、辟雍，宣布图谶于天下。
>
> 初，上以《赤伏符》即帝位，由是信用谶文，多以决定嫌疑。给事中桓谭上疏进谏……述五经之正义。……帝大怒曰："桓谭非圣无法，将下，斩之！"谭叩头流血，良久，乃得解。出为六安郡丞，道病卒。[1]

光武帝好谶，决事以谶而不以经，失治国之道。司马光引"范晔论"："桓谭以不善谶流亡，郑兴以逊辞仅免；贾逵能傅会文致，最差贵显；世主以此论学，悲哉！"[2]表达了帝王失道则无所谓"非圣无法"的观点。

**（二）民心即道**

《通鉴》卷七十三引陈寿评高堂隆曰"志存匡君"，临终口占上疏"因变陈戒，发于恳诚，忠矣哉"！[3] 褒赞其忠君忧国之义。

时值司马氏鹰瞵虎视、曹魏政权岌岌堪危之际，《通鉴》卷七十三载高堂隆上疏云："天下乃天下之天下，非独陛下之天下也！"又云："《书》曰：'天聪明自我民聪明，天明畏自我民明威。'言天之赏罚，随民言，顺民心也。"即上天耳聪目明，实际是人民耳聪目明，上天显赫威灵，实际是人民显赫威灵。又云："夫皇天无亲，惟德是辅。民咏德政，则延期过历；下有怨叹，则辍录授能。"即百姓赞咏德政，则人君享国长久；怨声载道，则上天就会另选贤能之人授予他国家。赋予形而上之天以切实的"民心民意"内涵，表达了"民即是天"、"有国在民"和"德政治国"的思想，并对君权天授观作出了清晰、准确、科学、本质的诠释。司马光取之载于《通鉴》，借以表达自己的观点。在此，民心民意即天意，即道。

---

① 《资治通鉴》卷四十四，中华书局 1956 年版，第 1427—1428 页。

② 《资治通鉴》卷四十四，中华书局 1956 年版，第 1428 页。

③ 《资治通鉴》卷七十三，中华书局 1956 年版，第 2326 页。

《通鉴》卷五十六载：东汉建宁二年(169)，汉将段颎"凡百八十战"，杀汉阳散羌"三万八千余"，"于是东羌悉平"，段颎"更封新丰县侯，邑万户"。"臣光曰"论段颎嗜杀平羌，指出人君御民，"御之得其道则附顺服从，失其道则离叛侵扰，固其宜也"；段颎为将，"虽克捷有功，君子所不与也"。① "固其宜也"四字，明确传递出司马光认为纪纲名分之根本在于合道，非神圣不可侵犯的深刻认知。

## 三　纪纲名分错乱危害严重

### （一）铸成人君亡国之灾

自古乱亡之国，必先坏纪纲而后乱从之。皇权下移，君臣纪纲名分错乱，或致亡国之灾。

《通鉴》卷二百八十八汉隐帝乾祐二年(949)记载：

> 西京留守、同平章事王守恩，性贪鄙，专事聚敛。……郭威自河中还，过洛阳；守恩自恃位兼将相，肩舆出迎。威怒，以为慢己，辞以浴，不见，即以头子命保义节度使、同平章事白文珂代守恩为留守，文珂不敢违。守恩犹坐客次，吏白："新留守已视事于府矣。"守恩大惊，狼狈而归，见家属数百已逐出府，在通衢矣。朝廷不之问，以文珂兼侍中，充西京留守。②

司马光引"欧阳修论"评后汉不问枢密使易置大臣。欧阳修直书已见："自古乱亡之国，必先坏其法制而后乱从之。"继论后汉枢密使郭威易置大臣，"如更戍卒"，且被易置者"不敢违"、"不敢拒"，行之者"处之不疑"，"而汉廷君臣亦置而不问"，"所为如此者，盖习为常事"，"岂非纲纪坏乱之极而至于此欤！"显然，此"法制"即"纪

① 《资治通鉴》卷五十六，中华书局1956年版，第1817页。

② 《资治通鉴》卷二百八十八，中华书局1956年版，第9412—9413页。

纲”也。欧阳修之崇尊纲纪，实乃赵宋史家总结历史经验之共识。故于关涉治国根本的礼法纪纲，“不敢忽于微而常杜其渐也”。[①]威权必集于人君，下迁于人臣又无监督节制，是为坏法制，终致国祚迁转，郭威建后周而代后汉。

**（二）酿成人臣族诛之祸**

人臣不识君臣大礼，久摄人君之威福，每不免于杀身灭族之祸。《通鉴》卷二十五地节四年（前66）载：霍光为汉武帝托孤重臣，续行休息养民政策，匡国家，安社稷，拥昭帝，立宣帝，成就汉室中兴之业。然以外戚久掌朝政，多置亲党，充塞朝廷，损人君之威权，阻同列之迁升，坏乱君臣纪纲，终致族诛。“臣光曰”：“夫威福者，人君之器也；人臣执之，久而不归，鲜不及（指及于杀身之祸）矣。”[②]

**（三）导致底层百姓、军士无由知禁而反乱**

《通鉴》卷十八载班固评游侠郭解被族曰：

> 古者天子建国，诸侯立家，自卿大夫以至于庶人，各有等差，是以民服事其上而下无觊觎。……非明主在上，示之以好恶，齐之以礼法，民曷由知禁而反正乎！[③]

司马光据以强调不能严明纪纲名分，则民将无由知禁。

《通鉴》卷二百二十唐肃宗乾元元年（758）载：

> 平卢节度使王玄志薨，上遣中使往抚慰将士，且就察军中所欲立者，授以旌节。高丽人李怀玉为裨将，杀玄志之子，推

① 《资治通鉴》卷二百八十八，中华书局1956年版，第9413页。
② 《资治通鉴》卷二十五，中华书局1956年版，第821页。
③ 《资治通鉴》卷十八，中华书局1956年版，第606—607页。

侯希逸为平卢军使。希逸之母，怀玉姑也，故怀玉立之。朝廷因以希逸为节度副使。节度使由军士废立自此始。①

"臣光曰"：

夫民生有欲，无主则乱。是故圣人制礼以治之。自天子、诸侯至于卿、大夫、士、庶人，尊卑有分，大小有伦，若纲条之相维，臂指之相使，是以民服事其上，而下无觊觎。其在《周易》，"上天、下泽，履。"象曰："君子以辨上下，定民志。"此之谓也。②

反映了司马光重视事物之肇端、由微见著的"重微"与"远虑"史观。不能严明纪纲名分，则军士将无由知禁而肆行叛乱。自此，唐代藩镇割据势力进一步恶性发展，中央统治日趋衰落，直至唐亡。

## 第二节　道德规范之礼

道德规范之礼乃社会治理之基础。规范人们行为的方法，约可分为道德与法律两途，而又以道德约束发挥作用之领域为更广泛、功效更恒久。此之道德规范即司马光所谓之礼的第二个层面的内涵，它规范了礼的基本要素。从更精细的角度划分，规范人们行为之方法，又可分为风俗、礼、法律三个层次。通常，风俗成于民间，且未形成正式文本；礼指向为官方所倡导之美善，多成于官方，并多有正式发布之文本；法律则指向为官方所禁惩之罪恶，必成于

① 《资治通鉴》卷二百二十，中华书局1956年版，第7064页。

② 《资治通鉴》卷二百二十，中华书局1956年版，第7064页。

官方，并有正式颁布之文本。

清代学者赵翼在《陔余丛考》"杂种畜生王八"中考证：王八，"明人小说又谓之忘八，谓忘礼义廉耻孝悌忠信八字也"。[①] 八字皆伦理道德规范之基本构成要素，反映了伦理道德规范具有厚重的历史文化沉积特征和强大的社会舆论约束作用。

司马光特别重视伦理道德规范中的孝，把孝视为伦理道德最重要的内容和礼的根基，曰"圣人之德，莫加于孝，犹江河之有源，草木之有本"；[②]又曰"人之修德必始于孝，而后仁义生。先王之教，亦始于孝，而后礼乐兴"；"孝者，德之本也"；"夫孝，始于事亲，中于事君，终于立身"；"能保社稷，孝莫大焉"。甚至干脆将礼与孝等同看待，曰礼孝同术而异名。[③]

司马光云："人之情，莫不好善而恶恶，慕是而羞非。……于是依仁以为宅，遵义以为路，诚意以行之，正心以处之，修身以帅之，则天下国家何为而不治哉！《大学》曰致知在格物。格犹扞也，御也。能扞御外物，然后能知至道矣。"[④]由是可知，在司马光礼治天下的逻辑体系中，为严明纪纲名分，必起于人情之"好善而恶恶，慕是而羞非"，导于仁孝，达于信义，终于"至道"。举凡道德、教化、风俗之属，皆在其中矣。

## 一　仁孝信义治国

司马光曰"安上治民莫善于礼"，又曰礼孝同术而异名。[⑤] 孔

---

① 赵翼：《陔余丛考》卷三十八，商务印书馆1957年版，第851页。

② 司马光：《传家集》卷十七《进古文孝经指解表》（嘉祐元年作），影印《文渊阁四库全书》本。

③ 《孝经指解》，影印《文渊阁四库全书》本。

④ 司马光：《传家集》卷六十五《致知在格物论》（元丰六年作），影印《文渊阁四库全书》本。

⑤ 《孝经指解》，影印《文渊阁四库全书》本。

子释仁曰“爱人”，《论语·颜渊》篇曰“非礼勿视，非礼勿听，非礼勿言，非礼勿动”，“克己复礼为仁”。

司马光曰：“爱养万物谓之仁，其所不爱不养谓之义。义者，裁仁以就宜者也。”[①]仁与义如食与药，前者主于常态，后者主于病态。仁者，爱养万物也，颐口爽身，顺乎人情；义者，宜也，虽苦口痛身，然合理应该，不得不为者也。具体到行为层面，“死党友，存孤儿，非义也。明君臣之大分，识天下之大义，守死而不变，斯可谓之义矣。”[②]又曰：“信者，人君之大宝也。”[③]

**（一）牧民之道要在“先利之”，利民之道在于行“仁义”，仁义乃社会治理之本**

《通鉴》卷二周显王三十三年（前336）载：

> 邹人孟轲见魏惠王，王曰：“叟，不远千里而来，亦有以利吾国乎？”孟子曰：“君何必曰利，仁义而已矣！君曰何以利吾国，大夫曰何以利吾家，士庶人曰何以利吾身，上下交征利而国危矣。未有仁而遗其亲者也，未有义而后其君者也。”王曰：“善。”初，孟子师子思，尝问牧民之道何先。子思曰：“先利之。”孟子曰：“君子所以教民，亦仁义而已矣，何必利！”子思曰：“仁义固所以利之也。上不仁则下不得其所，上不义则下乐为诈也，此为不利大矣。故《易》曰：‘利者，义之和也。’又曰：‘利用安身，以崇德也。’此皆利之大者也。”[④]

① 司马光：《温公易说》卷二，影印《文渊阁四库全书》本。

② 司马光：《传家集》卷六十七《张巡》（嘉祐元年作），影印《文渊阁四库全书》本。

③ 《资治通鉴》卷二，中华书局1956年版，第48页。

④ 《资治通鉴》卷二，中华书局1956年版，第64页。

"臣光曰":"子思、孟子之言,一也。夫唯仁者为知仁义之为利,不仁者不知也。故孟子对梁王直以仁义而不及利者,所与言之人异故也。"①司马光清晰地表明了自己"义利合一"的道德观,较之主流的"义利对立说"更为深刻而有益治道。"夫唯仁者为知仁义之利,不仁者不知也。"人君若有君子之德,明白仁义为利的道理,求教牧民之道何者为先时,就直接告诉他牧民之道要在"先利之"。不能利养其民,则民流离亡散,人君亦将无以取用之。何以利之,"仁义固所以利之也。上不仁则下不得其所,上不义则下乐为诈也,此为不利大矣"。这里的不利,显然是指对国家、对人君统治的不利。如此,则利分两种,一为利民,一为利国利君。先行仁义以求利民,"未有仁而遗其亲者也,未有义而后其君者也",然后可以利国利君,两利合一。是则前因而后果,理之自然也;若只求利君利国,而全然忽视利民与行仁义,则因果倒置,两利难达于统一。对于好言利而又不明白仁义为利道理的魏惠王,自当对以"君何必曰利,仁义而已矣"!应予说明者,司马光《通鉴》中所言之利,仍多指主流的悖义之利,而非其主张的合义之利。前者短暂而效微,略相当于战术层之利,后者久长而功著,乃战略层之利。

**(二)王者以仁义为丽,道德为威,仁义道德乃人君填服天下之道**

《通鉴》卷九汉太祖高皇帝元年(前206)引"贾谊论"评秦亡曰:

> 秦以区区之地致万乘之权,招八州而朝同列,百有余年,然后以六合为家,殽、函为宫;一夫作难而七庙堕,身死人手,为天下笑者,何也?仁谊不施而攻守之势异也。②

① 《资治通鉴》卷二,中华书局1956年版,第64页。

② 《资治通鉴》卷九,中华书局1956年版,第298页。

表达了“仁谊不施”无以填服天下的思想。

《通鉴》卷十一汉太祖高皇帝七年(前200)载:

> 萧何治未央宫,上见其壮丽,甚怒,谓何曰:“天下匈匈,苦战数岁,成败未可知,是何治宫室过度也!”何曰:“天下方未定,故可因以就宫室。且夫天子以四海为家,非壮丽无以重威,且无令后世有以加也。”上悦。①

司马光就萧何治未央宫“非壮丽无以重威”之论及汉高祖初怒而终悦,特出“臣光曰”以警戒之:“王者以仁义为丽,道德为威,未闻其以宫室填服天下也。”②进一步明确表达了以仁义道德填服天下的思想。

**(三)失义与信,何以为国**

《通鉴》卷二百四十八唐武宗会昌四年(844)载“臣光曰”评唐廷平藩镇之叛诛赏失当:

> 董重质之在淮西,郭谊之在昭义,吴元济、刘稹,如木偶人在伎儿之手耳。彼二人始则劝人为乱,终则卖主规利,其死固有余罪。然宪宗用之于前,武宗诛之于后,臣愚以为皆失之。何则?赏奸,非义也;杀降,非信也。失义与信,何以为国!昔汉光武待王郎、刘盆子止于不死,知其非力竭则不降故也。樊崇、徐宣、王元、牛邯之徒,岂非助乱之人乎?而光武弗杀;盖以既受其降,则不可复诛故也。若既赦而复逃亡叛乱,则其死固无辞矣!如谊等,免死流之远方,没齿不还,可矣;杀之,

① 《资治通鉴》卷十一,中华书局1956年版,第379—380页。
② 《资治通鉴》卷十一,中华书局1956年版,第380页。

非也!①

唐宪宗时,董重质鼓惑淮西节度使吴元济反乱,后又卖主规利,而宪宗用之;武宗时,郭谊杀叛将刘稹降唐,却被武宗杀了。司马光认为:"彼二人始则劝人为乱,终则卖主规利,其死固有余罪。然宪宗用之于前,武宗诛之于后,臣愚以为皆失之。"然后陈述其理由说:"赏奸,非义也;杀降,非信也。失义与信,何以为国!"并指出,"如谊等,免死流之远方,没齿不还,可矣;杀之,非也!"司马光认为法本于礼,执法必合于信义,表达了失义与信无以治世的思想。

## 二 德教治国

### (一)纪纲名分成于教化、风俗

《通鉴》卷六十八汉献帝建安二十四年(219)载:

魏王操表孙权为票骑将军,假节,领荆州牧,封南昌侯。权遣校尉梁寓入贡,又遣朱光等归,上书称臣于操,称说天命。操以权书示外曰:"是儿欲踞吾著炉火上邪!"侍中陈群等皆曰:"汉祚已终,非适今日。殿下功德巍巍,群生注望,故孙权在远称臣。此天人之应,异气齐声,殿下宜正大位,复何疑哉!"操曰:"若天命在吾,吾为周文王矣。"②

"臣光曰"因曹操不从劝进而论教化风俗之重要:

教化,国家之急务也,而俗吏慢之;风俗,天下之大事也,

① 《资治通鉴》卷二百四十八,中华书局1956年版,第8011页。
② 《资治通鉴》卷六十八,中华书局1956年版,第2172—2173页。

而庸君忽之。夫惟明智君子,深识长虑,然后知其为益之大而收功之远也。光武遭汉中衰,群雄糜沸,奋起布衣,绍恢前绪,征伐四方,日不暇给,乃能敦尚经术,宾延儒雅,开广学校,修明礼乐,武功既成,文德亦洽。继以孝明、孝章,遹追先志,临雍拜老,横经问道。自公卿、大夫至于郡县之吏,咸选用经明行修之人,虎贲卫士皆习《孝经》,匈奴子弟亦游大学,是以教立于上,俗成于下。其忠厚清修之士,岂唯取重于搢绅,亦见慕于众庶;愚鄙污秽之人,岂唯不容于朝(延)〔廷〕,亦见弃于乡里。自三代既亡,风化之美,未有若东汉之盛者也。及孝和以降,贵戚擅权,嬖幸用事,赏罚无章,贿赂公行,贤愚浑殽,是非颠倒,可谓乱矣。然犹绵绵不至于亡者,上则有公卿、大夫袁安、杨震、李固、杜乔、陈蕃、李膺之徒面引廷争,用公义以扶其危,下则有布衣之士符融、郭泰、范滂、许邵之流,立私论以救其败,是以政治虽浊而风俗不衰,至有触冒斧钺,僵仆于前,而忠义奋发,继起于后,随踵就戮,视死如归。夫岂特数子之贤哉,亦光武、明、章之遗化也。当是之时,苟有明君作而振之,则汉氏之祚犹未可量也。不幸承陵夷颓敝之余,重以桓、灵之昏虐:保养奸回,过于骨肉;殄灭忠良,甚于寇仇;积多士之愤,蓄四海之怒。于是何进召戎,董卓乘衅,袁绍之徒从而构难,遂使乘舆播越,宗庙丘墟,王室荡覆,烝民涂炭,大命陨绝,不可复救。然州郡拥兵专地者,虽互相吞噬,犹未尝不以尊汉为辞。以魏武之暴戾强伉,加有大功于天下,其蓄无君之心久矣,乃至没身不敢废汉而自立,岂其志之不欲哉?犹畏名义而自抑也。由是观之,教化安可慢,风俗安可忽哉!①

司马光论教化风俗之重要,主要体现为可以正人心,励忠直,

① 《资治通鉴》卷六十八,中华书局 1956 年版,第 2173—2174 页。

慑不义,维统纪(社稷)。“及孝和以降,贵戚擅权,嬖幸用事,赏罚无章,贿赂公行,贤愚浑殽,是非颠倒,可谓乱矣。然犹绵绵不至于亡者,上则有公卿、大夫袁安、杨震、李固、杜乔、陈蕃、李膺之徒面引廷争,用公义以扶其危,下则有布衣之士符融、郭泰、范滂、许邵之流,立私论以救其败”,“是以政治虽浊而风俗不衰,至有触冒斧钺,僵仆于前,而忠义奋发,继起于后,随踵就戮,视死如归”。汉末大乱,“然州郡拥兵专地者,虽互相吞噬,犹未尝不以尊汉为辞。以魏武之暴戾强伉,加有大功于天下,其蓄无君之心久矣,乃至没身不敢废汉而自立,岂其志之不欲哉?犹畏名义而自抑也。由是观之,教化安可慢,风俗安可忽哉!”

**(二)治国四维,皆礼也**

《通鉴》卷二百九十一后周显德元年(954)载:

(冯)道少以孝谨知名,唐庄宗世始贵显,自是累朝不离将、相、三公、三师之位,为人清俭宽弘,人莫测其喜愠,滑稽多智,浮沉取容,尝著《长乐老叙》,自述累朝荣遇之状,时人往往以德量推之。①

司马光引“欧阳修论”曰:

“礼义廉耻,国之四维;四维不张,国乃灭亡。”礼义,治人之大法;廉耻,立人之大节。况为大臣而无廉耻,天下其有不乱,国家其有不亡者乎!予读冯道《长乐老叙》,见其自述以为荣,其可谓无廉耻者矣,则天下国家可从而知也。予于五代得全节之士三,死事之臣十有五,皆武夫战卒,岂于儒者果无其人哉?

---

① 《资治通鉴》卷二百九十一,中华书局1956年版,第9510页。

……得非高节之士，恶时之乱，薄其世而不肯出欤？抑君天下者不足顾，而莫能致之欤？

予尝闻五代时有王凝者，家青、齐之间，为虢州司户参军，以疾卒于官。凝家素贫，一子尚幼，妻李氏，携其子，负其遗骸以归，东过开封，止于旅舍，主人不纳。李氏顾天已暮，不肯去，主人牵其臂而出之。李氏仰天恸曰："我为妇人，不能守节，而此手为人所执邪！"即引斧自断其臂，见者为之嗟泣。开封尹闻之，白其事于朝，厚恤李氏而笞其主人。呜呼！士不自爱其身而忍耻以偷生者，闻李氏之风，宜少知愧哉！①

严肃申明"礼义廉耻，国之四维；四维不张，国乃灭亡"；"礼义，治人之大法；廉耻，立人之大节"。指出"为大臣而无廉耻，天下其有不乱、国家其有不亡者乎"！

《通鉴》卷二百二十五唐代宗大历十二年(777)载：

元载、王缙之为相也，上日赐以内厨御馔，可食十人，遂为故事。癸卯，常衮与朱泚上言："餐钱已多，乞停赐馔。"许之。衮又欲辞堂封，同列不可而止。时人讽衮，以为："朝廷厚禄，所以养贤，不能，当辞位，不当辞禄。"②

同卷又载：

至德以后，天下用兵，诸将竞论功赏，故官爵不能无滥。及永泰以来，天下稍平，而元载、王缙秉政，四方以贿求官者相属于门，大者出于载、缙，小者出于卓英倩等，皆如所欲而去。

① 《资治通鉴》卷二百九十一，中华书局 1956 年版，第 9510 页。
② 《资治通鉴》卷二百二十五，中华书局 1956 年版，第 7246—7247 页。

及常衮为相，思革其弊，杜绝侥幸，四方奏请，一切不与；而无所甄别，贤愚同滞。[1]

常衮因才能之限，改革官场流弊之效果并不理想，但却真实地反映出当时官以贿得，世多固位贪禄、不顾廉耻之徒的社会现象；而廉耻之心，人皆有之，乃为人之本，亦封建社会对人最基本的道德规范要求，为官者竟置此为人之基本道德底线于不顾，故为司马光所深疾也。常衮所辞禄，实仅为皇帝特别优赐之"内厨御馔"，并非全部俸禄。故"臣光曰"论常衮辞禄，不采时人对常衮辞禄之讥评，而称："衮之辞禄，廉耻存焉，与夫固位贪禄者，不犹愈乎！……亦未可以深讥也。"[2]司马光此论，旨不在考史之细节，而在于取其警世之大义。此论亦与熙宁元年(1068)司马光与王安石关于常衮辞禄辩论之观点同调。[3] 司马光之评乃因时之弊，责实有益之论也。

## 第三节 行为规范之礼

司马光在经世致用思想指导下，高度重视考辨行为规范之礼。认为行为规范一本于礼，礼无所不在，为物大矣。"圣人之为善，岂有意乎其间哉！事至而应之以礼义耳。礼者，履也，循礼则事无不行。义者，宜也，守义则事无不得。圣人执礼义以待事，不为善而

① 《资治通鉴》卷二百二十五，中华书局 1956 年版，第 7257—7258 页。

② 《资治通鉴》卷二百二十五，中华书局 1956 年版，第 7247 页。

③ 详《传家集》卷四十二《迩英奏对》，影印《文渊阁四库全书》本。

善至矣。”①“礼之为物大矣！用之于身，则动静有法而百行备焉；用之于家，则内外有别而九族睦焉；用之于乡，则长幼有伦而俗化美焉；用之于国，则君臣有叙而政治成焉；用之于天下，则诸侯顺服而纪纲正焉；岂直几席之上、户庭之间得之而不乱哉！”②正如《礼记·仲尼燕居》所说：“以之居处有礼，故长幼辨也；以之闺门之内有礼，故三族和也；以之朝廷有礼，故官爵序也；以之田猎有礼，故戎事闲也；以之军旅有礼，故武功成也。是故宫室得其度……鬼神得其飨，丧纪得其哀，辨说得其党，官得其体，政事得其施”，可见其范围之广，故曰“君子无物而不在礼矣”。③

司马光行为规范之礼约有如下特点：

第一，不论仅涉生活细节之礼仪形式，所论皆关涉军国大体之礼的精神，旨在经世致用。

第二，所论多诸礼交会而矛盾者，以辨礼之大小、先后、轻重、缓急。如评嵇绍仕晋与王裒不仕晋，论忠孝矛盾，乃谓：君“至公”，则以忠为先；君失道于臣，则以孝为大。

第三，所论多异于世俗之见的新知新说。如论燕丹以荆轲刺秦王而速燕亡，燕丹“谋不远而动不义”，“轻虑浅谋，挑怨速祸”，不可谓贤；荆轲“不顾七族”失其孝，“动不义”而死，非勇信而愚也，不可谓之义，“君子盗诸”。

第四，超越一时一事之是非，而重其长时段历史意义。

第五，所论多求本探真。如论叔孙通定朝仪，礼分“为物大”者和“礼之糠秕”。

---

① 司马光：《传家集》卷七十四《迂书·道同》，影印《文渊阁四库全书》本。

② 《资治通鉴》卷十一，中华书局 1956 年版，第 375—376 页。

③ 《礼记正义》卷五十，阮元校勘《十三经注疏》本，中华书局 1980 年影印，第 1613、1614 页。

## 一 爱国之礼

### (一) 亲其亲以及人之亲,爱其国以及人之国

《通鉴》卷六秦始皇帝十四年(前233)载:

韩非者,韩之诸公子也,善刑名法术之学,见韩之削弱,数以书干韩王,王不能用。于是韩非疾治国不务求人任贤,反举浮淫之蠹而加之功实之上,宽则宠名誉之人,急则用介胄之士,所养非所用,所用非所养。悲廉直不容于邪枉之臣,观往者得失之变,作《孤愤》、《五蠹》、《内》《外储》、《说林》、《说难》五十六篇,十余万言。

王(秦始皇)闻其贤,欲见之。非为韩使于秦,因上书说王曰:"今秦地方数千里,师名百万,号令赏罚,天下不如。臣昧死愿望见大王,言所以破天下从之计。大王诚听臣说,一举而天下之从(通"纵",指合纵)不破,赵不举,韩不亡,荆、魏不臣,齐、燕不亲,霸王之名不成,四邻诸侯不朝,大王斩臣以徇国,以戒为王谋不忠者也。"王悦之,未任用。李斯嫉之,曰:"韩非,韩之诸公子也。今欲并诸侯,非终为韩不为秦,此人情也。今王不用,又留而归之,此自遗患也;不如以法诛之。"王以为然,下吏治非。李斯使人遗非药,令早自杀。韩非欲自陈,不得见。王后悔,使人赦之,非已死矣。①

《通鉴》出两论以评之,首引扬子《法言》曰:

或问:"韩非作《说难》之书而卒死乎说难,敢问何反也?"曰:"《说难》盖其所以死乎!"曰:"何也?""君子以礼动,以义

① 《资治通鉴》卷六,中华书局1956年版,第220—221页。

止，合则进，否则退，确乎不忧其不合也。夫说人而忧其不合，则亦无所不至矣。”或曰：“（韩）非忧说之不合，非邪？”曰：“说不由道，忧也。由道而不合，非忧也。”①

继出“臣光曰”：

臣闻君子亲其亲以及人之亲，爱其国以及人之国，是以功大名美而享有百福也。今非为秦画谋，而首欲覆其宗国，以售其言，罪固不容于死矣，乌足愍哉！②

司马光明确提出了“君子亲其亲以及人之亲，爱其国以及人之国”的爱国之礼。韩非事秦，“说不由道”，“首欲覆其宗国”，违“礼”背“义”，死不足愍。

春秋战国纷争久矣，人民苦之，企盼统一。始皇帝时，统一成历史发展之大势。顺应其势，即进步之举，亿兆之福，大忠、大仁、大智、大义（忠于、利于天下炎黄子孙）之为也。韩既不能用韩非统一之策略，转授之于秦未为不可也。儒学素有民贵君轻之卓识，而扬子、司马光于此俱未能超脱忠君思想之束缚而深悟孟子之精义也！

**（二）国家与人民利益至上**

《通鉴》卷七始皇帝二十五年（前 222）载“臣光曰”评荆轲刺秦王而速燕亡：

燕丹不胜一朝之忿以犯虎狼之秦，轻虑浅谋，挑怨速祸，使召公之庙不祀忽诸，罪孰大焉！而论者或谓之贤，岂不

① 《资治通鉴》卷六，中华书局 1956 年版，第 221 页。

② 《资治通鉴》卷六，中华书局 1956 年版，第 221—222 页。

过哉！

夫为国家者，任官以才，立政以礼，怀民以仁，交邻以信。是以官得其人，政得其节，百姓怀其德，四邻亲其义。夫如是，则国家安如磐石，炽如焱火，触之者碎，犯之者焦，虽有强暴之国，尚何足畏哉！丹释此不为，顾以万乘之国，决匹夫之怒，逞盗贼之谋，功隳身戮，社稷为墟，不亦悲哉！

夫其膝行、蒲伏，非恭也；复言、重诺，非信也；糜金、散玉，非惠也；刎首、决腹，非勇也。要之，谋不远而动不义，其楚白公胜之流乎！

荆轲怀其豢养之私，不顾七族，欲以尺八匕首强燕而弱秦，不亦愚乎！故扬子论之，以要离为蛛蝥之靡，聂政为壮士之靡，荆轲为刺客之靡，皆不可谓之义。又曰："荆轲，君子盗诸。"善哉！[1]

司马光认为，"膝行、蒲伏，非恭也；复言、重诺，非信也；糜金、散玉，非惠也；刎首、决腹，非勇也。要之，谋不远而动不义"，并指出，燕丹与荆轲谋刺秦王，"轻虑浅谋，挑怨速祸，使召公之庙不祀忽诸，罪孰大焉！"表达了国家利益至上的观点。

司马光一贯认为"礼孝同术而异名"，《孝经》称："夫孝，始于事亲，中于事君，终于立身。"[2]孝分四个层次：天子之孝，"爱敬尽于事亲，而德教加于百姓，刑于四海"；诸侯之孝，"能保社稷，孝莫大焉"；卿大夫之孝，"谨守法度以事君"；士之孝，"忠顺不失，以事其上"；庶人之孝，"谨身节用以养父母"。"自士以上，非直养而已。

---

① 《资治通鉴》卷七，中华书局 1956 年版，第 231—232 页。按，白公胜事见《左传》。

② 《孝经注疏》卷一，阮元校勘《十三经注疏》本，中华书局 1980 年影印，第 2545 页。

要当立身扬名，保其家国”①。燕丹当守其诸侯之礼，以“保社稷”为要；荆轲当守其士礼，以“保其家国”为本。今则燕丹“谋不远而动不义”，“轻虑浅谋，挑怨速祸”，不可谓贤；荆轲“不顾七族”失其孝，“动不义”而死，非勇信而愚也，不可谓之义，“君子盗诸”。

又，《通鉴》卷三周赧王五年（前310）载：

张仪说秦武王曰：“为王计者，东方有变，然后王可以多割得地也。臣闻齐王甚憎臣，臣之所在，齐必伐之。臣愿乞其不肖之身以之梁，齐必伐梁，齐、梁交兵而不能相去，王以其间伐韩，入三川，挟天子，案图籍，此王业也！”王许之。齐王果伐梁，梁王恐。张仪曰：“王勿患也！请令齐罢兵。”乃使其舍人之楚，借使谓齐王曰：“甚矣王之托仪于秦也！”齐王曰：“何故？”楚使者曰：“张仪之去秦也固与秦王谋矣，欲齐、梁相攻而令秦取三川也。今王果伐梁，是王内罢（通“疲”）国而外伐与国，而信仪于秦王也。”齐王乃解兵还。张仪相魏一岁，卒。

仪与苏秦皆以纵横之术游诸侯，致位富贵，天下争慕效之。又有魏人公孙衍者，号曰犀首，亦以谈说显名。其余苏代、苏厉、周最、楼缓之徒，纷纭遍于天下，务以辩诈相高，不可胜纪；而仪、秦、衍最著。②

孟子论之曰：

或谓：“公孙衍、张仪岂不大丈夫哉；一怒而诸侯惧，安居而天下熄？”孟子曰：“是恶足为大丈夫哉！君子立天下之正

① 《孝经指解》，影印《文渊阁四库全书》本。

② 《资治通鉴》卷三，中华书局1956年版，第99—100页。

位，行天下之正道，得志则与民由之，不得志则独行其道，富贵不能淫，贫贱不能移，威武不能诎，是之谓大丈夫。"①

司马光借孟子之论，明确"大丈夫"的礼学衡量标准为："立天下之正位，行天下之正道，得志则与民由之，不得志则独行其道，富贵不能淫，贫贱不能移，威武不能诎。"批评纵横家"是恶足为大丈夫哉！"朱熹《孟子集注》卷六释曰："正位，礼也。大道，义也。"②表达了对无爱国之心、游说列国以呈私欲的纵横之士的鄙视。

## 二 忠孝之礼

### （一）本于大道至公，追求忠孝合一

《通鉴》卷一百一晋哀帝兴宁三年(365)载：沈劲父沈充，从王敦构逆，兵败身死。依律，当族诛。乡人匿沈劲，使之得免于死。劲耻其父之非义，立志建勋雪耻。前燕慕容恪攻洛阳，劲乃自募壮士千余助晋冠军将军守御，以寡敌众，屡建奇功，粮尽援绝，城陷被执，不屈死义。不惟朝廷嘉之，敌军元帅慕容恪亦为之感佩，自责曰："吾……今定洛阳，使沈劲为戮；虽皆非本情，然身为元帅，实有愧于四海。"沈劲亦因之入载《晋书·忠义传》。"臣光曰"：

沈劲可谓能子矣！耻父之恶，致死以涤之，变凶逆之族为忠义之门。《易》曰："干父之蛊，用誉。"《蔡仲之命》曰："尔尚盖前人之愆，惟忠惟孝。"其是之谓乎！③

① 《资治通鉴》卷三，中华书局1956年版，第100页。

② 朱熹：《四书章句集注》，中华书局1983年版，第266页。

③ 《资治通鉴》卷一百一，中华书局1956年版，第3199页。

沈劲本于大道，舍生而取义，因忠而成孝，变凶逆之族为忠义之门，实现了忠孝合一。

又《通鉴》卷八十泰始十年(274)载"臣光曰"评嵇绍仕晋与王裒不仕晋：

> 昔舜诛鲧而禹事舜，不敢废至公也。嵇康、王仪，死皆不以其罪，二子不仕晋室可也。嵇绍苟无荡阴之忠，殆不免于君子之讥乎！①

嵇绍父嵇康，蔑视礼法，非薄汤武以讥司马氏篡政，触怒当政之司马昭、钟会，被诬以协助毌丘俭反叛而遭杀害。山涛与康同列竹林七贤，素交好。泰始十年(274)，山涛被任命为吏部尚书，并向晋武帝举荐嵇绍为秘书郎，帝发诏征之。绍以父康得罪，屏居私门，欲辞不就。涛谓之曰："天地四时，犹有消息，况于人乎！""绍乃应命，帝以为秘书丞。"②晋惠帝永兴元年(304)，八王之乱中，守忠"卫帝"，死于荡阴。③

东关之战，司马昭时为安东将军，监诸军。王裒父王仪因直言东关之败"责在元帅"，激怒了司马昭，竟被"引出斩之"。裒痛父非命，隐居教授，三征七辟，皆不就，"遂不仕而终"。④

司马光评论，首言"昔舜诛鲧而禹事舜，不敢废至公也"，意为君臣皆当以"至公"为行事本要，"至公"者，大义也。若君王出于"至公"而杀人臣之父，人臣当弃其私孝而从"至公"以事君。"至公"高于私孝也。接着说"嵇康、王仪，死皆不以其罪，二子不仕晋

① 《资治通鉴》卷八十，中华书局1956年版，第2537页。

② 《资治通鉴》卷八十，中华书局1956年版，第2536页。

③ 《资治通鉴》卷八十五，中华书局1956年版，第2696页。

④ 《资治通鉴》卷八十，中华书局1956年版，第2536页。

室可也”，此论取儒家“邦有道则仕，邦无道则隐”和事仇为不孝之意，孝道高于个人仕进发展。最后又谓“嵇绍苟无荡阴之忠，殆不免于君子之讥乎”。知司马光是肯定王裒守孝不仕晋而不赞同嵇绍忘孝而仕晋的。但既称嵇绍“荡阴之忠”，亦非绝对否定嵇绍仕晋。毕竟仇怨终“有消息”，宜适时而止，而立身、立家、立功、立业、立言、立德为君子之美。忠君利国近乎“至公”，此似有回归“至公”论之意。苟如此，方不至于人才之无谓浪费也。另应指出，司马光之措意，尽管人君于某具体关涉人臣的事件处理上表现无道，但尚未至于总体无道，人臣犹当以国家利益至上，可隐而不可叛也。

**（二）乱世首重孝礼，“未成君臣”时以孝为先**

《通鉴》卷二百八十一后晋高祖天福三年(938)载：河阳行军司马李彦珣参与反叛，后晋发兵征讨。后晋将领访获其母，“置城下以招之，彦珣引弓射杀其母”。叛军既降，“帝以彦珣为坊州刺史。近臣言彦珣杀母，杀母恶逆不可赦。帝曰：‘赦令已行，不可改也。’乃遣之官”。[①]“臣光曰”：

> 治国家者固不可无信。然彦珣之恶，三灵所不容，晋高祖赦其叛君之愆，治其杀母之罪，何损于信哉![②]

五代乱世，忠君道德淡化，多反叛，帝王亦不以为深罪，每赦且官之。司马光站在以信治国的战略高度，认为“赦其叛君之愆，治其杀母之罪”，无损于信。即认为可以赦其叛君之愆，但必治其杀母之罪。透露出司马光忠君思想的时代特点，反映出司马光强烈的务实精神。乱世纷争之际，良才择主而仕，良禽择枝而栖，一味强调忠君，缺乏时代背景条件支撑，而重孝立信，则有益于得人心、

① 《资治通鉴》卷二百八十一，中华书局 1956 年版，第 9190 页。

② 《资治通鉴》卷二百八十一，中华书局 1956 年版，第 9191 页。

感召天下来附，立信重于无甚实际意义的片面强调忠君。

《通鉴》卷六十一载：汉献帝兴平元年(194)，曹操与吕布争夺兖州，靳允时为范县令，吕布欲逼其归顺于己，执其母、弟、妻子。程昱游说靳允，说："今天下大乱，英雄并起，必有命世能息天下之乱者，此智者所宜详择也。得主者昌，失主者亡。陈宫叛迎吕布而百城皆应，似能有为；然以君观之，布何如人哉？夫布粗中少亲，刚而无礼，匹夫之雄耳。宫等以势假合，不能相君也；兵虽众，终必无成。曹使君智略不世出，殆天所授；君必固范，我守东阿，则田单之功可立也。孰与违忠从恶而母子俱亡乎？唯君详虑之！"①靳允乃杀吕布所遣之使，勒兵自守。徐众评靳允向背曰：

> 允于曹公未成君臣；母至亲也，于义应去。卫公子开方仕齐，积年不返，管仲以为不怀其亲，安能爱君！是以求忠臣必于孝子之门；允宜先救至亲。徐庶母为曹公所得，刘备遣庶归北，欲为天下者恕人子之情也；曹公亦宜遣允。②

徐众之评重孝道，认为"允于曹公未成君臣"，母至亲也，"于义"应去曹从吕"先救至亲"。并强调"不怀其亲，安能爱君！是以求忠臣必于孝子之门"，还引"徐庶母为曹公所得，刘备遣庶归北"，指出"欲为天下者恕人子之情也；曹公亦宜遣允"。史论赞刘备遣徐庶归北，表达了"未成君臣"时以孝为先的辩证忠孝观。

值得注意者，司马光引徐众评，首句即"允于曹公未成君臣"。时汉献帝兴平元年(194)也，形式上汉尚在，魏未立。汉末乱离，其时名为有君，其实无君也。时人择主而仕，欲建功业耳，不涉"忠君"大义。此乃建功业与存孝义之矛盾，当以孝为先。综而言之，

---

① 《资治通鉴》卷六十一，中华书局1956年版，第1952—1953页。

② 《资治通鉴》卷六十一，中华书局1956年版，第1953页。

盖讥曹操挟天子令诸侯,汉贼也,不足为孝忠,亲其孝亲可矣。

司马光将“天下大乱,英雄并起”的乱世作为一个特殊的历史阶段来对待,对这一时期人、事之评价标准与治平之世固不尽同也。惜其未能执之如一,思想光辉乍现即晦。如《通鉴》卷六十三论华歆(字子鱼)失节的人、事评价标准即与此不同。史载,华歆素享名士之誉,建安四年(199),时任豫章太守,孙策“盛兵将徇豫章”,遣功曹虞翻前往说降,华歆“乃夜作檄,明旦,遣吏赍迎。策便进军,歆葛巾迎策,策……礼为上宾”。孙盛曰:

> 歆既无夷、皓韬邈之风,又失王臣匪躬之操,桡心于邪儒之说,交臂于陵肆之徒,位夺节堕,咎孰大焉!①

司马光引“孙盛曰”讥评华歆既无隐士之志,又失忠臣之节。此以曹操未篡汉代立,歆犹汉臣,故讥之。

靳允、华歆同为汉臣,论靳允而不责其忠君之义,论华歆乃切责其不忠之失,标准不一,有失允当。

## 三 宫廷之礼

### (一) 严明储君后妃废立之礼,以绝内乱

《通鉴》卷二十二太始三年(前94)载:

> 是岁,皇子弗陵生。弗陵母曰河间赵倢伃,居钩弋宫,任身十四月而生。上曰:“闻昔尧十四月而生,今钩弋亦然。”乃命其所生门曰尧母门。②

---

① 《资治通鉴》卷六十三,中华书局1956年版,第2022页。

② 《资治通鉴》卷二十二,中华书局1956年版,第723页。

"臣光曰"：

> 为人君者，动静举措不可不慎，发于中必形于外，天下无不知之。当是时也，皇后、太子皆无恙，而命钩弋之门曰尧母，非名也。是以奸人逆探上意，知其奇爱少子，欲以为嗣，遂有危皇后、太子之心，卒成巫蛊之祸，悲夫！①

此论延及后事（"卒成巫蛊之祸"）而置评，知司马光重史证、不信附会虚妄之说。批评汉武帝不谨其言行，晚年又偏爱少子刘弗陵，致使太子刘据失宠，奸臣逆探上意，卒成巫蛊之祸。表达了严明储君后妃之礼，以绝内乱的鲜明观点。

《通鉴》卷一百九十一武德九年（626）载"臣光曰"评玄武门之变：

> 立嫡以长，礼之正也。然高祖所以有天下，皆太宗之功；隐太子以庸劣居其右，地嫌势逼，必不相容。向使高祖有文王之明，隐太子有泰伯之贤，太宗有子臧之节，则乱何自而生矣！既不能然，太宗始欲俟其先发，然后应之，如此，则事非获已，犹为愈也。既而为群下所迫，遂至蹀血禁门，推刃同气，贻讥千古，惜哉！夫创业垂统之君，子孙之所仪刑也，彼中、明、肃、代之传继，得非有所指拟以为口实乎！②

武德九年（626）六月四日，李世民发动玄武门之变，杀太子建成与齐王元吉，被立为太子，不久高祖即传位与之。

《旧唐书·太宗纪》赞曰："管、蔡既诛，成、康道正。贞观之风，

---

① 《资治通鉴》卷二十二，中华书局1956年版，第723页。

② 《资治通鉴》卷一百九十一，中华书局1956年版，第6012—6013页。

到今歌咏。"①从结果考虑，对玄武门之变执肯定态度。司马光则从维护封建礼法角度出发，对此持坚决反对的态度。首先指出"立嫡以长，礼之正也"，视玄武门之变为悖礼；其次分析了矛盾冲突难于避免，并提出自己认为相对合理的对策，即"俟其先发，然后应之"；最后，指明其负面作用和史鉴意义。

《通鉴》卷一百九十七载：唐太宗多子，太子李承乾作风不正，伪善营私；魏王李泰多才有礼，深得太宗宠爱，折节下士，拉拢权贵，谋求支持，欲取代太子；晋王李治"仁孝"而平庸。太子因地位动摇而谋反，被废为庶人。太宗欲立李泰，并"面许之立为太子"。但遭到长孙无忌等大臣的反对，李泰谋取太子之位的阴谋也被曝光，太宗只得宣布："承乾悖逆，泰亦凶险，皆不可立。"又说："我若立泰，则是太子之位可经营而得。自今太子失道，藩王窥伺者，皆两弃之，传诸子孙，永为后法。"②这是欲从法令制度上对嫡长子王位继承制进行的重大修正和发展，具有十分积极的意义。

太子地位及未来帝位之争，乃封建时代"祸乱之原"。唐太宗最终确立了正确的太子废立之礼："失道"及阴谋"窥伺者"，"皆两弃之，传诸子孙，永为后法"。"臣光曰"："唐太宗不以天下大器私其所爱，以杜祸乱之原，可谓能远谋矣！"③

《通鉴》卷一百六载：

> 燕主垂追尊母兰氏为文昭皇后；欲迁文明段后，以兰氏配享太祖，诏百官议之，皆以为当然。博士刘详、董谧以为"尧母为帝喾妃，位第三，不以贵陵姜原，明圣之道，以至公为先；文昭后宜立别庙。"垂怒，逼之，详、谧曰："上所欲为，无问于臣。

---

① 刘昫等：《旧唐书》卷三，中华书局1975年版，第63页。

② 《资治通鉴》卷一百九十七，中华书局1956年版，第6196—6197页。

③ 《资治通鉴》卷一百九十七，中华书局1956年版，第6197页。

臣按经奉礼，不敢有贰。”垂乃不复问诸儒，卒迁段后，以兰后代之。又以景昭可足浑后倾覆社稷，追废之；尊烈祖昭仪段氏为景德皇后，配享烈祖。①

司马光引“崔鸿论”曰：

齐桓公命诸侯无以妾为妻。夫之于妻，犹不可以妾代之，况子而易其母乎！《春秋》所称母以子贵者，君母既没，得以妾母为小君也；至于享祀宗庙，则成风终不得配庄公也。君父之所为，臣子必习而效之，犹形声之于影响也；宝之逼杀其母，由垂为之渐也。尧、舜之让，犹为之、哙之祸，况违礼而纵私者乎！昔文姜得罪于桓公，《春秋》不之废。可足浑氏虽有罪于前朝，然小君之礼成矣；垂以私憾废之，又立兄妾之无子者，皆非礼也。②

严厉批评燕主垂迁段后、废可足浑氏乃“违礼而纵私”，“皆非礼也”。强调了子事母之礼及妻妾后妃名分之别。

**（二）严明帝王家礼**

家礼，主要用于规范家族成员在家族内部的言行，以和家为目的。帝王家礼是儒家修齐治平思想体系的重要组成部分，并因此受到司马光的高度重视。

《通鉴》卷一百二十三宋文帝元嘉十七年(440)载：宋文帝羸疾积年，心劳辄发，屡至危殆；其弟彭城王义康尽心营奉，药食非口所亲尝不进，或连夕不寐，内外众事皆专决施行。性好吏职，纠剔文案，莫不精尽。上由是多委以事，凡所陈奏，入无不可；方伯以下，

---

① 《资治通鉴》卷一百六，中华书局 1956 年版，第 3361 页。

② 《资治通鉴》卷一百六，中华书局 1956 年版，第 3361—3362 页。

并令义康选用，生杀大事，或以录命断之。势倾远近，朝野辐凑，每旦府门常有车数百乘，义康倾身引接，未尝懈倦。复能强记，耳目所经，终身不忘；好于稠人广席，标题所忆以示聪明。士之干练者，多被意遇。然义康素无学术，不识大体，朝士有才用者皆引入己府，府僚无施及忤旨者乃斥为台官。自谓兄弟至亲，不复存君臣形迹，率心而行，曾无猜防。私置僮六千余人，不以言台，四方献馈，皆以上品荐义康，而以次者供御。无复人臣之礼，上浸不能平。深得义康宠爱的领军刘湛等，见上多疾，谓义康曰“宫车一日晏驾，宜立长君”。上尝疾笃，使义康具顾命诏。而刘湛、孔胤秀等，却在义康不知情的情况下，已开始搜寻晋咸康末立康帝旧事，为义康即位做准备了；及上疾瘳，微闻之。上以义康嫌隙已著，将成祸乱。冬，十月，收刘湛付廷尉，下诏暴其罪恶，就狱诛之，并诛其子黯、亮、俨及其党刘斌、刘敬文、孔胤秀等八人。义康上表逊位，诏以义康为江州刺史，侍中、大将军如故，出镇豫章。[①]“臣光曰”：

> 文帝之于义康，友爱之情，其始非不隆也；终于失兄弟之欢，亏君臣之义。迹其乱阶，正由刘湛权利之心无有厌已。《诗》云："贪人败类。"其是之谓乎！[②]

批评刘义康受刘湛等贪人败类蛊惑而亏君臣之义、宋文帝流义康而失兄弟之欢。

《通鉴》卷一百三十三宋明帝泰始七年(471)载：秋，七月，巴陵哀王休若至建康；乙丑，赐死于第，赠侍中、司空。复以桂阳王休范为江州刺史。时上诸弟俱尽，唯休范以人才凡劣，不为上所忌，故得全。

---

① 《资治通鉴》卷一百二十三，中华书局 1956 年版，第 3882—3886 页。

② 《资治通鉴》卷一百二十三，中华书局 1956 年版，第 3889 页。

司马光首引沈约论总结刘宋败亡之因说“隆家之道不足”，并指出彭城王刘义康事君，“徒见昆弟之义，未识君臣之礼，冀以家情行之国道，主猜而犹犯，恩薄而未悟，致以呵训之微行，遂成灭亲之大祸”，从而“开端树隙，垂之后人。太宗因易隙之情，据已行之典，翦落洪枝，不待顾虑。既而本根无庇，幼主孤立，神器以势弱倾移，灵命随乐推回改”。[①] 读刘宋一代历史，颇觉帝王之家如虎狼之室，生于其家，非福而祸也。血雨腥风贯穿始终，兄弟如寇仇，一人称帝，余必遭殃，且必欲尽诛之而后快，不见丝毫亲情悯爱。沈论区别昆弟之义与君臣之礼、家情与国道，明确了人在社会中的多重角色关系，并指出此“灭亲”之举一出，便成后世援据的“已行之典，翦落洪枝，不待顾虑”。这是对传统的儒家“齐家治国”同一论思想的补充与发展，有裨史鉴。

继引裴子野论宋明帝翦除诸弟曰：

> 夫噬虎之兽，知爱己子；搏狸之鸟，非护异巢。太宗保字螟蛉，剿拉同气，既迷在原之天属，未识父子之自然。宋德告终，非天废也。夫危亡之君，未尝不先弃本枝，妪煦旁孽；推诚嬖狎，疾恶父兄。前乘覆车，后来并辔。借使叔仲有国，犹不先配天；而他人入室，将七庙绝祀；曾是莫怀，甘心揃落。晋武背文明之托，而覆中州者贾后；太祖弃初宁之誓，而登合殿者元凶。祸福无门，奚其豫择！友于兄弟，不亦安乎！[②]

裴子野认为，亲亲之礼本自然天理，违之，乃刘宋亡国之因也。

据《北齐书》及《通鉴》记载，北齐孝昭帝高演（560—561 年在位），幼即聪敏过人，仪表风姿出众。及长，长于政术，深得同母兄

① 《资治通鉴》卷一百三十三，中华书局 1956 年版，第 4161 页。

② 《资治通鉴》卷一百三十三，中华书局 1956 年版，第 4161—4162 页。

文宣帝宠信。文宣帝沉湎酒色，屡直谏，文宣帝答："但令汝在，我何为不纵乐?"文宣帝临终，嘱托高演照顾新君、自己的儿子高殷。乾明元年(560)，高演联合母亲娄太后、弟弟高湛等发动政变，废掉侄子高殷，登上皇位，改元皇建。在位期间，文治武功兼盛，政治清明，关心民生，轻徭薄赋，诏遣大使巡省四方，观察风俗，问人疾苦，考求得失，还北出长城，亲征库莫奚，大胜，虏亡遁，且能事母至孝，友爱诸弟。即位次年，高演出猎，坠马重伤。初，高演封废帝高殷为济南王，约以不杀，但后来还是违反约定悄悄地杀了高殷。娄太后探病时，再三询问高殷的下落，高演不答，太后知高殷已被害，怒斥高演曰："杀之邪？不用吾言，死其宜矣!"高演临终悔过，"言恨不见太后山陵"。为保住儿子、当时的太子高百年的性命，传位给同母弟长广王高湛，并手书高湛："宜将吾妻子置一好处，勿学前人也。"希望能保全妻儿性命。但河清三年(564)，百年即为高湛所杀。

司马光引颜之推论曰："孝昭天性至孝，而不知忌讳，乃至于此，良由不学之所为也。"①谴责北齐孝昭帝(肃宗高演)不敦家礼，使帝王之家充斥阴谋杀戮氛围，指出孝昭帝杀兄之子高殷，"由不学之所为也"。孝昭帝天性虽善，犹需导之以学，使言行合于礼法。

**(三)帝王冠冕礼所出有因**

《通鉴》卷一百三十八永明十一年(493)载"臣光曰"评魏孝文帝赦为盗军士：

> 人主之于其国，譬犹一身，视远如视迩，在境如在庭。举贤才以任百官，修政事以利百姓，则封域之内无不得其所矣。是以先王黈纩塞耳，前旒蔽明，欲其废耳目之近用，推聪明于四远也。②

---

① 《资治通鉴》卷一百六十八，中华书局1956年版，第5217页。

② 《资治通鉴》卷一百三十八，中华书局1956年版，第4338页。

礼者，理也，合理谓礼，不可轻予废乱。“先王黈纩塞耳，前旒蔽明，欲其废耳目之近用，推聪明于四远也”，说明礼仪皆有表里、形实，礼仪形式皆有其质实寓意。司马光入仕以礼官，精研古礼，颇识其旨趣，时人服其精，故素重礼教，于兹可证。

## 四　对待少数民族政权之礼

### （一）服则怀之以德，叛则震之以威，以怀为本，反对滥杀

《通鉴》卷十二载：汉高皇帝九年（前 198）冬，“上取家人子名为长公主，以妻单于；使刘敬往结和亲约”。“臣光曰”：

> 建信侯谓冒顿残贼，不可以仁义说，而欲与为婚姻，何前后之相违也！夫骨肉之恩，尊卑之叙，唯仁义之人为能知之；奈何欲以此服冒顿哉！盖上世帝王之御夷狄也，服则怀之以德，叛则震之以威，未闻与为婚姻也。且冒顿视其父如禽兽而猎之，奚有于妇翁！建信侯之术，固已疏矣；况鲁元已为赵后，又可夺乎！①

司马光蔽于“夷夏之辨”的传统观念影响，仅从仁义和礼制角度置评和反对汉匈和亲，未能从长期历史发展角度全面审视和揭示和亲之巨大历史意义。此论为就事发论，以“冒顿残贼，不可以仁义说”，“视其父如禽兽而猎之”，不知“骨肉之恩，尊卑之叙”，“鲁元已为赵后”诸具体原因而反对刘敬和亲之议。但从司马光对此后历史上多次和亲不发反对之论的事实看，此论并不表示司马光反对历史上所有的和亲。如《通鉴》卷二十八载：“匈奴呼韩邪单于复上书，言民众困乏。诏云中、五原郡转谷二万斛以给之。”②通过

---

① 《资治通鉴》卷十二，中华书局 1956 年版，第 383 页。

② 《资治通鉴》卷二十八，中华书局 1956 年版，第 896 页。

对史实的记述表明其对汉匈和亲通好，睦如一家，互通有无，救助困乏的肯定。当然，我们必须看到呼韩邪单于和亲是建立在其附汉称臣基础之上的。司马光所措意者，在于君臣名分，而不在和亲本身。《通鉴》卷十一载张良力主汉王朝定都于长安而非洛阳时的一个重要理由就是关中“北有胡苑之利”，[①]即友好交往、互通有无之利。无疑，张良对待北方少数民族政权的态度是积极而富有远见的，更多看到的是相互之“利”，而非潜在的战争威胁。刘邦既采纳张良定都长安的意见，事实上就已确立了汉匈友好互利的长期战略，和亲也便是自然的结果了。但“臣光曰”所表达的“服则怀之以德，叛则震之以威”的基本民族治理思想依然成立。

《通鉴》卷二十三元凤四年(前77)载“臣光曰”论傅介子以金币诱杀楼兰王：

> 王者之于戎狄，叛则讨之，服则舍之。今楼兰王既服其罪，又从而诛之，后有叛者，不可得而怀矣。必以为有罪而讨之，则宜陈师鞠旅，明致其罚。今乃遣使者诱以金币而杀之，后有奉使诸国者，复可信乎！且以大汉之强而为盗贼之谋于蛮夷，不亦可羞哉！论者或美介子以为奇功，过矣！[②]

起论就明确提出了对待少数民族政权的基本政策：“王者之于戎狄，叛则讨之，服则舍之。”“论者或美介子以为奇功，过矣”，则表达了对待少数民族政权重信义，崇正直，卑巧诈之诱、“盗贼之谋”，鄙违悖信义之军功的思想。强调“后有叛者，不可得而怀矣”，则清晰地传递出讨叛以“怀”为目的的民族治理思想。

《通鉴》卷五十六建宁二年(169)载：

---

① 《资治通鉴》卷十一，中华书局1956年版，第362页。

② 《资治通鉴》卷二十三，中华书局1956年版，第773页。

诏遣谒者冯禅说降汉阳散羌。段颎以春农,百姓布野,羌虽暂降,而县官无廪,必当复为盗贼,不如乘虚放兵,势必殄灭。……颎凡百八十战,斩三万八千余级,获杂畜四十二万七千余头,费用四十四亿,军士死者四百余人;更封新丰县侯,邑万户。①

"臣光曰"论段颎杀汉阳散羌:

《书》称"天地,万物父母。惟人万物之灵,亶聪明,作元后,元后作民父母。"夫蛮夷戎狄,气类虽殊,其就利避害,乐生恶死,亦与人同耳。御之得其道则附顺服从,失其道则离叛侵扰,固其宜也。是以先王之政,叛则讨之,服则怀之,处之四裔,不使乱礼义之邦而已。若乃视之如草木禽兽,不分臧否,不辨去来,悉艾杀之,岂作民父母之意哉!且夫羌之所以叛者,为郡县所侵冤故也;叛而不即诛者,将帅非其人故也。苟使良将驱而出之塞外,择良吏而牧之,则疆埸之臣也,岂得专以多杀为快邪!夫御之不得其道,虽华夏之民,亦将蜂起而为寇,又可尽诛邪!然则段纪明之为将,虽克捷有功,君子所不与也。②

"天地,万物父母,惟人万物之灵"。人性同,宜本人性、顺人情而治之,要在御之得其道也。"夫蛮夷戎狄,气类虽殊,其就利避害,乐生恶死,亦与人同耳"云云明确表达了少数民族与内地百姓人性相同,皆君王之子民,宜平等对待之,不可"视之如草木禽兽,不分臧否,不辨去来,悉艾杀之"。当然,司马光这里所谓的蛮夷戎

① 《资治通鉴》卷五十六,中华书局1956年版,第1816—1817页。
② 《资治通鉴》卷五十六,中华书局1956年版,第1817页。

狄"与人同",仅是就人性而言,尚不足以擢升到民族平等的高度去看待。

《通鉴》卷一百一十五载:义熙五年(409),刘裕帅东晋军北伐南燕,广固之役,遭到南燕军的顽强抵抗,付出了惨重的代价。义熙六年,破城灭燕,"裕忿广固久不下,欲尽坑之,以妻女赏将士",韩范劝谏,"裕改容谢之,然犹斩王公以下三千人,没入家口万余,夷其城隍",送南燕主慕容超诣建康,斩之。"臣光曰":

> 晋自济江以来,威灵不竞,戎狄横骛,虎噬中原。刘裕始劝王师翦平东夏,不于此际旌礼贤俊,慰抚疲民,宣恺悌之风,涤残秽之政,使群士向风,遗黎企踵,而更恣行屠戮以快忿心;迹其施设,曾苻、姚之不如,宜其不能荡壹四海,成美大之业,岂非虽有智勇而无仁义使之然哉!①

明确表达了对刘裕"恣行屠戮以快忿心"和残酷奴役少数民族的谴责。

**(二)执义守信,坦诚相待**

《通鉴》卷一百九十二载:贞观元年(627),在突厥内部各部的激烈争斗中,颉利可汗势力益衰,国人离散。"会大雪,平地数尺,羊马多死,民大饥,颉利恐唐乘其弊,引兵入朔州境上,扬言会猎,实设备焉。鸿胪卿郑元璹使突厥还。言于上曰:'戎狄兴衰,专以羊马为候。今突厥民饥畜瘦,此将亡之兆也,不过三年。'上然之。群臣多劝上乘间击突厥,上曰:'新与人盟而背之,不信;利人之灾,不仁;乘人之危以取胜,不武。纵使其种落尽叛,六畜无余,朕终不击,必待有罪,然后讨之。'"②事实上,一"新"字,已暴露唐太宗本

① 《资治通鉴》卷一百一十五,中华书局1956年版,第3627页。

② 《资治通鉴》卷一百九十二,中华书局1956年版,第6046页。

心未必以仁信为宗，其取义舍利之现象，实因突厥势衰，不足以危于唐，待其自亡也。此由下及唐太宗绝薛延陀真珠可汗婚约之言亦可知矣。

《通鉴》卷一百九十七贞观十七年(643)载：隋唐之际，突厥盛兵百万，雄霸北疆。唐太宗平定突厥后，受其奴役的草原各民族纷纷独立，薛延陀部乘势迅速崛起。薛延陀真珠可汗夷男认为“漠北必当有主”，为了对付各族，“假中国之势以威胁之”，乃遣使入唐求婚。唐太宗本“已许之”，但当有大臣上言“不可与婚”，并教以“迁延其事”之计时，却又“从之”。于是征真珠可汗亲来迎娶。真珠大喜，“调敛诸部，往返万里，道涉沙碛，无水草，耗死将半，失期不至”。上乃下诏绝其婚。褚遂良上疏说：“陛下君临天下十有七载，以仁恩结庶类，以信义抚戎夷，莫不欣然，负之无力，何惜不使有始有卒乎！夫龙沙以北，部落无算，中国诛之，终不能尽，当怀之以德，使为恶者在夷不在华，失信者在彼不在此。”群臣多言：“国家既许其婚，受其聘币，不可失信戎狄，更生边患。”唐太宗不听，并说：“卿曹皆知古而不知今。昔汉初匈奴强，中国弱，故饰子女、捐金絮以饵之，得事之宜。今中国强，戎狄弱，以我徒兵一千，可击胡骑数万。薛延陀所以匍匐稽颡，惟我所欲，不敢骄慢者，以新为君长，杂姓非其种族，欲假中国之势以威服之耳。彼同罗、仆骨、回纥等十余部，兵各数万，并力攻之，立可破灭，所以不敢发者，畏中国所立故也。今以女妻之，彼自恃大国之婿，杂姓谁敢不服！戎狄人面兽心，一旦微不得意，必反噬为害。今吾绝其婚，杀其礼，杂姓知我弃之，不日将瓜剖之矣，卿曹第志之！”①唐太宗这段言论尽显封建帝王本心，其经营天下之道，乃以逐利为本，欲重建天下秩序与新的平衡格局。汉初和亲，今绝和亲，皆因势而变，“得事之宜”。

“臣光曰”论唐太宗绝薛延陀真珠可汗婚约：“孔子称去食、去

① 《资治通鉴》卷一百九十七，中华书局 1956 年版，第 6199—6201 页。

兵,不可去信。唐太宗审知薛延陀不可妻,则初勿许其婚可也;既许之矣,乃复恃强弃信而绝之,虽灭薛延陀,犹可羞也。王者发言出令,可不慎哉!”①比对唐太宗“得事之宜”的言行,见司马光执义守信思想略嫌学究化甚至迂腐。但若考虑到司马光通史作者的特殊身份与视野,从长期历史角度考察,就不难理解执义守信的民族之礼乃司马光坚守的不变之道,是其归纳总结千余年历史经验教训得出的战略性结论。

《通鉴》卷二百四十七会昌三年(843)载:维州原属唐,后为吐蕃据有。初,李德裕在西蜀,吐蕃镇守维州的副将悉怛谋率众来降。宰相牛僧孺认为这将失信于吐蕃,引发报复与战争,当以“守信为上”,遣返悉坦谋等降众,并将维州归还吐蕃,致使悉怛谋被杀。十二年后的会昌三年(843),李德裕重提旧事,指出此举实“绝忠款之路,快凶虐之情”,请求“追奖忠魂,各加褒赠”,②唐武宗俯允。“臣光曰”论牛、李维州之辨:

> 论者多疑维州之取舍,不能决牛、李之是非。臣以为昔荀吴围鼓,鼓人或请以城叛,吴弗许,曰:“或以吾城叛,吾所甚恶也,人以城来,吾独何好焉!吾不可以欲城而迩奸。”使鼓人杀叛者而缮守备。是时唐新与吐蕃修好而纳其维州,以利言之,则维州小而信大;以害言之,则维州缓而关中急。然则为唐计者,宜何先乎?悉怛谋在唐则为向化,在吐蕃不免为叛臣,其受诛也又何矜焉!且德裕所言者利也,僧孺所言者义也,匹夫徇利而忘义犹耻之,况天子乎!譬如邻人有牛,逸而入于家,或劝其兄归之,或劝其弟攘之。劝归者曰:“攘之不义也,且致讼。”劝攘者曰:“彼尝攘吾羊矣,何义之拘!牛大畜也,鬻之可

① 《资治通鉴》卷一百九十七,中华书局1956年版,第6201—6202页。

② 《资治通鉴》卷二百四十七,中华书局1956年版,第7977—7978页。

以富家。”以是观之，牛、李之是非，端可见矣。①

司马光此论能以历史通识观为指导，跳出军事上一城一地争夺的狭隘利益束缚，站在国家整体利益和各民族友好共处的长期利益高度审视和处理唐蕃关系问题，是对“夷夏大防”观的突破。唐与吐蕃的关系在一定程度上反映着文明与野蛮的对话，缺少共同的语境和话语。吐蕃正处于奴隶制政权建立和扩张时期，奴隶主贵族的贪欲使信义的约束力大打折扣，并决定了一定时期内双方战争难以从根本上避免。但从长期的历史考察，野蛮必将走向文明，信义相处是大势所趋，也是处理民族关系的最佳途径。

牛、李维州之议，各有其理。故论者“不能决牛、李之是非”。温公辟其“丛脞”、“烦碎”，守其“要道”、“大体”，②“德裕所言者利也，僧孺所言者义也”云云，从利、害两方面进行分析，明确表达了其取信义之大去利益之小、伸牛诎李的态度。是论引《左传》“晋荀吴帅师伐鲜虞”史事，又取譬以佐其论，使是非浅显而易明。

王夫之在《读通鉴论》中不同意司马光的观点，曰：“牛、李维州之辨，伸牛以诎李者，始于司马温公。公之为此说也，惩熙丰之执政用兵生事，敝中国而启边衅，故崇奖处錞之说，以戒时君。夫古今异时，强弱异势，战守异宜，利害异趣，据一时之可否，定千秋之是非，此立言之大病，而温公以之矣。”并指出“夷狄既逾防而为中夏之祸矣，殄之而不为不仁，夺之而不为不义，掩之而不为不信。”③王论不可谓无理，但显然忽略了司马光长时段历史观的合

① 《资治通鉴》卷二百四十七，中华书局 1956 年版，第 7978 页。

② 《资治通鉴》卷一百五十九“臣光曰”：“夫人主听纳之失，在于丛脞；人臣献替之病，在于烦碎。是以明主守要道以御万机之本，忠臣陈大体以格君心之非。”（中华书局 1956 年版，第 4934 页）

③ 王夫之：《读通鉴论》卷二十六，中华书局 1975 年版，第 790 页。

理性，不免偏颇。

据《通鉴》卷七十记载，汉末士燮领交州，交州地居岭南，为史称“百越”的少数民族世代居住。值汉末世乱，士燮乃保境自守，安抚流亡，和辑百蛮，甚得人心。孙吴经略岭南，以士燮为交趾太守。士燮卒，吴王众分其境为两州九郡，士徽仅得领其最为僻远的九真一郡。士徽乃“自署交趾太守”，“发宗兵”拒吴。时，士徽已“藉累世之恩，为一州所附”，“七郡百蛮云合响应”。吴将吕岱“以燮弟子辅为师友从事，遣往说徽。徽率其兄弟六人出降，岱皆斩之”。

孙盛论吕岱杀降曰：“夫柔远能迩，莫善于信。吕岱师友士辅，使通信誓；徽兄弟肉袒，推心委命，岱因灭之以要功利，君子是以知吕氏之祚不延者也。”[①]认为处理民族关系，应弃功利而取信义。

司马光坚持民族之礼的执义守信原则，强调义利之择，舍利取义。此利指可见之短期利益，而司马光义利统一思想[②]中之利则为长久之利益。

《通鉴》卷一百永和十一年(355)记载：秦主苻健寝疾，引鱼遵等朝中大臣受遗诏辅政；又对太子苻生说：“六夷酋帅及大臣执权者，若不从汝命，宜渐除之。”之后，太子苻生果虐杀大臣。“臣光曰”评前秦主苻健临终乱命：“顾命大臣，所以辅导嗣子，为之羽翼也。为之羽翼而教使翦之，能无毙乎！知其不忠，则勿任而已矣；任以大柄，又从而猜之，鲜有不召乱者也。”[③]任重而疑深，必致其乱。表达了对待少数民族首领应予坦诚相待、充分信任的思想。

**（三）对待少数民族政权可行权时之宜，因时而异施治**

《通鉴》卷二十七载：甘露二年(前52)，匈奴呼韩邪单于主动称藩入朝，汉宣帝诏群臣议接待礼节规格，朝臣形成两种意见。丞

① 《资治通鉴》卷七十，中华书局1956年版，第2231页。

② 《资治通鉴》卷二“臣光曰”，中华书局1956年版，第64页。

③ 《资治通鉴》卷一百，中华书局1956年版，第3147页。

相、御史曰:"圣王之制,先京师而后诸夏,先诸夏而后夷狄。匈奴单于朝贺,其礼仪宜如诸侯王,位次在下。"太子太傅萧望之以为:"单于非正朔所加,故称敌(对等、相当)国,宜待以不臣之礼,位在诸侯王上。外夷稽首称藩,中国让而不臣,此则羁縻之谊,谦亨之福也。……如使匈奴后嗣卒有鸟窜鼠伏,阙于朝享,不为畔臣,万世之长策也。"[①]天子采之。此"不臣之礼"为责实也,"称臣而不名"则外交礼仪辞令,名义称臣而实不必尽人臣奉贡之常职也。虽亦有奉贡,然非人臣必尽之职(臣礼),乃朋友间赠受之谊(客礼)也,无人员、品目、数量、时间等方面的严格限制。

司马光引"荀悦论"曰:"《春秋》之义,王者无外,欲一于天下也。"故匈奴"非敌国之谓也","待以不臣之礼,加之王公之上"为"僭度失序,以乱天常,非礼也"!但也指出:"若以权时之宜,则异论矣。"[②]即对待少数民族政权可超越一般之礼的制约,实施特殊的民族政策。深明大体,卓有见的。

《通鉴》卷四十三论汉西域关系,引"班固论"曰:

> 孝武之世,图制匈奴,患其兼从西国,结党南羌,乃表河曲列四郡,开玉门,通西域,以断匈奴右臂,隔绝南羌、月氏;单于失援,由是远遁,而幕南无王庭。遭值文、景玄默,养民五世,财力有余,士马强盛。故能睹犀布、玳瑁,则建珠厓七郡;感蒟酱、竹杖,则开牂柯、越巂;闻天马、蒲陶,则通大宛、安息;自是殊方异物,四面而至。于是开苑囿,广宫室,盛帷帐,美服玩,设酒池肉林以飨四夷之客,作鱼龙角抵之戏以观视之;及赂遗赠送,万里相奉,师旅之费,不可胜计。……
>
> 且通西域,近有龙堆,远则葱岭,身热、头痛、悬度之阨,淮

① 《资治通鉴》卷二十七,中华书局 1956 年版,第 885—886 页。
② 《资治通鉴》卷二十七,中华书局 1956 年版,第 886 页。

南、杜钦、扬雄之论，皆以为此天地所以界别区域，绝外内也。西域诸国，各有君长，兵众分弱，无所统一，虽属匈奴，不相亲附；匈奴能得其马畜、旃罽而不能统率，与之进退。与汉隔绝，道里又远，得之不为益，弃之不为损，盛德在我，无取于彼。故自建武以来，西域思汉威德，咸乐内属，数遣使置质于汉，愿请都护。圣上远览古今，因时之宜，辞而未许；虽大禹之序西戎，周公之让白雉，太宗之却走马，义兼之矣！①

在处理与周边民族的关系中，“义”为贯彻始终而不变的基本原则，而相互关系与处理形式、方法则不必无变：逐而走之如匈奴；设郡治之如珠厓、牂柯、越嶲；以“得之不为益，弃之不为损，盛德在我，无取于彼”，暂弃而舍之如西域。或设“都护”治之，或“内属”，或“遣使置质”，等等。可行“远览古今，因时之宜”，要则均需合于义，所谓“义兼之矣”。

## 五 丧葬祭祀之礼

司马光强调和重视严明丧葬祭祀之礼，对形式的固守虽在主观上皆出于对礼之本质及精神的诉求，但多所偏执，寄望明显高过实效。

### （一）合于天性，导人向善

《通鉴》卷五十建光元年（121）记载：汉代大力宣扬孝道，以孝治国，但东汉建武之初，“大臣既不得告宁（休假谒亲）而群司营禄念私，鲜循三年之丧以报顾复之恩者”。安帝时，“听大臣终丧，圣功美业，靡以尚兹”，却又以“时宦官不便之”而废止。后“复断二千石以上行三年丧”。②

---

① 《资治通鉴》卷四十三，中华书局 1956 年版，第 1403—1404 页。

② 《资治通鉴》卷五十，中华书局 1956 年版，第 1618—1619 页。

司马光引“袁宏论”称，“古之帝王所以笃化美俗，率民为善，因其自然而不夺其情”，故不当“毁礼止哀”，断三年丧礼，“灭其天性”。① 表达了重孝尚礼、以孝治国的思想。

“谥以表行”，在一定程度上具有导人向善和对帝王行为约束规范的作用。《通鉴》卷七十三载：“有司奏以武皇帝为魏太祖，文皇帝为魏高祖，帝为魏烈祖；三祖之庙，万世不毁。”②

司马光引“孙盛论”曰：“夫谥以表行，庙以存容。未有当年而逆制祖宗，未终而豫自尊显。魏之群司于是乎失正矣。”③死后定谥，取盖棺定论之意，乃谥礼之基本原则。魏明帝在位而定谥显违谥礼。史论原溯谥礼精神，反对定谥违礼。一旦乱制，生而定谥，则帝王之行为将失此重要约束。

**（二）守丧期以承载“百世不易”的孝精神**

《通鉴》卷七十九记载：泰始元年(265)九月，晋文王卒，葬崇阳陵。依俗，三日除服，而晋武帝犹素冠蔬食，哀毁如居丧者。二年八月，帝将谒崇阳陵，群臣奏言丧礼：

> 中军将军羊祜谓傅玄曰：“三年之丧，虽贵遂服，礼也。今主上至孝，虽夺其服，实行丧礼。若因此复先王之法，不亦善乎！”玄曰：“以日易月，已数百年，一旦复古，难行也。”祜曰：“不能使天下如礼，且使主上遂服，不犹愈乎！”玄曰：“主上不除而天下除之，此为但有父子，无复君臣也。”乃止。
>
> 戊辰，群臣奏请易服复膳，诏曰：“每感念幽冥，而不得终苴绖之礼，以为沈痛。况当食稻衣锦乎！适足激切其心，非所以相解也。朕本诸生家，传礼来久，何至一旦便易此情于所

① 《资治通鉴》卷五十，中华书局1956年版，第1619页。

② 《资治通鉴》卷七十三，中华书局1956年版，第2318页。

③ 《资治通鉴》卷七十三，中华书局1956年版，第2319页。

天！相从已多，可试省孔子答宰我之言，无事纷纭也！”遂以疏素终三年。①

“臣光曰”：

三年之丧，自天子达于庶人，此先王礼经，百世不易者也。汉文师心不学，变古坏礼，绝父子之恩，亏君臣之义；后世帝王不能笃于哀戚之情，而群臣谄谀，莫肯厘正。至于晋武独以天性矫而行之，可谓不世之贤君；而裴、傅之徒，固陋庸臣，习常玩故，而不能将顺其美，惜哉！②

盛赞晋武帝遵礼守丧期为深识礼之精神，“可谓不世之贤君”。

又，《通鉴》卷八十记载：泰始十年（274）八月，葬元皇后毕，晋武帝及群臣除丧即吉，博士陈逵议：“今时所行，汉帝权制；太子无有国事，自宜终服。”尚书杜预以为：“古者天子、诸侯三年之丧，始同齐、斩，既葬除服，谅暗以居，心丧终制。”君子之于礼，“存诸内而已”。太子出则抚军，守则监国，不为无事，宜卒哭除衰麻，而以谅暗终三年。帝从之。③

“臣光曰”：“规矩主于方圆，然庸工无规矩则方圆不可得而制也。”“衰麻主于哀戚”，若不穿孝服就谈不上哀思。并认为杜预巧饰经、传以附人情，乃巧辩，“不若陈逵之言质略而敦实也”。④ 总之，司马光主张坚持服丧三年之礼。

《通鉴》史论论帝王丧礼，以帝王乃万民师表，旨在传递礼之精

① 《资治通鉴》卷七十九，中华书局1956年版，第2497—2498页。

② 《资治通鉴》卷七十九，中华书局1956年版，第2498页。

③ 《资治通鉴》卷八十，中华书局1956年版，第2538—2539页。

④ 《资治通鉴》卷八十，中华书局1956年版，第2539页。

神和社会礼教之导向。司马光坚持“衰麻”与丧期，乃因其体现了礼之精神和社会礼教导向，未可简单地理解为固执地死守丧礼仪式。司马光《传家集》卷六十五《葬论》(元丰七年作)就明确否定了民间丧葬迷信形式，指出“人之贵贱、贫富、寿夭系于天，贤愚系于人，固无关预于葬”，唯坚守丧期以见丧礼精神，正与此意同。

**（三）责违礼**

《通鉴》卷六十九载：黄初元年(220)正月，魏武王曹操“薨”(《通鉴释例》“用天子例”曰：“帝后称崩，王公称薨。”严格书法也)，曹丕即位，不过半年，即“大飨六军……设伎乐百戏，吏民上寿，日夕而罢”。

司马光引“孙盛曰”指出，三年之丧、衰斩之制，乃“自天子达于庶人”、不论治世乱世，世所共遵之礼。只是到汉文帝时，变易古制，一度而废，“道薄于当年，风颓于百代”。丧孝之礼实为“王化之基”，魏王曹丕“处莫重之哀而设飨宴之乐……是以知王龄之不遐，卜世之期促也”。[①] 意谓曹丕不尊丧孝之礼，故其统治短促，享祚不久。

《通鉴》卷一百三十七永明九年(491)记载：齐武帝梦见太祖对自己说：“宋氏诸帝常在太庙从我求食，可别为吾致祠。”乃命豫章王妃庾氏四时祠二帝、二后于清溪故宅。祭品各异，皆其生前所嗜，牲牢、服章，皆用家人礼。“臣光曰”：

> 昔屈到嗜芰，屈建去之，以为不可以私欲干国之典，况子为天子，而以庶人之礼祭其父，违礼甚矣！卫成公欲祀相，宁武子犹非之；而况降祀祖考于私室，使庶妇尸之乎！[②]

坚决维护封建等级名分制度，乃司马光时代的相对最佳选择，

---

① 《资治通鉴》卷六十九，中华书局1956年版，第2180页。

② 《资治通鉴》卷一百三十七，中华书局1956年版，第4306页。

亦是权衡利弊之后的无奈之选。然而，司马光评齐武帝祭祀违礼，特别强调"为天子，而以庶人之礼祭其父，违礼甚矣"，不免淡化了礼之精神，难辞固囿形式之咎。在封建时代，不强调丧葬祭祀之礼绝对不行，过分强调又难免其形式化，此盖封建时代正直文人无以回避的痛苦与矛盾心理的真实体现。

## 六　立身处世之礼

### （一）君子以礼动，以义止，礼义廉耻为立身处世之本

《通鉴》卷六引扬子《法言》评韩非之死曰："君子以礼动，以义止，合则进，否则退。"①表达了君子立身处世"以礼动，以义止"的根本原则。

《通鉴》卷二百九十一引欧阳修论冯道曰："礼义廉耻，国之四维；四维不张，国乃灭亡。礼义，治人之大法；廉耻，立人之大节。"②指出礼义廉耻为立身处世的根本。

### （二）守道行礼为立身之本，才高不足以立身，失道与礼，翻为亡身之具

《通鉴》卷一百二十四载：宋文帝元嘉二十二年（445），范晔因涉嫌参与刘义康变乱被杀。"收籍晔家，乐器服玩，并皆珍丽，妓妾不胜珠翠。母居止单陋，唯有一厨盛樵薪；弟子冬无被，叔父单布衣"。裴子野论曰：

> 夫有逸群之才，必思冲天之据；盖俗之量，则偾常均之下。其能守之以道，将之以礼，殆为鲜乎！刘弘仁（刘湛）、范蔚宗（范晔）皆忸志而贪权，矜才以徇逆，累叶风素，一朝而陨。向

---

① 《资治通鉴》卷六，中华书局1956年版，第221页。

② 《资治通鉴》卷二百九十一，中华书局1956年版，第9510页。

> 之所谓智能，翻为亡身之具矣。①

范晔参与反叛为昏于君臣大义，事亲持家无道为悖于人伦家礼。既不能“守之以道，将之以礼”，却“忸志而贪权，矜才以徇逆”，虽“有逸群之才”，“向之所谓智能，翻为亡身之具矣”。表达了守道行礼为立身之本的思想。

**（三）立身处世必合于公义，以德报怨不必为君子立身处世之德**

《通鉴》卷一百七十二太建八年(576)载：北周大臣伊娄谦聘于齐，肩负刺探北齐军政情况重任。“其参军高遵以情输于齐，齐人拘之于晋阳。周主既克晋阳，召谦，劳之。执遵付谦，任其报复。谦顿首，请赦之，周主曰：‘卿可聚众唾面，使其知愧。’谦曰：‘以遵之罪，又非唾面可责。’帝善其言而止。谦待遵如初。”②随后“臣光曰”：

> 赏有功，诛有罪，此人君之任也。高遵奉使异国，漏泄大谋，斯叛臣也；周高祖不自行戮，乃以赐谦，使之复怨，失政刑矣！孔子谓以德报怨者何以报德。为谦者，宜辞而不受，归诸有司，以正典刑。乃请而赦之以成其私名，美则美矣，亦非公义也。③

以德报怨，于礼为美，然不可害公义也。公义为大，私德事小。伊娄谦以德报怨，待遵如初，而暗于公义，非君子立身处世之德。

① 《资治通鉴》卷一百二十四，中华书局 1956 年版，第 3920 页。
② 《资治通鉴》卷一百七十二，中华书局 1956 年版，第 5365 页。
③ 《资治通鉴》卷一百七十二，中华书局 1956 年版，第 5365 页。

## 七 人臣之礼

### (一) 仁忠合一

《通鉴》卷七秦始皇三十七年(前210)记载:

> (秦)二世欲诛蒙恬兄弟。二世兄子子婴谏曰:"赵王迁杀李牧而用颜聚,齐王建杀其故世忠臣而用后胜,卒皆亡国。蒙氏,秦之大臣、谋士也,而陛下欲一旦弃去之。诛杀忠臣而立无节行之人,是内使群臣不相信而外使斗士之意离也!"二世弗听,遂杀蒙毅及内史恬。恬曰:"自吾先人及至子孙,积功信于秦三世矣。今臣将兵三十余万,身虽囚系,其势足以倍畔。然自知必死而守义者,不敢辱先人之教以不忘先帝也!"乃吞药自杀。①

扬子《法言》曰:蒙恬"堑山,堙谷,起临洮,击辽水,力不足而尸有余,忠不足相也"。②"臣光曰":"始皇方毒天下而蒙恬为之使,恬不仁可知矣。"③蒙恬虽能杀身而不反,然助秦始皇荼毒天下,"忠不足相也"。对人臣之礼提出了仁忠合一的要求。

### (二) 为臣不忠,虽复材智之多,治行之优,不足贵矣

《通鉴》卷二百九十一显德元年(954)载"臣光曰"评冯道:

> 臣愚以为正女不从二夫,忠臣不事二君。为女不正,虽复华色之美,织纴之巧,不足贤矣;为臣不忠,虽复材智之多,治行之优,不足贵矣。何则?大节已亏故也。道之为相,历五

---

① 《资治通鉴》卷七,中华书局1956年版,第251页。
② 《资治通鉴》卷七,中华书局1956年版,第251页。
③ 《资治通鉴》卷七,中华书局1956年版,第251页。

朝、八姓，若逆旅之视过客，朝为仇敌，暮为君臣，易面变辞，曾无愧怍，大节如此，虽有小善，庸足称乎！

……臣愚以为忠臣忧公如家，见危致命，君有过则强谏力争，国败亡则竭节致死。智士邦有道则见，邦无道则隐，或灭迹山林，或优游下僚。今道尊宠则冠三师，权任则首诸相，国存则依违拱嘿，窃位素餐，国亡则图全苟免，迎谒劝进。君则兴亡接踵，道则富贵自如，兹乃奸臣之尤，安得与他人为比哉！或谓道能全身远害于乱世，斯亦贤已。臣谓君子有杀身成仁，无求生害仁，岂专以全身远害为贤哉！然则盗跖病终而子路醢，果谁贤乎？①

五代时期，“（冯）道之为相，历五朝、八姓，若逆旅之视过客，朝为仇敌，暮为君臣，易面变辞，曾无愧怍，大节如此，虽有小善，庸足称乎！”为臣之道：一曰“臣之事君，有死无贰”；“忠臣不事二君”。二曰“为臣不忠，虽复材智之多，治行之优，不足贵矣。何则？大节已亏故也”。三曰“忠臣忧公如家，见危致命，君有过则强谏力争，国败亡则竭节致死。智士邦有道则见，邦无道则隐，或灭迹山林，或优游下僚”。四曰“君子有杀身成仁，无求生害仁，岂专以全身远害为贤哉”！表达了为臣不忠，虽多才善治、保身乱世，不足为贵的鲜明观点。

**（三）爱而不忠，仁之贼也**

《通鉴》卷三十三汉成帝绥和二年（前7）载：“富平侯张放闻帝崩，思慕哭泣而死。”荀悦论曰：“放非不爱上，忠不存焉。故爱而不忠，仁之贼也！”②

据《汉书·张汤附放传》记载，放乃张汤后裔，与汉皇室有姻戚

① 《资治通鉴》卷二百九十一，中华书局1956年版，第9511—9512页。

② 《资治通鉴》卷三十三，中华书局1956年版，第1055页。

之亲,行事不辨是非,唯以帝王私意为用,常侍从成帝微出游戏,斗鸡走马,颇得成帝宠幸。王太后及正直朝臣多不满其所为。成帝"上迫太后,下用大臣",不得不将其左迁外放,临行,涕泣而遣之,并赐钱五百万。又每思念之,时予关照。放闻成帝崩,"思慕哭泣而死"。

司马光引荀悦论,将"爱"与"忠"明确区分开来,直斥张放为"仁之贼也"。提出人臣事君"爱而不忠,仁之贼也"的观点。

**(四) 才智不匹职任,不足以达其忠**

宋明帝时,袁粲(字景倩)累官尚书令,受顾命。顺帝即位,迁中书监,出镇石头。时萧道成方图篡位,粲谋攻之,事泄身死。《通鉴》卷一百三十四载:"粲简淡平素,而无经世之才;好饮酒,喜吟讽,身居剧任,不肯当事;主事每往咨决,或高咏对之。闲居高卧,门无杂宾,物情不接,故及于败。"裴子野论曰:"袁景倩,民望国华,受付托之重;智不足以除奸,权不足以处变,萧条散落,危而不扶。及九鼎既轻,三才将换,区区斗城之里,出万死而不辞,盖蹈匹夫之节而无栋梁之具矣。"①袁粲虽享"民望国华"之誉,受顾托之重,有忠君赴死之节,而才不能与匹,智不足与配,身居剧任而荒于职守,位在辅国而不能扶危,虚慕清流名士之风,诗酒高朋相伴,闲居高卧终日,以致九鼎既轻,三才将换。察其夙行,不可谓忠。故史评其死不过"蹈匹夫之节而无栋梁之具"。表达了忠与才智、职任相匹配的思想,职任要求之忠必体现于其行为结果,职任则必以相应之才智为条件和保障,无之不足以达其忠。

**(五) 教人君以文过遂非,缪哉**

《通鉴》卷十二汉孝惠皇帝四年(前 191)记载:叔孙通谏孝惠帝筑复道于宗庙道上不合礼制,帝欲坏之,乃曰"人主无过举",请迁宗庙。"臣光曰":

---

① 《资治通鉴》卷一百三十四,中华书局 1956 年版,第 4208 页。

过者，人之所必不免也；惟圣贤为能知而改之。古之圣王，患其有过而不自知也，故设诽谤之木，置敢谏之鼓；岂畏百姓之闻其过哉！是以仲虺美成汤曰："改过不吝。"傅说戒高宗曰："无耻过作非。"由是观之，则为人君者，固不以无过为贤，而以改过为美也。今叔孙通谏孝惠，乃云"人主无过举"，是教人君以文过遂非也，岂不缪哉！①

明确表达了对人臣教人君以文过遂非的谴责。

**（六）逆探上意，乃奸臣之为，不惟害国，且以自害**

《通鉴》卷二十二太始三年（前94）载：

是岁，皇子弗陵生。弗陵母曰河间赵倢伃，居钩弋宫，任身十四月而生。上曰："闻昔尧十四月而生，今钩弋亦然。"乃命其所生门曰尧母门。②

"臣光曰"：

为人君者，动静举措不可不慎，发于中必形于外，天下无不知之。当是时也，皇后、太子皆无恙，而命钩弋之门曰尧母，非名也。是以奸人逆探上意，知其奇爱少子，欲以为嗣，遂有危皇后、太子之心，卒成巫蛊之祸，悲夫！③

明确指出，"奸臣逆探上意"，"卒成巫蛊之祸"。直斥"逆探上意"为"奸臣"危害国家的行为。

① 《资治通鉴》卷十二，中华书局1956年版，第416页。
② 《资治通鉴》卷二十二，中华书局1956年版，第723页。
③ 《资治通鉴》卷二十二，中华书局1956年版，第723页。

《通鉴》卷七十二太和六年(232)记载:

侍中刘晔为(魏明)帝所亲重。帝将伐蜀,朝臣内外皆曰“不可”。晔入与帝议,则曰“可伐”;出与朝臣言,则曰“不可”。晔有胆智,言之皆有形。中领军杨暨,帝之亲臣,又重晔,执不可伐之议最坚,每从内出,辄过晔,晔讲不可之意。后暨与帝论伐蜀事,暨切谏,帝曰:“卿书生,焉知兵事!”暨谢曰:“臣言诚不足采,侍中刘晔,先帝谋臣,常曰蜀不可伐。”帝曰:“晔与吾言蜀可伐。”暨曰:“晔可召质也。”诏召晔至,帝问晔,终不言。后独见,晔责帝曰:“伐国,大谋也,臣得与闻大谋,常恐眯梦漏泄以益臣罪,焉敢向人言之!夫兵诡道也,军事未发,不厌其密。陛下显然露之,臣恐敌国已闻之矣。”于是帝谢之。晔见出,责暨曰:“夫钓者中大鱼,则纵而随之,须可制而后牵,则无不得也。人主之威,岂徒大鱼而已!子诚直臣,然计不足采,不可不精思也。”暨亦谢之。

或谓帝曰:“晔不尽忠,善伺上意所趋而合之。陛下试与晔言,皆反意而问之,若皆与所问反者,是晔常与圣意合也。每问皆同者,晔之情必无所逃矣。”帝如言以验之,果得其情,从此疏焉。晔遂发狂,出为大鸿胪,以忧死。①

侍中刘晔“有胆智,言之皆有形”,为魏明帝所亲重。但却习于“巧诈”,失于诚信,人前一套,人后一套,“善伺上意”,一意趋合。终为明帝所识破而疏远。刘晔也因此而发狂,“以忧死”。司马光引《傅子》曰:

巧诈不如拙诚,信矣。以晔之明智权计,若居之以德义,

① 《资治通鉴》卷七十二,中华书局1956年版,第2278—2279页。

行之以忠信，古之上贤，何以加诸！独任才智，不敦诚悫，内失君心，外困于俗，卒以自危，岂不惜哉！①

刘晔"善伺上意所趋而合之"，终致失意忧死。史论指出人臣当心存德义，事君以忠信，待人以诚悫；若独任才智，必"卒以自危"。

**（七）执礼有序，大义安社稷，次曰存君亲，复次朋友之礼**

吕后临朝称制，大封诸吕，加剧了与刘氏宗族及元老大臣集团的矛盾。吕后病危时，更以吕禄、吕产尽握京师兵权，以防政变。吕后死，刘氏宗室与大臣周勃、陈平等积极谋铲吕氏势力。苦于手无兵权，乃劫郦商为质，使素与吕禄交善的商子寄（字况）去诱说吕禄将军队交给太尉周勃，回归封国，享其逸乐，还可平释大臣疑怨。吕禄信任好友，不期有诈，交出军权。周勃等方得拥兵扫平诸吕。《史记》载其事，文末称"天下称郦况卖（交）〔友〕"。② 班固不赞同此说，曰："当孝文时，天下以郦寄为卖友。夫卖友者，谓见利而忘义也。若寄父为功臣而又执劫，虽摧吕禄，以安社稷，谊存君亲，可也。"③认为君臣父子之义为重，朋友之情次之，相互矛盾时，自当取重去轻。司马光于此不采司马迁及"天下"以郦寄为卖友之评，独取班固之论，显然同意班固观点。

**（八）不识礼，近于祸**

《通鉴》卷二十五载：霍光为汉武帝托孤重臣，续行休息养民政策，成就汉室中兴之业。然以外戚久掌朝政，多置亲党，充塞朝廷，损人君之威权，阻同列之升迁，身后，其子孙复盘踞要职，尸位素餐，骄奢日隆，贪残无度。地节四年（前66），终致族诛。

① 《资治通鉴》卷七十二，中华书局1956年版，第2279页。

② 司马迁：《史记》卷九十五，中华书局1959年版，第2662页。

③ 班固：《汉书》卷四十一，中华书局1962年版，第2089页。

"班固赞"论霍氏之祸曰:

> 霍光受襁褓之托,任汉室之寄,匡国家,安社稷,拥昭,立宣,虽周公、阿衡何以加此!然光不学亡术,暗于大理;阴妻邪谋,立女为后,湛溺盈溢之欲,以增颠覆之祸,死财三年,宗族诛夷,哀哉!①

"臣光曰":"夫威福者,人君之器也;人臣执之,久而不归,鲜不及矣。"②明确指出,人臣辅政,不可"不学亡术,暗于大理",此大理,核心即君臣纪纲之礼。霍光久执人君之器而肆行威福,终致族诛。

《通鉴》卷一百二十八载:鲁爽,宋人,少具才艺,长有勇力,魏有其所居之地,乃入于魏,为魏太武帝所重,常置左右。南归后,历任豫州刺史等。南谯王刘义宣欲逐帝位,约以至秋同时起事。爽以狂酒乖谬,即日举兵,兵败被杀。

李延寿论鲁爽乱曰:"凶人之济其身,非世乱莫由焉。鲁爽以乱世之情,而行之于平日,其取败也宜哉!"③此"凶人",盖言不明大义,不循法礼,唯恃才智勇力,暴乱悖逆,害于家国之不祥者也。其恃才智勇力,世乱可以济身,行之平日则取败也。

《通鉴》卷一百二十八宋孝武帝大明二年(458)记载:

> 中书令王僧达,幼聪警能文,而跌荡不拘。帝初践祚,擢为仆射,居颜(竣)、刘(延孙)之右。自负才地,谓当时莫及,一二年间,即望宰相。既而迁护军,怏怏不得志,累启求出。上不悦,由是稍稍下迁,五岁七徙,再被弹削。僧达既耻且怨,所上表奏,辞

① 《资治通鉴》卷二十五,中华书局 1956 年版,第 820 页。
② 《资治通鉴》卷二十五,中华书局 1956 年版,第 821 页。
③ 《资治通鉴》卷一百二十八,中华书局 1956 年版,第 4015 页。

旨抑扬，又好非议时政，上已积愤怒。路太后兄子尝诣僧达，趋升其榻，僧达令舁弃之。太后大怒。固邀上令必杀僧达。会高阇反，上因诬僧达与阇通谋，八月，丙戌，收付廷尉，赐死。①

沈约论曰："夫君子、小人，类物之通称，蹈道则为君子，违之则为小人。"②将王僧达直接归于违道悖礼的小人之列。

裴子野论曰："古者，德义可尊，无择负贩；苟非其人，何取世族！……以谢灵运、王僧达之才华轻躁，使其生自寒宗，犹将覆折；重以怙其庇荫，召祸宜哉。"③认为王僧达有才华而轻躁，不识人臣之礼而致杀身。

《通鉴》因王僧达被杀而引沈约论和裴子野论批判门阀取仕之弊。魏晋以来，王氏阀阅冠绝当世，显赫无比，王僧达出身望门，以门阀居显位，有才华而轻躁，傲慢而无视君臣之礼，失其为臣之道，故致杀身之祸。

**（九）君臣之礼不可逾越，纲纪之礼不容坏乱**

《通鉴》卷二百八十八汉隐帝乾祐二年(949)载：

西京留守、同平章事王守恩，性贪鄙，专事聚敛。……郭威自河中还，过洛阳；守恩自恃位兼将相，肩舆出迎。威怒，以为慢己，辞以浴，不见，即以头子命保义节度使、同平章事白文珂代守恩为留守，文珂不敢违。守恩犹坐客次，吏白："新留守已视事于府矣。"守恩大惊，狼狈而归，见家属数百已逐出府，在通衢矣。朝廷不之问，以文珂兼侍中，充西京留守。④

① 《资治通鉴》卷一百二十八，中华书局 1956 年版，第 4037—4038 页。
② 《资治通鉴》卷一百二十八，中华书局 1956 年版，第 4038 页。
③ 《资治通鉴》卷一百二十八，中华书局 1956 年版，第 4038—4039 页。
④ 《资治通鉴》卷二百八十八，中华书局 1956 年版，第 9412—9413 页。

欧阳修论后汉不问枢密使易置大臣曰：

> 自古乱亡之国，必先坏其法制而后乱从之，此势之然也，五代之际是已。文珂、守恩皆汉大臣，而周太祖以一枢密使头子而易置之，如更戍卒。是时太祖未有无君之志，而所为如此者，盖习为常事，故文珂不敢违，守恩不敢拒。太祖既处之不疑，而汉廷君臣亦置而不问，岂非纲纪坏乱之极而至于此欤！是以善为天下虑者，不敢忽于微而常杜其渐也，可不戒哉！①

欧阳修之论，直书已见，其崇尊纲纪，实乃赵宋史家总结历史经验之共识，亦司马光思想之一源也。其论后汉枢密使郭威易置大臣，“如更戍卒”，且被易置者“不敢违”、“不敢拒”，行之者“处之不疑”，“而汉廷君臣亦置而不问”。“所为如此者，盖习为常事”，“岂非纲纪坏乱之极而至于此欤！”威权必集于人君，下迁于人臣又无监督节制，是为坏法制，终致国祚迁转。故于关涉治国根本的礼法纲纪，“不敢忽于微而常杜其渐也”。

《通鉴》卷六引扬子《法言》评战国四封君曰：“或问信陵、平原、孟尝、春申益乎？曰：‘上失其政，奸臣窃国命，何其益乎！’”②直斥逾礼“窃国命”而坏君臣之礼者为“奸臣”。战国四封君毁坏君臣之礼，实为“奸臣窃国命”，无益于国家与天下。

**（十）人臣之罪，莫大于欺罔**

《通鉴》卷四十六汉章帝建初八年（83）载：外戚窦宪恃宫掖声势，肆行淫威，以贱直请夺沁水公主园田，公主竟然不敢计较。汉章帝出行经过园田，指以问宪，宪竟暗中呵斥相关人员不得以实相对。汉章帝发觉后大怒，但碍于皇后关系，虽知其欺罔而终不治之罪。

---

① 《资治通鉴》卷二百八十八，中华书局 1956 年版，第 9413 页。

② 《资治通鉴》卷六，中华书局 1956 年版，第 216 页。

窦宪夺沁水公主园田在前，欺君罔上于后，坏乱君臣之礼，罪不容诛。“臣光曰”强调了“人臣之罪，莫大于欺罔”的观点，①严厉指责了汉章帝知其欺罔而不治其罪的行为。

又，《通鉴》卷二百四十四记载：大和六年(832)，唐文宗问宰相牛僧孺：“天下何时当太平，卿等亦有意于此乎！”僧孺对曰：“太平无象。今四夷不至交侵，百姓不至流散，虽非至理，亦谓小康。陛下若别求太平，非臣等所及。”“臣光曰”严斥之，指出“当文宗求治之时，僧孺任居承弼，进则偷安取容以窃位，退则欺君诬世以盗名，罪孰大焉”！②

它如人君之礼、军事之礼、法制之礼等，亦皆司马光所极为重视者。人君之礼包罗甚广，司马光特别强调仁义，详第一章“司马光治平社会建设思想综论”部分。又，《通鉴》史论多处具体论及军事、法制与仁信礼义、民心等的关系，如“臣光曰”评唐肃宗听由军士废立节度使，就鲜明地提出了“治军必本于礼”，③详参本书司马光的军事思想、法制思想部分，此不复赘述。

## 第四节 礼之治国作用

### 一 以礼治国，功烈至彰

#### （一）以礼为天下，其功烈岂若是而止哉

汉初，叔孙通定朝仪，以尊君抑臣为旨，极大地满足了帝王虚

---

① 《资治通鉴》卷四十六，中华书局1956年版，第1494页。

② 《资治通鉴》卷二百四十四，中华书局1956年版，第7881页。

③ 《资治通鉴》卷二百二十，中华书局1956年版，第7064页。

荣尊显心理,汉高祖志满意得曰:“吾乃今日知为皇帝之贵也!”司马光为之发论曰:“礼之为物大矣!……以礼为天下,其功烈岂若是而止哉!”①表达了以礼为天下可彰著帝王功烈的观点。

《通鉴》卷二十七甘露元年(前53)记载:

> 皇太子柔仁好儒,见上所用多文法吏,以刑绳下,常侍燕从容言:“陛下持刑太深,宜用儒生。”帝作色曰:“汉家自有制度,本以霸王道杂之;奈何纯任德教,用周政乎!且俗儒不达时宜,好是古非今,使人眩于名实,不知所守,何足委任!”乃叹曰:“乱我家者太子也!”②

“臣光曰”论汉宣帝训责太子好儒:“王霸无异道。……皆本仁祖义,任贤使能,赏善罚恶,禁暴诛乱。”然其时儒学德教之不崇,一由“人主之不为,非先王之道不可复行于后世也”;二由“儒有君子,有小人。彼俗儒者,诚不足与为治也,独不可求真儒而用之乎!稷、契、皋陶、伯益、伊尹、周公、孔子,皆大儒也,使汉得而用之,功烈岂若是而止邪!”并批评汉宣帝“曰王道不可行,儒者不可用,岂不过哉!非所以训示子孙,垂法将来者”。③

使汉得真儒、大儒而用之以行德教(即王道),“功烈岂若是而止邪!”汉宣帝将儒学直接认知为“纯任德教”,反映出儒学治世的突出特点。司马光认为任德教即行王道。对照前引“以礼为天下,其功烈岂若是而止哉”,知此之德即礼、德教即礼教。司马光肯定儒学德教乃万世不更、功烈至彰的治天下之道。

---

① 《资治通鉴》卷十一,中华书局1956年版,第375—376页。
② 《资治通鉴》卷二十七,中华书局1956年版,第880—881页。
③ 《资治通鉴》卷二十七,中华书局1956年版,第881页。

**(二) 义立而王,信立而霸,权谋立而亡;修礼者王,为政者强,取民者安,聚敛者亡**

1. 义立而王,信立而霸,权谋立而亡

《通鉴》卷四周赧王三十一年(前284)论齐愍王失道败死,引荀子曰:"国者,天下之利势也。得道以持之,则大安也,大荣也,积美之源也。不得道以持之,则大危也,大累也,有之不如无之;及其綦也,索为匹夫,不可得也。齐湣、宋献是也。"①视国家为一种大而有力的客观资源和利用物,用之"得道",可成就持国者;"不得道",则会危害持国者,"有之不如无之"。

进而指出持国有三途:"义立而王,信立而霸,权谋立而亡","三者,明主之所谨择也,仁人之所务白也。善择者制人,不善择者人制之"。②

"义立而王",就是以礼义立国而后可王天下。首先要明白"挈国以呼礼义,而无以害之。行一不义,杀一无罪,而得天下,仁者不为也";然后着重做好"举义士"、"举义法"、"举义志"三件大事,如是则"基定也。基定而国定,国定而天下定"。

"信立而霸",就是在持国者"德虽未至也,义虽未济也,然而天下之理略奏矣",即尚未达到"王天下"的条件时,努力做到:对内,"政令已陈"、"刑赏已诺","信乎天下",使"臣下晓然皆知其可要","虽睹利败,不欺其民";对外,"约结已定,虽睹利败,不欺其与"。如是,则兵劲城固,"敌国畏之","与国信之","威动天下,信立霸成。"

"权谋立而亡",谓"挈国以呼功利,不务张其义,齐其信,唯利之求;内则不惮诈其民而求小利焉,外则不惮诈其与而求大利焉"。"如是,则臣下百姓莫不以诈心待其上矣。上诈其下,下诈其上,则

① 《资治通鉴》卷四,中华书局1956年版,第127页。

② 《资治通鉴》卷四,中华书局1956年版,第127、129页。

是上下析也。如是，则敌国轻之，与国疑之，权谋日行而国不免危削。”

齐国强盛之际，“南足以破楚，西足以诎秦，北足以败燕，中足以举宋”，及以燕、赵起而攻之，“若振槁然”，齐湣王身死国亡。“是无他故焉，唯其不由礼义而由权谋也”。①

这里，“得道”而持国的最高境界是“挈国以呼礼义”，其次是立“信”，立“权谋”则为“不得道”，结果迥异。挈国以呼礼义，可王天下，成就最大。

2. 修礼者王，为政者强，取民者安，聚敛者亡

《通鉴》卷四赧王三十二年（前 283）论卫成侯、嗣君乃聚敛计数之君，引“荀子曰”：

> 成侯、嗣君，聚敛计数之君也，未及取民也。子产，取民者也，未及为政也。管仲，为政者也，未及修礼也。故修礼者王，为政者强，取民者安，聚敛者亡。②

此处“取民”，谓取得民心，非敛取财物于民之谓也。通过历史比照，指出治国四道——修礼、为政、取民、聚敛，结果各不相同。“修礼”为上，可以王天下；“为政”次之，政治清明高效，可以强其国；欲安保其国，必得其民心，民心附则国安泰；专注聚敛于民，则亡国不远矣。再次表达了以礼治国成就最大的思想。

## 二　海内兴于礼让，仁谊不施而亡天下

### （一）海内兴于礼让

《通鉴》卷二十七记载：汉宣帝五凤三年（前 55）春，正月，博阳

① 《资治通鉴》卷四，中华书局 1956 年版，第 127—129 页。

② 《资治通鉴》卷四，中华书局 1956 年版，第 133 页。

定侯丙吉薨。"班固赞"评丙吉曰：

> 古之制名，必由象类，远取诸物，近取诸身。故经谓君为元首，臣为股肱，明其一体相待而成也。是故君臣相配，古今常道，自然之势也。近观汉相，高祖开基，萧、曹为冠；孝宣中兴，丙、魏有声。是时黜陟有序，众职修理，公卿多称其位，海内兴于礼让。览其行事，岂虚虖哉！①

昭宣中兴，丙吉为相，史称其良，"是时黜陟有序，众职修理，公卿多称其位，海内兴于礼让"。表达了海内兴于礼让的社会发展史观。

**（二）仁谊不施而亡天下**

《通鉴》卷九汉高祖元年（前 206）载："冬，十月，沛公至霸上。秦王子婴素车、白马，系颈以组，封皇帝玺、符、节，降轵道旁。"②

贾谊论曰："秦以区区之地致万乘之权，招八州而朝同列，百有余年，然后以六合为家，殽、函为宫；一夫作难而七庙堕，身死人手，为天下笑者，何也？仁谊不施而攻守之势异也。"③是论节录自贾谊《过秦论》，表明创业与守成不同时期的治世策略有所不同，创业奖战功，守成以仁义。体现了司马光重视历史阶段分析的治世思想，表达了仁谊不施则亡天下的认识。

---

① 《资治通鉴》卷二十七，中华书局 1956 年版，第 872—873 页。
② 《资治通鉴》卷九，中华书局 1956 年版，第 296—297 页。
③ 《资治通鉴》卷九，中华书局 1956 年版，第 298 页。

# 第三章　司马光的用人思想

## 第一节　人才区别与辨实思想

### 一　审于才德之分而辨人

**(一) 才德全尽谓之"圣人",才德兼亡谓之"愚人",德胜才谓之"君子",才胜德谓之"小人";"凡取人之术,苟不得圣人、君子而与之,与其得小人,不若得愚人"**

德者人之所严,而才者人之所爱。爱者易亲,严者易疏,是以察者多蔽于才而遗于德。《通鉴》卷一周威烈王二十三年(前403)"臣光曰":

> 智伯之亡也,才胜德也。夫才与德异,而世俗莫之能辨,通谓之贤,此其所以失人也。夫聪察强毅之谓才,正直中和之谓德。才者,德之资也;德者,才之帅也。云梦之竹,天下之劲也;然而不矫揉,不羽括,则不能以入坚。棠谿之金,天下之利也;然而不镕范,不砥砺,则不能以击强。是故才德全尽谓之"圣人",才德兼亡谓之"愚人";德胜才谓之"君子",才胜德谓之"小人"。凡取人之术,苟不得圣人、君子而与之,与其得小

人，不若得愚人。何则？君子挟才以为善，小人挟才以为恶。挟才以为善者，善无不至矣；挟才以为恶者，恶亦无不至矣。愚者虽欲为不善，智不能周，力不能胜，譬之乳狗搏人，人得而制之。小人智足以遂其奸，勇足以决其暴，是虎而翼者也，其为害岂不多哉！夫德者人之所严，而才者人之所爱；爱者易亲，严者易疏，是以察者多蔽于才而遗于德。自古昔以来，国之乱臣，家之败子，才有余而德不足，以至于颠覆者多矣，岂特智伯哉！故为国为家者苟能审于才德之分而知所先后，又何失人之足患哉！①

《通鉴》书周王命三家为诸侯之后，即追叙三家灭智伯事，上溯至智瑶之立为储君。司马光因以发论，起论即明其观点："智伯之亡也，才胜德也。夫才与德异，而世俗莫之能辨，通谓之贤，此其所以失人也。"继之以释义，"聪察强毅之谓才，正直中和之谓德"。论曰："才者，德之资也；德者，才之帅也。"以才德为衡量标准，将人分为圣人、愚人、君子、小人四类。

"凡取人之术，苟不得圣人、君子而与之，与其得小人，不若得愚人。""故为国为家者，苟能审于才德之分而知所先后，又何失人之足患哉！"是论乃建立在"自古昔以来，国之乱臣，家之败子，才有余而德不足，以至于颠覆者多矣"的史鉴之上，是封建家天下制下多昏君而少明王、用人唯亲、小人横行、愚人当道普遍现象的客观真实反映，是封建制度自身阙失使然。任何一种制度都是合理与不合理、优点与缺点并存的矛盾统一体。在封建统治制度仍体现出蓬勃的生命力，缔造着为世界所瞩目的宋代文明，而新的民主政治诞生远未具备条件的历史背景下，从长时段历史分析考察，现实可行的"取人之术"，几乎难出司马光重才德之辨、先德后才的见识

① 《资治通鉴》卷一，中华书局1956年版，第14—15页。

之上。于此,决不可脱离历史而论事,不惟不应苛责司马光之论偏颇,反应服膺其客观责实的史家精神和正直求道的知识分子品德。

此论成于英宗治平年间(1066 年进《通鉴》前),而早在仁宗庆历五年(1045),司马光即上《才德论》,其中所引史例,就包括了智瑶才胜德而覆宗灭祀之事,文云:"所谓才者存诸天,德者存诸人。智愚勇怯,才也。愚不可强智,怯不可强勇,四者有常分而不可移,故曰存诸天。善恶逆顺,德也。人苟弃恶而取善,变逆而就顺,孰御之哉?故曰存诸人。"①其论才胜德而亡,乃举鄤舒、智瑶两例,皆为君者。明君王治国,以德不以才。至于选用臣下,司马光却认为,"为国家者,进取莫若才,守成莫若德"。《通鉴》之史论体现出两处变化:

其一,对才、德的定义更清晰、更具包容性,且不取"才者存诸天,德者存诸人"之语入论,体现出司马光撰史之严谨性,无征者不录也。但应予指出,这并非司马光认识上的根本变化,如《传家集》卷六十七载元丰二年(1079)五月十七日司马光所作《四言铭系述》犹云:"夫才者,所受于天,非人所能强也。"只是反映了作者对待史书和文集态度有所不同。此乃前人所未尝予以应有重视者,特予指出。类此者尚多,如《涑水记闻》,《四库全书》归之于小说类,或为司马光未竟之作,又为日记其所闻而成,类史料初编,未及于考异辨证也;《传家集》亦多随感而发。关于史事的记载与评价,总体上不及《通鉴》谨严。而学者每等同视之,如论司马光天命观、对待王安石变法等,以其中记载推论《通鉴》史观,稍失精审矣。

其二,不载君王选用臣下"进取莫若才,守成莫若德"之论,似不及《才德论》完善。

胡三省评《通鉴》史论说:"治平、熙宁间,公与诸人议国事相是非之日也。萧、曹画一之辩不足以胜变法者之口,分司西京,不豫

① 司马光:《传家集》卷六十四,影印《文渊阁四库全书》本。

国论，专以书局为事。其忠愤感概不能自已于言者，则智伯才德之论，樊英名实之说，唐太宗君臣之议乐，李德裕、牛僧孺争维州事之类是也。”[①]此说一出，后世耳食者咸以为笃论。《通鉴》史论确有借题发挥，攻讦变法之处，但胡氏之说未必尽然。智伯才德之论的基本思想实成于熙宁变法前二十余年司马光所上《才德论》，强以为寓攻讦变法之意，显失允当。

**（二）才不足恃，失德之统率则才高为祸**

《通鉴》卷一百二十四载：元嘉二十二年（445）十二月，范晔以谋逆之罪受诛。“收籍晔家，乐器服玩，并皆珍丽，妓妾不胜珠翠。母居止单陋，唯有一厨盛樵薪；弟子冬无被，叔父单布衣”。《通鉴》评范晔之死，引“裴子野论”曰：

> 夫有逸群之才，必思冲天之据；盖俗之量，则偾常均之下。其能守之以道，将之以礼，殆为鲜乎！[②]

裴子野按才之高下将人略分为“逸群之才”与“常均”之才。范晔以文才名世，但不能“守之以道，将之以礼”，却“忸志而贪权，矜才以徇逆”，虽“有逸群之才”，“向之所谓智能，翻为亡身之具矣”。

司马光《迂书·文害》（元丰六年七月十八日作）载：

> 或谓迂叟：子于道则得其一二矣，惜乎无文以发之。迂叟曰：然君子有文以明道，小人有文以发身。夫变白以为黑，转南以为北，非小人有文者孰能之？[③]

---

① 胡三省：《新注〈资治通鉴〉序》，《资治通鉴》卷首，中华书局1956年版。

② 《资治通鉴》卷一百二十四，中华书局1956年版，第3920页。

③ 司马光：《传家集》卷七十四，影印《文渊阁四库全书》本。

显然，司马光承认“道”与“文”区别的命题，认为道为本，文为用。其作《文害》，乃针对道衰文盛、关系倒置之时弊而发，虽在总体上批驳文害，但并未将两者对立起来，笼统地一概排斥“文”。他将“文”分为君子之文和小人之文两类，指出君子之文要以明道，小人之文意在发身，客观而科学。

**（三）无德有才可保身于一时之乱世，惟有德为保身之本**

《通鉴》卷十二载：汉太祖高皇帝十一年（前196），淮阴侯韩信被夷“三族”。

“臣光曰”指出，韩信以市井小人“徼利”之志，求人君“酬功而报德”之心；不识“学道谦让”，而“伐已功”，“矜其能”。韩信以杰出的军事才能受重于战攻之时，然不能谨行蓄德，故“及天下已定，信复何恃哉”！[①] 反映了司马光乱世用才、治世重德、德本才用，有才可保身于一时之乱世、有德方可保身于长久的用人思想。

《通鉴》卷一百二十八载：鲁爽，宋人，少具才艺，长有勇力，魏有其所居之地，乃入于魏，为魏太武帝所重，常置左右。南归后，历任豫州刺史等。南谯王刘义宣欲逐帝位，约以至秋同时起事。爽以狂酒乖谬，即日举兵，兵败被杀。

李延寿论鲁爽之乱曰：“凶人之济其身，非世乱莫由焉。鲁爽以乱世之情，而行之于平日，其取败也宜哉！”[②]此“凶人”，盖言不明大义，不循法礼，唯恃才智勇力，暴乱悖逆，害于家国之不祥者，简言之则无德而恃勇力者也。其恃才智勇力，世乱可以济身，行之平日则必取败也。

**（四）辨忠臣、智士，为臣不忠，虽复材智之多，治行之优，不足贵矣**

《通鉴》卷二百九十一显德元年（954）载：冯道少以孝谨知名，

---

① 《资治通鉴》卷十二，中华书局1956年版，第390—391页。

② 《资治通鉴》卷一百二十八，中华书局1956年版，第4015页。

唐庄宗世始贵显，自是累朝不离将、相、三公、三师之位，为人清俭宽弘，人莫测其喜愠，滑稽多智，浮沉取容，尝著《长乐老叙》，自述累朝荣遇之状，时人往往以德量推之。

"臣光曰"评冯道，首先明确定义了忠臣与智士，从而批驳了视冯道能乱世保身为智士的世俗之见。"臣愚以为忠臣忧公如家，见危致命，君有过则强谏力争，国败亡则竭节致死。智士邦有道则见，邦无道则隐，或灭迹山林，或优游下僚"。并指出"臣之事君，有死无贰"，"臣愚以为正女不从二夫，忠臣不事二君"，"为臣不忠，虽复材智之多，治行之优，不足贵矣。何则？大节已亏故也"。据此辨明冯道非忠非智，"乃奸臣之尤"。"彼相前朝，语其忠则反君事仇，语其智则社稷为墟。后来之君，不诛不弃，乃复用以为相，彼又安肯尽忠于我而能获其用乎！""道之为相，历五朝、八姓，若逆旅之视过客，朝为仇敌，暮为君臣，易面变辞，曾无愧怍，大节如此，虽有小善，庸足称乎！""今道尊宠则冠三师，权任则首诸相，国存则依违拱嘿，窃位素餐，国亡则图全苟免，迎谒劝进。君则兴亡接踵，道则富贵自如，兹乃奸臣之尤"。进一步指出，"臣谓君子有杀身成仁，无求生害仁，岂专以全身远害为贤哉！然则盗跖病终而子路醢，果谁贤乎？"①表达了全身远害不必为贤称智的人才观。

## 二 论儒者，辨名士

### （一）从道德品行上区别儒者有君子与小人两种，从学识才智上划分儒者为俗儒、真儒、大儒三类

《通鉴》卷二十七甘露元年（前53）载：

> 皇太子柔仁好儒，见上所用多文法吏，以刑绳下，常侍燕从容言："陛下持刑太深，宜用儒生。"帝作色曰："汉家自有制

① 《资治通鉴》卷二百九十一，中华书局1956年版，第9511—9512页。

度，本以霸王道杂之；奈何纯任德教，用周政乎！且俗儒不达时宜，好是古非今，使人眩于名实，不知所守，何足委任！”乃叹曰：“乱我家者太子也！”①

司马光就此而发论，“臣光曰”强调辨名实，从道德品行上区别儒者为君子与小人两种，从学识才智上区分儒者为俗儒、真儒、大儒三类。“儒有君子，有小人。彼俗儒者，诚不足与为治也，独不可求真儒而用之乎！稷、契、皋陶、伯益、伊尹、周公、孔子，皆大儒也，使汉得而用之，功烈岂若是而止邪！”表达了用君子之儒、真儒、大儒，去小人之儒、俗儒的治世思想。然后批评汉宣帝“曰王道不可行，儒者不可用，岂不过甚矣哉！殆非所以训示子孙，垂法将来者”。② 司马光强调真儒必通识社会治理之根本为“本仁祖义，任贤使能，赏善罚恶，禁暴诛乱”，深刻领会仁义与刑罚并无根本之对立、儒家王道思想并不回避刑罚的矛盾同一性规律。体现了司马光超越传统的王霸、儒法学术门户之争，追求社会治理真理的通达思想境界。

**（二）“竖儒”不足与论大政，俗儒不足用以治世**

楚汉战争进入第三年，楚强汉弱格局依然没有得到根本改变。汉王与郦食其商议削弱楚势力。

食其曰：“昔汤伐桀，封其后于杞；武王伐纣，封其后于宋。今秦失德弃义，侵伐诸侯，灭其社稷，使无立锥之地。陛下诚能复立六国之后，此其君臣、百姓必皆戴陛下之德，莫不向风慕义，愿为臣妾。德义已行，陛下南乡称霸，楚必敛衽而朝。”汉王曰：“善！趣刻印，先生因行佩之矣。”

---

① 《资治通鉴》卷二十七，中华书局 1956 年版，第 880—881 页。

② 《资治通鉴》卷二十七，中华书局 1956 年版，第 881 页。

> 食其未行，张良从外来谒。汉王方食，曰：“子房前！客有为我计桡楚权者。”具以郦生语告良，曰：“何如？”良曰：“谁为陛下画此计者？陛下事去矣！”汉王曰：“何哉？”对曰：“臣请借前箸，为大王筹之：昔汤、武封桀、纣之后者，度能制其死生之命也；今陛下能制项籍之死命乎？其不可一也。武王入殷，表商容之间，释箕子之囚，封比干之墓；今陛下能乎？其不可二也。发巨桥之粟，散鹿台之钱，以赐贫穷；今陛下能乎？其不可三也。殷事已毕，偃革为轩，倒载干戈，示天下不复用兵；今陛下能乎？其不可四也。休马华山之阳，示以无为；今陛下能乎？其不可五也。放牛桃林之阴，以示不复输积；今陛下能乎？其不可六也。天下游士，离其亲戚，弃坟墓，去故旧，从陛下游者，徒欲日夜望咫尺之地。今复立六国之后，天下游士各归事其主，从其亲戚，反其故旧、坟墓，陛下谁与取天下乎？其不可七也。且夫楚唯无强，六国立者复桡而从之，陛下焉得而臣之？其不可八也。诚用客之谋，陛下事去矣！”汉王辍食，吐哺，骂曰：“竖儒几败而公事！”令趣销印。①

“竖”原指“未冠者”，后引申为“童仆未冠者”、“童仆”等，遂有轻蔑之意。名词转化成为形容词时，其意就变成了“贱劣如童仆”。“竖儒”即“贱劣的儒生”，此谓不得儒学真谛与精要且有害于治的俗儒之下者。司马光引“荀悦论”曰：“夫立策决胜之术，其要有三：一曰形，二曰势，三曰情。”②表达了真儒必依形、势、情灵活决策的通变思想，而不顾形、势、情之变化与不同，孤立、片面地墨守儒学思想之一端的决策，乃深害社会治理之竖儒行为。

《通鉴》卷二十九载“班彪赞”评汉元帝曰：

---

① 《资治通鉴》卷十，中华书局 1956 年版，第 331—333 页。

② 《资治通鉴》卷十，中华书局 1956 年版，第 333 页。

> 臣外祖兄弟为元帝侍中,语臣曰:"元帝多材艺,善史书,鼓琴瑟,吹洞箫,自度曲,被歌声,分刌节度,穷极幼眇。少而好儒;及即位,征用儒生,委之以政,贡、薛、韦、匡迭为宰相。而上牵制文义,优游不断,孝宣之业衰焉。然宽弘尽下,出于恭俭,号令温雅,有古之风烈。"①

人君之职要在治世,治世之本要在用人。汉元帝尚儒而不辨真儒、俗儒,用失其人,导致"孝宣之业衰焉",足为帝王治世之戒。司马光引班彪《汉书·元帝纪赞》,表达了好儒用儒未必能治理好社会的观点。这是基于司马光对儒生治国的历史总结和辨别儒生为真儒、俗儒的认识之上的。班固在《汉书·匡张孔马传赞》中已指出:"自孝武兴学,公孙弘以儒为相,其后蔡义、韦贤、玄成、匡衡、张禹、翟方进、孔光、平当、马宫及平当子晏咸以儒宗居宰相位,服儒衣冠,传先王语,其酝籍可也,然皆持禄保位,被阿谀之讥。彼以古人之迹见绳,乌能胜其任乎!"②这些人即只知"传先王语"、"以古人之迹见绳",而不悟儒家治世真谛的俗儒。

**(三)辨质名实、心迹,划分隐者为四,区别对待之**

《通鉴》卷五十一永建二年(127)载:

> 南阳樊英,少有学行,名著海内,隐于壶山之阳,州郡前后礼请,不应;公卿举贤良、方正、有道,皆不行;安帝赐策书征之,不赴。……诏切责郡县,驾载上道。……及后应对无奇谋深策,谈者以为失望。③

① 《资治通鉴》卷二十九,中华书局1956年版,第951—952页。

② 班固:《汉书》卷八十一,中华书局1962年版,第3366页。按,酝,酿酒,亦指酒。籍,书,书册。

③ 《资治通鉴》卷五十一,中华书局1956年版,第1647—1648页。

隐者，盖以知识阶层为典型，百家皆可为隐，而以儒者为多。其啸聚山林者，则不可称隐而为盗匪矣。

“臣光曰”论樊英虚名应征，辨质名实、心迹，划分隐者为两类四种，并有针对性地区别对待之。隐有君子之隐、非君子之隐两类。隐者约可分四种，君子类、贪位畏刑类、清修吉士类、邀誉逐利类。“古之君子，邦有道则仕，邦无道则隐。隐非君子之所欲也。人莫己知而道不得行，群邪共处而害将及身，故深藏以避之。”其“道德足以尊主，智能足以庇民，被褐怀玉，深藏不市，则王者当尽礼以致之，屈己以访之，克己以从之，然后能利泽施于四表，功烈格于上下。盖取其道不取其人，务其实不务其名也”。或“人主耻不能致，乃至诱之以高位，胁之以严刑”，“使彼诚君子邪，则位非所贪，刑非所畏，终不可得而致也”；“可致者，皆贪位畏刑之人也，乌足贵哉！”“若乃孝弟著于家庭，行谊隆于乡曲，利不苟取，仕不苟进，洁己安分，优游卒岁，虽不足以尊主庇民，是亦清修之吉士也。王者当褒优安养，俾遂其志。若孝昭之待韩福，光武之遇周党，以励廉耻，美风俗，斯亦可矣，固不当如范升之诋毁，又不可如张楷之责望也。”“至于饰伪以邀誉，钓奇以惊俗，不食君禄而争屠沽之利，不受小官而规卿相之位，名与实反，心与迹违，斯乃华士、少正卯之流，其得免于圣王之诛幸矣，尚何聘召之有哉！”①试之以爵禄，察之以名实、心迹，可辨饰伪邀誉者，或弃之，或刑之，而不可用之。

司马光关注隐者这一不仕于官而散居民间的特殊群体。认识到其道德智能之士可以“尊主庇民”，“有益于国家”。宜“取其道不取其人，务其实不务其名也”；其清修之吉士（又称清节之士），可以益风俗。但“大率多能自治而不能治人”；其贪位畏刑之人，则不足贵用；其饰伪以邀誉者，必绝而不用，乃至于刑诛之。表达了用人责实而不取虚名的用人观。

---

① 《资治通鉴》卷五十一，中华书局1956年版，第1648—1650页。

《通鉴》还认为，儒生多怀禄耽宠以失其世（立身处世原则）者，亦有清节之士。并指出清节之士“大率多能自治而不能治人”之不足。《通鉴》卷三十七王莽始建国三年（11）载：

初，隃麋郭钦为南郡太守，杜陵蒋诩为兖州刺史，亦以廉直为名。莽居摄，钦、诩皆以病免官，归乡里，卧不出户，卒于家。哀、平之际，沛国陈咸以律令为尚书。莽辅政，多改汉制，咸心非之。……及莽篡位，召咸为掌寇大夫；咸谢病不肯应。时三子参、钦、丰皆在位，咸悉令解官归乡里，闭门不出入，犹用汉家祖腊。……悉收敛其家律令、书文，壁藏之。又，齐栗融、北海禽庆、苏章、山阳曹竟，皆儒生，去官，不仕于莽。①

随后，《通鉴》引“班固赞”论龚胜等清节之士：

春秋列国卿大夫及至汉兴将相名臣，耽宠以失其世者多矣，是故清节之士，于是为贵；然大率多能自治而不能治人。王、贡之材，优于龚、鲍。守死善道，胜实蹈焉。贞而不谅，薛方近之。郭钦、蒋诩，好遁不污，绝纪、唐矣。②

王莽篡立称帝后，示以好儒尚贤，以期延揽人才。莽厚礼征召龚胜，胜坚辞不就，屡征之，乃绝食而死。《通鉴》记载龚胜言行后，还附带汇录了纪逡、唐林、唐尊、薛方、郇越、郇相、郭钦、蒋诩、陈咸等儒生名士事迹，然后引“班固赞”评论。“春秋列国卿大夫及至汉兴将相名臣”，按名节略可划分为两类，“怀禄耽宠”者和“清节之士”。前者多，而“失其世者”亦多；后者少，故而“贵”。然清节之士

① 《资治通鉴》卷三十七，中华书局 1956 年版，第 1195—1196 页。

② 《资治通鉴》卷三十七，中华书局 1956 年版，第 1196 页。

“大率多能自治而不能治人”，或“守死善道”，或“贞而不谅”，或“好遁不污”，其清节足敬，洁身自好足称，而治世济民则不足，对社会的贡献不大。

## 三　辨质疑说，直击人物本质

### (一) 纵横之士非大丈夫，乃诈人也，圣人恶诸。才乎才，非吾徒之才也

《通鉴》卷三周赧王五年(前310)载：

张仪说秦武王曰：“为王计者，东方有变，然后王可以多割得地也。臣闻齐王甚憎臣，臣之所在，齐必伐之。臣愿乞其不肖之身以之梁，齐必伐梁，齐、梁交兵而不能相去，王以其间伐韩，入三川，挟天子，案图籍，此王业也！”王许之。齐王果伐梁，梁王恐。张仪曰：“王勿患也！请令齐罢兵。”乃使其舍人之楚，借使谓齐王曰：“甚矣王之托仪于秦也！”齐王曰：“何故？”楚使者曰：“张仪之去秦也固与秦王谋矣，欲齐、梁相攻而令秦取三川也。今王果伐梁，是王内罢国而外伐与国，而信仪于秦王也。”齐王乃解兵还。张仪相魏一岁，卒。

仪与苏秦皆以纵横之术游诸侯，致位富贵，天下争慕效之。又有魏人公孙衍者，号曰犀首，亦以谈说显名。其余苏代、苏厉、周最、楼缓之徒，纷纭遍于天下，务以辩诈相高，不可胜纪；而仪、秦、衍最著。①

《孟子》论之曰：

或谓：“公孙衍、张仪岂不大丈夫哉；一怒而诸侯惧，安居

① 《资治通鉴》卷三，中华书局1956年版，第99—100页。

而天下熄?”孟子曰:“是恶足为大丈夫哉!君子立天下之正位,行天下之正道,得志则与民由之,不得志则独行其道,富贵不能淫,贫贱不能移,威武不能诎,是之谓大丈夫。”①

司马光借孟子之论,明确“大丈夫”的礼学衡量标准为:“立天下之正位,行天下之正道,得志则与民由之,不得志则独行其道,富贵不能淫,贫贱不能移,威武不能诎。”批评纵横家:“是恶足以为大丈夫哉!”朱熹《孟子集注》卷六释曰:“正位,礼也。大道,义也。”②大丈夫首先必为君子,其行为必合于礼义。

扬子《法言》曰:

或问:“仪、秦学乎鬼谷术而习乎纵横言,安中国者各十余年,是夫?”曰:“诈人也,圣人恶诸。”曰:“孔子读而仪、秦行,何如也?”曰:“甚矣凤鸣而鸷翰也!”“然则子贡不为欤?”曰:“乱而不解,子贡耻诸。说而不富贵,仪、秦耻诸。”或曰:“仪、秦其才矣乎,迹不蹈已?”曰:“昔在任人,帝而难之。不以才乎?才乎才,非吾徒之才也!”③

直斥纵横家为“诈人也,圣人恶诸”。比照“乱而不解,子贡耻诸”的圣人思想境界,直击纵横家之本质,“说而不富贵,仪、秦耻诸”,并从根本上否定纵横家之才,“才乎才,非吾徒之才也”。

《通鉴》论纵横之士,一事两论。表达了纵横之士非大丈夫,乃诈人也,圣人恶诸。才而乏德之统摄,才乎才,非吾徒之才也。

---

① 《资治通鉴》卷三,中华书局 1956 年版,第 100 页。

② 朱熹:《四书章句集注》,中华书局 1983 年版,第 266 页。

③ 《资治通鉴》卷三,中华书局 1956 年版,第 100 页。

## （二）辨质责实，评战国四封君、吕不韦、房玄龄

### 1. 战国四封君非君子，奸臣窃国命者也

信陵、平原、孟尝、春申并称战国四君子，“取重诸侯，显名天下”。司马光辨质责实，引“扬子《法言》曰”和“班固曰”，认为战国四封君使“背公死党之议成，守职奉上之义废”，实乃“奸臣窃国命”，从根本上颠覆了传统的称颂“战国四君子”之说。

《通鉴》卷六载扬子《法言》评战国四封君曰：“或问信陵、平原、孟尝、春申益乎？曰：‘上失其政，奸臣窃国命，何其益乎！’”①指出战国四封君毁坏君臣之礼，实为“奸臣窃国命”，无益于国家与天下。

《通鉴》卷十八载班固评游侠郭解被族曰：

> 古者天子建国，诸侯立家，自卿大夫以至于庶人，各有等差，是以民服事其上而下无觊觎。周室既微，礼乐、征伐自诸侯出；桓、文之后，大夫世权，陪臣执命。陵夷至于战国，合从连衡，繇是列国公子，魏有信陵，赵有平原，齐有孟尝，楚有春申，皆藉王公之势，竞为游侠，鸡鸣狗盗，无不宾礼。而赵相虞卿，弃国捐君，以周穷交魏齐之厄；信陵无忌，窃符矫命，戮将专师，以赴平原之急；皆以取重诸侯，显名天下，搤腕而游谈者，以四豪为称首。于是背公死党之议成，守职奉上之义废矣。②

此评辨质责实，明确指出战国四封君在历史上造成了严重危害，使“背公死党之议成，守职奉上之义废”。

---

① 《资治通鉴》卷六，中华书局 1956 年版，第 216 页。

② 《资治通鉴》卷十八，中华书局 1956 年版，第 606 页。

2. 吕不韦非智者，穿窬也

《通鉴》卷六载：秦始皇十二年（前235），秦王政察知吕不韦之劣迹，命其举家迁蜀，吕不韦恐被诛，饮酖死。敕曰：“自今以来，操国事不道如嫪毐、不韦者，籍其门，视此！”扬子《法言》曰：

> 或问：“吕不韦其智矣乎？以人易货。”曰：“谁谓不韦智者欤！以国易宗。吕不韦之盗，穿窬之雄乎！穿窬也者，吾见担石矣，未见洛阳也。”①

吕不韦颇以智能显世，但司马光引扬子《法言》辨析指出，不韦“操国事不道”，“以人易货”，乃凿穿或爬越墙壁进行盗窃的小偷，终不免“饮酖死”、“籍其门”。表达了阴谋逐利非智者的历史观。

3. 房玄龄之功虽“无迹可寻”，为唐宗臣也

《通鉴》卷一百九十九引“柳芳曰”赞房玄龄为唐宗臣：

> 玄龄佐太宗定天下，及终相位，凡三十二年，天下号为贤相；然无迹可寻，德亦至矣。故太宗定祸乱而房、杜不言功，王、魏善谏诤而房、杜让其贤，英、卫善将兵而房、杜行其道，理致太平，善归人主。为唐宗臣，宜哉！②

“房、杜行其道”之“道”，乃“理致太平”的治国常理。房玄龄有功而不言、遇贤则让、理致太平而能“善归人主”之德，虽其功“无迹可寻”，但却为世所公认，“天下号为贤相”。责其实也，“为唐宗臣，宜哉！”

---

① 《资治通鉴》卷六，中华书局1956年版，第219页。按，“担石”指代财富；“洛阳”为东周都城，指代政权。

② 《资治通鉴》卷一百九十九，中华书局1956年版，第6260—6261页。

### （三）听言责事，举名指实，辨虚伪诬罔，斥三游

1. 游侠，窃杀生之权，不入于道德

《通鉴》卷十八载班固评游侠郭解被族曰：

> 古者天子建国，诸侯立家，自卿大夫以至于庶人，各有等差，是以民服事其上而下无觊觎。周室既微，礼乐、征伐自诸侯出；桓、文之后，大夫世权，陪臣执命。陵夷至于战国，合从连衡，繇是列国公子，魏有信陵，赵有平原，齐有孟尝，楚有春申，皆藉王公之势，竞为游侠，鸡鸣狗盗，无不宾礼。而赵相虞卿，弃国捐君，以周穷交魏齐之厄；信陵无忌，窃符矫命，戮将专师，以赴平原之急；皆以取重诸侯，显名天下，搤腕而游谈者，以四豪为称首。于是背公死党之议成，守职奉上之义废矣。及至汉兴，禁网疏阔，未知匡改也。是故代相陈豨从车千乘，而吴濞、淮南皆招客以千数；外戚大臣魏其、武安之属竞逐于京师，布衣游侠剧孟、郭解之徒驰骛于阎闾、权行州域，力折公侯，众庶荣其名迹，觊而慕之。虽其陷于刑辟，自与杀身成名，若季路、仇牧，死而不悔。故曾子曰："上失其道，民散久矣。"非明主在上，示之以好恶，齐之以礼法，民曷由知禁而反正乎！古之正法：五伯，三王之罪人也；而六国，五伯之罪人也；夫四豪者，又六国之罪人也。况于郭解之伦，以匹夫之细，窃杀生之权，其罪已不容于诛矣。观其温良泛爱，振穷周急，谦退不伐，亦皆有绝异之姿。惜乎，不入于道德，苟放纵于末流，杀身亡宗，非不幸也。①

此论长逾500字。因事溯往，较全面地叙述了汉武帝杀郭解之前的游侠史，显示了司马光对这一在民间社会产生较大反响的

① 《资治通鉴》卷十八，中华书局1956年版，第606—607页。

特殊群体应有的关注,有补编年体例不足之益。

班固将战国四封君养士纳入游侠史考察,认为:“魏有信陵,赵有平原,齐有孟尝,楚有春申,皆藉王公之势,竞为游侠,鸡鸣狗盗,无不宾礼。而赵相虞卿,弃国捐君,以周穷交魏齐之厄;信陵无忌,窃符矫命,戮将专师,以赴平原之急;皆以取重诸侯,显名天下,搤腕而游谈者,以四豪为称首。于是背公死党之议成,守职奉上之义废矣。”四豪本身即“扼腕而游谈者”之首,又“竞为游侠,鸡鸣狗盗,无不宾礼”,促成了游侠这一特殊群体的产生,破坏了君臣纪纲与统治体系。

《史记》、《汉书》均设《游侠传》,并载郭解事。司马迁重视“天下”之评,对游侠褒赞较多,“今游侠,其行虽不轨于正义,然其言必信,其行必果,已诺必诚,不爱其躯,赴士之厄困,既已存亡死生矣,而不矜其能,羞伐其德,盖亦有足多者焉”,称郭解“天下无贤与不肖,知与不知,皆慕其声,言侠者皆引以为名”。班固则重视礼法纲纪,对游侠批评较多,认为游侠乃“背公死党”,其行为破坏了“守职奉上之义”,虽称善郭解“观其温良泛爱,振穷周急,谦退不伐,亦皆有绝异之姿”,但在道德礼法层面却予以坚拒和抨击,“以匹夫之细,窃杀生之权,其罪已不容于诛矣。……不入于道德,苟放纵于末流,杀身亡宗,非不幸也”。

2. 三游,德之贼也

司马光由游侠郭解被族,引班固论游侠后,复引荀悦论以推广之,其要皆在于维护纲纪礼义、伦理道德也。荀悦论曰:

> 世有三游,德之贼也:一曰游侠,二曰游说,三曰游行。立气势,作威福,结私交以立强于世者,谓之游侠;饰辩辞,设诈谋,驰逐于天下以要时势者,谓之游说;色取仁以合时好,连党类,立虚誉以为权利者,谓之游行。此三者,乱之所由生也;伤道害德,败法惑世,先王之所慎也。国有四民,各修其业;不由

四民之业者，谓之奸民。奸民不生，王道乃成。①

基层社会，四民之外，别有游侠、游说、游行，三游严重危害社会道德礼法与财富生产，阻碍和谐社会建设，宜慎重对待。“此三者，乱之所由生也；伤道害德，败法惑世，先王之所慎也”。“世有三游，德之贼也”。士、农、工、商四民“各修其业”，乃社会治理与财富生产的基础。三游则“不由四民之业者，谓之奸民”，“奸民不生，王道乃成”。故必遏制之，方可实现社会治理与财富丰足。

荀悦又指出，“三游之作，生于季世”，即通常在混乱之世迅速发展并形成规模，有其深刻的社会基础：

上不明，下不正，制度不立，纲纪弛废；以毁誉为荣辱，不核其真；以爱憎为利害，不论其实；以喜怒为赏罚，不察其理。上下相冒，万事乖错，是以言论者计薄厚而吐辞，选举者度亲疏而举笔，善恶谬于众声，功罪乱于王法。然则利不可以义求，害不可以道避也。是以君子犯礼，小人犯法，奔走驰骋，越职僭度，饰华废实，竞趣时利。简父兄之尊而崇宾客之礼，薄骨肉之恩而笃朋友之爱，忘修身之道而求众人之誉，割衣食之业以供飨宴之好，苞苴盈于门庭，聘问交于道路，书记繁于公文，私务众于官事，于是流俗成而正道坏矣。②

这为三游的产生与发展提供了适宜的土壤。而其势力一旦形成，又必将对这种纲纪弛废、道德扭曲的社会现象起到推波助澜的作用，加速社会衰亡。

鉴于此，必须坚决遏止三游。圣王在上，应“经国序民，正其制

① 《资治通鉴》卷十八，中华书局 1956 年版，第 607 页。
② 《资治通鉴》卷十八，中华书局 1956 年版，第 607—608 页。

度”;“善恶要于功罪而不淫于毁誉,听其言而责其事,举其名而指其实”;明辨虚伪诬罔,务使“虚伪之行不得设,诬罔之辞不得行,有罪恶者无侥幸,无罪过者不忧惧,请谒无所行,货赂无所用,息华文,去浮辞,禁伪辩,绝淫智,放百家之纷乱,壹圣人之至道,养之以仁惠,文之以礼乐,则风俗定而大化成矣”。社会风气的扭转,才能从根本上杜绝三游势力的蔓延。

**(四)辨公私,察实诬,区别君子与小人、正直与朋党,警惕八种人**

1. 公且实者谓之正直,私且诬者谓之朋党

《通鉴》卷二百四十五唐文宗大和八年(834)载:“时(李)德裕、(李)宗闵各有朋党,互相挤援。上患之,每叹曰:‘去河北贼易,去朝中朋党难!’”

“臣光曰”指出,君子与小人、正直与朋党之辨在“公且实”、“私且诬”,亦人君察人之本。“夫君子小人之不相容,犹水炭之不可同器而处也。故君子得位则斥小人,小人得势则排君子,此自然之理也。然君子进贤退不肖,其处心也公,其指事也实;小人誉其所好,毁其所恶,其处心也私,其指事也诬。公且实者谓之正直,私且诬者谓之朋党,在人主所以辨之耳。”司马光考察了小人与朋党特征后,将朋党直视为小人。

绝朋党之方法:人君明辨君子小人,对小人“匪徒弃其言,又当刑之”,则朋党绝矣。“文宗苟患群臣之朋党,何不察其所毁誉者为实,为诬;所进退者为贤,为不肖;其心为公,为私;其人为君子,为小人!苟实也,贤也,公也,君子也,匪徒用其言,又当进之;诬也,不肖也,私也,小人也,匪徒弃其言,又当刑之。如是,虽使之为朋党,孰敢哉!释是不为,乃怨群臣之难治,是犹不种不芸而怨田之芜也。朝中之党且不能去,况河北贼乎!”将解决朋党这一复杂问题的关键总归和寄望于人君一人之明,并说:“夫木腐而蠹生,醯酸而蚋集,故朝廷有朋党,则人主当自咎而不当以咎群臣也。”从严以

责君、史为君鉴的角度分析是有道理的，但不免简单化。

明主之治、昏主之治特征：任人、明法、辨奸佞。“明主在上，度德而叙位，量能而授官；有功者赏，有罪者刑；奸不能惑，佞不能移。夫如是，则朋党何自而生哉！彼昏主则不然，明不能烛，强不能断；邪正并进，毁誉交至；取舍不在于己，威福潜移于人。于是谗慝得志，而朋党之议兴矣。”①

2. 警惕八种与人君有特殊关系的人

《通鉴》卷一百四十一建武四年(497)载“臣光曰”评北魏预许勋贵不死：

> 夫爵禄废置，杀生予夺，人君所以驭臣之大柄也。是故先王之制，虽有亲、故、贤、能、功、贵、勤、宾，苟有其罪，不直赦也；必议于槐棘之下，可赦则赦，可宥则宥，可刑则刑，可杀则杀；轻重视情，宽猛随时。故君得以施恩而不失其威，臣得以免罪而不敢自恃。及魏则不然，勋贵之臣，往往豫许之以不死；彼骄而触罪，又从而杀之。是以不信之令诱之使陷于死地也。刑政之失，无此为大焉！②

明确提出了亲、故、贤、能、功、贵、勤、宾八种人的概念，指出因其与人君有着特殊的关系，依人情，可能会对人君执法行政产生消极影响，提醒执政者警惕。并提出了人君对待八种人的正确做法：依人情之常，人君每欲宽宥之，对其用法当依“先王之制”，“必议于槐棘之下，可赦则赦，可宥则宥，可刑则刑，可杀则杀。轻重视情，宽猛随时”。人君对八种人用法宜达到的目标是：“君得以施恩而不失其威，臣得以免罪而不敢自恃。”司马光还指出用法因人而异

① 《资治通鉴》卷二百四十五，中华书局 1956 年版，第 7899—7900 页。
② 《资治通鉴》卷一百四十一，中华书局 1956 年版，第 4409 页。

之弊:"及魏则不然,勋贵之臣,往往豫许之以不死;使彼骄而触罪,又从而杀之。是以不信之令诱之使陷于死地也。刑政之失,无此为大焉!"表达了明辨公私,执法不别八种与人君有特殊关系者的思想。

**(五) 辨名实,献疑名士清流**

《通鉴》卷五十记载:

> 宪(黄宪,字叔度)世贫贱,父为牛医。颍川荀淑至慎阳,遇宪于逆旅,时年十四;淑竦然异之,揖与语,移日不能去,谓宪曰:"子,吾之师表也。"既而前至袁阆所,未及劳问,逆曰:"子国有颜子,宁识之乎?"阆曰:"见吾叔度耶?"是时同郡戴良,才高倨傲,而见宪未尝不正容,及归,罔然若有失也。其母问曰:"汝复从牛医儿来邪?"对曰:"良不见叔度,自以为无不及;既睹其人,则瞻之在前,忽然在后,固难得而测矣。"陈蕃及同郡周举尝相谓曰:"时月之间,不见黄生,则鄙吝之萌复存乎心矣。"太原郭泰,少游汝南,先过袁阆,不宿而退;进,往从宪,累日方还。或以问泰,曰:"奉高(袁阆字)之器,譬诸氿滥,虽清而易挹。叔度汪汪若千顷陂,澄之不清,淆之不浊,不可量也。"宪初举孝廉,又辟公府。友人劝其仕,宪亦不拒之,暂到京师,即还,竟无所就,年四十八终。①

范晔论黄宪曰:

> 黄宪言论风旨,无所传闻;然士君子见之者靡不服深远,去玭吝,将以道周性全,无德而称乎!余曾祖穆侯以为:"宪,隤然其处顺,渊乎其似道,浅深莫臻其分,清浊未议其方,若及

① 《资治通鉴》卷五十,中华书局 1956 年版,第 1623—1624 页。

门于孔氏,其殆庶乎!”①

东汉末,汝南黄宪颇负清名,“士君子见之者靡不服深远”。但其“言论风旨,无所传闻”,范晔献疑曰:“将以道周性全,无德而称乎!”对东汉末渐兴而盛于魏晋南北朝、影响中国历史数百年的品评人物之真实可靠性提出质疑,体现出可贵的责实精神。《通鉴》载当时之名士奉黄宪若神明,终则曰:“宪初举孝廉,又辟公府。友人劝其仕,宪亦不拒之,暂到京师,即还,竟无所就,年四十八终。”未见其清节特行、卓异成绩。与范晔之疑意同。

但司马光在因王僧达死而评门第取仕时,则又不以黄宪名重为疑,自相矛盾。他引“沈约论”曰:“夫君子、小人,类物之通称,蹈道则为君子,违之则为小人。是以太公起屠钓为周师,傅说去版筑为殷相,明扬幽仄,唯才是与。逮于二汉,兹道未革:胡广累世农夫,致位公相;黄宪牛医之子,名重京师;非若晚代分为二途也。”②

东汉末年,华歆颇享名士之誉。建安四年(199),时任豫章太守。《通鉴》卷六十三载:

(孙)策盛兵将徇豫章,屯于椒丘,谓功曹虞翻曰:“华子鱼自有名字,然非吾敌也。若不开门让城,金鼓一震,不得无所伤害。卿便在前,具宣孤意。”翻乃往见华歆曰:“窃闻明府与鄗郡故王府君齐名中州,海内所宗,虽在东垂,常怀瞻仰。”歆曰:“孤不如王会稽(朗)。”翻复曰:“不审豫章资粮器仗,士民勇果,孰与鄗郡?”歆曰:“大不如也。”翻曰:“明府言不如王会稽,谦光之谭耳;精兵不如会稽,实如尊教。孙讨逆智略超世,

① 《资治通鉴》卷五十,中华书局1956年版,第1624—1625页。

② 《资治通鉴》卷一百二十八“沈约论”,中华书局1956年版,第4038页。

用兵如神，前走刘扬州，君所亲见；南定鄙郡，亦君所闻也。今欲守孤城，自料资粮，已知不足，不早为计，悔无及也。今大军已次椒丘，仆便还去，明日日中迎檄不到者，与君辞矣。”歆曰：“久在江表，常欲北归；孙会稽来，吾便去也。”乃夜作檄，明旦，遣吏赍迎。策便进军，歆葛巾迎策。策谓歆曰：“府君年德名望，远近所归；策年幼稚，宜修子弟之礼。”便向歆拜，礼为上宾。①

《通鉴》引“孙盛曰”：“歆既无夷、皓（伯夷、商山四皓）韬邈之风，又失王臣匪躬之操，桡心于邪儒（指虞翻）之说，交臂于陵肆之徒（指孙策），位夺节堕，咎孰大焉！”②讥评华歆既无隐士之志，又失忠臣之节。此评尽出维护忠君守节封建礼义道德之准则，而不顾其时汉王朝已徒具虚名，群雄并起、逐鹿天下之势已成的事实，亦不考虑若华歆忠君守节、殊死拒战，将给无辜百姓带来的巨大伤害，评价显失偏颇。

华歆，字子鱼。《三国志》卷十三《魏书十三》有《华歆传》。③汉灵帝时举孝廉，任郎中，后因病去官。后何进征召为尚书郎。建安四年（199）孙策欲取豫章，遣虞翻劝降华歆。华歆自知无力与孙策战，遂降。孙策以上宾礼待华歆。建安五年（200）曹操假天子之命征华歆回朝，任为议郎，参司空军事，入为尚书，转侍中，代荀彧为尚书令。十九年，华歆奉曹操命收伏皇后玺绶，并鸩杀二皇子。后任御史大夫。曹丕即位后，拜相国，封安乐乡侯。后改任司徒。魏明帝即位，封博平侯。卒谥敬侯。

作为曹魏重臣，华歆的治国主张主要是重农非战，重视文教德

① 《资治通鉴》卷六十三，中华书局 1956 年版，第 2021—2022 页。

② 《资治通鉴》卷六十三，中华书局 1956 年版，第 2022 页。

③ 陈寿：《三国志》卷十三，中华书局 1959 年版，第 401—406 页。

化。太和初年，魏明帝派曹真的侄子攻打蜀国。华歆看到三国纷争，战事征役频繁，“颇失农桑之业”，乃上书反对，认为“为国者以民为基，民以衣食为本。使中国无饥寒之患，百姓无离土之心，则天下幸甚”，“兵不得已而用之”，当先“留心治道”，而“以征伐为后事”。本国治理得好，敌人就会不攻自破。作为皇帝，不能舍本逐末。当时正好赶上秋雨连绵不利于战，曹睿采纳了他的建议。故史书称其“为政清静不烦，吏民感而爱之”。

华歆位极人臣，而能始终廉洁自奉。建安五年，华歆奉召北行时，“宾客旧人送之者千余人，赠遗数百金”。他推辞不过，便在礼品上暗做记号，事后一一送还。魏文帝时，华歆官拜相国，但“歆素清贫，禄赐以振施亲戚故人，家无担石之储”。《三国志》作者陈寿评价他“清纯德素”，“一时之俊伟”，是较为恰当的。时人陈群评曰“若华公，可谓通而不泰，清而不介者矣”；傅子评曰“华太尉积德居顺”；裴松之注引华峤《谱叙》亦云“歆淡于财欲，前后宠赐，诸公莫及，然终不殖产业”。

《世说新语·德行》记载了两则有关华歆的故事：

> 管宁、华歆共园中锄菜，见地有片金，管挥锄与瓦石不异，华捉而掷去之。又尝同席读书，有乘轩冕过门者，宁读如故，歆废书出看。宁割席分坐曰：“子非吾友也。”
>
> 华歆、王朗俱乘船避难，有一人欲依附，歆辄难之。朗曰：“幸尚宽，何为不可？”后贼追至，王欲舍所携人。歆曰：“本所以疑，正为此耳。既已纳其自托，宁可以急相弃邪？”遂携拯如初。世以此定华、王之优劣。①

这些内容不见于正史，且与《三国志》中所记载的华歆形象颇

① 余嘉锡：《世说新语笺疏》卷一，中华书局 2007 年版，第 16、17 页。

不一致。其实,以发展的眼光来看待《世说新语》之史料,就不难理解其矛盾。人的成长原本就是在矛盾中进行的,而人之善恶亦非与生俱来的,只有通过学习与比较,才能明辨善恶,完善自我。首先,《世说新语》所载为华歆青年时期故事,虽先己后人,心慕华贵,但终能为善、掷金,德虽未纯,正可修为;其次,反映出当时华歆勤于耕读、交游德智者的事实。这正是人成长过程中最宝贵的财富,在相互学习与比照中,取长补短,善恶美丑、优劣对错概念日益清晰,正确的世界观逐渐形成。于是,成人时期的华歆不同于青年时期,本无足怪也。

司马光不取时人之嘉评,独取孙盛贬斥之论,概以叛汉失节事大故也。又以十余年后的建安十九年(214),华歆奉曹操命收伏皇后玺绶并鸠杀二皇子,亏于大德,大逆之罪不容赦,虽百善不能掩也。

## 第二节 重要的用人思想

### 一 谨记用人设官的根本目的与标准

#### (一)便民、养民、利民乃用人设官之根本目的

《通鉴》卷二十二汉武帝征和四年(前89)载:“封田千秋为富民侯,以明休息,思富养民也。又以赵过为搜粟都尉。过能为代田,其耕耘田器皆有便巧,以教民,用力少而得谷多,民皆便之。”“臣光曰”:“武帝好四夷之功,而勇锐轻死之士充满朝廷,辟土广地,无不如意。及后息民重农,而赵过之俦教民耕耘,民亦被其利。”①

① 《资治通鉴》卷二十二,中华书局1956年版,第742页。

汉武帝晚年知过能改，变其好大喜功、疲民害民为发展生产、富民养民政策，设官用人以“思富养民也”，“民皆便之”，“民亦被其利”。明确表达了司马光用人设官便民、养民、利民的思想。

**（二）礼义，治人之大法，廉耻，立人之大节，礼义廉耻为设官用人之大本**

《通鉴》卷二百九十一显德元年(954)载欧阳修论冯道曰：

“礼义廉耻，国之四维；四维不张，国乃灭亡。”礼义，治人之大法；廉耻，立人之大节。况为大臣而无廉耻，天下其有不乱，国家其有不亡者乎！予读冯道《长乐老叙》，见其自述以为荣，其可谓无廉耻者矣，则天下国家可从而知也。

予于五代得全节之士三，死事之臣十有五，皆武夫战卒，岂于儒者果无其人哉？得非高节之士，恶时之乱，薄其世而不肯出欤？抑君天下者不足顾，而莫能致之欤？

予尝闻五代时有王凝者，家青、齐之间，为虢州司户参军，以疾卒于官。凝家素贫，一子尚幼，妻李氏，携其子，负其遗骸以归，东过开封，止于旅舍，主人不纳。李氏顾天已暮，不肯去，主人牵其臂而出之。李氏仰天恸曰：“我为妇人，不能守节，而此手为人所执邪！”即引斧自断其臂，见者为之嗟泣。开封尹闻之，白其事于朝，厚恤李氏而笞其主人。呜呼！士不自爱其身而忍耻以偷生者，闻李氏之风，宜少知愧哉！①

明确提出“礼义廉耻，国之四维；四维不张，国乃灭亡”；“礼义，治人之大法；廉耻，立人之大节”。表达了礼义廉耻，国之四维，亦设官用人之大本的思想。

① 《资治通鉴》卷二百九十一，中华书局 1956 年版，第 9510—9511 页。

**（三）道德足以尊主，智能足以庇民，为设官用人之根本标准**

《通鉴》卷五十一永建二年（127）载“臣光曰”论樊英虚名应征，明确提出了求贤选人的标准与目的，强调取道德智能之士，道德以尊主，智能以庇民，总之以有益于国家。“王者举逸民，扬仄陋，固为其有益于国家，非以徇世俗之耳目也”，“有道德足以尊主，智能足以庇民，被褐怀玉，深藏不市，则王者当尽礼而致之”。其人既隐而不仕，则“取其道不取其人，务其实不务其名也”。[1] 识见深邃透彻。

**（四）官方与民间、上层与下层评价统一，为用人选任之又一重要标准**

《通鉴》卷六十八建安二十四年（219）载“臣光曰”因曹操不从劝进而论教化风俗之重要，指出东汉孝明、孝章时，“自公卿、大夫至于郡县之吏，咸选用经明行修之人，虎贲卫士皆习《孝经》，匈奴子弟亦游大学，是以教立于上，俗成于下。其忠厚清修之士，岂唯取重于搢绅，亦见慕于众庶；愚鄙污秽之人，岂唯不容于朝（延）〔廷〕，亦见弃于乡里。自三代既亡，风化之美，未有若东汉之盛者也”。[2] 提出了官方与民间、上层与下层评价统一的用人选任标准。将人物评价与选用的“众庶”、“乡里”标准与“搢绅”、“朝廷”标准等同对待，相互统一，方可促进其“风化之美”。

## 二　为治之要，莫先于用人

**（一）天下信未尝无士也，君身趣好，士辄应之**

《通鉴》卷二十二汉武帝征和四年（前 89）载“臣光曰”论汉武帝：

---

① 《资治通鉴》卷五十一，中华书局 1956 年版，第 1648 页。

② 《资治通鉴》卷六十八，中华书局 1956 年版，第 2173 页。

天下信未尝无士也！武帝好四夷之功，而勇锐轻死之士充满朝廷，辟土广地，无不如意。及后息民重农，而赵过之俦教民耕耘，民亦被其利。此一君之身趣好殊别，而士辄应之，诚使武帝兼三王之量以兴商、周之治，其无三代之臣乎！①

在现代典型的智力测验中，设定主体人口的平均智商为100，则根据一定的统计原理，一半人口的智商介于90—110之间，是为中智之人。智商在110—120的占14.5%，智商在120—130的人占7%，130—140的人占3%，其余0.5%的人智商在140分以上。可见，人才的分布总体上是与人口比例相对应的。以中华之大、人口之众，人才自然不缺，关键在于如何发现和使用。司马光曰"天下信未尝无士也"，"一君之身趣好殊别，而士辄应之"，便科学而深刻地揭示出了人才分布与使用的重要规律。上行而下效、上好之则下应之。表明自上而下正确的舆论倡导对发现和使用人才具有重要作用，故谓人君乃治国之枢要也。

**（二）任贤必治，任不肖必乱，必然之道也；人君任贤去不肖，要在明德**

《通鉴》卷二十九汉元帝建昭二年（前37）记载：

京房学《易》……上疏屡言灾异，有验。天子说之，数召见问。……

是时，中书令石显颛权，显友人五鹿充宗为尚书令，二人用事。房尝宴见，问上曰："幽、厉之君何以危？所任者何人也？"上曰："君不明而所任者巧佞。"房曰："知其巧佞而用之邪，将以为贤也？"上曰："贤之。"房曰："然则今何以知其不贤也？"上曰："以其时乱而君危知之。"房曰："若是，任贤必治，任

① 《资治通鉴》卷二十二，中华书局1956年版，第742页。

不肖必乱,必然之道也。幽、厉何不觉悟而更求贤,曷为卒任不肖以至于是?”上曰:“临乱之君,各贤其臣;令皆觉寤,天下安得危亡之君!”房曰:“齐桓公、秦二世亦尝闻此君而非笑之;然则任竖刁、赵高,政治日乱,盗贼满山,何不以幽、厉卜之而觉寤乎?”上曰:“唯有道者能以往知来耳。”房因免冠顿首曰:“《春秋》纪二百四十二年灾异,以示万世之君。今陛下即位以来,日月失明,星辰逆行,山崩,泉涌,地震,石陨,夏霜,冬雷,春凋,秋荣,陨霜不杀,水、旱、螟虫,民人饥、疫,盗贼不禁,刑人满市,《春秋》所记灾异尽备。陛下视今为治邪,乱邪?”上曰:“亦极乱耳,尚何道!”房曰:“今所任用者谁与?”上曰:“然,幸其愈于彼,又以为不在此人也。”房曰:“夫前世之君,亦皆然矣。臣恐后之视今,犹今之视前也!”上良久乃曰:“今为乱者谁哉?”房曰:“明主宜自知之。”上曰:“不知也;如知,何故用之!”房曰:“上最所信任,与图事帷幄之中,进退天下之士者是矣。”房指谓石显,上亦知之,谓房曰:“已谕。”房罢出,后上亦不能退显也。①

“臣光曰”:“观京房之所以晓孝元,可谓明白切至矣。”知司马光赞同京房之论。京房言“任贤必治,任不肖必乱,必然之道也”,“后之视今,犹今之视前也”;汉元帝言“临乱之君,各贤其臣;令皆觉寤,天下安得危亡之君”,“唯有道者能以往知来耳”等,皆足为治世警句矣。然汉元帝既知京房所言为是,当时“亦极乱耳”,由“所任用者”石显专权所致,却终“不能退显也”。明于理而寐于行,于世无补矣,终不可谓“明”,且其为害大矣!故臣光曰:“人君之德不明,则臣下虽欲竭忠,何自而入乎!”②仁、明、武,人君三德也。此

① 《资治通鉴》卷二十九,中华书局1956年版,第928—930页。
② 《资治通鉴》卷二十九,中华书局1956年版,第930页。

德之明，即察人之明。察人之道的前提是执政者有道且明，若执政者无道不明，“各贤其臣”，则不免“后之视今，犹今之视前也”！使后人复笑今人。时乱君危，必有奸臣，故察奸方法为“以其时乱而君危知之”。

虽有京房竭忠进谏，而遇汉元帝之不明，虽入于其耳，却终不能入于其心，践于其行，补于时弊。反证司马光一贯坚持的天下治乱尽在人君一人的观点。

基于“任贤必治，任不肖必乱，必然之道也”的认识，司马光明确表达了人君明于识人察奸、任贤去不肖、果于执行对社会治理具有极端重要性。

评汉昭帝之明，《通鉴》引“李德裕论”曰：“人君之德，莫大于至明，明以照奸，则百邪不能蔽矣。”①更将识人用人之明列于人君仁、明、武三德之首加以重视。

**（三）“为治之要，莫先于用人”，要之，“为人上者”“至公至明而已矣”**

《通鉴》卷七十三景初元年(237)载“臣光曰”评魏明帝《都官考课法》：

> 为治之要，莫先于用人，而知人之道，圣贤所难也。是故求之于毁誉，则爱憎竞进而善恶浑殽；考之于功状，则巧诈横生而真伪相冒。要之，其本在于至公至明而已矣。为人上者至公至明，则群下之能否焯然形于目中，无所复逃矣。苟为不公不明，则考课之法，适足以为曲私欺罔之资也。
>
> 何以言之？公明者，心也；功状者，迹也。己之心不能治，而以考人之迹，不亦难乎！为人上者，诚能不以亲疏贵贱异其心，喜怒好恶乱其志，欲知治经之士，则视其记览博洽，讲论精

① 《资治通鉴》卷二十三，中华书局1956年版，第763页。

通，斯为善治经矣；欲知治狱之士，则视其曲尽情伪，无所冤抑，斯为善治狱矣；欲知治财之士，则视其仓库盈实，百姓富给，斯为善治财矣；欲知治兵之士，则视其战胜攻取，敌人畏服，斯为善治兵矣。至于百官，莫不皆然。虽询谋于人而决之在己，虽考求于迹而察之在心，研核其实而斟酌其宜，至精至微，不可以口述，不可以书传也，安得豫为之法而悉委有司哉！

或者亲贵虽不能而任职，疏贱虽贤才而见遗；所喜所好者败官而不去，所怒所恶者有功而不录；询谋于人，则毁誉相半而不能决；考求其迹，则文具实亡而不能察。虽复为之善法，繁其条目，谨其簿书，安能得其真哉！①

司马光将全部社会治理工作的重心归之于用人，曰“为治之要，莫先于用人”，显示了对用人的极端重视。而保证用人得当的关键，则在于为人上者“至公至明”。“知人之道，圣贤所难也。是故求之于毁誉，则爱憎竞进而善恶浑殽；考之于功状，则巧诈横生而真伪相冒。要之，其本在于（为人上者）至公至明而已矣”。“公明者，心也；功状者，迹也。已之心不能治，而以考人之迹，不亦难乎！”

**（四）为人君者，谨于择吏而已矣，佗奚足事哉**

基于前述认识，司马光在《三勤论》中先引扬子之言曰：“民有三勤。政善而吏恶，一勤也；吏善而政恶，二勤也；政吏骈恶，三勤也。”继而阐明己意：

愚谓勤民者一，未尝有三也。何则？吏者民之司命，吏良则民斯逸矣，未有吏善而政恶者也，亦未有政善而吏恶者也。度吏之才而任之者，君之政也；形民之力而用之者，吏之政也。

① 《资治通鉴》卷七十三，中华书局1956年版，第2329—2330页。

吏苟得人，安有谷人不足于昼，丝人不足于夜者乎！故为人君者，谨于择吏而已矣，佗奚足事哉！①

司马光又在《百官表总序》中说：

四海至广，虽圣人不能独治；万机至众，虽圣人不能遍知。是故，设官以分其事，量能而授之任。自生民以来，有国家者，莫之能易也。②

司马光以史家如炬目光直指人君为政治民之要，"勤民者一，未尝有三"，"人君者，谨于择吏而已矣，佗奚足事哉"；并平实地阐明了其原因，"四海至广，虽圣人不能独治；万机至众，虽圣人不能遍知"。空前地将用人择吏擢升到封建时代社会治理至高无上的战略地位去对待，显示出其高度重视用人的治世理念。

## 三　为人慎短，用人容短，用人不疑，监督合理

这是一组有着密切内在关联又相互矛盾统一的用人思想。单独置论，虽不可谓诬，却不免片面，故综合置论，以期准确反映司马光的用人思想，知其无偏废也。

### （一）以短取败，理数之常也，故为人处事，必慎其短

《通鉴》卷六十九记载：

初，车骑将军张飞，雄壮威猛亚于关羽；羽善待卒伍而骄于士大夫，飞爱礼君子而不恤军人。汉主常戒飞曰："卿刑杀

① 司马光：《传家集》卷六十五《三勤论》，影印《文渊阁四库全书》本。

② 司马光：《传家集》卷六十八《百官表总序》，影印《文渊阁四库全书》本。

既过差，又日鞭棰健儿而令在左右，此取祸之道也。”飞犹不悛。汉主将伐孙权，飞当率兵万人自阆中会江州。临发，其帐下将张达、范强杀飞，以其首顺流奔孙权。汉主闻飞营都督有表，曰：“噫，飞死矣！”①

陈寿评论关、张才德之美曰：“皆称万人之敌，为世虎臣。羽报效曹公，飞义释严颜，并有国士之风。”言其失则曰：“羽刚而自矜，飞暴而无恩，以短取败，理数之常也。”②谓人皆有长短，以短取败，理数之常。善用长则强，善处短则不败。然处长为易，处短为难，故当慎于所短也。

**（二）容短用长，以利国为要**

《通鉴》卷一百二记载：太和五年（370），前秦王猛军与前燕慕容评军交战。王猛遣将军徐成侦察敌情，约以中午归报。徐成日昏方归，猛怒，欲杀之。邓羌以徐成乃自己的“郡将”，请求宽宥之，并请与共建功赎罪。猛不准其请，邓羌竟欲勒兵以攻王猛，王猛只得赦免徐成，并慰勉邓羌。两军即将交战之际，猛见燕兵势众，谓邓羌曰：“今日之事，非将军不能破勍敌。成败之机，在兹一举，将军勉之！”羌曰：“若能以司隶见与者，公勿以为忧。”猛曰：“此非吾所及也，必以安定太守、万户侯相处。”羌不悦而退。俄而兵交，猛召羌，羌寝不应。猛驰就许之，羌乃大饮帐中，然后与徐成等跨马运矛，驰赴燕阵，出入数四，旁若无人，所杀伤数百。及日中，燕兵大败，俘斩五万余人，乘胜追击，所杀及降者又十万余人，慕容评仅得单骑逃走。

《通鉴》引“崔鸿曰”首先指出：“邓羌请郡将以挠法，徇私也；勒兵欲攻王猛，无上也；临战豫求司隶，邀君也；有此三者，罪孰大

① 《资治通鉴》卷六十九，中华书局1956年版，第2189页。

② 《资治通鉴》卷六十九，中华书局1956年版，第2190页。

焉!”但并不追究其罪,也未僵腐地站在维护礼法纲纪立场批评王猛不讲原则,而是接着便盛赞王猛“能容其所短,收其所长,若驯猛虎,驭悍马,以成大功。《诗》云:‘采葑采菲,无以下体。’猛之谓矣”。[①] 所引《诗经·邶风·谷风》句,本意为萝卜和地瓜上之叶、下之根皆可食,而以其根为美;然其下体的根块部分唯于成熟时为美,未成熟时则恶,采之者不要因其地下的根块部分久未成熟,便习惯了只采其叶而忘记了待其成熟之美时采其根。这里引申为用人不能只看见其表面的缺点与不足,而忽略了其根本的最美好的方面。这首先反映了《通鉴》用人所长的基本用人思想,具有普适性;其次体现出《通鉴》基于不同历史阶段的灵活用人思想,即承平之世,用人必求明德守法,是为用人之常典;纷争战乱之世,用人尤其定成败于一役的军事人才时,首重才能效用,对待才能之士,要容纳其恶短,取用其美长。是为乱世不得已而为的权宜之计,不可推广为制。这体现了司马光无处不在的历史阶段分析思想和通变审要思想。

**(三)疑则勿任,任则勿疑**

《通鉴》卷一百永和十一年(355)记载:秦主苻健寝疾,一面引鱼遵等朝中大臣受遗诏辅政,一面又对太子苻生说:“六夷酋帅及大臣执权者,若不从汝命,宜渐除之。”之后,太子苻生果虐杀大臣。“臣光曰”评前秦主苻健临终乱命:

> 顾命大臣,所以辅导嗣子,为之羽翼也。为之羽翼而教使翦之,能无毙乎!知其不忠,则勿任而已矣;任以大柄,又从而猜之,鲜有不召乱者也。[②]

---

① 《资治通鉴》卷一百二,中华书局1956年版,第3235页。

② 《资治通鉴》卷一百,中华书局1956年版,第3147页。

表达了用人不疑、疑人不用的思想。

《通鉴》卷一百一十八记载：义熙十三年(417)，刘裕攻取长安后，留下年幼的次子刘义真坐镇西北，以王镇恶、沈田子、傅弘之等领兵襄助，自引军东还。

> 裕之克长安，王镇恶功为多，由是南人皆忌之。沈田子自以峣柳之捷，与镇恶争功不平。裕将还，田子及傅弘之屡言于裕曰："镇恶家在关中，不可保信。"裕曰："今留卿文武将士精兵万人，彼若欲为不善，正足自灭耳。勿复多言。"裕私谓田子曰："钟会不得遂其乱者，以有卫瓘故也。语曰：'猛兽不如群狐。'卿等十余人，何惧王镇恶！"①

后来，沈田子果然杀了王镇恶，使东晋很快就丧失了对西北的统治。对此，"臣光曰"：

> 古人有言："疑则勿任，任则勿疑。"裕既委镇恶以关中，而复与田子有后言，是斗之使为乱也。惜乎，百年之寇，千里之土，得之艰难，失之造次，使丰、鄗之都复输寇手。荀子曰："兼并易能也，坚凝之难。"信哉！②

刘裕任人而疑，又暗施监防，"是斗之使为乱也"，终至"丰、鄗之都复输寇手"。亦明确表达了"疑则勿任，任则勿疑"的用人思想。

《通鉴》卷二十三记载：汉昭帝八岁即位，大将军霍光、车骑将军金日磾、左将军上官桀等辅政。霍光忠心辅政，但权威过重，也

---

① 《资治通鉴》卷一百一十八，中华书局 1956 年版，第 3713—3714 页。

② 《资治通鉴》卷一百一十八，中华书局 1956 年版，第 3714 页。

引起了一些朝臣的不满。上官桀不甘居霍光之下，便结党造谣，墨诬霍光。年幼的汉昭帝却表现出难得的清醒，不信传言诬告，并明令“敢有毁者坐之”。李德裕论曰：

> 人君之德，莫大于至明，明以照奸，则百邪不能蔽矣，汉昭帝是也。周成王有惭德矣；高祖、文、景俱不如也。成王闻管、蔡流言，遂使周公狼跋而东。汉高闻陈平去魏背楚，欲舍腹心臣。汉文惑季布使酒难近，罢归股肱郡；疑贾生擅权纷乱，复疏贤士。景帝信诛晁错兵解，遂戮三公。所谓“执狐疑之心，来谗贼之口”。使昭帝得伊、吕之佐，则成、康不足侔矣。①

此则从历史上用人而疑的危害角度表达了用人不疑的思想。

还应指出，不可绝对地理解疑则勿任、任则勿疑的用人思想，它从来都是建立在适当合理的监督预防前提与基础之上的。两者不相矛盾，而是相辅相成的。

**（四）授权适度，监督合理**

典签本为处理文书之小吏，南朝宋齐间，帝王以其职有利于监视出镇方岳的宗室诸王及各地刺史，遂常以亲信委之，名为典领文书，实掌州镇大权，官阶虽微，却足以凌驾于出镇诸王及各地刺史之上，实为皇帝派出监视出镇诸王及地方长官的特务，时谓之“签帅”。《通鉴》卷一百三十九记载：“诸王出镇，皆置典签，主帅一方之事，悉以委之。时入奏事，一岁数返，时主辄与之间语，访以州事，刺史美恶专系其口，自刺史以下莫不折节奉之，恒虑弗及。于是威行州部，大为奸利。”②

典签既得帝王宠任，遂滥其权用，致有如下诸事：

---

① 《资治通鉴》卷二十三，中华书局1956年版，第763—764页。

② 《资治通鉴》卷一百三十九，中华书局1956年版，第4365页。

南海王子罕戍琅邪，欲暂游东堂，典签姜秀不许。子罕还，泣谓母曰："儿欲移五步亦不得，与囚何异！"邵陵王子贞尝求熊白，厨人答典签不在，不敢与。

永明中，巴东王子响杀刘寅等，世祖闻之，谓群臣曰："子响遂反！"戴僧静大言曰："诸王都自应反，岂唯巴东！"上问其故，对曰："天王无罪，而一时被囚，取一挺藕、一杯浆，皆咨签帅；签帅不在，则竟日忍渴。诸州唯闻有签帅，不闻有刺史。何得不反！"

竟陵王子良尝问众曰："士大夫何意诣签帅？"参军范云曰："诣长史以下皆无益，诣签帅立有倍本之价。不诣谓何！"子良有愧色。

及宣城王诛诸王，皆令典签杀之，竟无一人能抗拒者。孔珪闻之，流涕曰："齐之衡阳、江夏最有意，而复害之；若不立签帅，故当不至于此。"宣城王亦深知典签之弊，乃诏："自今诸州有急事，当密以奏闻，勿复遣典签入都。"自是典签之任浸轻矣。①

《通鉴》载以上数事后，引"萧子显论"曰：

帝王之子，生长富厚，朝出闺闱，暮司方岳，防骄翦逸，积代常典。故辅以上佐，简自帝心；劳旧左右，用为主帅，饮食起居，动应闻启；处地虽重，行己莫由。威不在身，恩未下及，一朝艰难总至，望其释位扶危，何可得矣！斯宋氏之余风，至齐室而尤弊也。②

① 《资治通鉴》卷一百三十九，中华书局1956年版，第4365—4366页。
② 《资治通鉴》卷一百三十九，中华书局1956年版，第4366—4367页。

在此，司马光从用人角度，至少揭示了以下三层问题：其一，违背了任官以贤不以出身门第和疑人不用、用人不疑的基本原则。帝王之子常为方岳，恐失其当，既执方岳，却“用为主帅，饮食起居，动应闻启；处地虽重，行己莫由。威不在身，恩未下及”，则尤为不当。其二，职前教育与职业素质缺失，难堪所任。“帝王之子，生长富厚，朝出闺闼，暮司方岳”。其三，疑人不用、用人不疑与制度化的合理监督应是相辅相成的。而授权失当，形成一方权限独大，严重制约和牵制另一方正常权限的行使，则为深弊矣。司马光指出宋齐诸帝封子弟宗室为王镇守方岳，本即存在生长富厚、难堪大任的先天不足，却又重用典签，控御诸王，严重削弱了地方权力。镇守地方者既不得帝王信任，又不能行其权任，国家一旦有难，自亦不能扶危社稷。宋齐宠任典签，授权失当，深害地方拱维国家之制，不利于和谐社会建设。上述弊端又集中指向授权与监督失当，透露出司马光主张授权适当、监督合理的用人思想。

## 四　敬贤尊贤，下贤惜贤，用之有道

### （一）人之有技，若己有之，人之彦圣，其心好之，不啻如自其口出

《通鉴》卷二百一十一开元三年(715)载：卢怀慎“清谨俭素，不营资产，虽贵为卿相，所得俸赐，随散亲旧。妻子不免饥寒，所居不蔽风雨”。开元间，怀慎与姚崇同为相，自以才不及崇，每事推之，时人谓之“伴食宰相”。司马光以国家利益推之，不以为罪，反赞卢怀慎为相有功。

“臣光曰”引史发论，“昔鲍叔之于管仲，子皮之于子产，皆位居其上，能知其贤而下之，授以国政；孔子美之。曹参自谓不及萧何，一遵其法，无所变更；汉业以成。”赞美古人知贤而下之、遵贤者法而不改之。进而指出，“崇，唐之贤相，怀慎与之同心戮力，以济明皇太平之政，夫何罪哉！”卢怀慎以居相之尊，能敬贤智而下之，诚

意以佐之，不分其权、毁其功、窃其名，同心戮力，以济太平之政，似有无为之罪，实有切实之功于国。司马光还在引《尚书·秦誓》"如有一介臣，断断猗，无它技；其心休休焉，其如有容；人之有技，若己有之，人之彦圣，其心好之，不啻如自其口出，是能容之，以保我子孙黎民，亦职有利哉"之后，说"怀慎之谓矣"。[①] 高度赞美了卢怀慎为相胸怀宽广，虽自身无它长技，但能尊贤容能、师人长技以致太平。这与现代借智管理思想不谋而合。

**（二）惜贤爱能**

赵广汉、盖宽饶、韩延寿、杨恽四人，乃世所公认之贤能者也。《通鉴》卷二十七汉宣帝五凤四年（前 54）载"臣光曰"评四人之死曰："虽有死罪，犹将宥之，况罪不足以死乎！"还特别指出韩、萧矛盾中，非皆韩之过也，"上不之察，而延寿独蒙其辜，不亦甚哉！"[②] 司马光拳拳惜才之心可鉴。

在此，司马光还坚决否定了扬子"以韩冯翊之诉萧为臣之自失"之说，表现出一个正直求道的知识分子的严谨学风与求是批判精神。类似否定前贤之说的情况，在《通鉴》史论中时有所见，但决不表示司马光对前贤整体理论思想的否定和不尊重。这提示我们，也应以同样的观点和态度去认识和理解司马光与王安石的分歧乃至形似人身攻击的指责。

**（三）举逸民，扬仄陋，取其道而褒优安养之**

《通鉴》卷五十一永建二年（127）载"臣光曰"因樊英虚名应征而综论隐者。司马光指出"王者举逸民，扬仄陋，固为其有益于国家，非以徇世俗之耳目也"。对待隐者中"道德足以尊主，智能足以庇民，被褐怀玉，深藏不市"者，"当尽礼以致之，屈己以访之，克己以从之，然后能利泽施于四表，功烈格于上下。盖取其道不取其

① 《资治通鉴》卷二百一十一，中华书局 1956 年版，第 6708—6709 页。

② 《资治通鉴》卷二十七，中华书局 1956 年版，第 878 页。

人,务其实不务其名也”。又指出其中“孝弟著于家庭,行谊隆于乡曲,利不苟取,仕不苟进,洁己安分,优游卒岁,虽不足以尊主庇民,是亦清修之吉士也”,“当褒优安养,俾遂其志。若孝昭之待韩福,光武之遇周党,以励廉耻,美风俗,斯亦可矣,固不当如范升之诋毁,又不可如张楷之责望也”。[①]

司马光关注隐者这一不仕于官而散居民间的特殊群体,认识到其道德智能之士可以“尊主庇民”,“有益于国家”,宜“取其道不取其人,务其实不务其名也”;其清修之吉士(又称清节之士),可以益风俗。表达了发掘利用民间才智、使才尽其用的思想。

## 五 区分进取、守成、中兴,用人因势而异

《通鉴》卷一百九十二载贞观元年(627)唐太宗云:“戡乱以武,守成以文,文武之用,各随其时。”司马光《才德论》云:“为国家者,进取莫若才,守成莫若德。”均明确表达了司马光因时而异、用人所长的思想。

### (一)进取用人,群策群力、屈人者胜,专制独断、自屈者负

《通鉴》卷十一汉太祖高皇帝五年(前202)载扬子《法言》论项羽“天亡我”说之谬,从用人角度进行分析,“汉屈群策,群策屈群力;楚憞群策而自屈其力。屈人者克,自屈者负”。[②] 群策群力,屈人者胜;专制独断,自屈者负。

### (二)进取以才,守成以德

《通鉴》卷十一汉太祖高皇帝五年(前202)载:丁公,为项羽将,逐窘帝彭城西。短兵接,帝急,顾谓丁公曰:“两贤相厄哉!”丁公引兵还。及项王灭,丁公谒见。帝以丁公徇军中,曰:“丁公为项王臣不忠,使项王失天下者也。”遂斩之,曰:“使后为人臣无效丁公

① 《资治通鉴》卷五十一,中华书局1956年版,第1648—1650页。

② 《资治通鉴》卷十一,中华书局1956年版,第355页。

也!”“臣光曰”论汉高祖斩丁公:

> 高祖起丰、沛以来,罔罗豪桀,招亡纳叛,亦已多矣。及即帝位,而丁公独以不忠受戮,何哉? 夫进取之与守成,其势不同。当群雄角逐之际,民无定主,来者受之,固其宜也。及贵为天子,四海之内,无不为臣;苟不明礼义以示之,使为臣者,人怀贰心以徼大利,则国家其能久安乎! 是故断以大义,使天下晓然皆知为臣不忠者无所自容;而怀私结恩者,虽至于活己,犹以义不与也。戮一人而千万人惧,其虑事岂不深且远哉! 子孙享有天禄四百余年,宜矣!①

“进取之与守成,其势不同”。乱世“民无定主,来者受之,固其宜也”,世无纪纲(君臣之礼),用人首取其才,重其利用;四海一统之世,以“礼义”治国,用人必首断以忠君“大义”。

《通鉴》卷十二载:太祖高皇帝十一年(前 196)韩信被族诛。“臣光曰”:韩信以杰出的军事才能受重于战攻之时,然不能谨行蓄德,以市井小人“徼利”之志,求人君“酬功而报德”之心;“伐己功”,“矜其能”,不识“学道谦让”,“及天下已定,则信复何恃哉!”②反映了司马光进取用才、守成重德、德本才用的选人用人思想。

**(三) 中兴用人,务综核名实,信赏必罚,使黜陟有序,因位施治,众职修理,吏称其职,民安其业**

《通鉴》卷二十七载:五凤三年(前 55)正月癸卯,博阳定侯丙吉薨。“班固赞”评丙吉曰:

> 古之制名,必由象类,远取诸物,近取诸身。故经谓君为

① 《资治通鉴》卷十一,中华书局 1956 年版,第 360—361 页。
② 《资治通鉴》卷十二,中华书局 1956 年版,第 390—391 页。

元首，臣为股肱，明其一体相待而成也。是故君臣相配，古今常道，自然之势也。近观汉相，高祖开基，萧、曹为冠；孝宣中兴，丙、魏有声。是时黜陟有序，众职修理，公卿多称其位，海内兴于礼让。览其行事，岂虚虖哉！①

昭宣中兴，丙吉为相，史称其良，“是时黜陟有序，众职修理，公卿多称其位，海内兴于礼让。览其行事，岂虚虖哉！”黜陟不称职者；规范一般官吏，使恪尽职守，行政修明；重视高官的任用，使各称其位；对百姓则教以礼让。如是而中兴成。

《通鉴》卷二十七载“班固赞”评孝宣中兴之君曰：

孝宣之治，信赏必罚，综核名实。政事、文学、法理之士，咸精其能。至于技巧、工匠、器械，自元、成间鲜能及之。亦足以知吏称其职，民安其业也。遭值匈奴乖乱，推亡固存，信威北夷，单于慕义，稽首称藩。功光祖宗，业垂后嗣，可谓中兴，侔德殷宗、周宣矣！②

中兴之君能承敝有为，向为《通鉴》所推重。孝宣之治，内则“吏称其职，民安其业”。于人于事，能做到“信赏必罚，综核名实”；选用的“政事、文学、法理之士”，即行政、教育、法制方面的人才，“咸精其能”；在“技巧、工匠、器械”等科技及其人才方面，“自元、成间鲜能及之”。外则“信威北夷，单于慕义，稽首称藩”。故班固赞之曰：“功光祖宗，业垂后嗣，可谓中兴，侔德殷宗、周宣矣！”

社会中兴，关键在于用人。其用人目标可概括为“众职修理”，各称其位，“吏称其职，民安其业”；用人特点为“政事、文学、法理之

① 《资治通鉴》卷二十七，中华书局 1956 年版，第 872—873 页。

② 《资治通鉴》卷二十七，中华书局 1956 年版，第 892 页。

士，咸精其能”，“技巧、工匠、器械……鲜能及之”；治人方法为“信赏必罚，综核名实”，“黜陟有序”。

## 六　正直难亲，谄谀易合，故必远佞邪，绝异端，慎结交

### （一）正直难亲，谄谀易合，故必慎结交

《通鉴》论石显惑君，引“荀悦论”曰：“夫佞臣之惑君主也甚矣，故孔子曰：‘远佞人。’非但不用而已，乃远而绝之，隔塞其源，戒之极也。”①

《通鉴》汉武帝征和二年（前 91）载：“初，上为太子立博望苑，使通宾客，从其所好，故宾客多以异端进者。”②

“正直难亲，谄谀易合”，故结交必慎于择人。“臣光曰”：“古之明王教养太子，为之择方正敦良之士，以为保傅、师友，使朝夕与之游处。左右前后无非正人，出入起居无非正道，然犹有淫放邪僻而陷于祸败者焉。”严正批评了汉武帝“使太子自通宾客，从其所好”之过。疏于太子之教，后果严重，终致“太子之不终也”！③

《通鉴》卷一百三十九建武元年（494）载：竟陵王萧子良，齐武帝第二子，尚文礼士，仁善信佛。曾上疏齐武帝行宽刑息役、轻赋省徭之政，并集学士钞五经及百家之书，成《四部要略》。亲近以文才显于当世的王融，以王融坐事死狱，其亦“以忧卒”。“帝常忧子良为变，闻其卒，甚喜”。“臣光曰”：

> 孔子称“鄙夫不可与事君，未得之，患得之；既得之，患失之。苟患失之，无所不至。”王融乘危徼幸，谋易嗣君。子良当时贤王，虽素以忠慎自居，不免忧死。迹其所以然，正由融速

① 《资治通鉴》卷二十九，中华书局 1956 年版，第 934 页。

② 《资治通鉴》卷二十二，中华书局 1956 年版，第 733 页。

③ 《资治通鉴》卷二十二，中华书局 1956 年版，第 734 页。

求富贵而已。轻躁之士，乌可近哉！①

齐武帝死后，亲者为仇，帝位之争演绎至腥风血雨，令人发指，首为武帝长孙郁林王萧昭业嗣位，因荒淫昏愚逾年即为齐高帝侄西昌侯萧鸾所杀；继为郁林王弟海陵王萧昭文嗣统，然不逾年亦为萧鸾废杀；终于在齐高帝嫡系子孙被诛杀殆尽后，由萧鸾自立为帝。观萧鸾之嗜杀及其"常忧子良为变"，萧子良以忧卒，恐不得其免矣。由《通鉴》载"竟陵文宣王子良以忧卒。帝常忧子良为变，闻其卒，甚喜"，可知此实乃君欲臣死，司马光委婉而书耳。王融"速求富贵"，"轻躁之士"也，"乌可近哉"！司马光评王融其人恐未必尽当，然所论旨在警示后人慎交结则明矣。

在此还应指出，不可形式化地理解和简单化地推演司马光思想，而应深刻探讨和把握其思想本质与精髓。司马光慎结交思想决非仅是在形式上限其结交对象于圣者、仁者之门，而是在本质上关注其"闻善而迁，观过而改"的效果与目的。正如其在《友箴》中所述："余何游乎？余将游圣之门，仁之里。非圣不师，非仁不友，可乎？未可。不若游众人之场，闻善而迁，观过而改。"②

**（二）诡诞之士，奇邪之术，君子远之**

《通鉴》中大通三年（531）载：昭明太子萧统儒雅仁俊，好读书，擅属文，关心民事，礼遇文学，事亲孝谨，立为太子后，奉命省录朝政，尽心职守，于雄猜之世十余年无变故。

初，昭明太子葬其母丁贵嫔，遣人求墓地之吉者。或赂宦者俞三副求卖地，云若得钱三百万，以百万与之。三副密启上，言"太子所得地不如今地于上为吉"。上年老多忌，即命市

① 《资治通鉴》卷一百三十九，中华书局1956年版，第4353页。

② 司马光：《传家集》卷六十六，影印《文渊阁四库全书》本。

之。葬毕，有道士云："此地不利长子，若厌之，或可申延。"乃为蜡鹅及诸物埋于墓侧长子位。……（鲍邈之）乃密启上。……上遣检掘，果得鹅物，大惊，将穷其事，徐勉固谏而止，但诛道士。由是太子终身惭愤，不能自明。及卒，上征其长子南徐州刺史华容公欢至建康，欲立以为嗣，衔其前事，犹豫久之，卒不立，庚寅，遣还镇。①

昭明太子因交游不善而招祸，故"臣光曰"评其被谗忧死：

君子之于正道，不可少顷离也，不可跬步失也。以昭明太子之仁孝，武帝之慈爱，一染嫌疑之迹，身以忧死，罪及后昆，求吉得凶，不可湔涤，可不戒哉！是以诡诞之士，奇邪之术，君子远之。②

**（三）鼠凭社贵，狐藉虎威，嬖臣为害甚矣，不可宠信而任重之**

《通鉴》卷一百三十四评宋用嬖臣，引"沈约论曰"深刻揭示了刘宋用嬖臣之原因及其祸患。"夫人君南面，九重奥绝，陪奉朝夕，义隔卿士"，"既而恩以狎生，信由恩固"，且嬖臣"无可惮之姿，有易亲之色"。武帝、明帝时，虽"主威独运"，却时时感受到来自兄弟对帝位的威胁，而嬖臣"觇欢愠，候惨舒，动中主情，举无谬旨；人主谓其身卑位薄，以为权不得重。曾不知鼠凭社贵，狐藉虎威，外无逼主之嫌，内有专用之效，势倾天下"，加之"刑政纠杂，理难遍通"，于是"耳目所寄，事归近习"，嬖臣得以窃居国柄，恣意妄为，纪纲错乱。至明帝末，"权幸之徒，慑惮宗戚，欲使幼主孤立，永窃国权，构

① 《资治通鉴》卷一百五十五，中华书局 1956 年版，第 4808 页。
② 《资治通鉴》卷一百五十五，中华书局 1956 年版，第 4809 页。

造同异，兴树祸隙，帝弟宗王，相继屠剿，宝祚夙倾，实由于此矣。”[①]汉唐宦官之祸，为害之巨，一同于是，足为戒鉴。[②]

**（四）以邪攻邪，无益于治**

《通鉴》卷二十八汉元帝永光元年（前43）记载：石显奸佞专横，控御大权，排挤异己。贾捐之颇负文才，疾恶石显，数言其短，以故不得仕进；贾捐之与杨兴善，兴新以材能得幸，乃相与共谋京兆尹、尚书令之职。并说：“显方贵，上信用之；今欲进，第从我计，且与合意，即得入矣！”于是，捐之即与兴共为荐显，称誉其美，以为宜赐爵关内侯；又荐兴，以为可试守京兆尹。石显闻知，白之上，乃下兴、捐之狱，令显治之，显奏“兴、捐之怀诈伪，更相荐誉，欲得大位，罔上不道”，捐之坐弃市，兴髡钳为城旦。

正直者，合于纲纪礼法，攻邪之本与利器也。然而，“正直难亲，谄谀易合，此固中人之常情”。[③] 故“臣光曰”：“君子以正攻邪，犹惧不克；况捐之以邪攻邪，其能免乎！”[④]

## 七　人才成长与才能发挥深受环境影响

**（一）宴安为鸩毒，无德而富贵谓之不幸，富贵宴安不利于执政能力培育**

《通鉴》卷十八元光五年（前130）载：

> 河间王薨，中尉常丽以闻，曰：“王身端行治，温仁恭俭，笃敬爱下，明知深察，惠于鳏寡。”大行令奏：“谥法：‘聪明睿知曰

① 《资治通鉴》卷一百三十四，中华书局1956年版，第4211页。

② 参本书司马光的“通变史观”部分。

③ 《资治通鉴》卷二十二“臣光曰”，中华书局1956年版，第734。

④ 《资治通鉴》卷二十八，中华书局1956年版，第917页。

献’，谥曰献王。”①

河间献王刘德事集中载于《汉书·景十三王传》。河间献王修德尚礼，时人称其“身端行治，温仁恭俭，笃敬爱下，明知深察，惠于鳏寡”，乃盖棺定论。故班固盛赞之曰：“‘夫唯大雅，卓尔不群’，河间献王近之矣。”又曰：“汉兴，至于孝平，诸侯王以百数，率多骄淫失道。何则？沈溺放恣之中，居势使然也。”②并引史说明帝王“生于深宫之中，长于妇人之手，未尝知忧，未尝知惧”，“虽欲不危亡，不可得已！是故古人以宴安为鸩毒，无德而富贵谓之不幸”。《通鉴》引“班固赞”，明确表达了富贵宴安不利于执政能力培育的观点。

《通鉴》评南朝置典签，引“萧子显论”曰：

> 帝王之子，生长富厚，朝出闺闱，暮司方岳，防骄翦逸，积代常典。故辅以上佐，简自帝心；劳旧左右，用为主帅，饮食起居，动应闻启；处地虽重，行己莫由。威不在身，恩未下及，一朝艰难总至，望其释位扶危，何可得矣！斯宋氏之余风，至齐室而尤弊也。③

富贵骄逸常相依。“帝王之子，生长富厚，朝出闺闱，暮司方岳”，为“防骄翦逸”，故帝王复置典签以辅助、监督之。在此，司马光从用人角度，揭示了“生长富厚”之人因职前教育与职业素质缺失，难堪所任的现实。

---

① 《资治通鉴》卷十八，中华书局 1956 年版，第 587 页。

② 班固：《汉书》卷五十三，中华书局 1962 年版，第 2436 页。

③ 《资治通鉴》卷一百三十九，中华书局 1956 年版，第 4366—4367 页。

**（二）欲其隐约，莫若贫贱，习其险艰，利以任使，贫贱险艰有益于才能涵育**

《通鉴》卷一百二十四宋文帝元嘉二十二年（445）载：

> 上饯衡阳王义季于武帐冈。上将行，敕诸子且勿食，至会所设馔；日旰，不至，有饥色。上乃谓曰："汝曹少长丰佚，不见百姓艰难。今使汝曹识有饥苦，知以节俭御物耳。"①

《通鉴》引"裴子野论"赞宋文帝训诸子以节俭，指出"侈兴于有余，俭生于不足。欲其隐约，莫若贫贱！习其险艰，利以任使；为其情伪，易以躬临"②。表达了艰难困苦，玉汝于成的才能培育思想。

**（三）社会环境对个人发展与成就的取得有着客观而现实的影响**

刘聪，匈奴人，十六国时汉国第二任君主。公元311年，派大将刘曜等攻破洛阳，杀西晋诸王公及百官以下三万人，俘晋怀帝。公元316年，又派刘曜等攻破长安，俘晋愍帝，西晋亡。《通鉴》卷八十八晋愍帝建兴元年（313）载：

> 春，正月，丁丑朔，汉主刘聪宴群臣于光极殿，使怀帝着青衣行酒。庾珉、王隽等不胜悲愤，因号哭；聪恶之。有告珉等谋以平阳应刘琨者，二月，丁未，聪杀珉、隽等故晋臣十余人，怀帝亦遇害。③

荀崧评晋怀帝曰：

① 《资治通鉴》卷一百二十四，中华书局1956年版，第3913—3914页。
② 《资治通鉴》卷一百二十四，中华书局1956年版，第3914页。
③ 《资治通鉴》卷八十八，中华书局1956年版，第2791页。

> 怀帝天姿清劭，少著英猷，若遇承平，足为守文佳主。而继惠帝扰乱之后，东海专政，故无幽、厉之衅而有流亡之祸矣！①

是论客观质实，不预天命迷信，揭示了社会环境对个人发展与个人成就的取得有着客观而现实的影响。

**（四）外部环境可导致忠、佞转换**

裴矩仕于隋、唐两代，表现却大相径庭，佞于隋而忠于唐。对隋炀帝，则阿谀迎奉，投其所好，被炀帝称为"至诚"，说他"大识朕意，凡所陈奏，皆朕之成算。未发之顷，矩辄以闻。自非奉国用心，孰能若是"！魏征评价他"承望风旨，与时消息"。② 而仕于唐，则勇于直谏。

《通鉴》卷十二武德九年(626)载：唐太宗患吏多受贿，密使左右试赂之。有司门令史受绢一匹，唐太宗欲杀之，民部尚书裴矩谏称，是乃"陷人于法"，非"导之以德，齐之以礼"的善策。唐太宗称赞"裴矩能当官力争，不为面从"，并说"倘每事皆然，何忧不治"。

"臣光曰"指出，臣之忠佞随君之纳谏态度而转变。"君恶闻其过，则忠化为佞，君乐闻直言，则佞化为忠。"君臣关系为"君者表也，臣者景也，表动则景随矣"。③ 此援自然规律以证其论也，具有较强的说服力。其后，《通鉴》同卷又载唐太宗言："君，源也；臣，流也；浊其源而求其流之清，不可得矣。"其意略同，均表达了司马光认为人君之明暗对人臣能否尽忠奉职有重大影响的思想。这是司马光对封建君主专制体制下君臣关系特点历史总结的一个重要结

① 《资治通鉴》卷八十八，中华书局1956年版，第2791页。

② 魏征等：《隋书》卷六十七《裴矩传》，中华书局1973年版，第1581、1584页。

③ 《资治通鉴》卷一百九十二，中华书局1956年版，第6029页。

论，客观地揭示了封建君主专制制度自身内涵的弊端。

## 八　主张养贤恤能，反对厚禄养贤

### (一) 富养功臣而抑其权势

"臣光曰"论汉宣帝诛霍光宗族：

> 霍光之辅汉室，可谓忠矣；然卒不能庇其宗，何也？夫威福者，人君之器也；人臣执之，久而不归，鲜不及矣。以孝昭之明，十四而知上官桀之诈，固可以亲政矣。况孝宣十九即位，聪明刚毅，知民疾苦，而光久专大柄，不知避去，多置私党，充塞朝廷，使人主蓄愤于上，吏民积怨于下，切齿侧目，待时而发，其得免于身幸矣，况子孙以骄侈趣之哉！虽然，向使孝宣专以禄秩赏赐富其子孙，使之食大县，奉朝请，亦足以报盛德矣；乃复任之以政，授之以兵，及事丛衅积，更加裁夺，遂至怨惧以生邪谋，岂徒霍氏之自祸哉？亦孝宣酝酿以成之也。昔斗椒作乱于楚，庄王灭其族而赦箴尹克黄，以为子文无后，何以劝善。夫以显、禹、云、山之罪，虽应夷灭，而光之忠勋不可不祀；遂使家无噍类，孝宣亦少恩哉！①

用人之忠，固其宜也；任授极隆，则其过矣。表达了富养功臣及其子孙以报盛德可矣，而"任之以政，授之以兵"，使之"久专大柄"，则为害之矣的用人思想。

司马光富养功臣及其子孙以报盛德的观点，实际上是以限制功臣政治权利的恶性膨胀为条件的，是两害相权取其轻的务实选择。尽管有悖于司马光因才、因功授任的根本原则，亦有悖于其富则奢、奢则骄、骄则乱的认识，但于礼、于荫封制角度考虑，尚有其

---

① 《资治通鉴》卷二十五，中华书局1956年版，第821页。

合理与可行性。封建礼制与荫封制维护统治者利益的属性始终存在,司马光本人亦荫封制之受益者。但不合理制度存在的社会统治基础不变,欲改革之,诚难也;而社会的绝对公平至少在已有的人类社会中不曾也不可能出现。明知其不合理,也不得不一定程度地接受之,于是,每一个社会人都只能是一个矛盾的统一体。就此意义上认识和解读司马光的矛盾思想,应是较为客观的。认为司马光是封建地主统治制度的维护者,或曰其思想中颇多藏污纳垢,均不可谓过,但有不顾历史条件之嫌,略显苛刻。

**(二)褒优安养清修之吉士,以励廉耻,美风俗**

"臣光曰"因樊英虚名应征而论隐者:

> 若乃孝弟著于家庭,行谊隆于乡曲,利不苟取,仕不苟进,洁己安分,优游卒岁,虽不足以尊主庇民,是亦清修之吉士也;王者当褒优安养,俾遂其志。若孝昭之待韩福,光武之遇周党,以励廉耻,美风俗,斯亦可矣,固不当如范升之诋毁,又不可如张楷之责望也。①

明确表达了主张褒优安养清修之吉士,以励廉耻、美风俗的观点。

**(三)厚禄养贤无补于治**

《通鉴》卷二百二十五唐代宗大历十二年(777)载:

> 元载、王缙之为相也,上日赐以内厨御馔,可食十人,遂为故事。癸卯,常衮与朱泚上言:"餐钱已多,乞停赐馔。"许之。衮又欲辞堂封,同列不可而止。时人讥衮,以为:"朝廷厚禄,所以养贤,不能,当辞位,不当辞禄。"②

---

① 《资治通鉴》卷五十一,中华书局 1956 年版,第 1649—1650 页。

② 《资治通鉴》卷二百二十五,中华书局 1956 年版,第 7246—7247 页。

同卷又载：

至德以后，天下用兵，诸将竞论功赏，故官爵不能无滥。及永泰以来，天下稍平，而元载、王缙秉政，四方以贿求官者相属于门，大者出于载、缙，小者出于卓英倩等，皆如所欲而去。及常衮为相，思革其弊，杜绝侥幸，四方奏请，一切不与；而无所甄别，贤愚同滞。①

常衮因才能之限，改革官场流弊之效果并不理想，但却真实地反映出当时官以贿得，世多固位贪禄、不顾廉耻之徒的社会现象；而廉耻之心，人皆有之，乃为人之本，亦封建社会对人最基本的道德规范要求，为官者竟置此为人之基本道德底线于不顾，司马光所深疾也。常衮所辞禄，实仅为皇帝特别优赐之"内厨御馔"，并非全部俸禄。故"臣光曰"论常衮辞禄，不采时人对常衮辞禄之讥评，而称："衮之辞禄，廉耻存焉，与夫固位贪禄者，不犹愈乎！……亦未可以深讥也。"②

由《通鉴》载元载、王缙为相接受帝王厚赐成为"故事"，"而元载、王缙秉政，四方以贿求官者相属于门"的史实，以及司马光赞常衮辞禄的态度看，温公不赞同"朝廷厚禄，所以养贤"。厚禄养贤之不果也，则主要基于司马光在评李泌为唐德宗理私财中所揭示的"夫多财者，奢欲之所自来也"③的道理。迄今为止，全球范围内尚无一个国家实施厚禄养贤而获得巨大成功，新加坡社会繁荣稳定，乃因法制严密、经济发展所致，高薪养廉绝非主要原因。

① 《资治通鉴》卷二百二十五，中华书局1956年版，第7257—7258页。
② 《资治通鉴》卷二百二十五，中华书局1956年版，第7247页。
③ 《资治通鉴》卷二百三十三，中华书局1956年版，第7510页。

**（四）夫多财者，奢欲之所自来也**

《通鉴》卷二百三十三载：贞元四年（788）二月，淮南钱帛二十万运抵长安，宰相李泌将其全部输入唐德宗的私用仓库“大盈库”。但唐德宗仍觉得不够其挥霍所用，“犹数有宣索，乃敕诸道勿令宰相知。泌闻之，惆怅而不敢言”。“臣光曰”论宰相李泌为唐德宗理私财：

> 王者以天下为家，天下之财皆其有也。阜天下之财以养天下之民，已必豫焉。或乃更为私藏，此匹夫之鄙志也。古人有言：贫不学俭。夫多财者，奢欲之所自来也。李泌欲弭德宗之欲而丰其私财，财丰则欲滋矣。财不称欲，能无求乎！是犹启其门而禁其出也！虽德宗之多僻，亦泌所以相之者非其道故也。①

明确表达了“多财者，奢欲之所自来也”的观点。

## 九　用人关涉敌我力量转变

宋代以前历史，统一时间短而分裂时期长，敌对势力与政权间的矛盾斗争与人才争夺，客观上形成为不可回避的重要历史内容。对此，《通鉴》史论也给予了应有的关注，体现出鲜明的历史特点。

**（一）敌国之材臣，来为己用，进取之良资也**

《通鉴》卷一百二太和五年（370）记载：慕容垂为燕国大将，素负威名，因受猜忌而奔秦。秦王苻坚厚遇之，谋臣王猛说坚杀之，不为所纳，复设计诱其惊惧叛走而追擒之，又为坚所释，并“待之如旧”：

---

① 《资治通鉴》卷二百三十三，中华书局1956年版，第7510页。

初，秦王坚闻太宰恪卒，阴有图燕之志，惮垂威名，不敢发。及闻垂至，大喜，郊迎，执手曰："天生贤杰，必相与共成大功，此自然之数也。要当与卿共定天下，告成岱宗，然后还卿本邦，世封幽州，使卿去国不失为子之孝，归朕不失事君之忠，不亦美乎！"……坚复爱世子令及慕容楷之才，皆厚礼之，赏赐钜万，每进见，属目观之。关中士民素闻垂父子名，皆向慕之。王猛言于坚曰："慕容垂父子，譬如龙虎，非可驯之物，若借以风云，将不可复制，不如早除之。"坚曰："吾方收揽英雄以清四海，奈何杀之！且其始来，吾已推诚纳之矣；匹夫犹不弃言，况万乘乎！"乃以垂为冠军将军，封宾徒侯，楷为积弩将军。①

"臣光曰"：

昔周得微子而革商命，秦得由余而霸西戎，吴得伍员而克强楚，汉得陈平而诛项籍，魏得许攸而破袁绍；彼敌国之材臣，来为己用，进取之良资也。王猛知慕容垂之心久而难信，独不念燕尚未灭，垂以材高功盛，无罪见疑，穷困归秦，未有异心，遽以猜忌杀之，是助燕为无道而塞来者之门也，如何其可哉！故秦王坚礼之以收燕望，亲之以尽燕情，宠之以倾燕众，信之以结燕心，未为过矣。猛何汲汲于杀垂，乃为市井鬻卖之行，有如嫉其宠而谗之者，岂雅德君子所宜为哉！②

市井鬻卖之行，斤斤于小利者也。苻坚以天下胸怀用贤能，复能思全人忠孝，较之王猛猜疑之心，别为境界耶。

"彼敌国之材臣，来为己用，进取之良资也"。故礼、亲、宠、信

① 《资治通鉴》卷一百二，中华书局1956年版，第3223页。
② 《资治通鉴》卷一百二，中华书局1956年版，第3229页。

之,未为过,"礼之以收燕望,亲之以尽燕情,宠之以倾燕众,信之以结燕心,未为过矣"。"猛何汲汲于杀垂,乃为市井鬻卖之行,有如嫉其宠而谗之者,岂雅德君子所宜为哉!"用敌国之人,非无原则之来而不拒,必强调其"材臣"。

**(二)宠秩敌国之"佞臣",自取其害也**

《通鉴》卷一百三咸安二年(372)记载:慕容评乃前燕奸佞权臣,作恶多端,以致军败国亡,自己也被前秦军所俘。"冠军将军慕容垂言于秦王苻坚曰:'臣叔父评,燕之恶来辈也,不宜复污圣朝,愿陛下为燕戮之。'坚乃出评为范阳太守,燕之诸王悉补边郡。"①

"臣光曰":

> 古之人,灭人之国而人悦,何哉?为人除害故也。彼慕容评者,蔽君专政,忌贤疾功,愚暗贪虐以丧其国,国亡不死,逃遁见禽。秦王坚不以为诛首,又从而宠秩之,是爱一人而不爱一国之人也,其失人心多矣。是以施恩于人而人莫之恩,尽诚于人而人莫之诚,卒于功名不遂,容身无所,由不得其道故也。②

苻坚宠秩慕容评而失人心,乃"助燕为无道而塞来者之门也"。用慕容垂受其益,用慕容评则蒙其害矣。

**(三)自弃其民如同资敌**

《通鉴》卷二百八十二记载:五代十国时期,战乱相寻。后晋高祖天福五年(940),南唐与后晋交兵,唐将李承裕贪剽掠,与晋兵战而败。

---

① 《资治通鉴》卷一百三,中华书局 1956 年版,第 3255 页。

② 《资治通鉴》卷一百三,中华书局 1956 年版,第 3255—3256 页。

马全节斩承裕及其众千五百人于城下，送监军杜光业等五百七人于大梁。上曰："此曹何罪！"皆赐马及器服而归之。

……杜光业等至唐，唐主以其违命而败，不受，复送于淮北，遗帝书曰："边校贪功，乘便据垒。"又曰："军法朝章，彼此不可。"帝复遣之归，使者将自桐墟济淮，唐主遣战舰拒之，乃还。帝悉授唐诸将官，以其士卒为显义都，命旧将刘康领之。①

"臣光曰"："违命者将也，士卒从将之令者也，又何罪乎！受而戮其将以谢敌，吊士卒而抚之，斯可矣，何必弃民以资敌国乎！"②明确指出南唐烈祖的行为乃"弃民以资敌国"。

## 第三节　人力资源管理思想

### 一　自成体系的人力资源管理思想

司马光的系统用人思想，包括了对人的选举、任授、考绩、施治等人力资源管理的主要方面。

**（一）内容：选人以德、以能，任人以位、以事，辨人以言行，考人以功罪，治人以刑赏**

《通鉴》卷二十九载荀悦论石显惑君，提出用人责事八真论：考德授位、量能定事、因功论赏、核罪明刑、行真贵之、言真信之、物真用之、事真修之。其中，前六项皆用人之道："德必核其真，然后授其位；能必核其真，然后授其事；功必核其真，然后授其赏；罪必核

① 《资治通鉴》卷二百八十二，中华书局 1956 年版，第 9215 页。

② 《资治通鉴》卷二百八十二，中华书局 1956 年版，第 9216 页。

其真，然后授其刑；行必核其真，然后贵之；言必核其真，然后信之。”①以德为本，授以岗位与职务；以能为用，授以任务与职事；考以岗位、职务和任务执行中的功过，以明赏罚；察言核行，以定信贵废黜。表达了选人以德能，任人以位、以事，辨人以言行，考人以功罪，治人以刑赏的系统用人思想，强调了选人任官的制度化和程序化。

选人以德能，因德能而“授其位”、“授其事”，辨之以言行，考之以功罪，治之以赏刑，较为完整地表达了司马光的系统用人思想。具体到每个环节，又各有所侧重。

**（二）管理目标：君臣相配，吏称其职，民安其业，信赏必罚，黜陟有序**

《通鉴》盛赞汉宣帝中兴，引“班固赞”曰：“君臣相配，古今常道，自然之势也。近观汉相，高祖开基，萧、曹为冠；孝宣中兴，丙、魏有声。是时黜陟有序，众职修理，公卿多称其位，海内兴于礼让。”②

又曰：“孝宣之治，信赏必罚，综核名实。政事、文学、法理之士，咸精其能。至于技巧、工匠、器械，自元、成间鲜能及之。亦足以知吏称其职，民安其业也。遭值匈奴乖乱，推亡固存，信威北夷，单于慕义，稽首称藩。功光祖宗，业垂后嗣，可谓中兴，侔德殷宗、周宣矣！”③

由上可概括出司马光的一般人力资源管理目标主要为：“君臣相配”，“众职修理”，“吏称其职，民安其业”，“信赏必罚”，“黜陟有序”。

① 《资治通鉴》卷二十九，中华书局1956年版，第934页。
② 《资治通鉴》卷二十七，中华书局1956年版，第873页。
③ 《资治通鉴》卷二十七，中华书局1956年版，第892页。

## 二　选人思想

### (一) 务实求用，严于审核，用于盛年

《通鉴》卷五十一汉顺帝阳嘉元年(132)载：

初令“郡国举孝廉，限年四十以上；诸生通章句，文吏能笺奏，乃得应选。其有茂才异行，若颜渊、子奇，不拘年齿”。

久之，广陵所举孝廉徐淑，年未四十；台郎诘之，对曰：“诏书曰：‘有如颜回、子奇，不拘年齿。’是故本郡以臣充选。”郎不能屈。左雄诘之曰：“昔颜回闻一知十，孝廉闻一知几邪？”淑无以对；乃罢却之。郡守坐免。①

袁宏论曰：“夫谋事作制，以经世训物，必使可为也。”汉顺帝令称，举孝廉者，“其有茂才异行，若颜渊、子奇，不拘年齿”，但“颜渊、子奇，旷代一有，而欲以斯为格，岂不偏乎”！指出政策不能切于适用，即为偏而不当，对限年令基本持否定态度。表达了选人务实求用的思想。又曰：“古者四十而仕，非谓弹冠之会必将是年也，以为可事之时在于强盛，故举其大限以为民衷。”②则表达了用人于精力强盛之年的观点。

《通鉴》同卷引“袁宏论”前又载：

雄又上言：“孔子曰‘四十不惑’，《礼》称强仕。请自今，孝廉年不满四十，不得察举，皆先诣公府，诸生试家法，文吏课笺奏，副之端门，练其虚实，以观异能，以美风俗；有不承科令者，

① 《资治通鉴》卷五十一，中华书局 1956 年版，第 1660—1661 页。

② 《资治通鉴》卷五十一，中华书局 1956 年版，第 1661 页。

正其罪法。若有茂材异行，自可不拘年齿。”帝从之。①

由此可知，举孝廉限年四十以上，本即出自左雄建言。

《通鉴》同卷引“袁宏论”后又载：

然雄公直精明，能审核真伪，决志行之。顷之，胡广出为济阴太守，与诸郡守十余人皆坐谬举免黜；唯汝南陈蕃、颍川李膺、下邳陈球等三十余人得拜郎中。自是牧、守畏栗，莫敢轻举。迄于永嘉，察选清平，多得其人。②

对左雄严遵汉顺帝举孝廉限年令效果给予了充分肯定，透露出司马光所欲表达的核心思想乃选人必严其审核。通常，《通鉴》引前贤史论，必赞同其基本观点，代表了自己的意见；否则，即不予征引。若以为其未尽己意，则于其后别出“臣光曰”以补充发明之。此未出“臣光曰”，则以史载明确，以史代论矣。

《通鉴》论“刘宋幼王之国”之失，引“裴子野论”曰：“高祖思固本枝，崇树襁褓；后世遵守，迭据方岳”，以致子孙多早夭凶死。以是观之，皇室子弟年幼，才智不及，便使之“早肆民上，非善诲也”。③ 表达了用人于身体、才智盛明之时的思想。

**（二）先门第而后贤才，此选举之深弊**

《通鉴》卷一百四十建武三年（496）载：

（北魏孝文）帝与群臣论选调曰：“近世高卑出身，各有常分；此果如何？”李冲对曰：“未审上古以来，张官列位，为膏粱

① 《资治通鉴》卷五十一，中华书局 1956 年版，第 1659—1660 页。

② 《资治通鉴》卷五十一，中华书局 1956 年版，第 1661 页。

③ 《资治通鉴》卷一百二十四，中华书局 1956 年版，第 3914 页。

子弟乎，为致治乎？"帝曰："欲为治耳。"冲曰："然则陛下何为专取门品，不拔才能乎？"帝曰："苟有过人之才，不患不知。然君子之门，借使无当世之用，要自德行纯笃，朕故用之。"冲曰："傅说、吕望，岂可以门地得之！"帝曰："非常之人，旷世乃有一二耳。"秘书令李彪曰："陛下若专取门地，不审鲁之三卿，孰若四科？"著作佐郎韩显宗曰："陛下岂可以贵袭贵，以贱袭贱！"帝曰："必有高明卓然、出类拔萃者，朕亦不拘此制。"顷之，刘昶入朝。帝谓昶曰："或言唯能是寄，不必拘门；朕以为不尔。何者？清浊同流，混齐一等，君子小人，名品无别，此殊为不可。我今八族以上士人，品第有九，九品之外，小人之官复有七等。若有其人，可起家为三公。正恐贤才难得，不可止为一人浑我典制也。"①

"臣光曰"论魏晋选举流弊，指出：

第一，"先门地而后贤才"的"选举之法"，"此魏、晋之深弊，而历代相因，莫之能改也"。揭示了适应魏晋门阀制度而生的"先门地而后贤才"的"选举之法"在门阀制度衰亡之后仍长期存在的事实，表明清肃制度流弊是一件长期而艰巨的工程。

第二，选人不明，惑于世俗。"夫君子、小人，不在于世禄与侧微。以今日视之，愚智所同知也。"是君子还是小人，同官高爵崇、职微位卑是不相干的。到司马光所在之赵宋，民智稍启，人人都知道这个道理了。"当是之时，虽魏孝文之贤，犹不免斯蔽。故夫明辨是非而不惑于世俗者，诚鲜矣！"②风俗，乃长期形成的、影响或左右社会舆论及人们行为的风尚、礼节、习惯等的总称，以其影响深广而巨大，素为司马光所重。

---

① 《资治通鉴》卷一百四十，中华书局 1956 年版，第 4395—4396 页。

② 《资治通鉴》卷一百四十，中华书局 1956 年版，第 4396 页。

赵宋时，门阀势力被荡涤几尽，以之为重要社会支撑的"先门地而后贤才"的"选举之法"，也早在隋文帝确立科举考试制度以后已寿终正寝，但其影响犹在，流弊尚存，"历代相因，莫之能改也"。

**（三）德义可尊，无择负贩，明扬幽仄，唯才是与；肯定以智役愚，反对以贵役贱**

《通鉴》卷一百二十八载：

> 中书令王僧达，幼聪警能文，而跌荡不拘。帝初践阼，擢为仆射，居颜（竣）、刘（延孙）之右。自负才地，谓当时莫及，一二年间，即望宰相。既而迁护军，怏怏不得志，累启求出。上不悦，由是稍稍下迁，五岁七徙，再被弹削。僧达既耻且怨，所上表奏，辞旨抑扬，又好非议时政，上已积愤怒。路太后兄子尝诣僧达，趋升其榻，僧达令舁弃之。太后大怒，固邀上令必杀僧达。会高阇反，上因诬僧达与阇通谋，八月，丙戌，收付廷尉，赐死。①

《通鉴》因王僧达死而评门第取仕，引"沈约论"称，殷周官人，"太公起屠钓为周师，傅说去版筑为殷相，明扬幽仄，唯才是与"；二汉官人，"兹道未革：胡广累世农夫，致位公相；黄宪牛医之子，名重京师"；"魏武始立九品，盖以论人才优劣，非谓世族高卑。而都正俗士，随时俯仰，凭藉世资，用相陵驾；因此相沿，遂为成法。"②此言魏武立九品官人之法，本无其弊，因小人之利用为变而转成其弊矣。

复引"裴子野论"："士庶虽分，本无华素之隔"，晋末以来，"专

① 《资治通鉴》卷一百二十八，中华书局1956年版，第4037—4038页。

② 《资治通鉴》卷一百二十八，中华书局1956年版，第4038页。

限阀阅。自是三公之子，傲九棘之家，黄散之孙，蔑令长之室；转相骄矜，互争铢两，唯论门户，不问贤能”，[1]遂成选举用人之深弊矣！

总之，周、汉之道，“以智役愚”，“唯才是与”；魏、晋以来，“以贵役贱”，唯门第是重，从此，“士庶之科，较然有辨矣”。明确表达了“德义可尊，无择负贩”，“明扬幽仄，唯才是与”的选人思想。[2]

**（四）坚持层级制举荐考核，反对选举俄折乎一面、专断于一司**

《通鉴》卷一百二十八载：

> 初，晋世，散骑常侍选望甚重，与侍中不异；其后职任闲散，用人渐轻。上欲重其选，乃用当时名士临海太守孔觊、司徒长史王彧为之。侍中蔡兴宗谓人曰：“选曹要重，常侍闲淡，改之以名而不以实，虽主意欲为轻重，人心岂可变邪！”既而常侍之选复卑，选部之贵不异。[3]

继引“裴子野论曰”指出王以设官，官以治民，官分九等，职有百种，形成社会治理的基本组织管理结构。是论由宋武帝用人而综评历代选人任官的方法及程序。

首先，在周代就已订立为四个步骤：始于学校教育；继以家乡评议；然后责其优异者推荐上报给州郡的六事；最后由六事审核后报呈朝廷。即“始于学校，论之州里，告诸六事，而后贡于王庭”。

其次，汉代，其程序更为严密，效果也十分显著。“州郡积其功能，五府举为掾属，三公参其得失，尚书奏之天子；一人之身，所阅者众，故能官得其才，鲜有败事”。首先由各州郡考察和搜集当地

---

① 《资治通鉴》卷一百二十八，中华书局 1956 年版，第 4039 页。
② 《资治通鉴》卷一百二十八，中华书局 1956 年版，第 4038 页。
③ 《资治通鉴》卷一百二十八，中华书局 1956 年版，第 4036 页。

有才能和功劳者的情况，相当于人才信息搜集阶段；再由五府任命其为辅佐，略相当于工作试用阶段；继由三公考察其工作得失，相当于工作监督与绩效考察阶段；最后由尚书把考察结果呈报给天子，正式任命为官。一个人才，经过了这么多道的监督审查，因此，为官者能够称职，人尽其才，很少把事情做坏。

第三，魏晋时期，选人任官的方法和程序发生了很大变化，结果也很不理想。

第四，刘宋以来，承魏晋官人重门第之流弊，以至于"今万品千群，俄折乎一面，庶僚百位，专断于一司，于是嚣风遂行，不可抑止。干进务得，兼加谄渎；无复廉耻之风，谨厚之操；官邪国败，不可纪纲。……孝武虽分曹为两，不能反之于周、汉，朝三暮四，其庸愈乎！"[①]官吏的任免升迁，"专断于一司"，"俄折乎一面"，周汉多部门严格考察的官吏任免升迁制度遭到严重破坏，从此，投机钻营的恶劣风气猖獗，不能遏止。为了升官晋爵满足一己之贪欲，便用尽一切手段去谄媚、渎职枉法，廉耻之风荡然无存，官吏们不再有谨慎宽厚的操行。贪官污吏作恶多端，致使国家政局混乱腐败，不能再加约束。孝武帝虽然把吏部尚书一分为二，仅仅是朝三暮四更改名称，却再也未能回归周、汉时代制度化、程序化的官吏任免升迁制度了。

是论充分肯定周汉层级制举荐考核的官人之法，坚决反对魏晋以来选人任官"俄折乎一面"、"专断于一司"的官人法。

**（五）用人者，无亲疏、新故之殊，惟贤、不肖之为察，举之以众，取之以公，不以恩怨**

《通鉴》卷二百二十五唐德宗大历十四年(779)载：

> 上时居谅阴，庶政皆委于祐甫，所言无不允。初，至德以

① 《资治通鉴》卷一百二十八，中华书局1956年版，第4036—4037页。

后，天下用兵，诸将竞论功赏，故官爵不能无滥。及永泰以来，天下稍平，而元载、王缙秉政，四方以贿求官者相属于门，大者出于载、缙，小者出于卓英倩等，皆如所欲而去。及常衮为相，思革其弊，杜绝侥幸，四方奏请，一切不与；而无所甄别，贤愚同滞。崔祐甫代之，欲收时望，推荐引拔，常无虚日；作相未二百日，除官八百人，前后相矫，终不得其适。上尝谓祐甫曰："人或谤卿，所用多涉亲故，何也？"对曰："臣为陛下选择百官，不敢不详慎。苟平生未之识，何以谙其才行而用之。"上以为然。①

"臣光曰"评崔祐甫答唐德宗用人之问，较为全面地论述和表达了其用人以贤、举人以众、取人以公的选人思想：第一，选人原则："臣闻用人者，无亲疏、新故之殊，惟贤、不肖之为察。其人未必贤也，以亲故而取之，固非公也；苟贤矣，以亲故而舍之，亦非公也"。第二，选人途径："夫天下之贤，固非一人所能尽也，若必待素识熟其才行而用之，所遗亦多矣。"一人不足以识天下之贤，主张举贤"以众"，反对官吏举任出于宰相一人、宰相授任"必待素识熟其才行而用"。"古之为相者则不然，举之以众，取之以公。众曰贤矣，己虽不知其详，姑用之，待其无功，然后退之，有功则进之；所举得其人则赏之，非其人则罚之。进退赏罚，皆众人所共然也，己不置豪发之私于其间。苟推是心以行之，又何遗贤旷官之足病哉！"②

《通鉴》卷一百一十三载：刘裕起初"名微位薄，轻狡无行，盛流

① 《资治通鉴》卷二百二十五，中华书局1956年版，第7257—7258页。按，文中称崔祐甫所除官"前后相矫，终不得其适"，而《旧唐书》卷一百一十九《崔祐甫传》则称其用人"多称允当"。

② 《资治通鉴》卷二百二十五，中华书局1956年版，第7258页。

皆不与相知”，惟王谧奇贵之，预知他“当为一代英雄”。刘裕尝与刁逵赌博，输了钱却不及时给，被刁逵绑在拴马桩上。“谧见之，责逵而释之”，并代刘裕还了钱，“由是裕深憾逵而德谧”。刘裕称帝后，立即重用、册封王谧，而寻机杀掉了刁逵全家。司马光引“萧方等曰”：

> 夫蛟龙潜伏，鱼虾亵之。是以汉高赦雍齿，魏武免梁鹄，安可以布衣之嫌而成万乘之隙也！今王谧为公，刁逵亡族，酬恩报怨，何其狭哉！①

帝王当立宏图大志，养天下胸怀，而去市井之私。刘裕酬恩报怨，逞私欲，坏法制，不以治国为要，而以恩怨为先，无以垂范后世。表达了用人不以恩怨的思想。

**（六）人君求贤之法：诚恳、尊重、内省、明德**

由《通鉴》卷五十一永建二年(127)下“臣光曰”论樊英虚名应征，可窥见司马光提倡的人君求贤之法要点有四：一曰态度诚恳，求贤若渴。“有道德足以尊主，智能足以庇民，被褐怀玉，深藏不市，则王者当尽礼以致之，屈体以下之，虚心以访之，克己以从之”。二曰尊重君子之隐，“取其道不取其人，务其实不务其名也”。用人之本，不必“取其人”，要在“取其道”。三曰礼备意勤而贤者犹不至，当内自循省。“其或礼备而不至，意勤而不起，则姑内自循省而不敢强致其人，曰：岂吾德之薄而不足慕乎？政之乱而不可辅乎？群小在朝而不敢进乎？诚心不至而忧其言之不用乎？何贤者之不我从也？苟其德已厚矣，政已治矣，群小远矣，诚心至矣，彼将扣阍以自售，又安有勤求而不至者哉！”四曰“人主有能明其德，则天下

① 《资治通鉴》卷一百一十三，中华书局 1956 年版，第 3566 页。

归之”。“邦有道则仕，邦无道则隐。隐非君子之所欲也”，①人主若能遵道明德，天下贤能自然纷至而沓来。

## 三　绩效考评管理思想

司马光评曹魏《都官考课法》，集中体现了其绩效考评管理思想。所论考绩的关键、原则和方法，于今视之，仍不失为有益的借鉴。

《通鉴》卷七十三魏明帝景初元年(237)载：

帝深疾浮华之士，诏吏部尚书卢毓曰：“选举莫取有名，名如画地作饼，不可啖也。”毓对曰：“名不足以致异人而可以得常士；常士畏教慕善，然后有名，非所当疾也。愚臣既不足以识异人，又主者正以循名按常为职，但当有以验其后耳。古者敷奏以言，明试以功；今考绩之法废，而以毁誉相进退，故真伪浑杂，虚实相蒙。”帝纳其言。诏散骑常侍刘邵作考课法。邵作《都官考课法》七十二条，又作《说略》一篇，诏下百官议。

司隶校尉崔林曰：“按《周官》考课，其文备矣。自康王以下，遂以陵夷，此即考课之法存乎其人也。及汉之季，其失岂在乎佐吏之职不密哉！方今军旅或猥或卒，增减无常，固难一矣。且万目不张，举其纲，众毛不整，振其领，皋陶仕虞，伊尹臣殷，不仁者远。若大臣能任其职，式是百辟，则孰敢不肃，乌在考课哉！”

黄门侍郎杜恕曰：“明试以功，三载考绩，诚帝王之盛制也。然历六代而考绩之法不著，关七圣而课试之文不垂，臣诚以为其法可粗依，其详难备举故也。语曰‘世有乱人而无

① 《资治通鉴》卷五十一，中华书局1956年版，第1648—1650页。

乱法’,若使法可专任,则唐、虞可不须稷、契之佐,殷、周无贵伊、吕之辅矣。今奏考功者,陈周、汉之云为,缀京房之本旨,可谓明考课之要矣。于以崇揖让之风,兴济济之治,臣以为未尽善也。其欲使州郡考士,必由四科,皆有事效,然后察举,试辟公府,为亲民长吏,转以功次补郡守者,或就增秩赐爵,此最考课之急务也。臣以为便当显其身,用其言,使具为课州郡之法,法具施行,立必信之赏,施必行之罚。至于公卿及内职大臣,亦当俱以其职考课之。古之三公,坐而论道;内职大臣,纳言补阙,无善不纪,无过不举。且天下至大,万机至众,诚非一明所能遍照;故君为元首,臣作股肱,明其一体相须而成也。是以古人称廊庙之材,非一木之支,帝王之业,非一士之略。由是言之,焉有大臣守职办课可以致雍熙者哉!诚使容身保位,无放退之辜,而尽节在公,抱见疑之势,公义不修而私议成欲,虽仲尼为课,犹不能尽一才,又况于世俗之人乎!”

司空掾北地傅嘏曰:“夫建官均职,清理民物,所以立本也。循名责实,纠励成规,所以治末也。本纲未举而造制末程,国略不崇而考课是先,惧不足以料贤愚之分,精幽明之理也。”议久之不决,事竟不行。①

“臣光曰”对曹魏《都官考课法》的评论,揭示出如下的绩效考评思想:

第一,考绩的关键和根本在于“(为人上者)至公至明”。

司马光首先指出,考绩,“圣贤所难也”;“考之于功状”、“求之于毁誉”,皆不可靠。并将考绩主体明确区分为二:实施考绩者(即“为人上者”)与被考绩者。认为有效的考绩,关键在于实施考绩者

① 《资治通鉴》卷七十三,中华书局1956年版,第2327—2329页。

必具备“公明”之心。“为治之要，莫先于用人，而知人之道，圣贤所难也。是故求之于毁誉，则爱憎竞进而善恶浑殽；考之于功状，则巧诈横生而真伪相冒。要之，其本在于（为人上者）至公至明而已矣。”“公明者，心也；功状者，迹也。己之心不能治，而以考人之迹，不亦难乎！”

第二，考绩的原则为分类责实。

接着提出了其分类责实的考绩原则：“为人上者，诚能不以亲疏贵贱异其心，喜怒好恶乱其志，欲知治经之士，则视其记览博洽，讲论精通，斯为善治经矣；欲知治狱之士，则视其曲尽情伪，无所冤抑，斯为善治狱矣；欲知治财之士，则视其仓库盈产，百姓富给，斯为善治财矣；欲知治兵之士，则视其战胜攻取，敌人畏服，斯为善治兵矣。至于百官，莫不皆然。虽询谋于人而决之在己，虽考求于迹而察之在心，研核其实而斟酌其宜，至精至微，不可以口述，不可以书传也，安得豫为之法而悉委有司哉！或者亲贵虽不能而任职，疏贱虽贤才而见遗；所喜所好者败官而不去，所怒所恶者有功而不录，询谋于人，则毁誉相半而不能决；考求于迹，则文具实亡而不能察。虽复为之善法，繁其条目，谨其簿书，安能得其真哉！”

第三，考绩的根本方法为“其居位也久，其受任也专，其立法也宽，其责成也远”。

最后，司马光指出考绩之法有本末之别，必取其本而弃其末。“或曰：考绩之法，唐、虞所为，京房、刘邵述而修之耳，乌可废哉？曰：唐、虞之官，其居位也久，其受任也专，其立法也宽，其责成也远。是故鲧之治水，九载绩用弗成，然后治其罪；禹之治水，九州攸同，四隩既宅，然后赏其功；非若京房、刘邵之法，校其米盐之课，责其旦夕之效也。事固有名同而实异者，不可不察也。考绩非可行于唐、虞而不可行于汉、魏，由京房、刘邵不得其本而奔趋其末故也。”要而言之，“其居位也久，其受任也专，其立法也宽，其责成也远”，为得考绩之本。“校其米盐之课，责其旦夕之效”，为“不得其本而奔趋其末”。①

司马光强调的考绩之本有四大要点，科学而精准地体现了治平社会建设的要求。

“其居位也久”，必以世所认可为前提与条件，否则不可能居位久；而居位久，则必对社会有更为深刻而全面的了解与认识，此乃科学、高效的社会治理之前提。

“其受任也专”，则是专业化生产与管理的必然要求，体现了专业化推动人类社会发展的客观历史规律。受任专，则业务精；业务精，则绩效高。西方社会发展自工业革命以来迅速超越中国之关键、今日世界竞争之焦点，皆未能超越司马光之一“专”字所包蕴的深刻内涵。

“其居位也久，其受任也专”，完美地体现了现代管理理论中的经验曲线效应（The experience curve effect）。经验曲线效应又称学习曲线效应，指的是长时间地经常执行一项任务，每次所需的时间越少、效率越高。这一关系最初在 1925 年美国怀特-彼得森空军基地得以量化，使得航空效率加倍而所需劳动时间下降 10%—15%。随后在其它行业的经验研究也得出了相似结论，平均值约为 15%。产出每翻一番代价下降 15%的曲线被称作“85%经验曲线”，表示单位代价下降到最初水平的 85%。此外，“其居位也久，其受任也专”，还为解决困扰人类至今的“彼得高地”难题提供了极其有益的对策，于今视之，可谓极富远见卓识，令人叹服。著名管理学家彼得在 1969 年出版的《彼得原理》一书中提出：人们在某一个岗位取得一定成就以后，就会趋向于被晋升到更高一级的岗位，一直晋升到自己不能胜任的岗位为止，这样，就可能导致组织里面的所有岗位都会被不胜任其职的人所占据。而在新的岗位上，被

① 《资治通鉴》卷七十三，中华书局 1956 年版，第 2329—2331 页。

晋升者使用的往往是他们在低层次岗位上使用的管理经验和办法,显然,这在更高层次是不适用的。由此,导致整个组织内部的管理水平下降,组织的效率不高。而且,组织中的任何人,迟早都将有同样的遭遇。由此导出的彼得推论是,“每一个职位最终都将被一个不能胜任其工作的职工所占据。层级组织的工作任务多半是由尚未达到不胜任阶层的员工完成的”。每一个职工最终都将达到彼得高地,在该处他的擢升商数(PQ)为零。彼得原理说明提拔职员或干部一定要着眼于潜力,重视人与岗的匹配,目前的成绩并不能作为擢升的理由,而要看到他是否能在更高的层次上发挥能力。

“其立法也宽”,是和谐社会与治平盛世的重要特征,体现了当代民主自治的思想精华,是对封建专制统治制度积极而有益的补全。

“其责成也远”,则更深刻而全面地体现了和谐社会建设与科学发展观的本质特征。比照司马光“校其米盐之课,责其旦夕之效”为“不得其本而奔趋其末”的认识,可知司马光所谓之“远”至少包含了两层涵义:其一曰全面,套用今时语言,即衡量为官者之业绩不可只看其经济贡献,还要考察其治理下地方社会的人民精神满意度与幸福感,社会风俗与文化发展状况,社会可持续发展潜力等因素,建立综合社会治理评估体系。尤其难能可贵者,司马光还表现出超越今人的认识,明确指出仅关注经济贡献乃“不得其本而奔趋其末”。作为建立在对逾千年历史经验深刻感悟与总结基础上的认识结论,无疑值得今人关注与深思。其二曰久长,即强调长远绩效,鄙视“责其旦夕之效”的急功近利。

第四,不以无过为贤,而以改过为美也。

《通鉴》卷十二载:汉孝惠皇帝四年(前191),叔孙通谏孝惠帝筑复道于宗庙道上不合礼制,帝欲坏之,乃曰“人主无过举”,请迁宗庙。“臣光曰”:

> 过者，人之所必不免也；惟圣贤为能知而改之。古之圣王，患其有过而不自知也，故设诽谤之木，置敢谏之鼓；岂畏百姓之闻其过哉！是以仲虺美成汤曰："改过不吝。"傅说戒高宗曰："无耻过作非。"由是观之，则为人君者，固不以无过为贤，而以改过为美也。今叔孙通谏孝惠，乃云"人主无过举"，是教人君以文过遂非也，岂不缪哉！①

明确指出"过者，人之所必不免也，惟圣贤为能知而改之"，清晰表达了"不以无过为贤，而以改过为美"的用人考绩思想。

## 四 治人思想

司马光治人思想散见于治国思想、法制思想、民本思想、人臣之道等多处，极其丰富，其核心目标略可概括为君明臣忠、民安其业，途径主要为礼治与法制并举。此仅就人力资源管理角度择要简述之耳。

### （一）坚持本末之辨基础上的以法治人

三互法，乃汉代任用地方官吏的限制性法令，即在不准本地人在本地为官的基础上，扩大为不准许三州人士及其婚姻之家交互任官。如甲州人在乙州为官，乙州人便不得再到甲州为官，只能到丙州为官；而丙州人则即不能到乙州，也不能到甲州为官。三州婚姻之家为官亦同此。《通鉴》卷五十七熹平四年(175)载：

> 初，朝议以州郡相党，人情比周，乃制昏姻之家及两州人士不得对相监临，至是复有三互法，禁忌转密，选用艰难，幽、冀二州久缺不补。蔡邕上疏曰："伏见幽、冀旧壤，铠、马所出，比年兵饥，渐至空耗。今者阙职经时，吏民延属，而三府选举，

① 《资治通鉴》卷十二，中华书局1956年版，第416页。

逾月不定。臣怪问其故，云避三互。十一州有禁，当取二州而已。又，二州之士或复限以岁月，狐疑迟淹，两州悬空，万里萧条，无所管系。愚以为三互之禁，禁之薄者。今但申以威灵，明其宪令，对相部主，尚畏惧不敢营私；况乃三互，何足为嫌！昔韩安国起自徒中，朱买臣出于幽贱，并以才宜，还守本邦，岂复顾循三互，系以末制乎！臣愿陛下上则先帝，蠲除近禁，其诸州刺史器用可换者，无拘日月、三互，以差厥中。"朝廷不从。①

司马光就此而发论，"臣光曰"指出，"国将亡，必多制"，又说治世需执其本，而不可逐其末。"明王之政，谨择忠贤而任之，凡中外之臣，有功则赏，有罪则诛，无所阿私，法制不烦而天下大治。所以然者何哉？执其本故也"；"及其衰也，百官之任不能择人，而禁令益多，防闲益密，有功者以阂文不赏，为奸者以巧法免诛，上下劳扰而天下大乱。所以然者何哉？逐其末故也"。最后评价说："孝灵之时，刺史、二千石贪如豺虎，暴殄烝民，而朝廷方守三互之禁。以今视之，岂不适足为笑而深可为戒哉！"②

司马光所谓之本，乃"谨择忠贤而任之"，法制不烦；所谓之末，乃"任不能择人"，而禁令益多，防闲益密。能否择人而任成为"治世"与"衰世"的重要特征。于今视之，司马光执论显失其当；而于其时审之，则略无大失。当其时也，官场多奸巧营私之人，罕醇良忠贤之士，治官之要在于"择忠贤而任之"，而不在于立法"防闲"。以今论古，要皆不可脱离当时之历史情景置论。

正源为本，防禁为末，固其然也。苟能双管齐下，固然更好，但短期内必带来较大的人事变更，一方面不可避免地直接导致行政开支增加，一方面间接造成官员长期累积的宝贵的地方与岗位治

① 《资治通鉴》卷五十七，中华书局 1956 年版，第 1836—1837 页。
② 《资治通鉴》卷五十七，中华书局 1956 年版，第 1837 页。

理经验转为沉没成本，不利于社会稳定和发展。但长期来看，该制度的实施无疑是有其积极意义的，不应否定。

司马光主张以法治人，“凡中外之臣，有功则赏，有罪则诛，无所阿私”；同时又明确指出在整个人力资源管理系统工程中，选人为本，治人为末，“择忠贤而任”远较立法“防闲”为重要，人力资源管理的最佳境界为“法制不烦而天下大治”。认识辩证而科学，深邃而致远。

**（二）谨守御人八柄：爵禄废置，杀生予夺**

《通鉴》卷二百二十载：唐肃宗乾元元年(758)，“平卢节度使王玄志薨，上遣中使往抚将士，且就察军中所欲立者，授以旌节。高丽人李怀玉为裨将，杀玄志之子，推侯希逸为平卢军使。……朝廷因以希逸为节度副使。节度使由军士废立自此始”。[①]

“臣光曰”指出：“偏裨士卒，杀逐主帅，亦不治其罪，因以其位任授之。然则爵禄、废置、杀生、予夺皆不出于上而出于下，乱之生也，庸有极乎！”[②]明确表达了司马光主张严守“爵禄、废置、杀生、予夺”御人八柄的治人思想。

北魏素来优遇鲜卑勋贵耆宿，每颁以铁券，许以不死。“臣光曰”评北魏预许勋贵不死，指出“夫爵禄废置，杀生予夺，人君所以驭臣之大柄也”，“君得以施恩而不失其威，臣得以免罪而不敢自恃”。失之，危害“无此为大焉！”[③]再度强调了御人八柄之重要性。

**（三）强调才能、任职、责任、绩效的匹配统一**

《通鉴》卷四十九记载：汉安帝永初元年(107)秋，“九月，庚午，太尉徐防以灾异、寇贼策免。三公以灾异免，自防始。辛未，司空尹勤以水雨漂流策免”。《通鉴》引仲长统《昌言》，首先揭示了东汉

① 《资治通鉴》卷二百二十，中华书局 1956 年版，第 7064 页。

② 《资治通鉴》卷二百二十，中华书局 1956 年版，第 7065 页。

③ 《资治通鉴》卷一百四十一，中华书局 1956 年版，第 4409 页。

三公任之轻而责之重的史实："光武皇帝愠数世之失权，忿强臣之窃命，矫枉过直，政不任下，虽置三公，事归台阁。自此以来，三公之职，备员而已；然政有不治，犹加谴责。"接着指出三公授任之职权与所承担之责任、要求之绩效不相匹配危害深重："权移外戚之家，宠被近习之竖，亲其党类，用其私人，内充京师，外布州郡，颠倒贤愚，贸易选举，疲驽守境，贪残牧民，挠扰百姓，忿怒四夷，招致乖叛，乱离斯瘼，怨气并作，阴阳失和，三光亏缺，怪异数至，虫螟食稼，水旱为灾。此皆戚宦之臣所致然也，反以策让三公，至于死、免，乃足为叫呼苍天，号咷泣血者矣！"①

现代人力资源管理理论认为，用人之关键在于因事择人、因人授任、因任责绩和三者各相匹配，即治事需要何种才能的人便寻找和选择何种才能的人，不同才能的人授予相适应的职位，不同职位的人有着不同的责任和绩效要求。东汉三公之选，"务于清悫谨慎，循常习故者，是乃妇女之检柙，乡曲之常人耳"，其选人之才既如此，"而欲望三公勋立于国家，绩加于生民，不亦远乎！"此为选人不合所用事；又"曩者任之重而责之轻，今者任之轻而责之重"。是乃任责不匹配，"今人主诚专委三公，分任责成"，②为政有失，方可责罪三公。此为任责统一思想。综而言之，表达了才能、任职、责任、绩效相统一的用人思想。

又，宋明帝时，袁粲（字景倩）累官尚书令，受顾命。顺帝即位，迁中书监，出镇石头。时萧道成方图篡位，粲谋攻之，事泄身死。《通鉴》载："粲简淡平素，而无经世之才；好饮酒，喜吟讽，身居剧任，不肯当事；主事每往咨决，或高咏对之。闲居高卧，门无杂宾，物情不接，故及于败。"《通鉴》引裴子野论袁粲曰：

---

① 《资治通鉴》卷四十九，中华书局 1956 年版，第 1571 页。

② 《资治通鉴》卷四十九，中华书局 1956 年版，第 1571—1572 页。

袁景倩，民望国华，受付托之重；智不足以除奸，权不足以处变，萧条散落，危而不扶。及九鼎既轻，三才将换，区区斗城之里，出万死而不辞，盖蹈匹夫之节而无栋梁之具矣。①

袁粲虽享“民望国华”之誉，受顾托之重，有忠君赴死之节，而才不能与匹，智不足与配，身居剧任而荒于职守，位在辅国而不能扶危，虚慕清流名士之风，诗酒高朋相伴，闲居高卧终日，以致九鼎既轻，三才将换。察其夙行，不可谓忠。故史评其死不过“蹈匹夫之节而无栋梁之具”。表达了不务虚名，才能、任职、责任相匹配的用人思想。

## 第四节 特予强调的几种用人之失

### 一 用奸之患与知奸不惩之害

#### （一）人君不明于察人惩奸，则害贤良而肆奸邪

《通鉴》卷二十八载：初元二年（前47），汉元帝柔儒失明，信谗言致萧太傅自杀。“臣光曰”：

甚矣孝元之为君，易欺而难寤也！夫恭、显之谮诉望之，其邪说诡计，诚有所不能辨也。至于始疑望之不肯就狱，恭、显以为必无忧。已而果自杀，则恭、显之欺亦明矣。在中智之君，孰不感动奋发以底邪臣之罚！孝元则不然。虽涕泣不食以伤望之，而终不能诛恭、显，才得其免冠谢而已。如此，则奸

① 《资治通鉴》卷一百三十四，中华书局1956年版，第4208页。按，“三才”指天、地、人，喻国家、政权。

臣安所惩乎！是使恭、显得肆其邪心而无复忌惮者也。[①]

汉元帝不能察人辨奸，又柔儒不能明刑罚以惩奸，遗害尤深，“如此，则奸臣安所惩乎！是使恭、显得肆其邪心而无复忌惮者也”。

**（二）知善而不能用，知恶而不能去，人主之深戒也**

《通鉴》卷四十六建初八年（83）载：外戚窦宪恃宫掖声势，肆行淫威，以贱直请夺沁水公主园田，公主竟然不敢计较。汉章帝出行经过园田，指以问宪，宪竟暗中呵斥相关人员不得以实相对。汉章帝发觉后大怒，但碍于皇后关系，虽知其欺罔而终不治之罪。

“臣光曰”：“夫人主之于臣下，患在不知其奸，苟或知之而复赦之，则不若不知之为愈也。”孝章谓窦宪无异于指鹿为马，“然卒不能罪宪，则奸臣安所惩哉”，故曰“知善而不能用，知恶而不能去，人主之深戒也”。[②]

## 二　顾托失人之害

**（一）顾托失人，导致亡国**

三国之亡，皆与顾托失人密切相关。《通鉴》卷七十四景初三年（239）载：魏明帝病笃，急诏司马懿回京，临终执司马懿手曰：“吾以后事属君，君与曹爽辅少子。死乃可忍，吾忍死待君，得相见，无所复恨矣！”[③]

孙盛论曰：

闻之长老，魏明帝天姿秀出，立发垂地，口吃少言，而沈毅

① 《资治通鉴》卷二十八，中华书局1956年版，第902页。

② 《资治通鉴》卷四十六，中华书局1956年版，第1494页。

③ 《资治通鉴》卷七十四，中华书局1956年版，第2345页。

好断。初,诸公受遗辅导,帝皆以方任处之,政自己出。优礼大臣,开容善直,虽犯颜极谏,无所摧戮,其君人之量如此之伟也。然不思建德垂风,不固维城之基,至使大权偏据,社稷无卫,悲夫!①

魏明帝其顾托失人矣!顾托于奸雄之人,适足以助成其奸志,正是司马懿完成了事实上的以晋代魏,终止了魏祚。

与曹魏顾托失人而亡其国相仿的还有孙吴与蜀汉政权。《通鉴》卷七十五载:

吴主以太子亮幼少,议所付托,孙峻荐大将军诸葛恪可付大事。吴主嫌恪刚很自用,峻曰:"当今朝臣之才,无及恪者。"乃召恪于武昌。恪将行,上大将军吕岱戒之曰:"世方多难,子每事必十思。"恪曰:"昔季文子三思而后行,夫子曰:'再思可矣。'今君令恪十思,明恪之劣也!"岱无以答,时咸谓之失言。②

虞喜论诸葛恪拒戒曰:"夫托以天下,至重也;以人臣行主威,至难也。兼二至而管万机,能胜之者鲜矣。"诸葛恪受托孤之重,行涉国家安危,吕侯"甫以十思戒之,而便以示劣见拒"。又论费祎前事曰:值魏人伐蜀危机存亡时,祎方与人对棋,"意无厌倦",终致亡国。费祎亦蜀汉顾托重臣也,"不防细微,卒为降人郭循所害"。"二事体同,皆足以为世鉴也"。③ 顾托于自傲才疏之人,适足以败其事。

三国者,虽受托者才行表现各异,人君顾托不明而失人则同,

---

① 《资治通鉴》卷七十四,中华书局1956年版,第2345页。

② 《资治通鉴》卷七十五,中华书局1956年版,第2392页。

③ 《资治通鉴》卷七十五,中华书局1956年版,第2392—2393页。

亡国结果亦一。

**（二）顾托失人，所托不终**

《通鉴》卷一百六十九陈文帝天康元年（566）载：

> 上不豫，台阁众事，并令尚书仆射到仲举、五兵尚书孔奂共决之。……太子伯宗柔弱，上忧其不能守位，谓（安成王）顼曰："吾欲遵太伯之事。"顼拜伏泣涕，固辞。上又谓仲举、奂等曰："今三方鼎峙，四海事重，宜须长君。朕欲近则晋成，远隆殷法，卿等宜遵此意。"孔奂流涕对曰："陛下御膳违和，痊复非久。皇太子春秋鼎盛，圣德日跻。安成介弟之尊，足为周旦。若有废立之心，臣等愚诚，不敢闻诏。"上曰："古之遗直，复见于卿。"乃以奂为太子詹事。①

但太子继立仅一年，安成王陈顼便废之而自立为宣帝。对此，孔奂全然无动于衷，并恬然接受宣帝招用，历任清要，天年善终，不见一丝维护太子的"古之遗直"气节。

"臣光曰"评陈文帝以孔奂为遗直，指出："夫臣之事君，宜将顺其美，正救其恶。孔奂在陈，处腹心之重任，决礼义之大计。……奈何于君之存，则逆探其情而求合焉；及其既没，则权臣移国而不能救，嗣主失位而不能死！斯乃奸谀之尤者，而世祖谓之遗直，以托六尺之孤，岂不悖哉！"②顾托于奸谀，适足以坏其事。

又，宋明帝时，袁粲（字景倩）累官尚书令，受顾命。顺帝即位，迁中书监，出镇石头。时萧道成方图篡位，粲谋攻之，事泄身死。《通鉴》卷一百三十四载："粲简淡平素，而无经世之才；好饮酒，喜吟讽，身居剧任，不肯当事；主事每往咨决，或高咏对之。闲居高

---

① 《资治通鉴》卷一百六十九，中华书局 1956 年版，第 5255 页。

② 《资治通鉴》卷一百六十九，中华书局 1956 年版，第 5255—5256 页。

卧，门无杂宾，物情不接，故及于败。”裴子野论曰：“袁景倩，民望国华，受付托之重；智不足以除奸，权不足以处变，萧条散落，危而不扶。及九鼎既轻，三才将换，区区斗城之里，出万死而不辞，盖蹈匹夫之节而无栋梁之具矣。”①袁粲虽享“民望国华”之誉，受顾托之重，有忠君赴死之节，而才不能与匹，智不足与配，身居剧任而荒于职守，位在辅国而不能扶危，虚慕清流名士之风，诗酒高朋相伴，闲居高卧终日，以致九鼎既轻，三才将换，终未能阻止萧衍篡国。故史评其死不过“蹈匹夫之节，而无栋梁之具”。表达了虽有死君之愚忠，而无济世扶危之才智，不足以当顾托之重。

### 三　皇室教育中师友选任与太子王储选立之失

#### （一）忽视教育，不择师友

《通鉴》卷一百二十载：“（徐）羡之等以宜都王义隆素有令望，又多符瑞，乃称皇太后令，数帝过恶，废为营阳王，以宜都王纂承大统。”②旋使人弑之。

“裴子野论曰”指出，刘宋亡国的重要原因之一即皇室教育失误：师友不得其人；教育太子、皇子不得其道。并传递出司马光的重要教育思想：

其一，早教思想与早教规划。“古者人君养子，能言而师授之辞，能行而傅相之礼。宋之教诲，雅异于斯。”早教内容主要为“辞”与“礼”。事实上，关于早教，司马光甚至还明确提出了“胎教”思想和系统严密的教育规划，内容也更为丰富完善。司马光《书仪》述童幼教育曰：“稍有知，则教之以恭敬尊长，有不识尊卑长幼者则严诃禁之。”并解释说：

---

① 《资治通鉴》卷一百三十四，中华书局1956年版，第4208页。
② 《资治通鉴》卷一百二十，中华书局1956年版，第3767页。

古有胎教，况于已生子；始生未有知，固举以礼，况于已有知。孔子曰：幼成若天性，习惯如自然。《颜氏家训》曰：教妇初来，教子婴孩。故慎在其始，此其理也。若夫子之幼也，使之不知尊卑长幼之礼，每致侮詈父母，驱击兄姊，父母不加诃禁，反笑而奖之，彼既未辨好恶，谓礼当然。及其既长，习已成性，乃怒而禁之，不可复制。于是父疾其子，子怨其父，残忍悖逆，无所不至。此盖父母无深识远虑，不能防微杜渐，溺于小慈，养成其恶故也。①

儿童"六岁，教之数。……七岁，男女不同席，不共食，始诵《孝经》、《论语》，虽女子亦宜诵之"。"八岁，出入门户及即席饮食必后长者，始教之以谦让，男子诵《尚书》，女子不出中门。九岁，男子读《春秋》及诸史，始为之讲解，使晓义理，女子亦为之讲解《论语》、《孝经》及《列女传》、《女戒》之类，略晓大意。十岁，男子出就外傅，居宿于外，读《诗》、《礼》、《传》，为之讲解，使知仁义礼智信。自是以往，可以读《孟》、《荀》、《扬子》，博观群书，凡所读书，必择其精要者而诵之。其异端非圣贤之书传，宜禁之，勿使妄观，以惑乱其志。观书皆通，始可学文辞。女子则教以婉娩听从及女工之大者。……若既冠笄，则皆责以成人之礼，不得复言童幼矣。"②

其二，慎于择师，谨于交友，明于内容。刘宋皇室教育，婴儿时不置师傅，"居中则任仆妾，处外则近趋走"；稍长，"太子、皇子，有帅，有侍，是二职者，皆台皂也。制其行止，授其法则，导达臧否，罔弗由之"，但其人却素质太差，"言不及于礼义，识不达于今古"，以至于"谨敕者能劝之以吝啬，狂愚者或诱之以凶慝"。"虽有师傅，多以耆艾大夫为之；虽有友及文学，多以膏粱年少为之；具位而已，

① 司马光：《书仪》卷四《居家杂仪》，影印《文渊阁四库全书》本。
② 司马光：《书仪》卷四《居家杂仪》，影印《文渊阁四库全书》本。

亦弗与游”。关于教育内容，要而言之，即“礼义”和“今古”（历史）；具体而言，则包括“行止”、“法则”、“臧否”等。

接着，史论指出，刘宋推行“幼王临州”制度，但由于教育失当，“耆艾”、“膏粱”为伴，“谨敕”、“狂愚”在侧，“昵比”（亲近小人）成风，幼王之品行、才能多不堪其任，进而导致“本枝虽茂而端良甚寡”。而且，这样的风气既成，遗害深远，“习则生常，其流远矣”，终于酿成亡国之祸。“呜呼！有国有家，其鉴之矣！”①

**（二）使太子自通宾客，从其所好**

《通鉴》汉武帝征和二年（前91）载：“初，上为太子立博望苑，使通宾客，从其所好，故宾客多以异端进者。”②

“臣光曰”明确表达了立储重教、择人重德的思想。以“正直难亲，谄谀易合”，故择人为尤重，“古之明王教养太子，为之择方正敦良之士，以为保傅、师友，使朝夕与之游处。左右前后无非正人，出入起居无非正道，然犹有淫放邪僻而陷于祸败者焉”。严正批评了汉武帝“使太子自通宾客，从其所好”之过。疏于太子之教，后果严重，终致“太子之不终也”。③

**（三）选立太子私其所爱、以才不以德而致乱**

《通鉴》卷一百九十七贞观十七年（643）载：唐太宗多子，太子李承乾作风不正，伪善营私；魏王李泰多才有礼，深得太宗宠爱，折节下士，拉拢权贵，谋求支持，欲取代太子；晋王李治“仁孝”而平庸。太子因地位动摇而谋反，被废为庶人。太宗欲立李泰，并“面许之立为太子”。但遭到长孙无忌等大臣的反对，李泰谋取太子之位的阴谋也被曝光，太宗只得宣布：“承乾悖逆，泰亦凶险，皆不可立。”又说：“我若立泰，则是太子之位可经营而得。自今太子失道，

① 《资治通鉴》卷一百二十，中华书局1956年版，第3767—3768页。
② 《资治通鉴》卷二十二，中华书局1956年版，第733页。
③ 《资治通鉴》卷二十二，中华书局1956年版，第734页。

藩王窥伺者，皆两弃之，传诸子孙，永为后法。”①这是欲从法令制度上对嫡长子王位继承制进行的重大修正和发展，具有十分积极的意义。

太子地位与皇位之争，乃“祸乱之原”。唐太宗自身即发动玄武门之变，杀太子而后立，故重视太子选立，但犹不免两失。初立李承乾为太子，承乾幼而敏惠，太宗甚爱之，但成年后却喜好声色，漫游无度，伪善营私，因此失宠，失宠后，深妒受宠的皇子李泰，阴谋为乱，事觉被废。唐太宗又欲立李泰为太子，泰雅好文学，工书画，才华横溢，倍受唐太宗宠爱，史载“宠冠诸王”。时太子承乾病蹇，泰设计诋毁之，欲谋太子位。承乾反乱，在很大程度上也是受逼于此。或以为长孙无忌乃李治之舅，故偏袒之的认识，其实是难以成立的。李泰和李治同为长孙皇后所生，从亲缘关系上讲，长孙无忌不当有所偏向。长孙无忌之所以坚决反对立李泰而支持立李治为太子，乃深知李泰无德而“凶险”，立之，则李承乾及李治皆有不虞之险；立“仁孝”而平庸的李治，则三者俱安。最终，唐太宗接受了大臣的进谏，立李治为太子，避免了潜在的祸乱。故司马光称颂“唐太宗不以天下大器私其所爱，以杜祸乱之原，可谓能远谋矣”！②

**（四）未能防遏王储之争于畴昔**

《通鉴》卷六十九记载：魏文帝黄初元年元月③，曹操薨，汉献帝封曹丕为魏王。二月，“王弟鄢陵侯曹彰等皆就国。临菑监国谒者灌均，希指奏‘临菑侯植醉酒悖慢，劫胁使者’。王贬植为安乡

① 《资治通鉴》卷一百九十七，中华书局 1956 年版，第 6196—6197 页。

② 《资治通鉴》卷一百九十七，中华书局 1956 年版，第 6197 页。

③ 按，公元 220 年，实为汉献帝建安二十五年。三月改元延康，十月汉献帝为曹丕所废，改元黄初。是年年号凡三，三月前为建安，三到十月为延康，十月后为黄初。

侯,诛右刺奸掾沛国丁仪及弟黄门侍郎廙并其男口,皆植之党也”。[①]

丁仪、杨修跟随曹操日久,颇能察识曹操所思,察觉曹操宠爱第三子曹植,竟私意谋立之为嗣,引致曹操嫡长子曹丕忌恨。于是,曹丕寻机进言借曹操之手除掉了杨修,即位后又亲自族诛丁仪,并处处排挤刁难曹植。《通鉴》引“鱼豢论”以为曹操对待立嗣建储的态度失当,未能“防遏植等在于畴昔”,“乃令杨修以倚注遇害,丁仪以希意族灭,哀夫!”[②]这里,史论主要批评的是曹操未能防遏植等王储(曹操未称帝,故不称太子)之争于畴昔,对杨修、丁仪之死表达的主要是同情与悲哀之情,并未刻意批评丁仪“希意”。

## 四　用女宠及外戚之失

用人必以才德,用外戚亦然。然而,外戚特殊的身份,又使之在获取权利与地位的政治博弈中,客观上具备了显著的优势。任用外戚,均难免在事实上构成对选任用人公平性的破坏。其道德高尚者,犹可安于优养,勤其政务,如长孙无忌等;然而,良相出于闾里,良将出于卒伍,富贵显宦之门,淳良难觅。其道德不过中人者,固难抵御权力与优越生活的诱惑,兼之拥有相关的资源优势,得之便易。于是,在权利与欲望的内在驱动与便利的外部条件推动下,外戚群体就如同外表华丽而内在素质较差的破车被推进通向政治权力高峰的高速公路,早晚不免出事。因宠而骄,由骄而奢,由奢而贪,由贪而残,破坏社会政治、法制、军事、经济等制度,渐成社会之公害,终为社会所不容而败亡,便几乎成为其难以逾越的悲剧循环。而较之悲剧的终结,其形成过程是漫长的,对社会的危害是巨大的。鉴于此,《通鉴》史论凡数十处涉及使用外戚的内

① 《资治通鉴》卷六十九,中华书局1956年版,第2177页。

② 《资治通鉴》卷六十九,中华书局1956年版,第2177页。

容，且所论几乎皆为负面效应，表达了对待外戚宜宠以优养、慎于假权的基本思想。

**（一）外戚恃宫掖声势，为恶肆无忌惮，坏君臣之礼与法制**

《通鉴》卷四十六建初八年(83)载：外戚窦宪恃宫掖声势，胆大妄为之至，“以贱直请夺沁水公主园田，主逼畏不敢计较”。汉章帝发觉实情后大怒称：“贵主尚见枉夺，何况小民哉！”觉得窦宪“愈赵高指鹿为马！久念使人惊怖”；尽管一时愤言“国家弃宪，如孤雏、腐鼠耳”，①但鉴于皇后关系，执法实则难矣。

“人臣之罪，莫大于欺罔”，窦宪欺主瞒上，死有余辜。就汉章帝而言，能做到“不绳其罪，然亦不授以重任”，已然不易。司马光深疾外戚为害之烈，对人君执法提出了更高的要求。“臣光曰”：“夫人主之于臣下，患在不知其奸，苟或知之而复赦之，则不若不知之为愈也。”章帝“卒不能罪宪，则奸臣安所惩哉”，“知善而不能用，知恶而不能去，人主之深戒也”。②

《通鉴》卷十四太宗孝文皇帝十年(前170)载：“将军薄昭杀汉使者。帝不忍加诛，使公卿从之饮酒，欲令自引分，昭不肯；使群臣丧服往哭之，乃自杀。”

“臣光曰”：“舅后之家，但当养育以恩而不当假借以权。”养育以崇亲恩之情，而慎于“假借以权”，此乃“防闲”、“慎之于始”之策，以免其“有所恃而犯之”。“薄昭虽素称长者，文帝不为置贤师傅而用之典兵；骄而犯上，至于杀汉使者，非有恃而然乎！”③其所恃，“舅后之家”也。薄昭“素称长者”，但才能不在于“典兵”，汉文帝用人不以其所长，而又忽于防闲，终致薄昭“有恃”，“骄而犯上”，“杀汉使者”。薄昭是汉文帝母亲唯一的弟弟；汉文帝，史称其贤，明于

---

① 《资治通鉴》卷四十六，中华书局1956年版，第1493页。

② 《资治通鉴》卷四十六，中华书局1956年版，第1494页。

③ 《资治通鉴》卷十四，中华书局1956年版，第482页。

执法，不得不杀薄昭，却又深深地伤害了母亲的感情。原其“始”，则尽在于用人失当。

**（二）杂私欲“不择贤愚”而重用外戚，危害军事，终致兵败**

《通鉴》卷二十一太初元年（前 104）记载：宛有善马，在贰师城，匿不肯与汉使。天子使壮士车令等持千金及金马以请之。宛王犹不肯。汉使怒，妄言，椎金马而去。宛贵人怒杀汉使，取其财物。天子大怒。诸尝使宛姚定汉等言：“宛兵弱，诚以汉兵不过三千人，强弩射之，可尽虏矣。”天子尝使浞野侯以七百骑虏楼兰王，以定汉等言为然；而欲侯宠姬李氏，乃拜李夫人兄广利为贰师将军，发属国六千骑及郡国恶少年数万人，以往伐宛。①

“臣光曰”：

> 武帝欲侯宠姬李氏，而使广利将兵伐宛，其意以为非有功不侯，不欲负高帝之约也。夫军旅大事，国之安危、民之死生系焉。苟为不择贤愚而授之，欲徼幸咫尺之功，藉以为名而私其所爱，不若无功而侯之为愈也。然则武帝有见于封国，无见于置将；谓之能守先帝之约，臣曰过矣。②

杂私欲而用外戚，每不免失于公与明，其害于国者，亦每不期而至。汉武帝怀私爱欲侯宠姬李氏，而使其兄广利将雄兵以伐弱小之宛，以为有必胜之算，又可以形式上的公平封众人之口舌。却忽视了“置将”的极端重要性，任人“不择贤愚而授之”，铸成大败。“夫军旅大事”，首重用人，“苟为不择贤愚而授之，欲徼幸咫尺之功，藉以为名而私其所爱，不若无功而侯之为愈也”，颇有讥讽意。表达了对杂私欲“不择贤愚”而重用外戚、守法具名而不能责实的

---

① 《资治通鉴》卷二十一，中华书局 1956 年版，第 699—700 页。

② 《资治通鉴》卷二十一，中华书局 1956 年版，第 700 页。

强烈讽刺和谴责。

（三）害国害家

外戚若不能自制其权势膨胀，将自取其亡，害国害家。

史载，霍光为汉武帝托孤重臣，续行休息养民政策，匡国家，安社稷，拥昭帝，立宣帝，成就汉室中兴之业。然以外戚久掌朝政，多置亲党，充塞朝廷，损人君之威权，阻同列之迁升，身后，其子孙复盘踞要职，素食尸位，骄奢日隆，贪残无度，终致族诛。颇堪为戒。《通鉴》卷二十五记载霍氏族诛前，特别记录了这样一段故事：

> 初，霍氏奢侈，茂陵徐生曰："霍氏必亡。夫奢则不逊，不逊则侮上。侮上者，逆道也，在人之右，众必害之。霍氏秉权日久，害之者多矣；天下害之，而又行以逆道，不亡何待！"乃上疏言："霍氏泰盛，陛下即爱厚之，宜以时抑制，无使至亡！"书三上，辄报闻。其后霍氏诛灭，而告霍氏者皆封，人为徐生上书曰："臣闻客有过主人者，见其灶直突，傍有积薪，客谓主人：'更为曲突，远徙其薪，不者且有火患！'主人嘿然不应。俄而家果失火，邻里共救之，幸而得息。于是杀牛置酒，谢其邻人，灼烂者在于上行，余各以功次坐，而不录言曲突者。人谓主人曰：'乡使听客之言，不费牛酒，终亡火患。今论功而请宾，曲突徙薪无恩泽，焦头烂额为上客邪？'主人乃寤而请之。今茂陵徐福，数上书言霍氏且有变，宜防绝之。乡使福说得行，则国无裂土出爵之费，臣无逆乱诛灭之败。往事既已，而福独不蒙其功，唯陛下察之，贵徙薪曲突之策，使居焦发灼烂之右！"上乃赐福帛十匹，后以为郎。①

深刻揭示了外戚势力恶性膨胀以至于败亡的内在机理。"夫奢则

① 《资治通鉴》卷二十五，中华书局1956年版，第819—820页。

不逊，不逊则侮上。侮上者，逆道也，在人之右，众必害之。霍氏秉权日久，害之者多矣。天下害之，而又行以逆道，不亡何待!”明确表达了防患于未然的思想，并充分肯定了其积极意义。防患于未然，“即爱厚之，宜以时抑制，无使至亡”，“国无裂土出爵之费，臣无逆乱诛灭之败”，不惟利国，亦利于臣。

接着，《通鉴》引“班固赞”评汉宣帝诛霍光宗族原因为：“不学亡术，暗于大理；阴妻邪谋，立女为后，湛溺盈溢之欲，以增颠覆之祸。”①主要指霍光不识君臣大防，不明退让之礼，利用外戚之便、主幼之利，揽国家大权于一门，“湛溺盈溢之欲”，威权震主而不自知，遂致其祸。

继而，司马光又加以补充，从君臣之道探讨了帝王对外戚授权过度之失。“霍光之辅汉室，可谓忠矣；然卒不能庇其宗，何也？夫威福者，人君之器也。人臣执之，久而不归，鲜不及矣”。霍光“久专大柄，不知避去，多置私党，充塞朝廷，使人主蓄愤于上，吏民积怨于下，切齿侧目，待时而发，其得免于身幸矣，况子孙以骄侈趣之哉”！并表达了优养为可、任授极隆为过的用人思想。“使孝宣专以禄秩赏赐富其子孙，使之食大县，奉朝请，亦足以报盛德矣”，“复任之以政，授之以兵，及事丛衅积，更加裁夺，遂至怨惧以生邪谋，岂徒霍氏之自祸哉？亦孝宣酝酿以成之也”。②

外戚霍氏专权干政，不惟损人君之威权，阻同列之迁升，且促其骄奢日隆，贪残无度，终致族诛。即爱厚之，宜以时抑制；纵之，“遂使家无噍类，孝宣亦少恩哉”。

**（四）危害国家政权**

《通鉴》卷三十三载：汉成帝颇具帝王才质，但却“湛于酒色，赵氏乱内，外家擅朝”。此赵氏谓昭仪赵飞燕，外家指元后王政君家

① 《资治通鉴》卷二十五，中华书局 1956 年版，第 820 页。

② 《资治通鉴》卷二十五，中华书局 1956 年版，第 821 页。

族。班彪赞曰:"建始以来,王氏始执国命,哀、平短祚,莽遂篡位,盖其威福所由来者渐矣!"①汉成帝开宠幸外戚之端,终酿亡国之祸。

《通鉴》卷三十六引"班彪赞"论元后不欲以国玺授王莽曰:"三代以来,王公失世,稀不以女宠。"指出了女宠危害由来已久,自古以来,女宠害国,概莫能外。烽火戏诸侯如此,王莽乱国,亦由于此。元后受宠,"历汉四世为天下母,飨国六十余载,群小世权,更持国柄;五将、十侯,卒成新都。位号已移于天下",②对国家的危害已经在事实上形成。元后不欲以国玺授王莽,不过是"妇人之仁",于国事已无补矣。

《通鉴》卷四十九载:"秋,九月,午,太尉徐防以灾异、寇贼策免。三公以灾异免,自防始。辛未,司空尹勤以水雨漂流策免。"继引仲长统《昌言》揭示了东汉外戚、宦竖之患,指出:"权移外戚之家,宠被近习之竖,亲其党类,用其私人,内充京师,外布州郡,颠倒贤愚,贸易选举,疲驽守境,贪残牧民,挠扰百姓,忿怒四夷,招致乖叛,乱离斯瘼,怨气并作,阴阳失和,三光亏缺,怪异数至,虫螟食稼,水旱为灾。此皆戚宦之臣所致然也。……外戚、宦竖,请托不行,意气不满,立能陷人于不测之祸。"并揭示了外戚之祸不绝的原因:光武帝虽于东汉初即制定了"不假后党以权"的方针,但却"数世而不行;盖亲疏之势异也",③故东汉一代戚宦之患依然严重。

史载,东汉梁冀,父商,汉顺帝朝官至大将军。二妹,一为顺帝后,一为贵人。顺帝永和六年(141),父死,顺帝命其继任大将军。建康元年(144),顺帝崩,年仅两岁的太子刘炳即位,是为汉冲帝,尊梁皇后为皇太后。依规矩,冲帝年幼,不能理国事,由太后执政。

---

① 《资治通鉴》卷三十三,中华书局 1956 年版,第 1054 页。
② 《资治通鉴》卷三十六,中华书局 1956 年版,第 1169 页。
③ 《资治通鉴》卷四十九,中华书局 1956 年版,第 1571—1572 页。

梁太后以冀为大将军，辅佐冲帝。梁冀做了大将军之后，飞扬跋扈，屠戮大臣，一手援立三帝，执政二十余年。

汉冲帝即位不到一年便夭折了，太后乃与梁冀定策禁中，迎立汉质帝。质帝年幼聪慧，不满梁冀骄横，称其为“跋扈将军”，很快就被梁冀毒杀了。复立汉桓帝。仅仅一年多的时间，顺、冲、质三帝相继死去，桓帝就如同天上掉馅饼般得到了皇位，即位后，乃重赏梁冀，屡益封户，赏赐财物、甲第、奴婢无数。梁冀贵显无比，朝廷议事，文武百官无不听其决断，天子形同傀儡。宫卫近侍皆其亲信，百官迁任先要向他晋见谢恩，然后才敢回报尚书。其妻孙寿诏封襄城君，兼食阳翟租，岁入五千万，地位可比长公主。其子梁胤封襄邑侯，食万户，任河南尹。梁胤子梁桃亦封城父侯。梁氏一门前后七侯，三皇后，六贵人，二大将军，夫人、女食邑称君者七人，尚公主者三人，其余卿、将、尹、校五十七人，势力遍布朝廷。

延熹二年(159)，梁太后死。时汉桓帝已长大成人，对梁冀的跋扈残暴再也不能容忍下去了，遂密遣御林军逮捕梁冀。梁冀服毒自杀，梁家及其妻孙家，无论长幼，一皆弃市。梁冀家产全部没收，官家拍卖，合价达三十余亿钱，可当天下税租之半。

“臣光曰”评汉顺帝用外戚梁冀为大将军：

> 成帝不能选任贤俊，委政舅家，可谓暗矣；犹知王立之不材，弃而不用。顺帝援大柄，授之后族，梁冀顽嚚凶暴，著于平昔，而使之继父之位，终于悖逆，荡覆汉室；校于成帝，暗又甚焉！①

外戚多顽嚚凶暴之辈，人君无识人之明，用人不以德能而以亲疏门第，自取祸乱。成帝虽“不能选任贤俊”，然尚能知舅家“之不

① 《资治通鉴》卷五十二，中华书局 1956 年版，第 1691 页。

材,弃而不用”。顺帝则任贤俊、弃不材两者俱失,梁冀“终于悖逆(指弑君废立),荡覆汉室”。

《通鉴》卷九十四咸和四年(329)载“臣光曰”论晋成帝宥庾亮主政致国破君危之罪:“庾亮以外戚辅政,首发祸机,国破君危,窜身苟免。”[1]

庾亮为北方南迁士族子弟,司马睿为镇东大将军时任西曹掾,颇受器重,遂聘庾亮之妹为皇太子妃,太子即位,其妹立为明帝皇后。太宁二年(324),参与讨平王敦之乱,攻灭吴兴豪族沈充。三年,受遗诏与王导等辅立成帝,任中书令,执掌朝政。庾亮执掌朝政后,不以外戚偷荣昧进,自奉兼正,并向朝廷表示:“臣于陛下,后之兄也。……悠悠六合,皆私其姻,人皆有私,则天下无公矣。……是以疏附则信,姻进则疑。疑积于百姓之心,则祸成于重闺之内矣。”[2]因此他一改前任王导辅政以宽和得众的做法,不讲情面,均按法规办事,但不免过激。征苏峻而激之反,以致建康失陷,“国破君危,窜身苟免”,天下怨之。庾亮自请流放,晋成帝却仅稍降其职,并宽慰之。

---

① 《资治通鉴》卷九十四,中华书局1956年版,第2970页。

② 房玄龄等:《晋书》卷七十三《庾亮传》,中华书局1974年版,第1916—1917页。

# 第四章　司马光的法制、经济和军事思想

## 第一节　法制思想

### 一　法制本源

#### （一）法制地位

1. 在社会治理整体框架中，礼制及得人为先为本，法制为后为辅

司马光曰："天下所以化，在于学；百官所以治，在于法。然则学为化原，法为治本，兹二者，又可忽欤！"①此之所"学"者，礼也。即谓礼法乃社会治理之两大基本途径。又曰："仁也。王者尚恩德先于刑。"②表达了礼主刑辅、先后有次的常规社会治理思想。

《通鉴》卷四十建武元年(25)载"臣光曰"评光武帝以卓茂为太傅，则进一步明确了礼法关系中礼制为先为本、法制为后为辅的原则。

---

① 司马光：《传家集》卷六十九《并州学规后序》（嘉祐二年作），影印《文渊阁四库全书》本。

② 司马光：《潜虚》，影印《文渊阁四库全书》本。

宛人卓茂，宽仁恭爱，恬荡乐道……自束发至白首，与人未尝有争竞，乡党故旧，虽行能与茂不同，而皆爱慕欣欣焉。哀、平间为密令，视民如子，举善而教，口无恶言，吏民亲爱，不忍欺之。民尝有言部亭长受其米肉遗者，茂曰："亭长为从汝求乎，为汝有事嘱之而受乎，将平居自以恩意遗之乎？"民曰："往遗之耳。"茂曰："遗之而受，何故言邪？"民曰："窃闻贤明之君，使民不畏吏，吏不取民。今我畏吏，是以遗之；吏既卒受，故来言耳。"茂曰："汝为敝民矣！凡人所以群居不乱，异于禽兽者，以有仁爱礼义，知相敬事也。汝独不欲修之，宁能高飞远走，不在人间邪！吏顾不当乘威力强请求耳。亭长素善吏，岁时遗之，礼也。"民曰："苟如此，律何故禁之？"茂笑曰："律设大法，礼顺人情。今我以礼教汝，汝必无怨恶；以律治汝，汝何所措其手足乎！一门之内，小者可论，大者可杀也。且归念之。"初，茂到县，有所废置，吏民笑之，邻城闻者皆嗤其不能。河南郡为置守令；茂不为嫌，治事自若。数年，教化大行，道不拾遗；迁京部丞，密人老少皆涕泣随送。及王莽居摄，以病免归。上即位，先访求茂，茂时年七十余。甲申，诏曰："夫名冠天下，当受天下重赏。今以茂为太傅，封褒德侯。"①

"臣光曰"：

孔子称"举善而教，不能则劝"，是以舜举皋陶，汤举伊尹，而不仁者远，有德故也。光武即位之初，群雄竞逐，四海鼎沸，彼摧坚陷敌之人，权略诡辩之士，方见重于世，而独能取忠厚之臣，旌循良之吏，拔于草莱之中，实诸群公之首，宜其光复旧

① 《资治通鉴》卷四十，中华书局1956年版，第1284—1285页。

物，享祚久长，盖由知所先务而得其本原故也。①

礼教设治，人“必无怨恶”而乐其化；律法为治，每致民不知“何所措其手足”。故卓茂提出“律设大法，礼顺人情”说，颇得其本原。一般社会冲突、人际间细小矛盾，皆宜以能“顺人情”的礼教治之，是为治世本原也；设立律法，原本仅为处理礼教无法协调而又关乎社会治理的大事、要事，宜控制其范围而慎用之，是为治世辅助之法也。从人类法律史角度考察，律法条令皆由至简、至要而转繁、转琐，《通鉴》卷二十一引班固评朝鲜风俗：“昔箕子居朝鲜，教其民以礼义，田蚕织作，为民设禁八条……今于犯禁浸多，至六十余条。”汉初亦不过约法三章。可知卓茂所言不误。统治者为维护自身利益，律法渐繁，并日渐侵蚀礼教发挥作用之域。今日西方法制社会人情淡漠的现实，已促其反思律法细琐之弊而日益重视中国儒家文化礼教治世思想的合理性。故司马光盛赞卓茂“知所先务而得其本原”。

司马光在论三互法时，从社会治理执行者的角度和历史经验考察，得出得人重于立法的观点，强调了执法者的极端重要性，苟得其人，立法未善，犹可使之完善；不得其人，则立法虽善，犹将因其人弄法而不可得其善。

《通鉴》卷五十七熹平四年(175)载“臣光曰”评三互法：

叔向有言：“国将亡，必多制。”明王之政，谨择忠贤而任之，凡中外之臣，有功则赏，有罪则诛，无所阿私，法制不烦而天下大治。所以然者何哉？执其本故也。及其衰也，百官之任不能择人，而禁令益多，防闲益密，有功者以阂文不赏，为奸者以巧法免诛，上下劳扰而天下大乱。所以然者何哉？逐其

① 《资治通鉴》卷四十，中华书局 1956 年版，第 1285 页。

末故也。孝灵之时，刺史、二千石贪如豺虎，暴殄烝民，而朝廷方守三互之禁。以今视之，岂不适足为笑而深可为戒哉！①

三互法，乃汉代任用地方官吏的限制性法令，即在不准本地人在本地为官的基础上，扩大为不准许三州人士及其婚姻之家交互任官。

初，朝议以州郡相党，人情比周，乃制昏姻之家及两州人士不得对相监临，至是复有三互法，禁忌转密，选用艰难，幽、冀二州久缺不补。蔡邕上疏曰："伏见幽、冀旧壤，铠、马所出，比年兵饥，渐至空耗。今者阙职经时，吏民延属，而三府选举，逾月不定。臣怪问其故，云避三互。十一州有禁，当取二州而已。又，二州之士或复限以岁月，狐疑迟淹，两州悬空，万里萧条，无所管系。愚以为三互之禁，禁之薄者。今但申以威灵，明其宪令，对相部主，尚畏惧不敢营私；况乃三互，何足为嫌！昔韩安国起自徒中，朱买臣出于幽贱，并以才宜，还守本邦，岂复顾循三互，系以末制乎！臣愿陛下上则先帝，蠲除近禁，其诸州刺史器用可换者，无拘日月、三互，以差厥中。"朝廷不从。②

司马光就此而发论，引"叔向言"称"国将亡，必多制"，又说治世需执其本，而不可逐其末。此之本，谓"谨择忠贤而任之"，法制不烦；末，谓"任不能择人"，禁令益多、防闲益密。

"明王之政，谨择忠贤而任之，凡中外之臣，有功则赏，有罪则

① 《资治通鉴》卷五十七，中华书局1956年版，第1837页。
② 《资治通鉴》卷五十七，中华书局1956年版，第1836—1837页。

诛，无所阿私，法制不烦而天下大治。所以然者何哉？执其本故也。”①治世执本，用得其人则世治。

“及其衰也，百官之任不能择人，而禁令益多，防闲益密，有功者以阂文不赏，为奸者以巧法免诛，上下劳扰而天下大乱。所以然者何哉？逐其末故也。”②“衰”世逐末，法令烦苛则世衰。

司马光将法制纳入其综合社会治理思想体系，明确厘定了法制的基本地位。

2. 礼制与法制相辅相成，辩证统一，无威仪则礼不可得而行

司马光曰：“爱养万物谓之仁，其所不爱不养谓之义。义者，裁仁以就宜者也。”③仁与义如食与药，前者主于常态，后者主于病态。仁者，爱养万物也，颐口爽身，顺乎人情；义者，宜也，虽苦口痛肌，然合理应该，不得不为者也。在此含义上，作为礼之重要组成部分与核心内涵的义实现了与法的内在本质统一。

司马光崇慕法令宽简、礼义治世，同时也清醒地认识到法令简疏之弊。

《通鉴》卷二十一引班固论朝鲜风俗曰：

> 昔箕子居朝鲜，教其民以礼义，田蚕织作，为民设禁八条，相杀，以当时偿杀；相伤，以谷偿；相盗者，男没入为其家奴，女为婢；欲自赎者人五十万，虽免为民，俗犹羞之，嫁娶无所售。是以其民终不相盗，无门户之闭，妇人贞信不淫辟。其田野饮食以笾豆，都邑颇放效吏，往往以杯器食。郡初取吏于辽东，吏见民无闭臧，及贾人往者，夜则为盗，俗稍益薄，今于犯禁浸

① 《资治通鉴》卷五十七，中华书局 1956 年版，第 1837 页。

② 《资治通鉴》卷五十七，中华书局 1956 年版，第 1837 页。

③ 司马光：《温公易说》卷二，影印《文渊阁四库全书》本。

多，至六十余条。①

准确地描述了社会发展与转型期的法制文化变迁阵痛。表达了教民礼义则民风醇美、社会和谐、民羞于违法、法禁简疏的思想。

《通鉴》卷一百九十二唐太宗贞观元年(627)载：

上命吏部尚书长孙无忌等与学士、法官更议定律令，宽绞刑五十条为断右趾，上犹嫌其惨，曰："肉刑废已久，宜有以易之。"蜀王法曹参军裴弘献请改为加役流，徙三千里，居作三年；诏从之。②

治世法宽有利于保护和解放劳动力，有益于社会生产和经济发展，同时也有利于社会治理成本的大幅度缩减。这段史料揭示了法令宽疏的积极社会意义。

《通鉴》卷十六载：

汉兴，接秦之弊，作业剧而财匮，自天子不能具钧驷，而将相或乘牛车，齐民无藏盖。天下已平，高祖乃令贾人不得衣丝、乘车，重租税以困辱之。孝惠、高后时，为天下初定，复驰商贾之律；然市井之子孙，亦不得仕宦为吏。量吏禄，度官用，以赋于民。而山川、园池、市井租税之入，自天子以至于封君汤沐邑，皆各为私奉养焉，不领于天子之经费。漕转山东粟以给中都官，岁不过数十万石。继以孝文、孝景，清净恭俭，安养天下，七十余年之间，国家无事，非遇水旱之灾，民则人给家足。都鄙廪庾皆满，而府库余货财；京师之钱累巨万，贯朽而

① 《资治通鉴》卷二十一，中华书局 1956 年版，第 690 页。
② 《资治通鉴》卷一百九十二，中华书局 1956 年版，第 6031 页。

不可校；太仓之粟陈陈相因，充溢露积于外，至腐败不可食。众庶街巷有马，而阡陌之间成群，乘字牝者摈而不得聚会。守闾阎者食粱肉；为吏者长子孙，居官者以为姓号。故人人自爱而重犯法，先行义而后诎辱焉。当此之时，罔疏而民富，役财骄溢，或至兼并、豪党之徒，以武断于乡曲。宗室有土、公、卿、大夫以下，争于奢侈，室庐、舆服僭于上，无限度。物盛而衰，固其变也；自是之后，孝武内穷侈靡，外攘夷狄，天下萧然，财力耗矣！①

"班固赞"论文景之美称："周、秦之敝，罔密文峻，而奸轨不胜。汉兴，扫除烦苛，与民休息；至于孝文，加之以恭俭；孝景遵业。五六十载之间，至于移风易俗，黎民醇厚。周云成、康，汉言文、景，美矣！"②这正是司马光社会治理之理想境界。治世风俗醇厚，黎民以礼自治；乱世罔密文峻，而奸轨不胜，不以礼制，唯以峻法，适得其反。但法制宽疏亦可引致盛世之衰变，"罔疏而民富，役财骄溢，或至兼并；豪党之徒，以武断于乡曲。宗室有土，公、卿、大夫以下，争于奢侈，室庐、舆服僭于上，无限度"。罔疏而久，则民不畏法而轻犯之，而犯法必坏礼，世风日颓，兼并日盛，治世去矣！可见，法制疏峻仅是治世与乱世的一般结果和表征，而并非其唯一结果和必然成原。史论以史实为依据，客观务实，表达了礼制与法制相辅相成、辩证统一的思想。

《通鉴》卷一百九十二载唐太宗君臣论乐，"臣光曰"指出，礼与威仪（法纪之谓也）的关系犹如乐与声音的本末关系。并说："夫礼非威仪之谓也，然无威仪则礼不可得而行矣。"③明确表达了礼本

① 《资治通鉴》卷十六，中华书局1956年版，第547—548页。

② 《资治通鉴》卷十六，中华书局1956年版，第546—547页。

③ 《资治通鉴》卷一百九十二，中华书局1956年版，第6053页。

法末、然无威仪则礼不可得而行的观点。

3. 反对不识大体假礼徇私干法

《通鉴》卷一百七十二太建八年(576)记载：

> 伊娄谦聘于齐，其参军高遵以情输于齐，齐人拘之于晋阳。周主既克晋阳，召谦，劳之。执遵付谦，任其报复。谦顿首，请赦之，周主曰："卿可聚众唾面，使其知愧。"谦曰："以遵之罪，又非唾面可责。"帝善其言而止。谦待遵如初。①

"臣光曰"评周武帝失政刑、伊娄谦暗公义，指出以德报怨，于礼为美，然不可害公义也。公义之法为大，私德之礼为轻。宜先正以政刑，而后在此框架内施以仁德，仁德不可害政刑公义也。弃政刑公义而滥施仁德，"以成其私名"，失"公义也"。

赏功诛罪，人君之任。"高遵奉使异国，漏泄大谋，斯叛臣也。周高祖不自行戮，乃以赐谦，使之复怨，失政刑矣！"人臣失公义，"孔子谓以德报怨者，何以报德？为谦者，宜辞而不受，归诸有司，以正典刑。乃请而赦之以成其私名，美则美矣，亦非公义也"。②

《通鉴》卷一百四十八记载：临川王宏，梁武帝(庙号高祖)之弟，怯懦无能，曾有济口之败。天监十七年(518)五月戊寅，妾弟吴法寿杀人，宏因藏匿之，为有司所纠，罢司徒、骠骑大将军、扬州刺史等要职。然而，仅过三日，"辛巳，以宏为中军将军、中书监"，又过四天，"六月，乙酉，又以本号行司徒"。③

"臣光曰"："宏为将则覆三军，为臣则涉大逆，高祖贷其死罪可

① 《资治通鉴》卷一百七十二，中华书局 1956 年版，第 5365 页。

② 《资治通鉴》卷一百七十二，中华书局 1956 年版，第 5365 页。

③ 《资治通鉴》卷一百四十八，中华书局 1956 年版，第 4638—4639 页。

矣。数旬之间，还为三公，于兄弟之恩诚厚矣，王者之法果安在哉!"①批评梁武帝优厚其弟临川王宏，清晰表达了反对以仅关涉个人之私而无涉社会治理之大的亲亲之礼而乱法的思想。

《通鉴》卷一百三十八永明十一年(493)记载：

> 大司马安定王休执军士为盗者三人以徇于军，将斩之。魏主行军遇之，命赦之，休不可，曰："陛下亲御六师，将远清江表，今始行至此，而小人已为攘盗，不斩之，何以禁奸!"帝曰："诚如卿言。然王者之体，时有非常之泽。三人罪虽应死，而因缘遇朕，虽违军法，可特赦之。"既而谓司徒冯诞曰："大司马执法严，诸君不可不慎。"于是军中肃然。②

"臣光曰"：

> 人主之于其国，譬犹一身，视远如视迩，在境如在庭。举贤才以任百官，修政事以利百姓，则封域之内无不得其所矣。先王黈纩塞耳，前旒蔽明，欲其废耳目之近用，推聪明于四远也。彼废疾者宜养，当命有司均之于境内；今独施于道路之所遇，则所遗者多矣，其为仁也，不亦微乎！况赦罪人以桡有司之法，尤非人君之体也。惜也！孝文，魏之贤君，而犹有是乎!③

"赦罪人以桡有司之法，尤非人君之体也。惜也!"明确表达了司马光反对假仁干法的思想。

① 《资治通鉴》卷一百四十八，中华书局1956年版，第4639页。
② 《资治通鉴》卷一百三十八，中华书局1956年版，第4338页。
③ 《资治通鉴》卷一百三十八，中华书局1956年版，第4338页。

4. 立法以求治，执法为政本

《通鉴》卷二十八永光元年（前 43）记载：汉元帝时，司隶校尉琅玡诸葛丰始以特立刚直著名于朝，数侵犯贵戚，在位多言其短。但光禄勋、光禄大夫张猛在朝之时，却数称言周堪、张猛之美，阿谀权贵，官至司隶校尉。后因专作苛暴以获虚威，被徙城门校尉，于是又上书告周堪、张猛罪。上制诏御史：城门校尉丰“不内省诸己，而反怨堪、猛以求报举，告按无证之辞，暴扬难验之罪，毁誉恣意，不顾前言，不信之大也。朕怜丰之耆老，不忍加刑，其免为庶人”。又曰：“丰言堪、猛贞信不立，朕闵而不治，又惜其材能未有所效，其左迁堪为河东太守，猛槐里令。”①

“臣光曰”论汉元帝不辨善恶是非，称：“诸葛丰之于堪、猛，前誉而后毁，其志非为朝廷进善而去奸也，欲比周求进而已矣。……人君者，察美恶，辨是非，赏以劝善，罚以惩奸，所以为治也。”②明确表达了立法以求治的思想。

《通鉴》卷一百四太元五年（380）记载：苻洛者，苻坚之从弟也，封行唐公。自以帝室至亲，又兼灭伐之功，求高官而不得，怨愤而反。兵败被俘，“坚赦洛不诛，徙凉州之西海郡”。③“臣光曰”论苻坚每得反者辄宥之：“夫有功不赏，有罪不诛，虽尧、舜不能为治，况他人乎！……今坚违之，能无亡乎！”④再次表达了立法求治的基本思想。

《通鉴》卷七十九晋武帝泰始三年（267）载：

司隶校尉李憙劾奏故立进令刘友、前尚书山涛、中山王

① 《资治通鉴》卷二十八，中华书局 1956 年版，第 916 页。
② 《资治通鉴》卷二十八，中华书局 1956 年版，第 916 页。
③ 《资治通鉴》卷一百四，中华书局 1956 年版，第 3294 页。
④ 《资治通鉴》卷一百四，中华书局 1956 年版，第 3295 页。

睦、尚书仆射武陔各占官稻田，请免涛、睦等官，陔已亡，请贬其谥。诏曰："友侵剥百姓以缪惑朝士，其考竟以惩邪佞。涛等不贰其过，皆勿有所问。憙亢志在公，当官而行，可谓邦之司直矣。光武有云：'贵戚且敛手以避二鲍。'其申敕群僚，各慎所词，宽宥之恩，不可数遇也！"[①]

"臣光曰"：

政之大本，在于刑赏，刑赏不明，政何以成！晋武帝赦山涛而褒李憙，其于刑赏两失之。使憙所言为是，则涛不可赦；所言为非，则憙不足褒。褒之使言，言而不用，怨结于下，威玩于上，将安用之！且四臣同罪，刘友伏诛而涛等不问，避贵施贱，可谓政乎！创业之初而政本不立，将以垂统后世，不亦难乎！[②]

"政之大本，在于刑赏，刑赏不明，政何以成！"明确表达了执法为政本的认识，突出了法制在"立政"层面的极端重要性。

《通鉴》卷十七元光元年(前134)载"臣光曰"论李广与程不识将兵："治众而不用法，无不凶也。"[③]强调了用法为治众必不可无的手段与途径。

（二）立法之本

1. 法所以布大信于天下也，非帝王一己之意志

《通鉴》卷一百九十二武德九年(626)载：

---

① 《资治通鉴》卷七十九，中华书局1956年版，第2502页。

② 《资治通鉴》卷七十九，中华书局1956年版，第2503页。

③ 《资治通鉴》卷十七，中华书局1956年版，第578页。

> 上患吏多受赇，密使左右试赂之。有司门令史受绢一匹，上欲杀之，民部尚书裴矩谏曰："为吏受赂，罪诚当死；但陛下使人遗之而受，乃陷人于法也，恐非所谓'道之以德，齐之以礼'。"上悦，召文武五品已上告之曰："裴矩能当官力争，不为面从，傥每事皆然，何忧不治！"①

"臣光曰"："君明臣直。……君者表也，臣者景也，表动则景随矣。"②司马光褒赞裴矩忠谏，即首肯其进谏观点。表达了反对以谋陷人于法的思想，揭示了用法的目的在于"道之以德，齐之以礼"。

《通鉴》卷一百九十二唐太宗贞观元年（627）记载：

> 上以兵部郎中戴胄忠清公直，擢为大理少卿。上以选人多诈冒资荫，敕令自首，不首者死。未几，有诈冒事觉者，上欲杀之。胄奏："据法应流。"上怒曰："卿欲守法而使朕失信乎？"对曰："敕者出于一时之喜怒，法者国家所以布大信于天下也。陛下忿选人之多诈，故欲杀之，而既知其不可，复断之以法，此乃忍小忿而存大信也。"上曰："卿能执法，朕复何忧！"胄前后犯颜执法，言如涌泉，上皆从之，天下无冤狱。③

强调区分大信（此指执法）与小信（此指遵敕），指出敕者常出于帝王一时之喜怒，法者国家所以布大信于天下也，表达了法重敕轻，法制重于君言，帝王之敕不可以代法的思想。

《通鉴》卷二百四十一元和十四年（819）载"臣光曰"论唐宪宗

---

① 《资治通鉴》卷一百九十二，中华书局 1956 年版，第 6029 页。
② 《资治通鉴》卷一百九十二，中华书局 1956 年版，第 6029 页。
③ 《资治通鉴》卷一百九十二，中华书局 1956 年版，第 6031—6032 页。

诱杀变兵:“且作乱者五人耳,乃使曹华设诈,屠千余人,不亦滥乎!”并感叹道:“惜夫!宪宗削平僭乱,几致升平,其美业所以不终,由苟徇近功不敦大信故也。”①肯定宪宗平乱,反对其平乱方法。强调帝王处理军政事务及执法,应“敦大信”而非“苟徇近功”。

《通鉴》卷二百一十三记载:唐玄宗开元十四年(726),黑水靺鞨内附入唐,道经渤海靺鞨境。渤海靺鞨王武艺忌恨之,遣其母弟门艺与其舅任雅将兵击黑水。门艺尝为质子于唐,谏曰:“是叛唐也。……此亡国之势也。”武艺不从,门艺复以书力谏。武艺怒,欲杀之。门艺奔唐。武艺遣使上表罪状门艺,请求唐朝杀掉他。唐玄宗密遣门艺诣安西躲避;别遣报云已流门艺于岭南。武艺知之,上表称:“大国当示人以信,岂得为此欺诳?”固请杀门艺。唐玄宗气愤地将走漏消息的鸿胪少卿等左迁,又暂遣门艺诣岭南以报之。

“臣光曰”论唐玄宗处理渤海靺鞨事失体,指出赏忠讨逆,“为政之体也”。“门艺以忠获罪,自归天子;天子当察其枉直,赏门艺而罚武艺,为政之体也。纵不能讨,犹当正以门艺之无罪告之。今明皇威不能服武艺,恩不能庇门艺,顾效小人为欺诳之语以取困于小国,乃罪鸿胪之漏泄,不亦可羞哉!”②“王者所以服四夷,威信而已”,表达了司马光“法所以布大信于天下”的思想。

2. 立法以褒善而黜恶,抑强而辅弱,抚服而惩违,禁暴而诛乱

《通鉴》卷二十五地节四年(前66)载:霍光为汉武帝托孤重臣,续行休息养民政策,匡国家,安社稷,拥昭帝,立宣帝,成就汉室中兴之业。然以外戚久掌朝政,多置亲党,充塞朝廷,损人君之威权,阻同列之迁升,身后,其子孙复盘踞要职,尸位素餐,骄奢日隆,贪残无度,终致族诛。

“臣光曰”论霍氏之祸:“昔斗椒作乱于楚,庄王灭其族而赦箴

① 《资治通鉴》卷二百四十一,中华书局1956年版,第7773页。

② 《资治通鉴》卷二百一十三,中华书局1956年版,第6775页。

尹克黄，以为子文无后，何以劝善。”明确表达了立法劝善的指导思想。基于此，认为霍光子孙骄姿枉法，“虽应夷灭，而光之忠勋不可不祀；遂使家无噍类，孝宣亦少恩哉！”①批评了孝宣执法不思劝善赏功的过失。

世设族诛之法，以儆大逆之蒙生也；立互保连作之法，以利事之执行也。以为特别法，因时因势而行可也，以为法之常典，则不当矣。司马光虽未明确表达否定族诛法，但已认识到其弊端。隐含法及于罪者之身而不及于无辜，以及立法劝善的科学的法理思想。

《通鉴》卷二十七五凤四年（前 54）载“臣光曰”评赵广汉、盖宽饶、韩延寿、杨恽之死：

> 以孝宣之明，魏相、丙吉为丞相，于定国为廷尉，而赵、盖、韩、杨之死皆不厌众心，惜哉，其为善政之累大矣！《周官》司寇之法，有议贤、议能，若广汉、延寿之治民，可不谓能乎！宽饶、恽之刚直，可不谓贤乎！然则虽有死罪，犹将宥之，况罪不足以死乎！扬子以韩冯翊之诉萧为臣之自失。夫所以使延寿犯上者，望之激之也。上不之察，而延寿独蒙其辜，不亦甚哉！②

衡量执法的重要标准之一，是看其是否能“厌众心”，益“善政”，否则即“为善政之累大矣”。臣光曰《周官》司寇之法有议贤、议能的内容，表明立法之本有保护贤能的目的。四人者，世所公认之贤、能者也，故司马光曰：“虽有死罪，犹将宥之，况罪不足以死乎！”还特别指出韩萧矛盾中，非皆韩之过也，“上不之察，而延寿独

① 《资治通鉴》卷二十五，中华书局 1956 年版，第 821 页。

② 《资治通鉴》卷二十七，中华书局 1956 年版，第 878 页。

蒙其辜，不亦甚哉！”司马光眷眷惜才之忱可鉴。

《通鉴》卷一百九十二唐太宗贞观元年(627)记载：

> 右骁卫大将军长孙顺德受人馈绢，事觉，上曰：“顺德果能有益国家，朕与之共有府库耳，何至贪冒如是乎！”犹惜其有功，不之罪，但于殿庭赐绢数十匹。大理少卿胡演曰：“顺德枉法受财，罪不可赦，奈何复赐之绢？”上曰：“彼有人性，得绢之辱，甚于受刑；如不知愧，一禽兽耳，杀之何益！”①

司马光对该史料未予置评，不可尽将唐太宗之言视同司马光的法制观点，但在立法本于褒善黜恶以正人心的一般认知上应是一致的。

《通鉴》卷二百二十乾元元年(758)载“臣光曰”论唐肃宗听由军士废立节度使：

> 且夫有国家者，赏善而诛恶，故为善者劝，为恶者惩。彼为人下而杀逐其上，恶孰大焉！乃使之拥旄秉钺，师长一方，是赏之也。赏以劝恶，恶其何所不至乎！《书》云：“远乃猷。”《诗》云：“猷之未远，是用大谏。”孔子曰：“人无远虑，必有近忧。”为天下之政而专事姑息，其忧患可胜校乎！由是为下者常眄眄焉伺其上，苟得间则攻而族之；为上者常惴惴焉畏其下，苟得间则掩而屠之；争务先发以逞其志，非有相保养为俱利久存之计也。如是而求天下之安，其可得乎！迹其厉阶，肇于此矣。②

① 《资治通鉴》卷一百九十二，中华书局1956年版，第6032页。

② 《资治通鉴》卷二百二十，中华书局1956年版，第7065页。

“有国家者，赏善而诛恶，故为善者劝，为恶者惩”，表达了立法赏善诛恶的思想。

《通鉴》卷二百四十四记载：唐文宗大和五年(831)正月，卢龙监军上奏说，卢龙节度使李载义与敕使进宴时，副兵马使杨志诚与其徒呼噪作乱，载义出奔易州，范阳为志诚叛军据有。志诚又杀莫州刺史张庆初。

> 上召宰相谋之，牛僧孺曰：“范阳自安、史以来，非国所有，刘总暂献其地，朝廷费钱八十万缗而无丝毫所获。今日志诚得之，犹前日载义得之也；因而抚之，使捍北狄，不必计其逆顺。”上从之。载义自易州赴京师，上以载义有平沧景之功，且事朝廷恭顺；二月，壬辰，以载义为太保，同平章事如故。以杨志诚为卢龙留后。①

“臣光曰”论牛僧孺抚杨志诚之议：

> 天子之于万国，能褒善而黜恶，抑强而辅弱，抚服而惩违，禁暴而诛乱，然后发号施令而四海之内莫不率从也。……载义藩屏大臣，有功于国，无罪而志诚逐之，此天子所宜治也。若一无所问，因以其土田爵位授之，则是将帅之废置杀生皆出于士卒之手，天子虽在上，奚为哉！②

司马光反对牛僧孺抚杨志诚之议，坚持立法“褒善而黜恶，抑强而辅弱，抚服而惩违，禁暴而诛乱”的思想。

《通鉴》卷二十三元凤四年(前77)载“臣光曰”论傅介子诱以

① 《资治通鉴》卷二百四十四，中华书局1956年版，第7874页。

② 《资治通鉴》卷二百四十四，中华书局1956年版，第7874—7875页。

金币杀楼兰王：

> 王者之于戎狄，叛则讨之，服则舍之。今楼兰王既服其罪，又从而诛之，后有叛者，不可得而怀矣。必以为有罪而讨之，则宜陈师鞠旅，明致其罚。今乃遣使者诱以金币而杀之，后有奉使诸国者，复可信乎！且以大汉之强而为盗贼之谋于蛮夷，不亦可羞哉！论者或美介子以为奇功，过矣！[1]

叛讨服舍，表达了司马光抚服惩违的民族法思想。

3. 怀乐生之心，流矜恕之德，法行于不可不用，严法与慎法统一

《通鉴》卷七十二记载：

> 初，长水校尉廖立，自谓才名宜为诸葛亮之副，常以职位游散，怏怏怨谤无已，亮废立为民，徙之汶山。及亮卒，立垂泣曰："吾终为左衽矣！"李平闻之，亦发病死。平常冀亮复收己，得自补复，策后人不能故也。[2]

习凿齿论诸葛亮水鉴无私曰：

> 昔管仲夺伯氏骈邑三百，没齿而无怨言，圣人以为难。诸葛亮之使廖立垂泣，李平致死，岂徒无怨言而已哉！夫水至平而邪者取法，鉴至明而丑者忘怒；水鉴之所以能穷物而无怨者，以其无私也。水鉴无私，犹以免谤，况大人君子怀乐生之心，流矜恕之德，法行于不可不用，刑加乎自犯之罪，爵之而非

---

① 《资治通鉴》卷二十三，中华书局 1956 年版，第 773 页。

② 《资治通鉴》卷七十二，中华书局 1956 年版，第 2299 页。

私，诛之而不怒，天下有不服者乎！①

司马光一贯反对法令烦苛扰民，此重在法律建设之本质性与合理性层面；而在执法层面，法既立，则始终坚持严法观点。学者当辨明于此，方不误解司马光的法制思想。

从哲学高度思考，法以维护社会和谐为根本，以治罪为外在表现形式，社会和谐，人不触法，无罪则无法，法之最高境界在于无法。司马光法制思想即源于此哲学认知。

诸葛亮执政用法，如水之平，如鉴之明，“水至平而邪者取法，鉴至明而丑者忘怒；水鉴之所以能穷物而无怨者，以其无私也”。“水鉴无私”，可以免遭毁谤。“况大人君子怀乐生之心，流矜恕之德，法行于不可不用，刑加乎自犯之罪，爵之而非私，诛之而不怒，天下有不服者乎！”如能执法无私，又怀仁爱宽恕之德，天下就不会有不顺服的人了，天下也就自然治平了。廖立“吾终为左衽矣”之哀、李平“常冀亮复收己，得自补复”之望，体现出诸葛亮执法思想之精髓：严明执法，而常“怀乐生之心，流矜恕之德”，给有才能的犯法者以强烈的立功改过动力和复职报国激励，而不是将偶疏触法者一棍子打死，真正完美地诠释了执法精神。

理解诸葛亮法制思想，绝不能仅见其表象之严而忽视其导人向善、励人奋发的仁爱之本。显然，这也正是司马光所赞誉和向往的法制境界。

## 二　执法思想

### （一）法之不行，自上犯之

司马光“法之不行，自上犯之”的认识，是建立在深刻总结无数历史经验教训基础之上得出的实证研究结论，切中封建执法弊端

① 《资治通鉴》卷七十二，中华书局1956年版，第2300页。

之肯綮。

《通鉴》卷二周显王十年(前359)记载：

> 卫鞅欲变法，秦人不悦。卫鞅言于秦孝公曰："夫民不可与虑始，而可与乐成。论至德者不和于俗，成大功者不谋于众。是以圣人苟可以强国，不法其故。"甘龙曰："不然，缘法而治者，吏习而民安之。"卫鞅曰："常人安于故俗，学者溺于所闻，以此两者，居官守法可也，非所与论于法之外也。智者作法，愚者制焉；贤者更礼，不肖者拘焉。"公曰："善。"以卫鞅为左庶长。卒定变法之令。令民为什伍而相收司、连坐，告奸者与斩敌首同赏，不告奸者与降敌同罚。有军功者，各以率受上爵。为私斗者，各以轻重被刑大小。僇力本业，耕织致粟帛多者，复其身；事末利及怠而贫者，举以为收孥。宗室非有军功论，不得为属籍。明尊卑爵秩等级，各以差次名田宅、臣妾、衣服。有功者显荣，无功者虽富无所芬华。
>
> 令既具未布，恐民之不信，乃立三丈之木于国都市南门，募民有能徙置北门者予十金。民怪之，莫敢徙。复曰："能徙者予五十金！"有一人徙之，辄予五十金。乃下令。
>
> 令行期年，秦民之国都言新令之不便者以千数。于是太子犯法。卫鞅曰："法之不行，自上犯之。"太子，君嗣也，不可施刑。刑其傅公子虔，黥其师公孙贾。明日，秦人皆趋令。行之十年，秦国道不拾遗，山无盗贼，民勇于公战，怯于私斗，乡邑大治。①

"臣光曰"："夫信者，人君之大宝也。"欲成事功，必取信于民，故商君徙木示信，而后"乃下令"。然"令行期年，秦民之国都言新

① 《资治通鉴》卷二，中华书局1956年版，第46—48页。

令之不便者以千数。于是太子犯法”。商君乃刑太子师、傅，结果则立竿见影，“明日，秦人皆趋令”。[1] 司马光之论主旨在于强调“信”，从《通鉴》史事记述中则清晰显示出，商君取信于民之法有二，一为徙木示信，一为严惩犯法之上层。一赏一惩，前者仅是变法的必要条件，而非充要条件，后者方为关键。只有充分认识“法之不行，自上犯之”，并切实予以严惩，而后新法方可以畅行。显示出司马光对“法之不行，自上犯之”命题的高度认同。

《通鉴》卷四十一载权德舆议光武帝封子密为不义侯曰：

> 伯通之叛命，子密之戕君，同归于乱，罪不相蔽，宜各致于法，昭示王度；反乃爵于五等，又以“不义”为名。且举以不义，莫可侯也；此而可侯，汉爵为不足劝矣。《春秋》书齐豹盗、三叛人名之义，无乃异于是乎！[2]

卫司寇齐豹以私怨杀卫侯之兄孟縶，《春秋》书之曰盗。三叛人指庶其、牟夷、射，皆怀向义之心，从其君叛，而终奔归于周，《春秋》称其为义。三叛人之叛，乃其君之过，向义奔周而不弑其君为义。苟其弑君而奔周，则不可称为义矣。在封建等级制社会，道德判断的标准及建立在其基础之上的封建法制，均具有多重性和矛盾统一性，不同于今日民主社会，人人平等，标准划一。

子密本彭宠（字伯通）之奴，微不足道。西汉末年，天下大乱，彭宠起兵，后归顺光武帝。不久，又叛而自王。子密乘彭宠卧寐，缚而杀之，复归于汉。光武帝以为有功当封，但又考虑其戕君行为不义，乃封为“不义侯”。这与《春秋》之义是不相符合的。

史论曰“伯通之叛命，子密之戕君，同归于乱，罪不相蔽，宜各

---

① 《资治通鉴》卷二，中华书局1956年版，第48页。

② 《资治通鉴》卷四十一，中华书局1956年版，第1324—1325页。

致于法，昭示王度”，明确指出子密戕君与伯通叛命均属为乱，当依法治罪；又说“且举以不义，莫可侯也”，今“反乃爵于五等，又以‘不义’为名”，于法为相悖，于礼为不通，“此而可侯，汉爵为不足劝矣”。从而批判了光武帝封子密为不义侯之失，传递了“法之不行，自上乱之”的信息。

《通鉴》卷一百四十六记载：“初，益州刺史邓元起以母老乞归，诏征为右卫将军，以西昌侯萧渊藻代之。”梁天监四年(505)，魏寇晋寿，梁将邓元起与萧渊藻均出兵救援，而以邓元起都督征讨诸军事。元起军至，而晋寿已陷。“萧渊藻将至，元起营还装，粮储器械，取之无遗”。渊藻恨之，又求元起良马，不得，乃恚而醉杀元起。元起麾下围渊藻，渊藻矫称“天子有诏”，并诬以反。梁武帝疑之。适有元起故吏诣阙陈其事，梁武帝乃得其实。但只是派人批评了渊藻，贬其号为冠军将军，赠元起征西将军，谥曰忠侯。①

李延寿论梁武帝处理邓萧事件失当曰：

> 元起勤乃胥附，功惟辟土，劳之不图，祸机先陷。冠军之贬，于罚已轻，梁之政刑，于斯为失。私戚之端，自斯而启，年之不永，不亦宜乎！②

史论认为邓元起勤勉于事，体贴下属，有开辟疆土之功，功劳未得奖赏却先遭祸难。仅将萧渊藻贬为冠军将军，惩罚太轻了。并严肃地指出，梁武帝在此事的处理上，政刑有失，开启了庇护亲族的弊端，梁朝不能长久立国，也是自然之事了。以史实揭示了

① 《资治通鉴》卷一百四十六，中华书局1956年版，第4549—4550页。

② 《资治通鉴》卷一百四十六，中华书局1956年版，第4550页。按，幸下亲上曰“胥附”。

“法之不行，自上犯之”的客观规律。

**（二）善持法者，贵贱亲疏如一，赏不避仇仇，诛不择骨肉**

司马光认为，法者天下之公器，惟善持法者，亲疏如一，无所不行，则人莫敢有所恃而犯之也。《通鉴》卷十四汉太宗孝文皇帝十年（前170）记载：

> 将军薄昭杀汉使者。帝不忍加诛，使公卿从之饮酒，欲令自引分，昭不肯；使群臣丧服往哭之，乃自杀。①

“臣光曰”论薄昭自杀：

> 李德裕以为：“汉文帝诛薄昭，断则明矣，于义则未安也。秦康送晋文，兴如存之感；况太后尚存，唯一弟薄昭，断之不疑，非所以慰母氏之心也。”臣愚以为法者天下之公器，惟善持法者，亲疏如一，无所不行，则人莫敢有所恃而犯之也。夫薄昭虽素称长者，文帝不为置贤师傅而用之典兵；骄而犯上，至于杀汉使者，非有恃而然乎！若又从而赦之，则与成、哀之世何异哉！魏文帝尝称汉文帝之美，而不取其杀薄昭，曰：“舅后之家，但当养育以恩而不当假借以权，既触罪法，又不得不害。”讥文帝之始不防闲昭也，斯言得之矣。然则欲慰母心者，将慎之于始乎！②

汉文帝用法而伤孝亲之礼。司马光引李德裕语肯定“汉文帝诛薄昭，断则明矣”，然则“于义则未安也”。复引魏文帝之言以为对策，“但当养育以恩而不当假借以权”，示鉴于后。并明确表达了

① 《资治通鉴》卷十四，中华书局1956年版，第482页。

② 《资治通鉴》卷十四，中华书局1956年版，第482页。

“法者天下之公器,惟善持法者,亲疏如一,无所不行,则人莫敢有所恃而犯之也”的法制思想。

**(三)圣王为政,诛赏严明,赏不避仇仇,诛不择骨肉**

《通鉴》卷二十二汉武帝后元二年(前87)记载:“帝聪明能断,善用人,行法无所假贷。”即谓汉武帝聪明,遇事有决断,善于用人,执法严厉,毫不容情。隆虑公主[①]之子昭平君尚帝女夷安公主。隆虑公主病危之际,“以金千斤、钱千万为昭平君豫赎死罪,上许之”。隆虑公主卒,昭平君喝醉酒后将公主的保姆杀死,被逮捕入狱。

> 廷尉以公主子上请。左右人人为言:“前又入赎,陛下许之。”上曰:“吾弟老有是一子,死,以属我。”于是为之垂涕,叹息良久,曰:“法令者,先帝所造也,用弟故而诬先帝之法,吾何面目入高庙乎!又下负万民。”乃可其奏,哀不能自止,左右尽悲。待诏东方朔前上寿,曰:“臣闻圣王为政,赏不避仇雠,诛不择骨肉。《书》曰:‘不偏不党,王道荡荡。’此二者,五帝所重,三王所难也,陛下行之,天下幸甚!臣朔奉觞昧死再拜上万寿!”上初怒朔,既而善之,以朔为中郎。[②]

“臣光曰”:

> 孝武能尊先王之道,知所统守,受忠直之言,恶人欺蔽,好贤不倦,诛赏严明,晚而改过,顾托得人,此其所以有亡秦之失

① 汉景帝女,与汉武帝为同母所生。《史记》、《汉书》中记载隆虑公主为“帝姊”,与汉武帝称之为“吾弟”等自相矛盾。隆虑公主究为刘彻之姊抑或妹,尚未可确知。司马光以汉武帝所言为信。

② 《资治通鉴》卷二十二,中华书局1956年版,第746—747页。

而免亡秦之祸乎!①

司马光就汉武帝不徇私情、严明执法、泣杀昭平君而发论。论其亲,则"弟子"、"女婿",无以复加矣;论其情,则"醉杀主傅",未造成直接而严重的后果,似有可谅者。然法不容情,杀人者死,立于"先帝",利于"万民",不可"诬"、"负"。细加品味,可以发现司马光能严格区别"繁刑"与"诛赏严明"之不同,认为"繁刑"乃汉武帝"有亡秦之失"之一端,而"诛赏严明"、"行法无所假贷"则为汉武帝"免亡秦之祸"的重要保障。表达了"圣王为政,赏不避仇仇,诛不择骨肉"的法制思想。

司马光旗帜鲜明地反对行刑避贵。《通鉴》卷七十九晋武帝泰始三年(267)记载:

司隶校尉上党李憙劾故立进令刘友、前尚书山涛、中山王睦、尚书仆射武陔各占官稻田,请免涛、睦等官,陔已亡,请贬其谥。诏曰:"友侵剥百姓以缪惑朝士,其考竟以惩邪佞。涛等不贰其过,皆勿有所问。憙亢志在公,当官而行,可谓邦之司直矣。光武有云:'贵戚且敛手以避二鲍。'其申敕群僚,各慎所词,宽宥之恩,不可数遇也!"②

"臣光曰":

政之大本,在于刑赏,刑赏不明,政何以成!晋武帝赦山涛而褒李憙,其于刑、赏两失之。使憙所言为是,则涛不可赦;所言为非,则憙不足褒。褒之使言,言而不用,怨结于下,威玩

① 《资治通鉴》卷二十二,中华书局 1956 年版,第 747—748 页。

② 《资治通鉴》卷七十九,中华书局 1956 年版,第 2502 页。

于上，将安用之！且四臣同罪，刘友伏诛而涛等不问，避贵施贱，可谓政乎！创业之初而政本不立，将以垂统后世，不亦难乎！①

晋武帝赦前尚书山涛、中山王睦等显贵，而严惩故立进令刘友，乃典型的行刑避贵，司马光予以严厉批评，指出此乃刑政之失，无以垂统后世。

《通鉴》卷一百四十一建武四年(497)载“臣光曰”论北魏预许勋贵不死：

> 先王之制，虽有亲、故、贤、能、功、贵、勤、宾，苟有其罪，不直赦也；必议于槐棘之下，可赦则赦，可宥则宥，可刑则刑，可杀则杀；轻重视情，宽猛随时。故君得以施恩而不失其威，臣得以免罪而不敢自恃。及魏则不然，勋贵之臣，往往豫许之以不死；彼骄而触罪，又从而杀之。是以不信之令诱之使陷于死地也。刑政之失，无此为大焉！②

司马光认为对八种与人君有特殊关系的人，依人情之常，人君每欲宽宥之，对其用法当依“先王之制，虽有亲、故、贤、能、功、贵、勤、宾，苟有其罪，不直赦也，必议于槐棘之下，可赦则赦，可宥则宥，可刑则刑，可杀则杀”。并指出北魏法别贵贱，乃“刑政之失”，其危害“无此为大焉”！

**(四) 公平执法的社会治理成本最低，治理效果最优**

《通鉴》卷七十二魏明帝青龙二年(234)记载：

---

① 《资治通鉴》卷七十九，中华书局 1956 年版，第 2503 页。

② 《资治通鉴》卷一百四十一，中华书局 1956 年版，第 4409 页。

谥诸葛亮曰忠武侯。初，亮表于汉主曰："成都有桑八百株，薄田十五顷，子弟衣食，自有余饶，臣不别治生以长尺寸。若臣死之日，不使内有余帛，外有赢财，以负陛下。"卒如其所言。

丞相长史张裔常称亮曰："公赏不遗远，罚不阿近，爵不可以无功取，刑不可以贵势免，此贤愚所以佥忘其身者也！"①

《通鉴》借丞相长史张裔之口指出执政者公平执法是使人人忘身报国的原因。深刻地揭示出公平执法的巨大社会价值和意义。

接着，司马光又引陈寿评诸葛亮曰："尽忠益时者，虽仇必赏，犯治怠慢者，虽亲必罚，服罪输情者，虽重必释，游辞巧饰者，虽轻必戮；善无微而不赏，恶无纤而不贬"，使人人"畏而爱之，刑政虽峻而无怨者"。并指出诸葛亮执法严而无怨者的原因，在于"以其用心平而劝戒明也"。表明了司马光执法不害于严而害于不平与不明的思想。诸葛亮严明执法，赏罚无远近、亲疏、贵贱，赏善不舍其微，贬恶不容其钎，爵禄唯取有功，被誉为"识治之良才，管、萧之亚匹"。② 表明了司马光执法必严、执法必公和法律面前人人平等的法制思想。揭示出公平执法的社会治理成本最低、效果最优的事实。

《通鉴》卷五十七载：汉灵帝熹平四年(175)，行三互法。三互法乃汉代任用地方官吏的限制性法令，即在原不准本地人在本地为官的基础上，新增不准许三州人士及其婚姻之家交互任官两项规定，形成三项交互任官的限制。司马光就此而发论曰：

明王之政，谨择忠贤而任之，凡中外之臣，有功则赏，有罪

① 《资治通鉴》卷七十二，中华书局1956年版，第2298—2299页。
② 《资治通鉴》卷七十二，中华书局1956年版，第2299页。

则诛，无所阿私，法制不烦而天下大治。……朝廷方守三互之禁。以今视之，岂不适足为笑而深可为戒哉！①

表达了公平执法的社会治理成本最低、效果最优的思想。

**（五）轻重视情，宽猛随时，宽猛相济，执法之常道也**

《通鉴》卷五十三元嘉元年(151)载：

涿郡举崔寔，诣公车，称病，不对策；退而论世事，名曰《政论》。其辞曰："凡天下所以不治者，常由人主承平日久，俗渐敝而不悟，政浸衰而不改，习乱安危，怢不自睹。或荒耽耆欲，不恤万机；或耳蔽箴诲，厌伪忽真；或犹豫岐路，莫适所从；或见信之佐，括囊守禄；或疏远之臣，言以贱废；是以王纲纵弛于上，智士郁伊于下。……

"凡为天下者，自非上德，严之则治，宽之则乱。何以明其然也？近孝宣皇帝明于君人之道，审于为政之理，故严刑峻法，破奸轨之胆，海内清肃，天下密如，算计见效，优于孝文。及元帝即位，多行宽政，卒以堕损，威权始夺，遂为汉室基祸之主。政道得失，于斯可鉴。昔孔子作《春秋》，褒齐桓，懿晋文，叹管仲之功；夫岂不美文、武之道哉？诚达权救敝之理也。圣人能与世推移，而俗士苦不知变，以为结绳之约，可复治乱秦之绪，干戚之舞，足以解平城之围。夫熊经鸟伸，虽延历之术，非伤寒之理；呼吸吐纳，虽度纪之道，非续骨之膏。盖为国之法，有似理身，平则致养，疾则攻焉。夫刑罚者，治乱之药石也；德教者，兴平之粱肉也。夫以德教除残，是以粱肉养疾也；以刑罚治平，是以药石供养也。方今承百王之敝，值厄运之会，自数世以来，政多恩贷，驭委其辔，马骀其衔，四牡横奔，皇

① 《资治通鉴》卷五十七，中华书局1956年版，第1837页。

路险倾，方将拑勒鞬辀以救之，岂暇鸣和銮，调节奏哉！昔文帝虽除肉刑，当斩右趾者弃市，笞者往往至死。是文帝以严致平，非以宽致平也。”……山阳仲长统尝见其书，叹曰：“凡为人主，宜写一通，置之坐侧。”①

“臣光曰”论崔寔《政论》：

汉家之法已严矣，而崔寔犹病其宽，何哉？盖衰世之君，率多柔懦，凡愚之佐，唯知姑息，是以权幸之臣有罪不坐，豪猾之民犯法不诛；仁恩所施，止于目前；奸宄得志，纪纲不立。故崔寔之论，以矫一时之枉，非百世之通义也。孔子曰：“政宽则民慢，慢则纠之以猛；猛则民残，残则施之以宽。宽以济猛，猛以济宽，政是以和。”斯不易之常道矣。②

崔寔《政论》曰：“盖为国之法，有似理身，平则致养，疾则攻焉。夫刑罚者，治乱之药石也；德教者，兴平之粱肉也。夫以德教除残，是以粱肉养疾也；以刑罚治平，是以药石供养也。”主张刑罚主于治乱，德教主于兴平，不可倒置。又曰“凡为天下者，自非上德，严之则治，宽之则乱”。则表达了绝大多数时候都应以严法治世。司马光深刻地指出，崔寔“凡为天下者，自非上德，严之则治，宽之则乱”之论，乃“衰世之君”、纪纲丧乱之际，“矫一时之枉，非百世之通义也”。执法之常道当为“宽以济猛，猛以济宽，政是以和”。

北魏素来优遇鲜卑勋贵耆宿，每颁以铁券，许以不死。孝文帝改革，亦不变于此。《通鉴》卷一百四十一建武四年(497)记载：

① 《资治通鉴》卷五十三，中华书局1956年版，第1722—1725页。
② 《资治通鉴》卷五十三，中华书局1956年版，第1725—1726页。

太子恂自平城将迁洛阳，元隆与穆泰等密谋留恂，因举兵断关，规据陉北。丕在并州，隆等以其谋告之。丕外虑不成，口虽折难，心颇然之。及事觉，丕从帝至平城，帝每推问泰等，常令丕坐观。有司奏元业、元隆、元超罪当族，丕应从坐。帝以丕尝受诏许以不死，听免死为民，留其后妻、二子，与居于太原，杀隆、超、同产乙升，余子徙敦煌。

初，丕、睿与仆射李冲、领军于烈俱受不死之诏。睿既诛，帝赐冲、烈诏曰："睿反逆之志，自负幽冥；违誓在彼，不关朕也。反逆既异余犯，虽欲矜恕，如何可得？然犹不忘前言，听自死别府，免其孥戮。元丕二子、一弟，首为贼端，连坐应死，特恕为民。朕本期始终而徒自弃绝，违心乖念，一何可悲！故此别示，想无致怪。谋反之外，皎如白日耳。"冲、烈皆上表谢。①

"臣光曰"：

夫爵禄废置，杀生予夺，人君所以驭臣之大柄也。是故先王之制，虽有亲、故、贤、能、功、贵、勤、宾，苟有其罪，不直赦也；必议于槐棘之下，可赦则赦，可宥则宥，可刑则刑，可杀则杀；轻重视情，宽猛随时。故君得以施恩而不失其威，臣得以免罪而不敢自恃。及魏则不然，勋贵之臣，往往豫许之以不死；彼骄而触罪，又从而杀之。是以不信之令诱之使陷于死地也。刑政之失，无此为大焉！②

司马光严厉批评了北魏预许勋贵不死的传统，指出，人君执法

① 《资治通鉴》卷一百四十一，中华书局1956年版，第4408—4409页。
② 《资治通鉴》卷一百四十一，中华书局1956年版，第4409页。

当依“先王之制，虽有亲、故、贤、能、功、贵、勤、宾，苟有其罪，不直赦也，必议于槐棘之下，可赦则赦，可宥则宥，可刑则刑，可杀则杀。轻重视情，宽猛随时”。

**（六）反对刑罚以天不以法、以谶代法**

《通鉴》卷三十三绥和二年（前7）记载：时荧惑守心，或以为大臣宜当之。汉成帝乃召见担任丞相之职已十年的翟方进。

> （翟方进）还归，未及引决，上遂赐册，责让以政事不治，灾害并臻，百姓穷困，曰：“欲退君位，尚未忍，使尚书令赐君上尊酒十石，养牛一，君审处焉！”方进即日自杀。上秘之，遣九卿策赠印绶，赐乘舆秘器、少府供张，柱槛皆衣素。天子亲临吊者数至，礼赐异于它相故事。①

“臣光曰”：

> 晏婴有言：“天命不慆，不贰其命。”祸福之至，安可移乎！昔楚昭王、宋景公不忍移灾于卿佐，曰：“移腹心之疾，寘诸股肱，何益也！”藉其灾可移，仁君犹不忍为，况不可乎！使方进罪不至死而诛之，以当大变，是诬天也；方进有罪当刑，隐其诛而厚其葬，是诬人也；孝成欲诬天、人而卒无所益，可谓不知命矣。②

时人以为“荧惑守心”、“灾害并臻”，乃天变示警，“大臣宜当之”。司马光引晏婴言“天命不慆，不贰其命”，指出天命不可更改；既如此，则“祸福之至，安可移乎”，从而否定了汉成帝杀大臣以当

① 《资治通鉴》卷三十三，中华书局1956年版，第1051—1052页。
② 《资治通鉴》卷三十三，中华书局1956年版，第1052—1053页。

天谴的做法。其论沿用天命之词以述事论史，而终于批判汉成帝承天命杀翟方进而厚葬之为"诬天、人而卒无所益，可谓不知命矣"。实为对天命论的巧妙批判，亦司马光是论之要旨也。表达了反对刑罚以天不以法的科学思想。

《通鉴》卷四十四汉光武帝中元元年(56)记载：

> 是岁，起明堂、灵台、辟雍，宣布图谶于天下。
>
> 初，上以《赤伏符》即帝位，由是信用谶文，多以决定嫌疑。给事中桓谭上疏谏曰："凡人情忽于见事而贵于异闻。观先王之所记述，咸以仁义正道为本，非有奇怪虚诞之事。盖天道性命，圣人所难言也，自子贡以下，不得而闻，况后世浅儒，能通之乎！今诸巧慧小才、伎数之人，增益图书，矫称谶记，以欺惑贪邪，诖误人主，焉可不抑远之哉！臣谭伏闻陛下穷折方士黄白之术，甚为明矣；而乃欲听纳谶记，又何误也！其事虽有时合，譬犹卜数只偶之类。陛下宜垂明听，发圣意，屏群小之曲说，述五经之正义。"疏奏，帝不悦。会议灵台所处，帝谓谭曰："吾欲以谶决之，何如?"谭默然，良久曰："臣不读谶。"帝问其故，谭复极言谶之非经。帝大怒曰："桓谭非圣无法，将下，斩之！"谭叩头流血，良久，乃得解。出为六安郡丞，道病卒。[①]

《通鉴》引"范晔论"曰："桓谭以不善谶流亡，郑兴以逊辞仅免；贾逵能傅会文致，最差贵显；世主以此论学，悲哉！"[②]指出桓谭以不读谶而遭流放，光武帝不从直谏反"听纳谶记"，"悲哉"，表达了反对以谶代法的思想。

① 《资治通鉴》卷四十四，中华书局1956年版，第1427—1428页。

② 《资治通鉴》卷四十四，中华书局1956年版，第1428页。按，"世主"为光武帝刘秀之庙号。

## （七）严责不辨善恶是非，刑赏错乱

《通鉴》卷二十八初元二年（前47）载“臣光曰”论汉元帝信谗言致太傅萧望之自杀：

> 甚矣孝元之为君，易欺而难寤也！夫恭、显之谮诉望之，其邪说诡计，诚有所不能辨也。至于始疑望之不肯就狱，恭、显以为必无忧，已而果自杀，则恭、显之欺亦明矣。在中智之君，孰不感动奋发以厎邪臣之罚！孝元则不然。虽涕泣不食以伤望之，而终不能诛恭、显，才得其免冠谢而已。如此，则奸臣安所惩乎！是使恭、显得肆其邪心而无复忌惮者也。①

汉元帝不能察人辨奸，惑于奸佞弘恭、石显谮诉之言；恭、显之欺既明，又柔儒不能明刑惩奸，不逮于“中智之君”也。其遗害尤深，“如此，则奸臣安所惩乎！是使恭、显得肆其邪心而无复忌惮者也”。司马光严厉谴责了汉元帝偏信谮诉谗言，知奸不惩，刑赏错乱，枉害贤良的行为。

《通鉴》卷二十八永光元年（前43）记载：汉元帝时，司隶校尉琅玡诸葛丰始以特立刚直著名于朝，数侵犯贵戚，在位多言其短。但光禄勋、光禄大夫张猛在朝之时，却数称言周堪、张猛之美，阿谀权贵，官至司隶校尉。后因专作苛暴以获虚威，被徙城门校尉，于是又上书告周堪、张猛罪。上制诏御史：城门校尉丰“不内省诸己，而反怨堪、猛以求报举，告按无证之辞，暴扬难验之罪，毁誉恣意，不顾前言，不信之大也。朕怜丰之耆老，不忍加刑，其免为庶人”。又曰：“丰言堪、猛贞信不立，朕闵而不治，又惜其材能未有所效，其左迁堪为河东太守，猛槐里令。”②“臣光曰”论汉元帝不

---

① 《资治通鉴》卷二十八，中华书局1956年版，第902页。

② 《资治通鉴》卷二十八，中华书局1956年版，第916页。

辨善恶是非：

> 诸葛丰之于堪、猛，前誉而后毁，其志非为朝廷进善而去奸也，欲比周求进而已矣；斯亦郑朋、杨兴之流，乌在其为刚直哉！人君者，察美恶，辨是非，赏以劝善，罚以惩奸，所以为治也。使丰言得实，则丰不当黜；若其诬罔，则堪、猛何辜焉！今两责而俱弃之，则美恶、是非果安在哉！①

司马光认为人君为治之要在于“人君者，察美恶，辨是非，赏以劝善，罚以惩奸，所以为治也”。立法之目的在于求治，立法之根本在于劝善惩奸，劝善惩奸之途径在于察美恶、辨是非。是非不明、赏罚不清，无以为治。“使丰言得实，则丰不当黜；若其诬罔，则堪、猛何辜焉！今两责而俱弃之，则美恶、是非果安在哉！”鲜明地表达了反对执法不辨善恶是非的态度。

《通鉴》卷九十四咸和四年(329)载“臣光曰”评晋成帝宥庾亮、王导宥卞敦之罪：

> 庾亮以外戚辅政，首发祸机，国破君危，窜身苟免；卞敦位列方镇，兵粮俱足，朝廷颠覆，坐观胜负。人臣之罪，孰大于此！既不能明正典刑，又以宠禄报之，晋室无政，亦可知矣。任是责者，岂非王导乎！②

庾亮征苏峻而激之反，天下怨之。亮自请流放，晋成帝却仅稍降其职，并宽慰之。卞敦在平苏峻之乱时，“拥兵不赴，又不给军粮”，平乱后，陶侃请治其罪，王导却强调宽宥，仍任以官。

---

① 《资治通鉴》卷二十八，中华书局 1956 年版，第 916 页。

② 《资治通鉴》卷九十四，中华书局 1956 年版，第 2970 页。

人臣位居显要，常因亲不因能，故易致祸。历代任重外戚而致祸乱，其典型也。“朝廷颠覆，坐观胜负。人臣之罪，孰大于此！”人君“既不能明正典刑，又以宠禄报之，晋室无政，亦可知矣”。指出晋室执法不明的流弊，表达了对执法不辨是非、刑赏错乱的强烈谴责。

（八）**反对杀直谏之臣**

《通鉴》卷四十三光武帝建武十五年(39)记载：

(韩)歆好直言，无隐讳，帝每不能容。歆于上前证岁将饥凶，指天画地，言甚刚切，故坐免归田里。帝犹不释，复遣使宣诏责之；歆及子婴皆自杀。歆素有重名，死非其罪，众多不厌；帝乃追赐钱谷，以成礼葬之。①

“臣光曰”：

昔高宗命说曰：“若药弗瞑眩，厥疾弗瘳。”夫切直之言，非人臣之利，乃国家之福也。是以人君日夜求之，唯惧弗得闻。惜乎，以光武之世而韩歆用直谏死，岂不为仁明之累哉！②

司马光认为光武帝以直谏杀大司农韩歆，“为仁明之累”，体现了司马光反对杀直谏之臣的观点。

《通鉴》卷一百二十三刘宋文帝元嘉十八年(441)记载：

彭城王义康至豫章，辞刺史，甲辰，以义康都督江、交、广三州诸军事。前龙骧参军巴东扶令育诣阙上表，称：“昔

① 《资治通鉴》卷四十三，中华书局1956年版，第1384—1385页。

② 《资治通鉴》卷四十三，中华书局1956年版，第1385页。

袁盎谏汉文帝曰:'淮南王若道路遇霜露死,陛下有杀弟之名。'文帝不用,追悔无及。彭城王义康,先朝之爱子,陛下之次弟,若有迷谬之愆,正可数之以善恶,导之以义方,奈何信疑似之嫌,一旦黜削,远送南垂!草莱黔首,皆为陛下痛之。庐陵往事,足为龟鉴。恐义康年穷命尽,奄忽于南,臣虽微贱,窃为陛下羞之。陛下徒知恶枝之宜伐,岂知伐枝之伤树!伏愿亟召义康返于京甸,兄弟协和,君臣辑睦,则四海之望塞,多言之路绝矣。何必司徒公、扬州牧然后可以置彭城王哉。若臣所言于国为非,请伏重诛以谢陛下。"表奏,即收付建康狱,赐死。①

裴子野论宋文帝赐扶令育死曰:

夫在上为善,若云行雨施,万物受其赐;及其恶也,若天裂地震,万物所惊骇,其谁弗知,其谁弗见!岂戮一人之身,钳一夫之口,所能攘逃,所能弭灭哉?是皆不胜其忿怒而有增于疾疹也。以太祖之含弘,尚掩耳于彭城之戮;自斯以后,谁易由言!有宋累叶,罕闻直谅,岂骨鲠之气,俗愧前古?抑时王刑政使之然乎?张约陨于权臣,扶育毙于哲后,宋之鼎镬,吁,可畏哉!②

太祖掩过,而人不敢直言;至文帝杀直谏,而有宋一代罕闻直谅矣。人臣进忠直谏,言君过政非,乃职责所在,忠义所系,即使所言有失,罪亦不当死。贵重以求,犹恐不及,文帝反以酷法待之,杀直谏之臣,故其后,刘宋乃不闻直谅,政治江河日下,衰亡之势难以

① 《资治通鉴》卷一百二十三,中华书局1956年版,第3890—3891页。
② 《资治通鉴》卷一百二十三,中华书局1956年版,第3891页。

逆转，终致亡国。《通鉴》引裴子野论刘宋危亡在于“有宋累叶，罕闻直谅”，反证杀直谏之臣的危害。

司马光一贯反对杀直谏之臣，至赵宋，不杀谏官终立于法。

## 三　区别公私大小、轻重缓急的法制思想

### （一）区别公私大小，辩证执法

1. 小亮不塞大逆，私行不赎公罪

《通鉴》卷十二记载：汉高祖九年（前198），赵王丞贯高因不满汉高祖轻慢赵王，策划谋反，事觉，下狱。

> 高对狱曰：“独吾属为之，王实不知。”吏治，搒笞数千，刺剟，身无可击者；终不复言。……
>
> 正月，上赦赵王敖，废为宣平侯。……
>
> 上贤贯高为人……因赦贯高。……贯高曰：“所以不死、一身无余者，白张王不反也。今王已出，吾责已塞，死不恨矣。且人臣有篡弑之名，何面目复事上哉！纵上不杀我，我不愧于心乎！”乃仰绝亢，遂死。①

荀悦论曰：“贯高首为乱谋，杀主之贼；虽能证明其王，小亮不塞大逆，私行不赎公罪。《春秋》之义大居正，罪无赦可也。”②表达了执法必辨公私大小而论罪的观点。

2. 论大功者不录小过，举大美者不疵细瑕

据《通鉴》卷二十九载，冯奉世于汉宣帝时有破莎车之功，却未得到适当的封赏。汉元帝时，杜钦上书请追封之，元帝以为事归前朝，未准所请。又，汉元帝时，匈奴郅支单于因杀汉使、吏士，汉西

---

① 《资治通鉴》卷十二，中华书局1956年版，第384—385页。

② 《资治通鉴》卷十二，中华书局1956年版，第385页。

域都护甘延寿、副校尉陈汤等伺机矫制袭杀之，将匈奴势力逐出西域，稳固了汉王朝对西域诸国的控制，扬威西域，朝野振奋。但因甘延寿曾结怨于执掌朝政的权臣石显与匡衡，被指斥为“擅兴师矫制”，“生事于蛮夷，为国招难”，不可封赏。故宗正刘向上书，认为甘、陈所为，符合“圣指”，并促成了呼韩邪单于内属，就其历史影响和意义言，乃“立千载之功，建万世之安”。而“论大功者不录小过，举大美者不疵细瑕”，故当“尊宠爵位，以劝有功”。汉元帝终于封赏了二人。

荀悦论冯奉世破莎车而未封事曰：“诚其功义足封，追录前事可也”，“各由其宜也”。论甘、陈事，首先指出“夫矫制之事，先王之所慎也，不得已而行之”。即认为“矫制”必慎，但“不得已”时亦可偶行。然后表达了自己“权其轻重而为之制宜”的功过处理观，“若矫大而功小者，罪之可也；矫小而功大者，赏之可也；功过相敌，如斯（指众议其功过间，未封未罪时，维持现状也）而已可也。权其轻重而为之制宜焉”。①

执法宜审动机，观实效，重结果。出于公义、大义，终于至功、伟业，过程虽兼小过而可谅也。尤其军事行动，可权宜处置。功过相敌，权其轻重而为之制宜焉。

司马光论事一贯强调明辨是非，功必赏，过必罚。此为司马光法制思想之基本原则。故赞同“诚其功义足封，追录前事可也”；而功过兼之，则“权其轻重而为之制宜”。此亦合于法理，尤切于应用也。

3. 区别公私，以“至公”为执法本要

嵇绍父嵇康，蔑视礼法，菲薄汤武以讥司马氏篡政，触怒当政之司马昭、钟会，被诬以协助毌丘俭反叛而遭杀害。山涛与康同列竹林七贤，素交好。泰始十年（274），山涛被任命为吏部尚书，并向

① 《资治通鉴》卷二十九，中华书局 1956 年版，第 949 页。

晋武帝举荐嵇绍为秘书郎,帝发诏征之。绍以父康得罪,屏居私门,欲辞不就。涛谓之曰:"天地四时,犹有消息,况于人乎!""绍乃应命,帝以为秘书丞。"[①]晋惠帝永兴元年(304),八王之乱中,守忠"卫帝",死于荡阴。[②]

东关之战,司马昭时为安东将军,监诸军。王裒父王仪因直言东关之败"责在元帅",激怒了司马昭,竟被"引出斩之"。裒痛父非命,隐居教授,三征七辟,皆不就,"遂不仕而终"。[③]

嵇绍仕晋而王裒不仕晋,"臣光曰"指出,"昔舜诛鲧而禹事舜,不敢废至公也",[④]意为君臣皆当以"至公"为行事与执法本要,若君王出于"至公"而杀人臣之父,人臣当弃其私仇与孝道而从"至公"之理,以忠事君。

**(二)用法责实**

《通鉴》卷二十一载:太初元年(前104),汉武帝拜李夫人兄广利为贰师将军,发兵往伐大宛,大败。"臣光曰":

> 武帝欲侯宠姬李氏,而使广利将兵伐宛,其意以为非有功不侯,不欲负高帝之约也。夫军旅大事,国之安危、民之死生系焉。苟为不择贤愚而授之,欲徼幸咫尺之功,藉以为名而私其所爱,不若无功而侯之为愈也。然则武帝有见于封国,无见于置将;谓之能守先帝之约,臣曰过矣。[⑤]

指出汉武帝用广利为将,虽怀私但未敢坏先帝"非有功不侯"之定

---

① 《资治通鉴》卷八十,中华书局1956年版,第2536页。
② 《资治通鉴》卷八十五,中华书局1956年版,第2696页。
③ 《资治通鉴》卷八十,中华书局1956年版,第2536页。
④ 《资治通鉴》卷八十,中华书局1956年版,第2537页。
⑤ 《资治通鉴》卷二十一,中华书局1956年版,第700页。

法。又指出，军旅大事首重择将用人，“苟为不择贤愚而授之，欲徼幸咫尺之功，藉以为名而私其所爱，不若无功而侯之为愈也”，辛辣地讥讽了汉武帝守法具名而不能责实的轻率行为。

《通鉴》卷二百二十载：安史之乱爆发后，不少唐朝官员、勋戚被俘降贼。至德二年(757)，有人提议一律处死，李岘认为如此“恐乖仁恕之道”，“且河北未平，群臣陷贼者尚多”，如从宽处理，“足开自新之路”；若尽诛之，“是坚其附贼之心”。唐肃宗采纳了李岘的建议，“以六等定罪，重者刑之于市，次赐自尽，次重杖一百，次三等流、贬”。据此六等定罪法，陈希烈等重臣皆赐死，尚陷贼者闻之，多罢悔过之念。肃宗也颇后悔。

“臣光曰”赞成按罪议刑赐陈希烈等死。“希烈等或贵为卿相，或亲连肺腑，于承平之日，无一言以规人主之失，救社稷之危，迎合取容以窃富贵；及四海横溃，乘舆播越，偷生苟免，顾恋妻子，媚贼称臣，为之陈力，此乃屠酤之所羞，犬马之不如。倘更全其首领，复其官爵，是谄谀之臣无往而不得计也。”“六等议刑，斯亦可矣，又何悔焉！”接着，司马光论及两点，反映出其史家求实作风，发人深省：

其一，像颜杲卿、张巡等在安史之乱中忠直死义之臣，“世治则摈斥外方，沈抑下僚；世乱则委弃孤城，齑粉寇手。何为善者之不幸而为恶者之幸，朝廷待忠义之薄而保奸邪之厚邪！”人君不明，有不察忠直及用人之失；忠直死义而不褒奖，有用法不明之失。

其二，“至于微贱之臣，巡徼之隶，谋议不预，号令不及，朝闻亲征之诏，夕失警跸之所，乃复责其不能扈从，不亦难哉！”①在整体上肯定唐朝的六等罪法的同时，又以切实之情对其失当处提出了质疑。

**（三）基于历史阶段分析、权衡轻重缓急执法**

《通鉴》卷一百二记载：太和五年(370)，前秦王猛军与前燕慕

① 《资治通鉴》卷二百二十，中华书局1956年版，第7050—7051页。

容评军交战。王猛遣将军徐成侦察敌情,约以中午归报。徐成日昏方归,猛怒,欲杀之。邓羌以徐成乃自己的"郡将",请求宽宥之,并请与共建功赎罪。猛不准其请,邓羌竟欲勒兵以攻王猛,王猛只得赦免徐成,并慰勉邓羌。两军即将交战之际,猛见燕兵势众,谓邓羌曰:"今日之事,非将军不能破勍敌。成败之机,在兹一举,将军勉之!"羌曰:"若能以司隶见与者,公勿以为忧。"猛曰:"此非吾所及也,必以安定太守、万户侯相处。"羌不悦而退。俄而兵交,猛召羌,羌寝弗应。猛驰就许之,羌乃大饮帐中,然后与徐成等跨马运矛,驰赴燕阵,出入数四,旁若无人,所杀伤数百。及日中,燕兵大败,俘斩五万余人,乘胜追击,所杀及降者又十万余人,慕容评仅得单骑逃走。

《通鉴》引"崔鸿曰"首先指出"邓羌请郡将以挠法,徇私也;勒兵欲攻王猛,无上也;临战豫求司隶,邀君也。有此三者,罪孰大焉!"但并不追究其罪,也未僵腐地站在维护礼法纲纪立场批评王猛不讲原则,而是接着便盛赞王猛"能容其所短,收其所长,若驯猛虎,驭悍马,以成大功"。① 体现出《通鉴》基于历史阶段论的灵活执法思想,即承平之世,用人必求明德守法,是为用人之常典;纷争战乱之世,用人尤其使用定成败于一役的军事人才时,宜首重其才能效用,对待才能之士,要容纳其恶、短,取用其美、长。但此为乱世不得已而为的权宜之计,不可推广为制。

司马光主张权衡轻重,执法立信。《通鉴》卷二百八十一后晋高祖天福三年(938)载:河阳行军司马李彦珣参与反叛,后晋发兵征讨。后晋将领访获其母,"置城下以招之,彦珣引弓射杀其母"。叛军既降,"帝以彦珣为坊州刺史。近臣言彦珣杀母,杀母恶逆不可赦;帝曰:'赦令已行,不可改也。'乃遣之官"。②

---

① 《资治通鉴》卷一百二,中华书局 1956 年版,第 3235 页。

② 《资治通鉴》卷二百八十一,中华书局 1956 年版,第 9190 页。

“臣光曰”:“治国家者固不可无信。然彦珣之恶,三灵所不容,晋高祖赦其叛君之愆,治其杀母之罪,何损于信哉!”[①]五代乱世,城头屡变大王旗,忠孝道德淡化,时多反叛,帝王不以为深罪,每赦且官之。司马光站在以信治国的战略高度,认为“赦其叛君之愆,治其杀母之罪”无损于信,流露出乱世纷争之际立信重于无甚实际意义的片面强调忠君的历史观。司马光对忠君的认识体现出鲜明的历史时代特点,反映出强烈的务实精神。由此可知,忠君并非司马光政治思想的核心,它从属于立信求治的社会治理思想。

**(四)参据众意检验修正执法结果,体现出可贵的民主法制思想精神**

《通鉴》卷四十三光武帝建武十五年(39)记载:

> (韩)歆好直言,无隐讳,帝每不能容。歆于上前证岁将饥凶,指天画地,言甚刚切,故坐免归田里。帝犹不释,复遣使宣诏责之;歆及子婴皆自杀。歆素有重名,死非其罪,众多不厌;帝乃追赐钱谷,以成礼葬之。[②]

“臣光曰”称:“惜乎,以光武之世而韩歆用直谏死,岂不为仁明之累哉!”[③]史文与史论互见,透露出司马光参据众意检验修正执法结果的思想。

《通鉴》卷一百一晋哀帝兴宁三年(365)载:沈劲父沈充,从王敦构逆,兵败身死。依律,当族诛。乡人匿沈劲,得免于死。劲耻其父之非义,立志建勋雪耻。前燕慕容恪攻洛阳,劲乃自募壮士千余助晋冠军将军守御,以寡敌众,屡建奇功,粮尽援绝,城陷被执,

① 《资治通鉴》卷二百八十一,中华书局1956年版,第9191页。

② 《资治通鉴》卷四十三,中华书局1956年版,第1384—1385页。

③ 《资治通鉴》卷四十三,中华书局1956年版,第1385页。

不屈死义，朝廷嘉之，事载《晋书·忠义传》。其忠义甚至感动了慕容恪，说："吾前平广固，不能济辟闾蔚；今定洛阳，使沈劲为戮；虽皆非本情，然身为元帅，实有愧于四海。"①"臣光曰"：

> 沈劲可谓能子矣！耻父之恶，致死以涤之，变凶逆之族为忠义之门。《易》曰："干父之蛊，用誉。"《蔡仲之命》曰："尔尚盖前人之愆，惟忠惟孝。"其是之谓乎！②

"乡人匿沈劲，得免于死"，《晋书·忠义传》载之，敌方将帅之褒赞及自责，均系众心民意之体现，反映出社会对族诛法不合理成分的否定与抵制。司马光热情褒赞沈劲能"变凶逆之族为忠义之门"，可谓"能子"，即能尽为子之道，透露出司马光重视民意和改革族诛法不合理成分的深刻思考。

《通鉴》卷二百八十七记载：后晋重臣杜重威叛降契丹，负中国，悖人心。后汉高祖刘知远举兵攻围之，乃遣使奉表出降。高祖竟"以重威为太傅兼中书令、楚国公"。"重威每出入，路人往往掷瓦砾诟之"。③"臣光曰"指出"杜重威罪大而赦之，非刑也"，④严厉谴责了后汉高祖执法不公，终致速亡。司马光之评显然出于参据众意检验修正执法结果的理性认知。

《通鉴》卷一百四十一建武四年(497)载"臣光曰"论北魏预许勋贵不死，指出人君用法当依"先王之制，虽有亲、故、贤、能、功、贵、勤、宾，苟有其罪，不直赦也；必议于槐棘之下，可赦则赦，可宥则宥，可刑则刑，可杀则杀；轻重视情，宽猛随时"，使"君得以施恩

① 《资治通鉴》卷一百一十，中华书局1956年版，第3199页。
② 《资治通鉴》卷一百一十，中华书局1956年版，第3199页。
③ 《资治通鉴》卷二百八十七，中华书局1956年版，第9378页。
④ 《资治通鉴》卷二百八十七，中华书局1956年版，第9379页。

而不失其威，臣得以免罪而不敢自恃”。[①] 参据众意检验修正执法结果，体现出可贵的民主法制思想精神。

自然，司马光也无法彻底摆脱封建法制即帝王意志的影响，但此乃其退而求其次的务实选择，不必苛责。《通鉴》卷一百四十八记载：临川王宏，梁武帝（庙号高祖）之弟，怯懦无能，曾有济口之败。天监十七年(518)五月戊寅，妾弟吴法寿杀人，宏因藏匿之，为有司所纠，罢司徒、骠骑大将军、扬州刺史等要职。然而，仅过三日，“辛巳，以宏为中军将军、中书监”，又过四天，“六月，乙酉，又以本号行司徒”。[②]

“臣光曰”指出，“宏为将则覆三军，为臣则涉大逆”，依法当族，杀之已自为轻。司马光却说“高祖贷其死罪可矣”。于今视之，显失其当。盖司马光不得不正视处理王族犯法难同于百姓的现实，既不足以改变之，乃退而求其次，要求处理必近于情理，减罪免死可也。这里既有司马光对帝王意志干法行为的某种妥协与默认，更多的则是求实之人的无奈。但“数旬之间，还为三公，于兄弟之恩诚厚矣，王者之法果安在哉”，[③]则为司马光所不能容忍并予以严厉谴责。令人费解者，在此否定语式中司马光又搬出“于兄弟之恩诚厚矣”的封建礼学教条，似有为梁武帝开脱之意。事实上，《通鉴》史文已清楚地记载了梁武帝不杀“涉大逆”的临川王萧宏的真正原因并非念“兄弟之恩”，而是“念汝愚耳”。萧宏愚昧，不可能对梁武帝帝王之位构成威胁，不杀之，适可为梁武帝之政治笼罩上一层温情脉脉的面纱，司马光采用史文与史论互见互补的编纂方法，巧妙而深刻地嘲讽了梁武帝执法不公的事实。

封建法制俗称“王法”，已昭示了其本质即帝王意愿的事实。

① 《资治通鉴》卷一百四十一，中华书局 1956 年版，第 4409 页。

② 《资治通鉴》卷一百四十八，中华书局 1956 年版，第 4638—4639 页。

③ 《资治通鉴》卷一百四十八，中华书局 1956 年版，第 4639 页。

汉代杜周早就直白坦言："三尺安在哉？前主所是著为律，后主所是疏为令。"[1]司马光"贷其死罪可矣"之论，虽失法理，未可深责也。礼固立法之本，但司马光坚决反对借虚假之礼以乱法。

## 四　反对失刑之滥杀、滥赦的思想

### （一）反对滥杀

1. 反思族诛法之弊

《通鉴》卷一百一晋哀帝兴宁三年（365）载：沈劲父沈充，从王敦构逆，兵败身死。依律，当族诛。乡人匿沈劲，得免于死。劲耻其父之非义，立志建勋雪耻。前燕慕容恪攻洛阳，劲乃自募壮士千余助晋冠军将军守御，以寡敌众，屡建奇功，粮尽援绝，城陷被执，不屈死义，朝廷嘉之，事载《晋书·忠义传》。其忠义甚至感动了前燕，慕容恪曾说："吾……今定洛阳，使沈劲为戮；虽皆非本情，然身为元帅，实有愧于四海。"[2]"臣光曰"热情地褒赞沈劲可谓"能子"，即能尽为子之道，"变凶逆之族为忠义之门"。[3]对沈劲的充分肯定，暗示着司马光改革族诛法不合理成分的深刻思考，显示了司马光罪止于元凶、不及于无辜的法制思想的萌芽。

2. 滥杀种祸，立法公平，执法公正，形式公开

《通鉴》卷二百四十一元和十四年（819）载"臣光曰"论唐宪宗诱杀变兵，指出："且作乱者五人耳，乃使曹华设诈，屠千余人，不亦滥乎！"滥杀无辜后患无已，"然则自今士卒孰不猜其将帅，将帅何以令其士卒！上下盻盻，如寇仇聚处，得间则更相鱼肉，惟先发者为雄耳，祸乱何时而弭哉！"[4]表达了滥杀种祸的法制思想。

① 《故唐律疏议》卷一，《四部丛刊三编》本。
② 《资治通鉴》卷一百一，中华书局1956年版，第3199页。
③ 《资治通鉴》卷一百一，中华书局1956年版，第3199页。
④ 《资治通鉴》卷二百四十一，中华书局1956年版，第7773页。

《通鉴》卷二百八十二后晋高祖天福五年(940)记载:南唐与后晋交兵,唐将李承裕贪剽掠,与晋兵战而败,晋将马全节斩承裕及其众千五百人于城下,送所俘南唐监军杜光业等五百七人于大梁。

> 上曰:"此曹何罪!"皆赐马及器服而归之。
>
> ……杜光业等至唐,唐主以其违命而败,不受,复送于淮北,遗帝书曰:"边校贪功,乘便据垒。"又曰:"军法朝章,彼此不可。"帝复遣之归,使者将自桐墟济淮,唐主遣战舰拒之,乃还。帝悉授唐诸将官,以其士卒为显义都,命旧将刘康领之。①

"臣光曰"指出,"违命者将也,士卒从将之令者也,又何罪乎!受而戮其将以谢敌,吊士卒而抚之,斯可矣,何必弃民以资敌国乎!"②表达了唯罪其违命之将,不及于无辜从令之卒的执法思想。

**(二)反对滥赦**

1. 夫赦者,权时之宜,非常典也;必不得已,然后乃可权而行之

《通鉴》卷二十八记载:汉元帝问匡衡处理地震、日食之策,衡对曰:比年大赦,而奸邪不止,风俗大败。意谓赦与社会治理无必然联系。治理之道,"审所上而已",即看帝王的作为;进而指出帝王"宜省靡丽,考制度,近忠正,远奸佞,以崇至仁,匡失俗"。③

这段记载,要旨在论帝王治道。对此本事及其要旨,司马光未发论,盖以关乎帝王治道之论已多,此又不能出其外故也。司马光

① 《资治通鉴》卷二百八十二,中华书局1956年版,第9215页。
② 《资治通鉴》卷二百八十二,中华书局1956年版,第9216页。
③ 《资治通鉴》卷二十八,中华书局1956年版,第919页。

仅关注其旁涉所及之“赦”，引“荀悦论”探讨之，未能很好起到补益正文、强调正文主旨的作用。且终觉与正文所述缺少内在关联，与本事主旨尤显相去悬远，甚至凿枘不入。考匡衡语意为不必赦，“荀悦论”结论为“宜为赦矣”。而所论一为汉元帝，一为光武帝；又，“荀悦论”终于光武帝，以后史证前史，不当也。如此，则“荀悦论”宜置诸光武帝之赦后，此或厝置偶乱也。

荀悦论赦，指出法有“常典”，治平之世宜常守之；而用法亦贵能“权时之宜”，蔽乱之后宜行赦。认为“夫赦者，权时之宜，非常典也”。然后探讨和总结了汉代各朝因“时势”、“时宜”不同而行赦的经验与规律，“汉兴，承秦兵革之后，大愚之世，比屋可刑，故设三章之法，大赦之令，荡涤秽流，与民更始，时势然也。后世承业，袭而不革，失时宜矣。若惠、文之世，无所赦之。若孝景之时，七国皆乱，异心并起，奸诈非一；及武帝末年，赋役繁兴，群盗并起，加以太子之事，巫蛊之祸，天下纷然，百姓无聊；及光武之际，拨乱之后：如此之比，宜为赦矣”。①

《通鉴》卷七十五载：正始七年(246)，蜀汉大赦，大司农河南孟光当众指责费祎曰：“夫赦者，偏枯之物，非明世所宜有也。衰敝穷极，必不得已，然后乃可权而行之耳。”并援诸葛亮“惜赦”之辩词以证滥赦无益：“若刘景升、季玉父子，岁岁赦宥，何益于治！”最后引陈寿评曰：“诸葛亮为政，军旅数兴而赦不妄下，不亦卓乎！”②表明了观点。

2. 赦者小人之幸，君子之不幸

《通鉴》卷一百九十二贞观二年(628)记载：唐太宗谓侍臣曰：“古语有之：‘赦者小人之幸，君子之不幸。’‘一岁再赦，善人喑哑。’夫养稂莠者害嘉谷，赦有罪者贼良民，故朕即位以来，不欲数赦，恐

① 《资治通鉴》卷二十八，中华书局1956年版，第919—920页。

② 《资治通鉴》卷七十五，中华书局1956年版，第2367页。

小人恃之轻犯宪章故也!”①

《通鉴》卷一百一十九记载:宋武帝刘裕改元称帝后,“大赦”,并颁令“其犯乡论清议,一皆荡涤,与之更始”。继引“裴子野论”曰:“昔重华受终,四凶流放;武王克殷,顽民迁洛。天下之恶一也,乡论清议,除之,过矣!”②

“裴子野论”中不言“大赦”事,而说:“天下之恶一也,乡论清议,除之,过矣!”颇易被理解为宋武帝废除了乡论清议。又从司马光对西晋败亡、汉末以来“清节名士”之史评中可知,司马光一贯深恶“乡论清议”之流弊,这又进一步强化了上述认知。然而,考诸史籍,知宋武帝以后之南朝宋明帝、齐高帝、梁武帝、陈武帝均有过几乎与此“其犯乡论清议,一皆荡涤”一样的诏令政策,所言皆赦免“犯乡论清议”者,非废除乡论清议之谓也。故司马光赞同裴子野“过矣”之评,乃就大赦而言也。

由是论可窥知“乡论清议”在南朝各代已取得了事实上的法律地位,且对当时社会影响巨大,犯之者众,害民深广,使统治者不得不屡下大赦之诏以缓和因之造成的社会矛盾。惜学者尚少从社会史、民间法的角度对此进行深入之研究。

《通鉴》卷一百一十九记载:刘宋武帝永初二年(421),“正月,辛酉,上祀南郊,大赦”。裴子野论曰:“夫郊祀天地,修岁事也。赦彼有罪,夫何为哉!”③因郊祀而赦则滥,害法制,奖为恶,使民轻犯法,反而埋下社会之不安定因素。

3. 桡有司之法,致亡国之祸

《通鉴》卷一百四太元五年(380)记载:苻洛者,苻坚之从弟也,封行唐公。自以帝室至亲,又兼灭伐之功,求高官而不得,怨愤而

① 《资治通鉴》卷一百九十二,中华书局1956年版,第6055页。

② 《资治通鉴》卷一百一十九,中华书局1956年版,第3734页。

③ 《资治通鉴》卷一百一十九,中华书局1956年版,第3739页。

反，兵败被俘，“坚赦洛不诛，徙凉州之西海郡”。

“臣光曰”论苻坚每得反者辄赦之，指出滥赦妨碍治世，“夫有功不赏，有罪不诛，虽尧、舜不能为治，况他人乎！”且危害巨大，“秦王坚每得反者辄宥之，使其臣狃于为逆，行险徼幸，虽力屈被擒，犹不忧死，乱何自而息哉！”①

《通鉴》卷一百三十八永明十一年（493）记载：

> 大司马安定王休执军士为盗者三人以徇于军，将斩之。魏主行军遇之，命赦之，休不可，曰：“陛下亲御六师，将远清江表，今始行至此，而小人已为攘盗，不斩之，何以禁奸！”帝曰：“诚如卿言。然王者之体，时有非常之泽。三人罪虽应死，而因缘遇朕，虽违军法，可特赦之。”②

“臣光曰”：

> 彼废疾者宜养，当命有司均之于境内；今独施于道路之所遇，则所遗者多矣，其为仁也，不亦微乎！况赦罪人以桡有司之法，尤非人君之体也。惜也！孝文，魏之贤君，而犹有是乎！③

法纪大矣，不可以人君之言而轻废之。人君立法，自当维护之而非扰乱之。执法以公平施众为根本，滥赦意义甚微而危害甚大：“其为仁也，不亦微乎！况赦罪人以桡有司之法，尤非人君之体也。惜也！”法制公器也，特赦私恩也，公为重，私为轻，故法制大于君

① 《资治通鉴》卷一百四，中华书局1956年版，第3295页。
② 《资治通鉴》卷一百三十八，中华书局1956年版，第4338页。
③ 《资治通鉴》卷一百三十八，中华书局1956年版，第4338页。

恩。赦的对象或众或寡，仁恩施于寡而舍其众，尤不当也。

后汉高祖刘知远残暴嗜杀，用诈篡位，次年而死，其子即位，三年而身死国亡。后汉也成为中国历史上最短命的王朝。《通鉴》卷二百八十七载“臣光曰”称：“（后）汉高祖杀幽州无辜千五百人，非仁也；诱张琏而诛之，非信也；杜重威罪大而赦之，非刑也。”[①]后汉高祖失仁信刑，宜其速亡。并指出“罪大而赦之，非刑也”，这是后汉“祚运之不延”的重要原因。

## 第二节　经济思想

学术界的传统观点认为，司马光重视政治事件的记述，而忽视经济资料的记载，故有关司马光经济思想的研究成果也寥若晨星，且研究深度不足。事实上，司马光在政治事件的记述中，包含着丰富的经济资料和经济思想。经济发展是司马光治平社会建设的重要内容与特征，而司马光反对王安石变法、主持元祐更化、反对轻启战端、主张倡俭去奢等政治、军事思想，无不贯穿着经济分析的主线。在《通鉴》全部二百余条史论中，直接或间接涉及司马光经济思想的条目亦不减其十一，不可谓不重视，唯待发掘幽隐，归纳总结之耳。

### 一　特色鲜明的经济思想

司马光将社会经济约略划分为养民利民经济和盘剥聚敛经济。前者以民本史观为指导思想，后者以满足帝王官僚私欲与奢侈享乐为突出特点。

① 《资治通鉴》卷二百八十七，中华书局 1956 年版，第 9379 页。

**（一）重视养民利民经济，赞美重农思想与技术经济；强调经济伦理，反对奢侈享乐经济**

1. 明确提出“阜天下之财以养天下之民”的经济养民思想

《通鉴》卷二百三十三记载：唐德宗贞元四年（788）二月，淮南钱帛二十万运抵长安，宰相李泌将其全部输入唐德宗的私用仓库“大盈库”。但唐德宗挥霍无度，“犹数有宣索，乃敕诸道勿令宰相知”。“臣光曰”指出“王者以天下为家”，当“阜天下之财以养天下之民”，①明确表达了阜财养民的经济观。

2. 表现出重农思想和重视技术经济的进步经济史观

《通鉴》卷二十二征和四年（前89）记载：汉武帝封田千秋为富民侯、赵过为搜粟都尉。“过能为代田，其耕耘田器皆有便巧，以教民，用力少而得谷多，民皆便之。”“臣光曰”指出，“息民重农……而赵过之俦教民耕耘，民亦被其利”，②表达了重农思想和重视技术经济的进步经济史观。

3. 谴责畸形的帝王官僚奢侈享乐经济，表达了“去食、去兵，不可去信”的经济伦理观

《通鉴》引“班固论”批评汉武帝“睹犀布、玳瑁，则建珠厓七郡；感蒟酱、竹杖，则开牂柯、越巂；闻天马、蒲陶，则通大宛、安息；自是殊方异物，四面而至。于是开苑囿，广宫室，盛帷帐，美服玩，设酒池肉林以飨四夷之客，作鱼龙角抵之戏以观视之”，以致府库空竭，盗贼蜂起，不得不放弃轮台，痛下“罪己诏”。并评价说：“西域诸国……与汉隔绝，道里又远，得之不为益，弃之不为损，盛德在我，无取于彼。故自建武以来，西域思汉威德，咸乐内属，数遣使置质于汉，愿请都护。圣上远览古今，因时之宜，辞而未许；虽大禹之序

① 《资治通鉴》卷二百三十三，中华书局1956年版，第7510页。

② 《资治通鉴》卷二十二，中华书局1956年版，第742页。

西戎,周公之让白雉,太宗之却走马,义兼之矣!”[①]强调了“德”“义”规范下的经济伦理,表达了对畸形的帝王官僚奢侈享乐经济的谴责。

《通鉴》卷一百九十七贞观十七年(643)载“臣光曰”论唐太宗绝薛延陀真珠可汗婚约称:“孔子称去食、去兵,不可去信。唐太宗审知薛延陀不可妻,则初勿许其昏可也;既许之矣,乃复恃强弃信而绝之,虽灭薛延陀,犹可羞也。王者发言出令,可不慎哉!”[②]明确表达了司马光强烈的经济伦理史观。

经济伦理史观,首先是儒家以礼治国思想的必然产物,是传统的儒家伦理道德观念在经济领域的突出体现。其次,人之为人而区别于动物者,信也,礼也。关于人之需求,西人马斯洛需求五层次说风靡全球,由低而高分为生理需求、安全需求、社交需求、受尊重的需求和自我实现的需求,其满足效益递增。食乃最底层需求,兵约当第二层需求,信为高层需求;此外,近年来国际经济领域有关经济伦理和企业社会责任的研究受到日益广泛的关注,渐成经济研究之一支显学。强调和重视经济伦理,已成为企业家与一般职业经理人之显著区别。由是观之,司马光“去食、去兵,不可去信”之执论虽不免偏激,然亦颇得其深理。受此观念影响,在司马光整体社会治理思想体系中,经济之地位自难居隆宠。

**(二)反对盘剥聚敛经济**

盘剥聚敛经济,是以满足帝王官僚私欲与奢侈享乐为突出特点的。历史表明,一味言利、专事聚敛终成祸乱。司马光以强烈的史鉴精神和社会责任感,十分重视对聚敛逐利之害的记载,并表达了对“聚敛之臣”的痛恨。

《通鉴》卷二百一十六唐玄宗天宝七年(748)记载:度支郎中兼

---

① 《资治通鉴》卷四十三,中华书局 1956 年版,第 1403—1404 页。

② 《资治通鉴》卷一百九十七,中华书局 1956 年版,第 6201—6202 页。

侍御史杨钊善窥上意所爱恶而迎之,以擅于为帝王"聚敛"而骤迁,岁中领十五余使。六月,甲辰,迁给事中,兼御史中丞,专判度支事,恩幸日隆。司马光引"苏冕论"评唐玄宗迁杨钊,曰:"设官分职,各有司存。政有恒而易守,事归本而难失,经远之理,舍此奚据!"继则详陈奸臣言利、聚敛之祸:一曰直接危害百姓与行政清明,"洎奸臣广言利以邀恩,多立使以示宠,刻下民以厚敛,张虚数以献状";二曰危害人君,"上心荡而益奢,人望怨而成祸";三曰危害国家行政的执行,"使天子有司守其位而无其事,受厚禄而虚其用"。宇文融首唱其端,杨慎矜、王鉷继遵其轨,杨国忠终成其乱。故"仲尼云:宁有盗臣而无聚敛之臣。诚哉是言!前车既覆,后辙未改,求达化本,不亦难乎!"①鲜明地表达了反对以满足帝王官僚私欲与奢侈享乐为突出特点的盘剥聚敛经济的态度。

《通鉴》卷二百四十四记载:唐文宗大和五年(831)正月,卢龙节度使李载义与敕使进宴时,副兵马使杨志诚与其徒呼噪作乱,载义出奔易州,范阳为志诚叛军据有。志诚又杀莫州刺史张庆初。

> 上召宰相谋之,牛僧孺曰:"范阳自安、史以来,非国所有,刘总暂献其地,朝廷费钱八十万缗而无丝毫所获。今日志诚得之,犹前日载义得之也;因而抚之,使捍北狄,不必计其逆顺。"上从之。载义自易州赴京师,上以载义有平沧景之功,且事朝廷恭顺;二月,以载义为太保,同平章事如故。以杨志诚为卢龙留后。②

"臣光曰"指出:"昔者圣人顺天理、察人情","国家之有方镇,岂专利其财赋而已乎!如僧孺之言,姑息偷安之术耳,岂宰相佐天

---

① 《资治通鉴》卷二百一十六,中华书局 1956 年版,第 6890—6891 页。
② 《资治通鉴》卷二百四十四,中华书局 1956 年版,第 7874 页。

子御天下之道哉！”[①]显然，司马光并不反对追求经济利益，但反对“专利”其财赋。在哲学思想上，司马光认为凡事皆有本末、轻重之别。在整体社会治理与经济发展两者的比照关系中，相对而言，“御天下之道”为本要，谋财赋之利为轻末，此原则须臾不可弃也，故曰“岂专利其财赋而已乎！”

**（三）视“民乐其生”、“天下无穷人”为“太平”之业的前奏，物阜国丰、“民则人给家足”为治世、盛世之重要特征**

《通鉴》卷八十九载：晋愍帝建兴四年（316），西晋亡。司马光引“干宝论”曰：

> 昔高祖宣皇帝，以雄才硕量，应时而起，性深阻有若城府，而能宽绰以容纳；行数术以御物，而知人善采拔。于是百姓与能，大象始构。世宗承基，太祖继业，咸黜异图，用融前烈。至于世祖，遂享皇极，仁以厚下，俭以足用，和而不弛，宽而能断，掩唐、虞之旧域，班正朔于八荒，于时有“天下无穷人”之谚，虽太平未洽，亦足以明民乐其生矣。[②]

干宝论西晋愍帝并前晋诸帝，充分肯定西晋立基创业之君自高祖司马懿，经世宗司马昭，至于世祖司马炎，一统“八荒”，使“天下无穷人”，“民乐其生”，育成“大象”、“太平”之基。将“民乐其生”、“天下无穷人”视为“太平”之业的前提和重要特征。

司马光录“班固赞”颂文景之美，并于其后详载文景盛世之状貌。其着眼点集中于三：一曰帝王品德与政策，孝文“恭俭”、孝景“遵业”，行“清净恭俭，安养天下”政策；二曰风俗教化，“移风易俗，黎民醇厚”，“人人自爱而重犯法，先行义而后绌辱焉”；三曰社会财

---

① 《资治通鉴》卷二百四十四，中华书局 1956 年版，第 7874—7875 页。

② 《资治通鉴》卷八十九，中华书局 1956 年版，第 2835 页。

富与人民生活，“非遇水旱之灾，民则人给家足。都鄙廪庾皆满，而府库余货财；京师之钱累巨万，贯朽而不可校；太仓之粟陈陈相因，充溢露积于外，至腐败不可食。众庶街巷有马，而阡陌之间成群，乘字牝者摈而不得聚会。守閭阎者食粱肉，为吏者长子孙，居官者以为姓号”。[①] 司马光将物阜国丰、人给家足视为盛世三要征之一，予以高度重视。

司马光视治世、盛世经济发展为以礼治世的自然结果。纪纲名分清朗，风俗醇厚，则人君爱民，百官勤政，四民修业，物阜民丰可期。因果有自。

**（四）重视生产建设性劳动与货币流通经济**

主张遏止非生产性劳动者、扩大生产建设性劳动者比例。

司马光引“荀悦论”曰：

> 世有三游，德之贼也：一曰游侠，二曰游说，三曰游行。立气势，作威福，结私交以立强于世者，谓之游侠；饰辩辞，设诈谋，驰逐于天下以要时势者，谓之游说；色取仁以合时好，连党类，立虚誉以为权利者，谓之游行。此三者，乱之所由生也；伤道害德，败法惑世，先王之所慎也。国有四民，各修其业；不由四民之业者，谓之奸民。奸民不生，王道乃成。[②]

司马光由游侠郭解被族，引班固论游侠后，复引荀悦论三游以推广之，旨在维护纲纪礼义、伦理道德，但亦透露出其遏止非生产性劳动、扩大生产建设性劳动力比例的经济发展理念和主张。

士、农、工、商四民“各修其业”，乃财富生产与社会治理的基础。三游则“不由四民之业者，谓之奸民”，“奸民不生，王道乃成”。

---

① 《资治通鉴》卷十六，中华书局 1956 年版，第 546—548 页。

② 《资治通鉴》卷十八，中华书局 1956 年版，第 607 页。

故必遏制之，方可实现财富丰足与社会治理。这里之“王道”，略可理解为和谐治平之世。士传文教，文教亦生产力，乃和谐治世之重要象征；农工则衣食器物之源，为和谐治世之根本；商则交易南北，通天下有无，亦和谐治世之必要补充。四民之业（含文化、商业）皆有益社会之正“业”，并列齐观，无所贬抑，不可偏废。使四民“各修其业”，“王道乃成”。此论较之传统的“轻文人（百无一用是儒生）、抑商贾”思想无疑是巨大的进步，体现了司马光较为全面科学的社会发展观与基本经济思想。

司马光也非常重视货币流通经济。他礼赞周世宗毁佛铸钱以利民为仁明之举、“有益”之为，从侧面折射出司马光对货币流通经济的重视。

《通鉴》不厌其繁地记载了后周世宗毁佛像铸钱的史事细节。如显德二年(955)载：

> 帝以县官久不铸钱，而民间多销钱为器皿及佛像，钱益少，九月，丙寅朔，敕始立监采铜铸钱，自非县官法物、军器及寺观钟磬钹铎之类听留外，自余民间铜器、佛像，五十日内悉令输官，给其直；过期隐匿不输，五斤以上其罪死，不及者论刑有差。上谓侍臣曰：“卿辈勿以毁佛为疑。夫佛以善道化人，苟志于善，斯奉佛矣。彼铜像岂所谓佛邪！且吾闻佛志在利人，虽头目犹舍以布施，若朕身可以济民，亦非所惜也。”①

“臣光曰”：“若周世宗，可谓仁矣，不爱其身而爱民；若周世宗，可谓明矣，不以无益废有益。”②周世宗曰“若朕身可以济民，亦非所惜也”，司马光极赞其仁、明，体现出司马光重视货币流通以济民

---

① 《资治通鉴》卷二百九十二，中华书局 1956 年版，第 9529—9530 页。

② 《资治通鉴》卷二百九十二，中华书局 1956 年版，第 9530 页。

的经济思想。

**（五）关注经济，自觉重视经济分析与经济史料之记载**

《通鉴》卷二十二评汉武帝，首引“班固赞”，盛赞汉武帝“文治”功业，远逾高祖、文、景：“汉承百王之弊，高祖拨乱反正，文、景务在养民，至于稽古礼文之事，犹多阙焉。”并盛赞汉武帝“罢黜百家，表章六经，遂畴咨海内，举其俊茂，与之立功；兴太学，修郊祀，改正朔，定历数，协音律，作诗乐，建封禅，礼百神，绍周后，号令文章，焕然可述，后嗣得遵洪业而有三代之风”。甚至说“如武帝之雄材大略，不改文、景之恭俭以济斯民，虽《诗》、《书》所称何有加焉！”①赞其美而不及其过。

司马光引“班固赞”后，又出“臣光曰”：

> 孝武穷奢极欲，繁刑重敛，内侈宫室，外事四夷，信惑神怪，巡游无度，使百姓疲敝，起为盗贼，其所以异于秦始皇者无几矣。然秦以之亡，汉以之兴者，孝武能尊先王之道，知所统守，受忠直之言，恶人欺蔽，好贤不倦，诛赏严明，晚而改过，顾托得人，此其所以有亡秦之失而免亡秦之祸乎！②

更广泛地关注到汉武帝政治、经济等方面的过失，使评论更趋客观全面。由两论之比较可知，司马光更加关注经济。

《通鉴》卷五十六记载：东汉建宁二年(169)，诏遣谒者冯禅说降汉阳散羌。段颎以春农，百姓布野，羌虽暂降，而县官无廪，必当复为盗贼，不如乘虚放兵，势必殄灭。“颎凡百八十战，斩三万八千余级，获杂畜四十二万七千余头，费用四十四亿，军士死者四百余人；更封新丰县侯，邑万户”；“冯禅等所招降四千人，分置安定、汉

① 《资治通鉴》卷二十二，中华书局 1956 年版，第 747 页。

② 《资治通鉴》卷二十二，中华书局 1956 年版，第 747—748 页。

阳、陇西三郡。于是东羌悉平”。司马光就此发论，直称：“岂得专以多杀为快邪！”段颎为将，“虽克捷有功，君子所不与也。”①此论要旨虽不涉经济评定，然在军事行动评判中，却郑重记录下“费用四十四亿”的重要经济信息，跳出了政治伦理评判的窠臼，在一定程度上反映了司马光自觉重视经济分析法的科学史观。

司马光还能自觉地从经济视角审视道教盛行的社会危害。《通鉴》卷一百一十九景平元年(423)记载：

> 初，嵩山道士寇谦之，讃之弟也，修张道陵之术，自言尝遇老子降，命谦之继道陵为天师，授以辟谷轻身之术及《科戒》二十卷，使之清整道教。又遇神人李谱文，云老子之玄孙也。授以《图箓真经》六十余卷，使之辅佐北方太平真君；出天宫静轮之法，其中数篇，李君之手笔也。谦之奉其书献于魏主。朝野多未之信，崔浩独师事之，从受其术，且上书赞明其事曰：“臣闻圣王受命，必有天应，《河图》、《洛书》皆寄言于虫兽之文，未若今日人神接对，手笔粲然，辞旨深妙，自古无比；岂可以世俗常虑而忽上灵之命！臣窃惧之。”帝欣然，使谒者奉玉帛、牲牢祭嵩岳，迎致谦之弟子在山中者，以崇奉天师，显扬新法，宣布天下。起天师道场于平城之东南，重坛五层；给道士百二十人衣食，每月设厨会数千人。②

“臣光曰”指出，不以治国为务，大臣崇奉神仙之学，帝亦“欣然”，并“使谒者奉玉帛、牲牢祭嵩岳，迎致谦之弟子在山中者，以崇奉天师，显扬新法，宣布天下。起天师道场于平城之东南，重坛五

---

① 《资治通鉴》卷五十六，中华书局 1956 年版，第 1817 页。

② 《资治通鉴》卷一百一十九，中华书局 1956 年版，第 3762 页。

层；给道士百二十人衣食，每月设厨会数千人”。[1] 如此开支，无疑是社会财富的无益流失和巨大浪费。

司马光客观而平实地记录了许多重要的社会经济现象。《通鉴》卷一百五十五梁武帝中大通三年(531)记载：昭明太子萧统母丁贵嫔卒，太子遣人“求墓地之吉者”。有人贿赂宦者求卖地，“云若得钱三百万，以百万与之”。宦者乃密启于上，言“太子所得地，不如今地于上为吉”。上年老多忌，即命“市之”。随后之“臣光曰”[2]虽未曾于经济角度就该史料置评，却如实记录了当时社会经济中生产要素之土地市场交易活跃的事实。

司马光还客观地记载了唐中叶百姓对两税法实施的真实感受。《通鉴》卷二百三十三贞元三年(787)载：“自兴元以来，至是岁最为丰稔，米斗直钱百五十、粟八十，诏所在和籴。”十二月，唐德宗畋于新店，顺便微服私访于百姓赵光奇家，司马光借赵光奇之口记载了两税法的实际执行情况：

> 诏令不信。前云两税之外悉无它徭，今非税而诛求者殆过于税。后又云和籴，而实强取之，曾不识一钱。始云所籴粟麦纳于道次，今则遣致京西行营，动数百里，车摧马毙，破产不能支。愁苦如此，何乐之有！每有诏书优恤，徒空文耳！恐圣主深居九重，皆未知之也！[3]

这段记载不见于两《唐书》，盖司马光取野史资料而来。此为源自基层百姓对两税法的真实评价和切实体验，史料难得，正史无载，价值弥足珍贵。其事本微小，而可取鉴者大，故司马光载之于

---

① 《资治通鉴》卷一百一十九，中华书局1956年版，第3762—3763页。
② 《资治通鉴》卷一百五十五，中华书局1956年版，第4809页。
③ 《资治通鉴》卷二百三十三，中华书局1956年版，第7508页。

史并发论。“臣光曰”借以表达了人君用法当利天下万民而非仅及一人的观点。由“臣光曰”可知，虽然上述记载之根本着眼点不在经济史料本身，而在于政治取鉴；但却体现了司马光超越前人的独到史见，反映了司马光并不忽视经济史料的史学编纂思想和取材标准。

前揭史料皆取自《通鉴》史论及其所论史事，最直接而准确地反映了司马光的经济思想。而《通鉴》所及经济记载尚远超于此，兹随手拈来两例以见其实。

例一，《通鉴》卷二百一十五唐纪三十一玄宗天宝五年(746)载：

> 以王忠嗣为河西、陇右节度使，兼知朔方、河东节度事。忠嗣始在朔方、河东，每互市，高估马价，诸胡闻之，争卖马于唐，忠嗣皆买之。由是胡马少，唐兵益壮。及徙陇右、河西，复请分朔方、河东马九千匹以实之，其军亦壮。忠嗣杖四节，控制万里，天下劲兵重镇，皆在掌握，与吐蕃战于青海、积石，皆大捷。又讨吐谷浑于墨离军，虏其全部而归。①

唐朝名将王忠嗣高价买胡马，实现弱胡强唐、战无不胜、安边保国的史实，深刻而鲜活地揭示了经济学的基本价值规律，展现了经济与军事的内在关联。

例二，《通鉴》卷二百三十四唐纪五十德宗贞元九年(793)载：“春，正月，癸卯，初税茶。凡州、县产茶及茶山外要路，皆估其直，什税一”，“自是岁收茶税钱四十万缗”。② 十年，详载陆贽请均节财赋六条，约1800字：其一“论两税之弊”；其二“请二税以布帛为额，不计钱数”；其三“论长吏以增户、加税、辟田为课绩”；其四“论

① 《资治通鉴》卷二百一十五，中华书局1956年版，第6871页。

② 《资治通鉴》卷二百三十四，中华书局1956年版，第7539—7540页。

税限迫促”;其五“请以税茶钱置义仓以备水旱”;其六“论兼并之家,私敛重于公税”。[①] 其中又有“近者有司奏请税茶,岁约得五十万贯”的经济史料,并与上年的记载形成对照。

## 二 司马光经济思想的综合分析与评价

现代经济发展理论认为,推动经济增长的决定因素主要有四类:生产要素投入的增加、产业结构的升级、技术的进步和制度的完善。其中的生产要素又包括劳动力、以土地为主的自然资源和资本三种。

在古代社会(前现代社会),主要经济部门高度集中于农业领域,且以分散的小农经济为突出特点。分散的小农经济制度下,个体农户对新技术开发与使用的积极性受到巨大的制约:一方面是因为开发与使用新技术的成本高昂,同时还必须承担技术改进带来的原技术与工具淘汰形成的沉没成本;另一方面是因为受生产规模制约,开发与使用新技术,对仅拥有少量农田的个体农户而言,生产的增长和效益的提高十分有限,完全不可与现代大规模的工业化生产从中所获效益同日而语。

此外,由于社会经济生产主体——小农对新技术需求的普遍漠视和严重缺失,亦埋葬了专门的技术开发者的生存空间。从世界近代经济史角度考察,技术研发在相当程度上就是不断地“尝试错误”,寻求最优,这恰是个体小农所无法和无力承受的。而正是这些专门的技术研发者和机构的出现与发展,有力地推动着工业革命以来世界经济的飞跃式发展。

以研究长时段世界经济发展而闻名的西方经济史学者麦迪逊,在其著作《世界经济千年史》[②]中揭示了如下史实:18 世纪工业

① 《资治通鉴》卷二百三十四,中华书局 1956 年版,第 7556—7569 页。
② 北京大学出版社 2003 年版。

革命以前的一两千年间,欧洲最发达国家的年人均 GDP 的增长速度仅为 0.05%,即经过 1400 年人均收入才能翻一番。工业革命以后,18、19 世纪欧洲国家的人均收入平均每年增长 1%,70 年即可翻一番。20 世纪年均增长速度达到 2%,是工业革命前的 40 倍,人均收入翻番的时间缩短为 35 年。表明技术进步对经济发展有着重大而关键的推动作用。该书的研究结论还显示,公元 1500 年,中国人口约为 1.3 亿。以 1900 年的国际货币单位为基础的国际元换算,当时,中国的人均收入为 600 单位国际元,欧洲为 450 单位国际元;至 1820 年,中国人口达到3.8 亿,而人均收入仍为 600 单位国际元。表明中国前现代社会经济增长是外延式增长。

诺贝尔经济学奖获得者西奥多·舒尔茨在其《改造传统农业》①一书中提出:在传统农业社会中,农民不进行储蓄和积累,其实是一种最理性的选择。深刻揭示了技术进步与资本积累的连动和影响关系。而该结论的提出,就是建立在承认传统农业社会技术进步缓慢的事实之上的。正是因为技术进步缓慢而引致了资金积累与生产投入的缺失。

宋代以前中国历代封建国家和政府均主要按人头与田亩征收赋税,随着人口的增长与田亩的开辟,财政收入持续增长,但官僚机构开支亦不断攀升,人民富足迄未实现,富民思想始终只能停留于理想层而未成为现实。政府之关注点直接指向人口与土地的增长,并非人民的经济剩余增加和财富积累,造成政府对推动技术发展亦缺乏足够的动力。而人口与土地的增加,又因农业经济制度下的经济增长是典型的外延式增长,总量增加,消耗量亦同比增加,经济剩余几近于零,故其经济增长主要体现为产出总量的增长,而非人均产出的提高,人民依旧困苦。

历史表明,封建社会的主要矛盾始终是农民与地主阶级的矛

---

① 商务印书馆 2006 年版。

盾，高度集中于政治领域。在经济领域，主要的矛盾是人与自然灾害的矛盾。相对而言，封建社会的农业生产技术简单，生产剩余低，不需要也不足以供养专门从事技术研发者。

1971年诺贝尔经济学奖获得者西蒙·库兹涅茨(Kuznets)在其著作[①]中揭示：在前现代社会，经济增长的特性是人口增加，经济规模扩大，但人均收入却基本保持不变，属于典型的外延式增长。美国哈佛大学的中国经济研究权威帕金斯(Perkins)，从中国2000余种县志中获得了丰富的有关人口与生产的数据资料，在其著作[②]中全面展示了其研究结论：从1368年明代建立到1968年的600年间，中国人口增加了10倍，耕地增加了5倍，单产增加了2倍。计算可知，600年间人均产量未发生任何变化。而人均产量不变，就意味着人均收入不变。体现出典型的前现代社会经济增长特征：人口增加而人均产量并未增加。国家经济规模的扩大主要依赖于人口增长，技术进步缓慢，对经济增长的贡献十分微弱。

总之，在古代中国，生产要素投入增加对经济的拉动被同步增长的消耗所抵销，产业结构的升级在以小农经济为主导的社会迄未获突破，技术进步严重缺乏动力，唯一可冀望者便只有制度的完善了。而经济制度的完善从根本上与政治制度的完善是一致的、可互相转换的，而政治制度的完善又可以影响和推动其它经济因素的活跃与发展。宋代经筵制度、不杀言官、重文抑武、削夺方镇、抑制宦官等政策的实施，与《通鉴》、《唐鉴》的史鉴精神高度吻合，两宋300年迄未发生全国性的人民大起义，享誉世界的中国四大发明集中形成于宋代，这在中国历史上都是极其罕见的。有理由认为，宋代经济与技术的突出发展，在相当程度上正是得益于社会综合治理制度的平稳与完善。套用现代流行语言，即稳定压倒一

① Modern Economic Growth, Yale University Press, 1966.

② Agricultural Development in Chain, 1368-1968, Alding, 1969.

切,有了稳定就有了经济发展。人民是创造历史的主人,经济发展的原动力蕴藏于广大人民之中,政府的职责仅是为之提供良好的外部环境与政策支持而已。基于此,笔者认为司马光经济思想是合理稳健的,重视以政治制度为主体的社会综合治理制度的改善,不仅不是忽视经济,反而是其在对古代中国政治与经济关系深刻领悟基础上对经济的最优关怀与最具效率的支持。

## 第三节　军事思想

《通鉴》史论从和谐社会建设和整体社会治理角度出发,对军事思想的分析探讨多集中于关涉社会稳定的全局性战略层面,而较少涉及具体的军事计谋与战术,但仍不失其丰富和精彩。

### 一　道为军事之魂,人心乃制胜之本

这是司马光从最高军事战略层面对军事本质的思考。

**(一) 得道则强,失道则亡;善战、知用兵之术而不知为天下之道,不过市道商贾之所为**

《通鉴》卷四周赧王二十三年(前292)载"臣光曰"论楚襄王迎妇于秦:

> 甚哉秦之无道也,杀其父而劫其子;楚之不竞也,忍其父而婚其仇!乌呼,楚之君诚得其道,臣诚得其人,秦虽强,乌得陵之哉!善乎荀卿论之曰:"夫道,善用之则百里之地可以独立,不善用之则楚六千里而为仇人役。"故人主不务得道而广有其势,是其所以危也。①

① 《资治通鉴》卷四,中华书局1956年版,第121页。

司马光认为“聪察强毅之谓才”,[1]“闻言易悟曰聪,睹事易辨曰明,敢为不惧曰勇,强力不屈曰健。有是四者,才则美矣”。[2] 可见司马光对强毅勇健是十分赞赏的。竞,强也,争也。是论表达了得道则强和危亡在失道而不在战的战略思想,同时也传达了对“不竞”的鄙薄和对勇于抗击无道、不屈强暴精神的崇敬。

淝水战后,慕容垂、姚苌等相继叛秦自立,苻坚自杀,强大的前秦帝国转瞬而亡。“臣光曰”评苻坚败亡之因:“论者皆以为秦王坚之亡,由不杀慕容垂、姚苌故也,臣独以为不然。……使坚治国无失其道,则垂、苌皆秦之能臣也,乌能为乱哉!”[3]清晰地表达了人才因得道而附、因失道而叛,失道则亡的军事战略思想。

五代乱世,群雄力争,帝王兴废,远者十余年,近者三四年,鲜见有为贤君,可称道者,唯唐庄宗、周世宗耳。“臣光曰”论唐庄宗、周世宗孰贤:

或问臣:五代帝王,唐庄宗、周世宗皆称英武,二主孰贤?臣应之曰:夫天子所以统治万国,讨其不服,抚其微弱,行其号令,壹其法度,敦明信义,以兼爱兆民者也。庄宗既灭梁,海内震动,湖南马氏遣子希范入贡,庄宗曰:“比闻马氏之业,终为高郁所夺。今有儿如此,郁岂能得之哉?”郁,马氏之良佐也。希范兄希声闻庄宗言,卒矫其父命而杀之,此乃市道商贾之所为,岂帝王之体哉!盖庄宗善战者也,故能以弱晋胜强梁,既得之,曾不数年,外内离叛,置身无所。诚由知用兵之术,不知为天下之道故也。世宗以信令御群

① 《资治通鉴》卷一,中华书局1956年版,第14页。

② 司马光:《传家集》卷六十七《四言铭系述》(元丰二年五月十七日作),影印《文渊阁四库全书》本。

③ 《资治通鉴》卷一百六,中华书局1956年版,第3348页。

臣，以正义责诸国，王环以不降受赏，刘仁赡以坚守蒙褒，严续以尽忠获存，蜀兵以反复就诛，冯道以失节被弃，张美以私恩见疏；江南未服，则亲犯矢石，期于必克，既服，则爱之如子，推诚尽言，为之远虑。其宏规大度，岂得与庄宗同日语哉！《书》曰："无偏无党，王道荡荡。"又曰："大邦畏其力，小邦怀其德。"世宗近之矣。①

"唐庄宗、周世宗皆称英武"，但周世宗深得治国之道，"以信令御群臣，以正义责诸国……江南未服，则亲犯矢石，期于必克，既服，则爱之如子，推诚尽言，为之远虑。"称世宗"宏规大度"。仁爱其民，明于用人，武"则亲犯矢石"。对待乱世敌国之材，重其"不降"、"坚守"、"尽忠"之美德而佑护褒赏之，对待"反复"、"失节"、"私恩"者则贬黜惩诛之，以纯正世风，导引教化。而"庄宗善战者也，故能以弱晋胜强梁，既得之，曾不数年，外内离叛，置身无所。诚由知用兵之术，不知为天下之道故也"。

显然，在司马光看来，"善战"、"知用兵之术"，却"不知为天下之道"，不过"市道商贾之所为"。远虑、宏规大度，乃帝王之体。表达了军事为用、治道为本，治道为军事之魂的军事哲学思想。

**（二）谋大胜，要在得人心**

1. 得人心者，非得一人之爱，得众人之心也；失众人之心，终不免败亡

《通鉴》卷一百三咸安二年（372）记载：燕王室慕容评率众降秦。"冠军将军慕容垂言于秦王坚曰：'臣叔父评，燕之恶来辈也，不宜复污圣朝，愿陛下为燕戮之。'坚乃出评为范阳太守。"

"臣光曰"指出，"灭人之国而人悦，何哉？为人除害故也"，"爱一人而不爱一国之人也，其失人心多矣"，秦王坚宠秩慕容评而失

---

① 《资治通鉴》卷二百九十四，中华书局 1956 年版，第 9599—9600 页。

人心，“卒于功名不遂，容身无所”，[1]殒命亡国。

2. 恃智勇可得一时小胜，唯其行仁义、合人心，方可成就“美大之业”

《通鉴》卷一百一十五记载：义熙五年(409)，刘裕率东晋军北伐南燕，广固一役，遭到顽强抵抗。义熙六年(410)，破城灭燕，“裕忿广固久不下，欲尽阬之，以妻女赏将士”，韩范劝谏，“裕改容谢之，然犹斩王公以下三千人，没入家口万余，夷其城隍”，送南燕主慕容超诣建康，斩之。

“臣光曰”指出，“晋自济江以来，威灵不竞，戎狄横骛，虎噬中原”，当以修明内政为急务。故当“于此际旌礼贤俊，慰抚疲民，宣恺悌之风，涤残秽之政，使群士向风，遗黎企踵”，本就不当“劝王师翦平东夏”，更不该于战胜后“更恣行屠戮以快忿心”。并说刘裕之所以“不能荡壹四海，成美大之业，岂非虽有智勇而无仁义使之然哉！”[2]

刘裕屠广固，疲己之民力，失北人之心，虽战胜破城而不能守，旋而失之，在客观上已具备良好的南北一统社会环境背景下，终未能实现此“美大之业”，徒留后人以无限感慨。设若刘裕此次义熙北伐无屠城之举，宅心仁厚，深得北人之心，又果得南北一统，则南北分裂在时间表上约可减少百八十年(410—589)矣，其利中华何可计量！果其如此，则屠城之刘裕实为中华历史之一大罪人矣！

恃智勇可以得一时之小胜，唯有行仁义、合人心，方可得“美大之业”。统一战争，不可以疲己之民力、失敌之民心，尤不可恃一时之“智勇”，“恣行屠戮”。是为战略性失误，必致南辕而北辙。

3. 谋大胜不惧小败，因败而收人心，为善处败也

《通鉴》卷七十六载：嘉平四年(252)，魏大将军司马师不从诸

---

① 《资治通鉴》卷一百三，中华书局 1956 年版，第 3255 页。

② 《资治通鉴》卷一百一十五，中华书局 1956 年版，第 3627 页。

葛诞之策，兵分三路攻吴，因东路军败而全线溃退。次年春，“朝议欲贬黜诸将，大将军师曰：‘我不听公休，以至于此。此我过也，诸将何罪！’悉宥之”。又载：“是岁，雍州刺史陈泰求敕并州并力讨胡，师从之。未集，而新兴、雁门二郡胡以远役，遂惊反。师又谢朝士曰：‘此我过也，非陈雍州之责！’是以人皆愧悦。”①《通鉴》引“习凿齿论”曰：

> 司马大将军引二败以为己过，过消而业隆，可谓智矣。若乃讳败推过，归咎万物，常执其功而隐其丧，上下离心，贤愚解体，谬之甚矣！君人者，苟统斯理以御国，行失而名扬，兵挫而战胜，虽百败可也，况于再乎！②

司马师引二败为己过，罪己而得人心，终得天下。人君御国，若懂得了这种得人心的道理，虽行为失误却能名声远扬，军事暂时受挫却能最终战胜敌人，那么，即使失败一百次都无妨，何况只有两次呢！表达了谋大胜不惧小败、要在得人心的军事战略思想。这一思想在今日已发展为完善的危机管理理论，可有效地化不利为有利、转被动为主动。又两败皆以决策失误而致，只宜罪其决策之人，而不当罪及执行者，透露出罪止于当罪、不延及无辜的军事执法思想。

4. 文武辅成，以德攻揽敌国人心，为善处胜也

《通鉴》卷七十七记载：甘露三年(258)，司马昭统军攻吴寿春，谋略得当，又“能以德攻”，积极争取人心，取得大捷。志满骄生，欲遣诸军轻兵深入，一举灭吴。王基谏曰：“昔诸葛恪乘东关之胜，竭江表之兵以围新城，城既不拔，而众死者大半。姜维因洮西之利，

---

① 《资治通鉴》卷七十六，中华书局1956年版，第2401—2402页。

② 《资治通鉴》卷七十六，中华书局1956年版，第2402页。

轻兵深入，粮饷不继，军覆上邽。夫大捷之后，上下轻敌，轻敌则虑难不深。今贼新败于外，又内患未弭，是其修备设虑之时也。且兵出逾年，人有归志，今俘馘十万，罪人斯得，自历代征伐，未有全兵独克如今之盛者也。武皇帝克袁绍于官渡，自以所获已多，不复追奔，惧挫威也。”司马昭及时醒悟而罢兵，并擢封王基为东武侯。

《通鉴》引“习凿齿论”：“君子谓司马大将军于是役也，可谓能以德攻矣。”攻则先取人心，捷而不杀降众；复以“穷武之雄，毙于不仁；存义之国，丧于懦退”之故，于大捷后，能从谏如流，审于形势，克制骄轻，及时中止“遣诸军轻兵深入”灭吴之欲。第一，“今一征而禽三叛，大虏吴众，席卷淮浦，俘馘十万，可谓壮矣”，“大捷之后，上下轻敌，轻敌则虑难不深”；第二，“今贼新败于外，又内患未弭，是其修备设虑之时也”；第三，“兵出逾年，人有归志”；第四，“不复追奔，惧挫威也”；第五，若“轻兵深入，粮饷不继”；第六，“未及安坐，赏王基之功；种惠吴人，结异类之情；宠鸯（魏叛将文钦之子）葬钦（魏叛将文钦），忘畴昔之隙；不咎诞（魏叛将诸葛诞）众，使扬土怀愧”。广布仁义，赏功犒师，安抚降众，种惠吴人，德慰亡叛。司马昭善于处胜，故习凿齿称颂之曰：“功高而人乐其成，业广而敌怀其德。武昭既敷，文算又洽，推此道也，天下其孰能当之哉！”①

5. 民心可用，“上下同心，战加十倍矣”

《通鉴》卷六十九黄初二年(221)记载：魏文帝曹丕遣太常邢贞奉策即拜孙权为吴王，加九锡。刘晔曰：“不可。……权既受王位，却蜀兵之后，外尽礼以事中国，使其国内皆闻，内为无礼以怒陛下；陛下赫然发怒，兴兵讨之，乃徐告其民曰：‘我委身事中国，不爱珍货重宝，随时贡献，不敢失臣礼，而无故伐我，必欲残我国家，俘我人民、以为仆妾。’吴民无缘不信其言也。信其言而感怒，上下同

① 《资治通鉴》卷七十七，中华书局 1956 年版，第 2444 页。

心，战加十倍矣。”①此时人之卓识也，司马光载而许之。

## 二　坚持以礼治军，崇慕以情治军，必择以严治军，不弃变通治军

### （一）治军以礼，慎微严法

此之礼，乃制度层阶级与秩序之礼，非道德层伦理之谓也，乃司马光礼治思想在军事上的体现，表达了严格军事治理的阶级秩序思想。

《通鉴》卷二百二十唐肃宗乾元元年(758)载：

> 平卢节度使王玄志薨，上遣中使往抚将士，且就察军中所欲立者，授以旌节。高丽人李怀玉为裨将，杀玄志之子，推侯希逸为平卢军使。希逸之母，怀玉姑也，故怀玉立之。朝廷因以希逸为节度副使。节度使由军士废立自此始。②

“臣光曰”：“有国家者，赏善而诛恶，故为善者劝，为恶者惩。彼为人下而杀逐其上，恶孰大焉！”③继论姑息方镇、紊乱治军之阶级秩序危害巨大。

> 盖古者治军必本于礼，故晋文公城濮之战，见其师少长有礼，知其可用。今唐治军而不顾礼，使士卒得以陵偏裨，偏裨得以陵将帅，则将帅之陵天子，自然之势也。
>
> 由是祸乱继起，兵革不息，民坠涂炭，无所控诉，凡二百余年，然后宋受命。太祖始制军法，使以阶级相承，小有违

① 《资治通鉴》卷六十九，中华书局1956年版，第2193页。
② 《资治通鉴》卷二百二十，中华书局1956年版，第7064页。
③ 《资治通鉴》卷二百二十，中华书局1956年版，第7065页。

犯，咸伏斧质。是以上下有叙，令行禁止，四征不庭，无思不服，宇内乂安，兆民允殖，以迄于今，皆由治军以礼故也。岂非诒谋之远哉！①

表达了司马光“治军必本于礼”、慎微严法的军事思想。

王夫之出论，角度不同，结论亦异，言称：“将与兵必相得也，兵不宜其将，非弱则讧。……察三军之志，立其所愿戴者，使军效于将，将效于国，亦不容已之势也。”②所论有理而失于审时，唐肃宗时，藩镇割据之势已成，兵重帅轻之实已萌，王氏理想之论已无可能，不及司马光之论切用。

《通鉴》卷二百四十四记载：唐文宗大和五年(831)正月，卢龙节度使李载义与敕使进宴时，副兵马使杨志诚与其徒呼噪作乱，载义出奔易州，范阳为志诚叛军据有。志诚又杀莫州刺史张庆初。

上召宰相谋之，牛僧孺曰：“范阳自安、史以来，非国所有，刘总暂献其地，朝廷费钱八十万缗而无丝毫所获。今日志诚得之，犹前日载义得之也；因而抚之，使捍北狄，不必计其逆顺。”上从之。载义自易州赴京师，上以载义有平沧景之功，且事朝廷恭顺；二月，以载义为太保，同平章事如故。以杨志诚为卢龙留后。③

“臣光曰”：“载义藩屏大臣，有功于国，无罪而志诚逐之，此天子所宜治也。若一无所问，因以其土田爵位授之，则是将帅之废置

① 《资治通鉴》卷二百二十，中华书局1956年版，第7066页。

② 王夫之：《读通鉴论》卷二十三，中华书局1975年版，第688—689页。

③ 《资治通鉴》卷二百四十四，中华书局1956年版，第7874页。

杀生皆出于士卒之手,天子虽在上,奚为哉!”[1]再次强调了治军必严阶级之礼和慎微严法的思想。

**(二)崇慕以情治军**

《通鉴》卷一百一晋哀帝兴宁三年(365)载司马光论沈劲为子之道,详细记载了前燕统帅慕容恪的治军方略:“太宰恪为将,不事威严,专用恩信,抚士卒务综大要,不为苛令,使人人得便安。平时营中宽纵,似若可犯;然警备严密,敌至莫能近者,故未尝负败。”

慕容恪“为将,不事威严,专用恩信”,此姑且名之曰以情治军。慕容恪在攻打晋军洛阳城时,敬重沈劲忠义奉国、智勇善战,但又必须忠于其职守,待之以敌,破城而杀之。司马光就沈劲之忠义与民族气节而发论赞之,[2]同时,又以事实记载和沈劲作战智勇而不免于败的结果传递着对慕容恪以情治军方略的肯定。

**(三)兵事以严终,为将者,亦严而已矣**

《通鉴》卷十七汉武帝元光元年(前134)记载:

> (李)广与程不识俱以边太守将兵,有名当时。广行无部伍、行陈,就善水草舍止,人人自便,不击刁斗以自卫,莫府省约文书;然亦远斥候,未尝遇害。程不识正部曲、行伍、营陈,击刁斗,士吏治军簿至明,军不得休息;然亦未尝遇害。不识曰:“李广军极简易,然虏卒犯之,无以禁也;而其士卒亦佚乐,咸乐为之死。我军虽烦扰,然虏亦不得犯我。”然匈奴畏李广之略,士卒亦多乐从李广而苦程不识。[3]

“臣光曰”引《易》“师出以律,否臧凶”说,指出治军将兵的一般

---

① 《资治通鉴》卷二百四十四,中华书局1956年版,第7874—7875页。

② 《资治通鉴》卷一百一十一,中华书局1956年版,第3199页。

③ 《资治通鉴》卷十七,中华书局1956年版,第577页。

原则为“治众而不用法，无不凶也”，“‘兵事以严终’，为将者，亦严而已矣”。但也指出“李广之将，使人人自便。以广之材，如此焉可也；然不可以为法”。即认为将兵之法可因人而异。李广“使人人自便”的“简易”将兵法，略可归纳为以情治军，它有利于调动和激发士兵的主动性与最大战斗潜力，“匈奴畏李广之略，士卒亦多乐从李广”，“士卒亦佚乐，咸乐为之死”。但这种方法，通常必须建立在士兵具有良好的军事素质与执行力、自我管理能力与自觉性，以及对将领高度认可与信任的条件和基础之上，是治军将兵的高级境界，因其要求较高，故“其继者难也”，“不可以为法”。程不识治军，“正部曲、行伍、营陈，击刁斗，士吏治军簿至明，军不得休息”，这种“烦扰”的将兵法，略可概括为以严治军，虽士卒苦之，且有“将仇其上而不服”之弊，但其效果稳健可期，“虏亦不得犯”，“亦未尝遇害”，“效程不识，虽无功，犹不败；效李广，鲜不覆亡哉！”①

军事实为理智与非理智的矛盾混合体，没有最优，只有次优，要在取其平衡。司马光明确指出，于其时也，以情治军不可以为法，现实的治军之道，唯“严而已矣”。以今日观点审视之，司马光之论虽在一种程度上有过于强调以严治军和以情治军之对立而忽略了两者的有机融合与统一之弊，但却是客观、慎重、务实的，充满着辩证唯物精神。

**（四）不弃变通治军**

《通鉴》卷一百二记载：太和五年（370），前秦王猛军与前燕慕容评军交战。王猛遣将军徐成侦察敌情，约以中午归报。徐成日昏方归，猛怒，欲杀之。邓羌以徐成乃自己的“郡将”，请求宽宥之，并请与共建功赎罪。猛不准其请，邓羌竟欲勒兵以攻王猛，王猛只得赦免徐成，并慰勉邓羌。两军即将交战之际，猛见燕兵势众，谓邓羌曰：“今日之事，非将军不能破勍敌。成败之机，在兹一举，将

① 《资治通鉴》卷十七，中华书局1956年版，第577—578页。

军勉之!”羌曰:“若能以司隶见与者,公勿以为忧。”猛曰:“此非吾所及也,必以安定太守、万户侯相处。”羌不悦而退。俄而兵交,猛召羌,羌寝弗应。猛驰就许之,羌乃大饮帐中,然后与徐成等跨马运矛,驰赴燕阵,出入数四,旁若无人,所杀伤数百。及日中,燕兵大败,俘斩五万余人,乘胜追击,所杀及降者又十万余人,慕容评仅得单骑逃走。

《通鉴》引“崔鸿曰”首先指出:“邓羌请郡将以挠法,徇私也;勒兵欲攻王猛,无上也;临战豫求司隶,邀君也;有此三者,罪孰大焉!”但并不追究其罪,也未僵腐地站在维护礼法纲纪立场批评王猛不讲原则,而是接着便盛赞王猛“能容其所短,收其所长,若驯猛虎,驭悍马,以成大功。《诗》云:‘采葑采菲,无以下体。’猛之谓矣”。① 所引《诗经·邶风·谷风》句,本意为萝卜和地瓜上之叶、下之根皆可食,而以其根为美;然其下体的根块部分唯于成熟时为美,未成熟时则恶,采之者不要因其地下的根块部分久未成熟,便习惯了只采其叶而忘记了待其成熟之美时采其根。这里引申为用人不能只看见其表面的缺点与不足,而忽略了其根本的最美好的方面。这首先反映了《通鉴》用人所长的基本用人思想,具有普适性;其次体现出《通鉴》基于不同历史阶段的灵活用人思想,即承平之世,用人必求明德守法,是为用人之常典;纷争战乱之世,用人尤其定成败于一役的军事人才时,首重才能效用,对待才能之士,要容纳其恶短,取用其美长。是为乱世不得已而为之的权宜之计,不可推广为制。

## 三 治世不可去兵,圣人不得已而用之

### (一) 军旅大事,国之安危、民之死生系焉,治世不可去兵

《通鉴》卷二十一太初元年(前 104)记载:宛有善马,在贰师

① 《资治通鉴》卷一百二,中华书局 1956 年版,第 3235 页。

城，匿不肯与汉使。天子使壮士车令等持千金及金马以请之。宛王犹不肯。汉使怒，妄言，椎金马而去。宛贵人怒杀汉使，取其财物。天子大怒。诸尝使宛姚定汉等言："宛兵弱，诚以汉兵不过三千人，强弩射之，可尽虏矣。"天子尝使浞野侯以七百骑虏楼兰王，以定汉等言为然；而欲侯宠姬李氏，乃拜李夫人兄广利为贰师将军，发属国六千骑及郡国恶少年数万人，以往伐宛。①

"臣光曰"：

> 武帝欲侯宠姬李氏，而使广利将兵伐宛，其意以为非有功不侯，不欲负高帝之约也。夫军旅大事，国之安危、民之死生系焉。苟为不择贤愚而授之，欲徼幸咫尺之功，藉以为名而私其所爱，不若无功而侯之为愈也。然则武帝有见于封国，无见于置将；谓之能守先帝之约，臣曰过矣。②

司马光以沉痛的历史教训雄辩地诠释了"军旅大事，国之安危、民之死生系焉"的军事思想。他在《潜虚》中释"戎"曰："兵也。天生五材，民并用之，缺一不可。孰能去兵，倘忧生乱，何以止乱？"从哲学认知高度抽象和演绎出治世不可去兵的朴素道理。

**（二）兵者，凶器，圣人不得已而用之**

司马光从不同的角度多次强调老子"兵者，凶器，圣人不得已而用之"的观点。

1. 用兵以讨未宾致太平也；既太平，不可无故动兵革

《通鉴》卷一百三十六永明四年(486)记载：

> 柔然遣使者牟提如魏。时敕勒叛柔然，柔然伏名敦可汗

① 《资治通鉴》卷二十一，中华书局 1956 年版，第 699—700 页。
② 《资治通鉴》卷二十一，中华书局 1956 年版，第 700 页。

自将讨之,追奔至西漠。魏左仆射穆亮等请乘虚击之,中书监高闾曰:“秦、汉之世,海内一统,故可远征匈奴。今南有吴寇,何可舍之深入虏庭!”魏主曰:“‘兵者,凶器,圣人不得已而用之。’先帝屡出征伐者,以有未宾之虏故也。今朕承太平之业,奈何无故动兵革乎!”厚礼其使者而归之。①

表达了用兵以讨未宾致太平也,既太平,不可无故动兵革的军事思想。

2. 国富兵强,因人主好战不已以致危乱者多矣!国贫兵弱,轻启兵革,岂惟无功,兼后患甚多

司马光《谏西征疏》云:“夫兵者,凶器,圣人不得已而用之。自古以来,国家富强,将良卒精,因人主好战不已以致危乱者多矣!况今公私困竭,将愚卒懦,乃欲驱之塞外以捕狡悍之虏,其无功必矣!岂惟无功,兼后患甚多,不可尽言也。”②

3. 兵出民间,兵民比例有常,用兵必害稼穑

司马光《乞罢保甲状》云:“臣窃以兵出民间,虽云古法,然古者八百家才出甲士三人、步卒七十二人,闲民甚多,三时务农,一时讲武,不妨稼穑,自上世相承习以为常,民不惊扰,自两司马以上皆选贤士大夫为之,无侵渔之患,故卒乘辑睦,动则有功。今籍乡村之民,二丁取一,以为保甲,皆授以弓弩,教之战阵,是农、民半为兵也。三四年来,又令河北、河东、陕西置都教场,无问四时,每五日一教。……是三路耕耘收获稼穑之业几尽废也。”故曰“夫兵者,凶

① 《资治通鉴》卷一百三十六,中华书局 1956 年版,第 4272 页。

② 司马光:《传家集》卷四十五《谏西征疏》(熙宁四年正月一日上),影印《文渊阁四库全书》本。

器也，圣人不得已而用之”。①

在此，还应注意科学、全面、准确地理解司马光的这一辩证军事思想。如《通鉴》卷一百九十二贞观元年（627）记载唐太宗之言有“戡乱以武，守成以文，文武之用，各随其时”。另，司马光嘉祐六年（1061）八月十七日上《进五规状·保业》云：

臣窃观自周室东迁以来，王政不行，诸侯并僭，分崩离析，不可胜纪，凡五百有五十年而合于秦；秦虐用其民，十有一年而天下乱，又八年而合于汉；汉为天子，二百有六年而失其柄，王莽盗之，十有七年而复为汉；更始不能自保，光武诛除僭伪，凡十有四年，然后能一之，又一百五十有三年，董卓擅朝，州郡瓦解，更相吞噬；至于魏氏，海内三分，凡九十有一年而合于晋；晋得天下，才二十年，惠帝昏愚，宗室皆构难，群胡乘衅浊乱，中原散为六七，聚为二三，凡二百八十有八年而合于隋；隋得天下，才二十有八年，炀帝无道，九州幅裂，八年而天下合于唐；唐得天下，一百有三十年，明皇恃其承平，荒于酒色，养其疽囊，以为子孙不治之疾，于是渔阳窃发，而四海横流矣。肃代以降，方镇跋扈，号令不从，朝贡不至，名为君臣，实为仇敌，陵夷衰微；至于五代，三纲颓绝，五常殄灭，怀玺未暖，处宫未安，朝成夕败，有如逆旅，祸乱相寻，战争不息，流血成川泽，聚骸成丘陵，生民之类，其不尽者无几矣！于是太祖皇帝受命于上帝，起而拯之，躬擐甲胄，栉风沐雨，东征西伐，扫除海内。当是之时，食不暇饱，寝不遑安，以为子孙建太平之基。大勋未集，太宗皇帝嗣而成之。凡二百二十有五年，然后大禹之迹复混而为一，黎民遗种始有所息肩矣。由是观之，上下一千七

① 司马光：《传家集》卷四十六《乞罢保甲状》（元丰八年四月上），影印《文渊阁四库全书》本。

百余年，天下一统者五百余年而已，其间时时小有祸乱，不可悉数。①

据司马光统计，宋世之前1700余年中，天下一统者仅500余年，其间“祸乱相寻”，小乱更是“不可悉数”。由是而知治天下不可以去兵。但这似乎又暗示着用兵乃历史之常态与主流，与“兵者，凶器也，圣人不得已而用之”的观点相矛盾。欲全面而准确地理解司马光这一辩证命题，必辨明分裂不等于乱世。分裂时期，各政权间的和平相处仍不失为相互关系之主流，分裂政权下亦不乏治平盛世。由于分裂政权间彼此的差异与竞争，还在一定程度上带来了相互交流与学习的内在驱动力，形成了彼此社会在有序竞争中的互补性发展，甚至缔造了某些“中间地带”的繁荣。② 正是因为分裂时期仍以“兵者，凶器也，圣人不得已而用之”为主流思想，所以，才有前宋历史分裂时久而社会仍表现出以和平发展为主的总体趋势。

## 四　夫兵之设，非以害人，所以养人

### （一）用兵必以仁、信、智为本

司马光曰：“仁者爱人，信者敬人，智者慧人，要皆以养人也。”又曰：“夫兵之设，非以害人，所以养人也。残暴如此，其谁与之。秦七世，役诸侯，卒兼天下，然其失策之大者有三焉：欺楚怀王而虏之，不信莫大焉；坑赵降卒四十万，不仁莫大焉；欺与国，诛已降，使诸侯疑而百姓怨，不智莫大焉。秦所以失天下之故多矣，在此三者，于不信之不信，不仁之不仁，不智之不智。是以始皇坟草未生，

① 司马光：《传家集》卷二十一，影印《文渊阁四库全书》本。

② 参唐长孺《魏晋南北朝隋唐史三论》（武汉大学出版社1992年版）、陈金凤《魏晋南北朝中间地带研究》（天津古籍出版社2005年版）等。

而四海横溃，宗庙为墟。究其祸，本兆于此矣。”①

《通鉴》卷二十三汉昭帝元凤四年（前77）载“臣光曰”论傅介子诱杀楼兰王：

> 王者之于戎狄，叛则讨之，服则舍之。今楼兰王既服其罪，又从而诛之，后有叛者，不可得而怀矣。必以为有罪而讨之，则宜陈师鞠旅，明致其罚。今乃遣使者诱以金币而杀之，后有奉使诸国者，复可信乎！且以大汉之强而为盗贼之谋于蛮夷，不亦可羞哉！论者或美介子以为奇功，过矣！②

战争乃政治之延续，或曰短期激烈之政治，故必符合并有益于长期社会和谐的政治目的，不可“为盗贼之谋”。表达了军功必合于信义和不齿违悖信义之军功的思想。

五代十国时期，契丹建国后迅速强盛起来，并南下中原，后晋君臣多降附契丹。但在中原人民持续而强大的反抗浪潮冲击下，契丹被迫北归，留下幽州兵1500人戍守大梁。《通鉴》卷二百八十七记载：后汉高祖天福十二年（947）三月，后晋大将刘知远乘机在太原称帝，史称后汉高祖。刘知远占领大梁后，或告幽州兵将为变，乃尽杀之于繁台之下，然后发兵围攻邺都。时曾降契丹的后晋将领杜重威拒守邺都，张琏将幽州兵二千助之。刘知远屡遣人招谕，许琏不死。琏曰：“繁台之卒，何罪而戮？今守此，以死为期耳。”由是城久不下。及张琏被诱杀，杜重威食竭力尽，乃遣使奉表出降。高祖竟“以重威为太傅兼中书令、楚国公”。“重威每出入，

① 司马光：《传家集》卷六十七《秦坑赵军》（庆历五年作），影印《文渊阁四库全书》本。

② 《资治通鉴》卷二十三，中华书局1956年版，第773页。

路人往往掷瓦砾诟之”。① “臣光曰”：

> 汉高祖杀幽州无辜千五百人，非仁也；诱张琏而诛之，非信也；杜重威罪大而赦之，非刑也。仁以合众，信以行令，刑以惩奸，失此三者，何以守国！其祚运之不延也，宜哉！②

后汉高祖刘知远残暴嗜杀，仁、信、刑俱失，用诈篡位，次年而死，其子即位，三年而身死国亡。故司马光曰：“其祚运之不延也，宜哉！”

**（二）用兵志在布陈威德安民，要在平定安集之**

《通鉴》卷四十东汉光武帝建武二年(26)记载：

> 赤眉、延岑暴乱三辅，郡县大姓各拥兵众，禹不能定。帝乃遣偏将军冯异代禹讨之，车驾送至河南，敕异曰：“三辅遭王莽、更始之乱，重以赤眉、延岑之丑，元元涂炭，无所依诉。将军今奉辞讨诸不轨，营保降者，遣其渠帅诣京师；散其小民，令就农桑；坏其营壁，无使复聚。征伐非必略地、屠城，要在平定安集之耳。诸将非不健斗，然好虏掠。卿本能御吏士，念自修敕，无为郡县所苦！”异顿首受命，引而西，所至布威信，群盗多降。③

在史文及“臣光曰”中，司马光明确提出“王者之兵志在布陈威德安民而已”，“征伐非必略地、屠城，要在平定安集之”，并盛赞“光武之所以取关中，用是道也。岂不美哉！”④

① 《资治通鉴》卷二百八十七，中华书局1956年版，第9378页。
② 《资治通鉴》卷二百八十七，中华书局1956年版，第9379页。
③ 《资治通鉴》卷四十，中华书局1956年版，第1306页。
④ 《资治通鉴》卷四十，中华书局1956年版，第1306—1307页。

此外，司马光还在其它场合通过辨质军功之实表达了“攻城拔邑之众，斩首捕虏之多，非功也”、“用兵不在多务，以乱静为功”和反对“以力征经营天下”等相似的军事思想。如，司马光评张巡曰：

天授之谓才，人从而成之之谓义，发而著之事业之谓功。精敏辩博，拳捷矫勇，非才也。驱市井数千之众，摧敌人百万之师，战则不可胜，守则不可拔，斯可谓之才矣；死党友，存孤儿，非义也。明君臣之大分，识天下之大义，守死而不变，斯可谓之义矣；攻城拔邑之众，斩首捕虏之多，非功也。控扼天下之咽喉，蔽全天下之大半，使其国家定于已倾，存于既亡，斯可谓之功矣。呜呼！以巡之才如是，义如是，功如是，而犹不免于流俗之毁，况其暧暧者邪！①

又，司马光《潜虚》释“绩”曰：“用兵不在多务，以乱静为功。”②《通鉴》引“太史公曰”论项羽败亡：

羽起陇亩之中……自矜功伐，奋其私智而不师古，谓霸王之业，欲以力征经营天下。五年，卒亡其国，身死东城；尚不觉悟而不自责，乃引“天亡我，非用兵之罪也”，岂不谬哉！③

司马迁从项羽败亡的主观原因进行分析，明确指出项羽败亡之因在于其“自矜功伐，奋其私智而不师古，谓霸王之业，欲以力征

① 司马光：《传家集》卷六十七，《张巡》（嘉祐元年作），影印《文渊阁四库全书》本。

② 司马光：《潜虚》，影印《文渊阁四库全书》本。

③ 《资治通鉴》卷十一，中华书局 1956 年版，第 354—355 页。

经营天下”。《通鉴》引此以表达反对“以力征经营天下”的军事思想。

## 五 其它军事思想

### (一) 兼并易而坚凝难,战胜非福

《通鉴》卷一百一十八记载:晋安帝义熙十三年(417),东晋大将刘裕北伐,攻取长安后,留下年幼的次子刘义真坐镇西北,以王镇恶、沈田子、傅弘之等领兵襄助,自引军东还。刘裕克长安,王镇恶功为多,由是南人皆忌之。沈田子自以峣柳之捷,与镇恶争功不平。裕将还,田子及傅弘之屡言于裕曰:“镇恶家在关中,不可保信。”裕曰:“今留卿文武将士精兵万人,彼若欲为不善,正足自灭耳。勿复多言。”裕私谓田子曰:“钟会不得遂其乱者,以有卫瓘故也。语曰‘猛兽不如群狐’,卿等十余人,何惧王镇恶!”后来,沈田子果杀王镇恶,使东晋很快就丧失了对西北的统治。“臣光曰”:

> 古人有言:“疑则勿任,任则勿疑。”裕既委镇恶以关中,而复与田子有后言,是斗之使为乱也。惜乎!百年之寇,千里之土,得之艰难,失之造次,使丰、鄗之都复输寇手。荀子曰:“兼并易能也,坚凝之难。”信哉!①

东晋时期,广大的北方地区陷入五胡十六国的纷乱割据之中,人民饱受战乱之苦。刘裕北伐,根本意义在于合人心,止战乱,归一统。“兼并易能也,坚凝之难”,体现了司马光对战争目的的深刻认识和重视战胜成果保持与巩固的军事思想。

《通鉴》卷一百六载:太元十年(385),淝水之战后,慕容垂、姚苌等相继叛秦,并与之为敌,秦王苻坚被逼自杀。“臣光曰”评苻坚

① 《资治通鉴》卷一百一十八,中华书局1956年版,第3714页。

败亡之因，引魏文侯君臣答对，文侯问李克吴之所以亡，对曰："数战数胜。"文侯曰："数战数胜，国之福也，何故亡？"对曰："数战则民疲，数胜则主骄，以骄主御疲民，未有不亡者也。"司马光评曰"秦王坚似之矣"，并谓"坚之所以亡，由骤胜而骄故也"。① 科学地认识到战胜之害和因胜而败的道理。

**（二）肯定联合御敌，否定军事迷信**

《通鉴》卷七秦始皇帝二十六年（前221）载"臣光曰"论合纵乃六国之利：

> 从衡之说虽反复百端，然大要合从者，六国之利也。昔先王建万国，亲诸侯，使之朝聘以相交，飨宴以相乐，会盟以相结者，无他，欲其同心戮力以保国家也。向使六国能以信义相亲，则秦虽强暴，安得而亡之哉！夫三晋者，齐、楚之藩蔽；齐、楚者，三晋之根柢；形势相资，表里相依。故以三晋而攻齐、楚，自绝其根柢也；以齐、楚而攻三晋，自撤其藩蔽也。安有撤其藩蔽以媚盗，曰"盗将爱我而不攻"，岂不悖哉！②

司马光对六国合纵的军事战略进行了透辟的分析。"大要合从者，六国之利也"；"夫三晋者，齐、楚之藩蔽；齐、楚者，三晋之根柢；形势相资，表里相依。故以三晋而攻齐、楚，自绝其根柢也；以齐、楚而攻三晋，自撤其藩蔽也"。

《孝经》云："富贵不离其身，然后能保其社稷而和其民人，盖诸侯之孝。"司马光注解称："能保社稷，孝莫大焉。"又曰："礼孝同术而异名。"③如此，则"保其社稷而和其民人"，便成为诸侯道义之至

---

① 《资治通鉴》卷一百六，中华书局1956年版，第3348—3349页。

② 《资治通鉴》卷七，中华书局1956年版，第234页。

③ 《孝经指解》，影印《文渊阁四库全书》本。

高境界。“合从”有利于“保国家”，故曰“六国之利也”。充分肯定了敌强我弱时联合御暴的军事战略。

《通鉴》卷二百三记载：武则天专权，引起众多朝臣不满。徐敬业因不满武氏执政，起兵于扬州。时有两种意见：一为魏思温之策，主张挥军“直指河、洛，专以匡复为事”；一为薛宗璋之策，守“金陵王气”，恃大江天险，先取江南。徐敬业从薛氏之策，兵败被杀。

《通鉴》引“陈岳论”曰：“敬业苟能用魏思温之策，直指河、洛，专以匡复为事，纵军败身戮，亦忠义在焉。而妄希金陵王气，是真为叛逆，不败何待！”[①]师出正义，易成其功，但不能保证必胜。纵军败身戮，亦忠义在焉。叛逆之师，不得民心，纵有小胜，终必取败。徐敬业从守“金陵王气”之策，犹不免于兵败身死，知迷信之虚妄害人，不足为信矣。表达了否定军事迷信的思想。

**（三）主张军事执法公开、公正**

《通鉴》卷六十九记载：建安二十四年(219)，魏吴南郡之战，魏将于禁兵败降吴。黄初二年(221)，因吴夺蜀之荆州，杀关羽，吴蜀联盟破裂，刘备大举兴兵伐吴。孙权为免于两面受敌，示好于魏，并送还于禁。“于禁须发皓白，形容憔悴，见帝，泣涕顿首。帝慰喻以荀林父、孟明视故事，拜安远将军，令北诣邺谒高陵。帝使豫于陵屋画关羽战克、庞德愤怒、禁降服之状。禁见，惭恚发病死。”[②]

魏文帝表里不一，对于禁既“慰喻以荀林父、孟明视故事，拜安远将军”，又在于禁诣邺谒高陵时，派人豫“于陵屋画关羽战克、庞德愤怒、禁降服之状”以辱之，实为逼于禁自杀。“于禁将数万众，败不能死，生降于敌”，“臣光曰”认为兵败当黜其职，降敌当罪其死，故曰“文帝废之可也，杀之可也”。但文帝为人君而行阴谋，“乃

---

① 《资治通鉴》卷二百三，中华书局 1956 年版，第 6431 页。

② 《资治通鉴》卷六十九，中华书局 1956 年版，第 2192 页。

画陵屋以辱之，斯为不君矣！”[1]表达了反对阴谋凌辱以惩治败军降将，主张军事执法公开的思想。

《通鉴》卷二百八十二记载：五代十国时期，战乱相寻。天福五年(940)，南唐与后晋交兵，唐将李承裕贪剽掠，与晋兵战而败。

> 马全节斩承裕及其众千五百人于城下，送监军杜光业等五百七人于大梁。上曰：“此曹何罪！”皆赐马及器服而归之。
>
> ……杜光业等至唐，唐主以其违命而败，不受，复送于淮北，遗帝书曰：“边校贪功，乘便据垒。”又曰：“军法朝章，彼此不可。”晋帝复遣之归，使者将自桐墟济淮，唐主遣战舰拒之，乃还。帝悉授唐诸将官，以其士卒为显义都，命旧将刘康领之。[2]

“臣光曰”：“违命者将也，士卒从将之令者也，又何罪乎！受而戮其将以谢敌，吊士卒而抚之，斯可矣，何必弃民以资敌国乎！”[3]表达了主张执法公正、不及无辜的军事思想。

**(四) 反对重焦烂之功、丰爵厚赏止于死战之士**

初，曹操把持的东汉政权尢暇顾及汉中，遂封张鲁为镇民中郎将(一作“镇夷中郎将”)，领汉宁太守。张鲁统治巴、汉近三十年。《通鉴》卷六十七记载：汉献帝建安二十年(215)，曹操亲率十万大军西征汉中，张鲁弟张卫率军据阳平关坚守，为曹操所破，张鲁避走巴中。“十一月，张鲁将家属出降。魏公操逆拜鲁镇南将军，待以客礼，封阆中侯，邑万户。封鲁五子及阎圃等皆为列侯。”[4]

《通鉴》引习凿齿论曹操封张鲁诸人曰：“阎圃谏鲁勿王，而

---

① 《资治通鉴》卷六十九，中华书局 1956 年版，第 2193 页。
② 《资治通鉴》卷二百八十二，中华书局 1956 年版，第 9215 页。
③ 《资治通鉴》卷二百八十二，中华书局 1956 年版，第 9216 页。
④ 《资治通鉴》卷六十七，中华书局 1956 年版，第 2142 页。

曹公追封之,将来之人,孰不思顺!”指出封赏之本在于化人“思顺”,而不在于崇“焦烂之功”、“死战之士”,故曰“曹公之此封,可谓知赏罚之本矣”。“若乃不明于此,而重焦烂之功,丰爵厚赏止于死战之士,则民利于有乱,俗竞于杀伐,阻兵杖力,干戈不戢矣”。①鲜明地表达了反对重焦烂之功、丰爵厚赏止于死战之士的军事思想。

① 《资治通鉴》卷六十七,中华书局1956年版,第2142—2143页。

# 第五章　司马光的文化思想

## 第一节　学术文化史观

《通鉴》作为史书，固以记事为本，广泛涉及物质文化、精神文化、制度文化诸层面内容，举凡忠孝礼仪文化、职官任选文化、政治军事文化等，无所不包。但作为编年体史书，则不可以专传、专志等形式集中记载文化人物、制度与事件，故其文化史料多散见于史事记载之中而易为忽略；又《通鉴》以"止欲叙国家之兴衰，著生民之休戚"[①]、"欲删削冗长，举撮机要，专取关国家兴衰，系生民休戚，善可为法，恶可为戒者，为编年一书"[②]为编纂原则，于文化史料多所取舍。然则考察《通鉴》史论，于历史上对社会发展产生过重大影响的文化思潮和现象，几无遗漏地予以关注，故诚不可不识司马光之志与史体约限而妄责以忽视文化记载也。正如张舜徽先生在其主编的《资治通鉴全译》序中所揭示的那样，《通鉴》不载文人，只是指那些无裨国计民生的文士，且以吟诗为文见长，而没有

---

① 《资治通鉴》卷六十九，中华书局 1956 年版，第 2187 页。

② 司马光：《传家集》卷十七《进〈资治通鉴〉表》，影印《文渊阁四库全书》本。

致治兴邦的识议。这样的文士，正如恒河沙数，不可胜记。如果发现善写文章的绩学之士，果有真知灼见，足以裨益治道，《通鉴》对其人其文，十分加以重视。

司马光将文化现象视为整体社会治理的重要组成部分和修身、治世之道的诉求途径予以考察和评价。以史学家、政治家的战略眼光、务实态度和文人强烈的社会责任意识，对历史上予社会发展以重大影响的文化思潮和现象进行了简赅而深辟的评论，形成了其颇具特色的文化史观。

## 一　在社会治理的指导思想和文化取向层面，坚定地维护儒学独尊地位

### （一）学者所以求道，君子慎于择术，天下无二道，唯儒学可当之，安有四学哉

司马光《潜虚》释“绩”曰：“功也。事不见功，何以为终？务学不在多能，以道成为功。”①

《通鉴》卷一百二十三元嘉十五年（438）记载：

> 豫章雷次宗好学，隐居庐山。尝征为散骑侍郎，不就。是岁，以处士征至建康，为开馆于鸡笼山，使聚徒教授。帝雅好艺文，使丹阳尹庐江何尚之立玄学，太子率更令何承天立史学，司徒参军谢元立文学，并次宗儒学为四学。②

“臣光曰”论四学：“史者儒之一端，文者儒之余事；至于老、庄虚无，固非所以为教也。”“夫学者所以求道”、畜德，唯儒学可当之，

---

① 司马光：《潜虚》，影印《文渊阁四库全书》本。

② 《资治通鉴》卷一百二十三，中华书局 1956 年版，第 3868 页。

无它学可与并论。故曰："天下无二道，安有四学哉！"[①]指出学术研究的终极目标在于"求道"，坚持尊儒和治国思想文化一统观，否定四学并列说。司马光整合学术，融归于儒学一门，有益于社会思想文化之统一和儒学地位之尊崇，有益于社会稳定与发展。

司马光"少好史学"，[②]"自幼龄，粗涉群史"，[③]"臣性识愚鲁，学术荒疏，凡百事为皆出人下，独于前史粗尝尽心，自幼至老嗜之不厌"，历时二十余载编纂《通鉴》，"研精极虑，穷竭所有，日力不足，继之以夜"，以致"筋骸癯瘁，目视昏近，齿牙无几，神识衰耗，目前所为，旋踵遗忘，臣之精力，尽于此书"。[④] 显然，司马光绝不可能贬低和忽视史学，但仍将史学视为"儒之一端"，不可与儒学并论。

"文者儒之余事"，则略相当将儒、文两者定位于本末关系。司马光所理解的文学，实仅限于"善属文"的狭窄范畴，而将今世所谓文学的社会教育、传道解惑、抑恶扬善等功能，皆归入儒家经学范畴，故不可与今时具有完整学科理论体系之文学等量而齐观。必识此司马光学术区分思想，知《通鉴》以资政为目的，方不致误解《通鉴》不载文人及纯文学作品的原因。

玄学是在汉代儒学(经学)衰落的背景下，为弥补儒学之不足，上承汉代道家思想与黄老之学，由汉末魏初的清谈直接演化而来，盛行于魏晋时期的一种崇尚老庄的思潮，主要内容为对《老子》、《庄子》和《周易》"三玄"的研究和解说，是道家和儒家融合而出现的一种哲学、文化思潮。魏晋之际，多以立言玄妙、行事雅远为玄

① 《资治通鉴》卷一百二十三，中华书局1956年版，第3868—3869页。

② 司马光：《传家集》卷十七《进〈通志〉表》，影印《文渊阁四库全书》本。

③ 司马光：《传家集》卷十七《谢赐〈资治通鉴〉序表》，影印《文渊阁四库全书》本。

④ 司马光：《传家集》卷十七《进〈资治通鉴〉表》，影印《文渊阁四库全书》本。

远旷达。崇尚远离具体事物，专门讨论“超言绝象”的本体论问题。因此，浮虚、玄虚、玄远之学可通称之为玄学。司马光以其虚无，教人逃避现实，于社会治理之意义远不可与儒学教人自强不息相比论，直谓“固非所以为教也”。《通鉴》引“干宝论”论晋兴亡曰：“学者以庄、老为宗而黜六经，谈者以虚荡为辨而贱名检，行身者以放浊为通而狭节信，进仕者以苟得为贵而鄙居正，当官者以望空为高而笑勤恪。”礼法刑政，于此大坏。“‘国之将亡，本必先颠’，其此之谓乎！”①即将玄学盛行引发礼法刑政毁坏视为西晋亡国之重要原因之一。司马光《迂书·斥庄》篇云：“或曰：庄子之文，人不能为也。迂夫曰：君子之学，为道乎，为文乎？夫唯文胜而道不至者，君子恶诸是。”②认为庄子长于文辞而短于治道，为君子所不取。

显然，司马光论四学，是针对社会治理的指导思想和文化取向比较而言的，并非否定和忽视史学、文学之作用与价值。《通鉴》不载文人、诗文，不记荒诞、玄虚，皆以其非关社会治理之要故也。

司马光因此明确提出了君子慎于“择术”的思想。《通鉴》卷一百一十九景平元年(423)载“臣光曰”评崔浩不喜佛老而信道教说：“君子之于择术，可不慎哉！”③明确传递出必择儒学为治世之道的思想。

**（二）王霸无异道，皆本仁祖义，任贤使能，赏善罚恶，禁暴诛乱**

《通鉴》卷二十七甘露元年(前53)记载“汉宣帝训责太子好儒”事。自孟、荀区别王霸之道以来，世颇从其说。汉宣帝深悟其道，外儒内法，“所用多文法吏，以刑绳下”。皇太子柔仁好儒，尝言：“陛下持刑太深，宜用儒生。”宣帝作色曰：“汉家自有制度，本以

① 《资治通鉴》卷八十九，中华书局1956年版，第2836—2837页。

② 司马光：《传家集》卷七十四，影印《文渊阁四库全书》本。

③ 《资治通鉴》卷一百一十九，中华书局1956年版，第3763页。

霸王道杂之；奈何纯任德教，用周政乎！且俗儒不达时宜，好是古非今，使人眩于名实，不知所守，何足委任！”并叹曰：“乱我家者太子也！”①

可见，这里的王道指以上古三代圣王为代表奉行的德教治天下之道，霸道强调的则是以春秋五霸为代表推行的法治强兵富国之道。对应于当时流行的学术流派思想，略相当于儒家和法家主张的社会治理之道。儒家尚仁德崇礼义，法家尚刑法寡恩义。两者“顾名位有尊卑，德泽有深浅，功业有巨细，政令有广狭耳，非若白黑、甘苦之相反也”。故“臣光曰”深刻地指出：“王霸无异道。昔三代之隆，礼乐、征伐自天子出，则谓之王。天子微弱不能治诸侯，诸侯有能率其与国同讨不庭以尊王室者，则谓之霸。其所以行之也，皆本仁祖义，任贤使能，赏善罚恶，禁暴诛乱。”并分析说，其时儒学德教之不崇，一由“人主之不为，非先王之道不可复行于后世也”；二由“儒有君子，有小人。彼俗儒者，诚不足与为治也，独不可求真儒而用之乎！稷、契、皋陶、伯益、伊尹、周公、孔子，皆大儒也，使汉得而用之，功烈岂若是而止邪！”并批评汉宣帝“乃曰王道不可行，儒者不可用，岂不过哉！非所以训示子孙，垂法将来者也”。②

司马光论王霸道与儒法关系，揭示出儒家礼义思想并不排斥法家刑法、强兵思想的合理成分，不过仅以刑法、强兵为进德之径、达道之术，而未贵崇为治天下之道耳。体现出司马光溯本探原、通透明达的学术文化观。

### （三）坚持以经（儒学经典）而非以谶论学

《通鉴》卷四十四记载：光武帝中元元年（56），“宣布图谶于天下”。

① 《资治通鉴》卷二十七，中华书局 1956 年版，第 880—881 页。

② 《资治通鉴》卷二十七，中华书局 1956 年版，第 881 页。

初，上以《赤伏符》即帝位，由是信用谶文，多以决定嫌疑。给事中桓谭上疏谏曰："凡人情忽于见事而贵于异闻。观先王之所记述，咸以仁义正道为本，非有奇怪虚诞之事。盖天道性命，圣人所难言也，自子贡以下，不得而闻，况后世浅儒，能通之乎！今诸巧慧小才、伎数之人，增益图书，矫称谶记，以欺惑贪邪，诖误人主，焉可不抑远之哉！臣谭伏闻陛下穷折方士黄白之术，甚为明矣；而乃欲听纳谶记，又何误也！其事虽有时合，譬犹卜数只偶之类。陛下宜垂明听，发圣意，屏群小之曲说，述五经之正义。"疏奏，帝不悦。会议灵台所处，帝谓谭曰："吾以谶决之，何如？"谭默然，良久曰："臣不读谶。"帝问其故，谭复极言谶之非经。帝大怒曰："桓谭非圣无法，将下，斩之！"谭叩头流血，良久，乃得解。出为六安郡丞，道病卒。①

谶纬，乃流行于中国两汉时期的一种学说。主要以古代河图、洛书的神话、阴阳五行学说及西汉董仲舒的天人感应说为理论依据，将自然界的偶然现象神秘化，并视为社会安定的决定因素。它适应了当时封建统治者的需要，故流行一时，在东汉被称为内学，尊为秘经。由于谶纬本即人为臆造之说，每被利用来散布改朝换代的政治预言，统治者逐渐认识到其危害，魏晋以后屡加禁止，日渐衰落。隋炀帝正式禁毁之后，谶纬之书大量散失，刘宋后谶纬之书亦受到历朝查禁，所存仅少量残篇。

所谓"谶纬"，实为"谶"与"纬"的合称。"谶"是秦汉间的巫师、方士编造的预言吉凶的隐语、预言作为上天的启示，向人们昭示未来的吉凶祸福、治乱兴衰。谶有谶言、图谶等形式，如"亡秦者胡也"即为秦代的一句谶言。"纬"即纬书，是汉代儒生假托古代圣人制造的依附于"经"的各种著作。东汉时流传的"七纬"：《易纬》、

① 《资治通鉴》卷四十四，中华书局 1956 年版，第 1427—1428 页。

《书纬》、《诗纬》、《礼纬》、《乐纬》、《孝经纬》和《春秋纬》，皆以迷信、方术、预言附会儒家经典。谶约起源于先秦，纬则较为晚出，通常认为出现于西汉。后谶、纬逐渐合流。东汉初年谶纬大盛。东汉光武帝刘秀曾以符瑞图谶起兵，即位后崇信谶纬，“宣布图谶于天下”，谶纬之学遂成为东汉统治思想的重要组成部分，具有高度的神圣性。时用人施政、各种重大问题之决策，均要依谶纬决定；对儒家经典的解释，甚至也要向谶纬看齐。谶纬在汉代的流行，是与汉代思想界天人感应、阴阳灾异泛滥分不开的。谶纬与经学的结合，推动了汉代经学的神学化。

谶纬充斥着浓重的神学迷信色彩，注定不能与儒家经典长期并行，很快就从经学中被剥离了出去。但谶纬中并非全是荒诞的东西，其中亦包含有许多天文、历数、地理等方面的古代自然科学知识。此外，像“君为臣纲，父为子纲，夫为妻纲”作为两千年中国君主专制社会的最高伦理规范，其最初的确切表达即是《白虎通义》从礼纬《含文嘉》中引来的。

司马光引“范晔论”曰：“桓谭以不善谶流亡，郑兴以逊辞仅免；贾逵能傅会文致，最差贵显；世主以此论学，悲哉！”[①]否定光武以谶论学，即肯定桓谭非谶思想，表达了坚持以经（儒学经典）论学和反对治国立策以谶不以“经”的鲜明观点。

**（四）圣人之道，文武兼之；社会治理之要，“先礼义而后勇力”**

《通鉴》卷二百一十三载：开元十九年（731）三月，“令两京诸州各置太公庙，以张良配享，选古名将，以备十哲；以二、八月上戊致祭，如孔子礼”。太公即姜尚，十哲为张良、田穰苴、孙武、吴起、乐毅、白起、韩信、诸葛亮、李靖、李绩。姜太公被封武成王，为武圣，祠武庙自此始。“臣光曰”：

---

① 《资治通鉴》卷四十四，中华书局1956年版，第1428页。

经纬天地之谓文,戡定祸乱之谓武,自古不兼斯二者而称圣人,未之有也。故黄帝、尧、舜、禹、汤、文、武、伊尹、周公莫不有征伐之功,孔子虽不试,犹能兵莱夷,却费人,曰“吾战则克”,岂孔子专文而太公专武乎?孔子所以祀于学者,礼有先圣先师故也。自生民以来,未有如孔子者,岂太公得与之抗衡哉!古者有发,则命大司徒教士以车甲,羸股肱,决射御,受成献馘,莫不在学。所以然者,欲其先礼义而后勇力也。君子有勇而无义为乱,小人有勇而无义为盗;若专训之以勇力而不使之知礼义,奚所不为矣!自孙、吴以降,皆以勇力相胜,狙诈相高,岂足以数于圣贤之门而谓之武哉!乃复诬引以偶十哲之目,为后世学者之师;使太公有神,必羞与之同食矣。①

自汉高祖祀孔子、汉武帝独尊儒术、司马迁列《孔子世家》以来,孔子“文圣”地位日益隆重。唐玄宗置太公庙,祀“武圣”,在一定程度上反映了唐代重文崇武、开拓进取的时代精神和社会思想的发展。司马光不赞同立太公庙,尤其反对配十哲,认为这是重勇力的社会思想和教育导向,危害巨大。

司马光坚持儒家礼义治国思想,认为知礼义者必有勇力,反对将勇力与礼义并列,既是历史经验的总结,又是北宋重文抑武时代特点的反映。

出于坚定维护儒学独尊地位的文化观,司马光十分重视辨儒,并揭穿有儒者之名,而无其实的“俗儒”②、“邪儒”③、“竖儒”④、虚

① 《资治通鉴》卷二百一十三,中华书局1956年版,第6795—6796页。

② 《资治通鉴》卷十一,中华书局1956年版,第375页。

③ 《资治通鉴》卷六十三,中华书局1956年版,第2022页。

④ 《资治通鉴》卷十,中华书局1956年版,第333页。

有其名的“名士”(如评黄宪[①],论樊英虚名应征[②]等),甚至“怀禄耽宠”者[③]。同时也深刻地指出了儒者的弊端。如引“欧阳修论”评冯道曰:“礼义廉耻,国之四维;四维不张,国乃灭亡。”“予于五代得全节之士三,死事之人十有五,皆武夫战卒,岂于儒者果无其人哉?”[④]直指五代时期儒者群体“礼义廉耻”缺失、全节死事之人罕见的事实。

## 二　辨章学术,坚持学术经世的指导思想与评判准则

### (一)“文胜质则史”,为史学之一通弊

《通鉴》卷六十六建安十七年(212)载:

> 董昭言于曹操曰:“自古以来,人臣匡世,未有今日之功;有今日之功,未有久处人臣之势者也。今明公耻有惭德,乐保名节;然处大臣之势,使人以大事疑己,诚不可不重虑也。”乃与列侯诸将议,以丞相宜进爵国公,九锡备物,以彰殊勋。荀彧以为:“曹公本兴义兵以匡朝宁国,秉忠贞之诚,守退让之实;君子爱人以德,不宜如此。”操由是不悦。……(彧)饮药而卒。彧行义修整而有智谋,好推贤进士,故时人皆惜之。[⑤]

“臣光曰”:

> 荀彧佐魏武而兴之,举贤用能,训卒厉兵,决机发策,征伐

① 《资治通鉴》卷五十,中华书局 1956 年版,第 1624 页。
② 《资治通鉴》卷五十一,中华书局 1956 年版,第 1648—1650 页。
③ 《资治通鉴》卷三十七,中华书局 1956 年版,第 1196 页。
④ 《资治通鉴》卷二百九十一,中华书局 1956 年版,第 9510—9511 页。
⑤ 《资治通鉴》卷六十六,中华书局 1956 年版,第 2114—2115 页。

四克，遂能以弱为强，化乱为治，十分天下而有其八，其功岂在管仲之后乎！管仲不死子纠而荀彧死汉室，其仁复居管仲之先矣！

而杜牧乃以为"彧之劝魏武取兖州则比之高、光，官渡不令还许则比之楚、汉，及事就功毕，乃欲邀名于汉代，譬之教盗穴墙发匮而不与同挈，得不为盗乎！"臣以为孔子称"文胜质则史"，凡为史者记人之言，必有以文之。然则比魏武于高、光、楚、汉者，史氏之文也，岂皆彧口所言邪！用是贬彧，非其罪矣。且使魏武为帝，则彧为佐命元功，与萧何同赏矣；彧不利此而利于杀身以邀名，岂人情乎！①

作为公认的著名史学家，司马光对传统史文之弊有着清醒的认识，超越了传统史家视野，深刻指出"臣以为孔子称'文胜质则史'，凡为史者记人之言，必有以文之"。并举例说"比魏武于高、光、楚、汉者，史氏之文也"。

**（二）弃虚妄正闰之说，取务实功业之论**

《通鉴》卷六十九记载：黄初二年（221），蜀中传言汉献帝已遇害，于是汉中王刘备即皇帝位，大赦，改元章武。司马光于此出"臣光曰"论正闰。

正闰论约兴于西汉末，以五德终始说为理论基础。早期引以论史，最突出者为班固《汉书》之评秦、汉、新莽。认为"汉承尧运"，是为正统；秦、新莽乃"紫色蛙声，余分闰位"，皆为闰统。后世多绍其说，西晋陈寿《三国志》以魏为正统，盖因西晋继魏，谋本朝正统也；东晋习凿齿《汉晋春秋》尊蜀为正统，恐出袒护偏安之东晋意。南北朝时期，正闰论已在社会政治文化领域形成巨大的影响，南北互称"索虏"、"岛夷"，以争正统。五代十国，八姓十三君；北宋混

① 《资治通鉴》卷六十六，中华书局1956年版，第2116—2127页。

一,夏、辽、金继起。怎样用正闰论对此作出解释,再度引起了学者的关注。司马光时,就有欧阳修《原正统论》与《明正统论》、章望之《明统论》、郭纯《会统稽元图》、苏轼《后正统论》等集中讨论历代政权的正闰问题,但观点不一。如欧阳公以魏为正统;章氏以魏为无统,又以秦、晋、隋、五代为霸统;郭氏则有余统、闰统、偏统、僭统之分;司马光亦在其《答郭长官纯书》中委婉地表达了自己的看法,"夫统者,合于一之谓也;今自余以下,皆谓之统,亦恐名之未正也"。① 其中,尤以欧阳修所论影响最大,他认为,"正者所以正天下之不正也,统者所以合天下之不一",故"居天下之正,合天下于一,斯正统矣"。提出了正统的两大标准:一曰名分正,二曰疆土统一。但据此标准难以解释分裂、对峙时期政权的正统问题,亦无以止争论,故又补充说,"天下虽不一而居得其正,犹曰天下当正于吾而一,斯谓之正统可也"。于是,东周、东晋亦为正统;"始虽不得其正,卒能合天下于一,夫一天下而居正,则是天下之君矣,斯谓之正统可矣"。② 于是,西晋、隋皆归正统。

"臣光曰":"天生烝民,其势不能自治,必相与戴君以治之。苟能禁暴除害以保全其生;赏善罚恶使不至于乱,斯可谓之君矣。是以三代之前,海内诸侯,何啻万国,有民人、社稷者,通谓之君。合万国而君之,立法度,班号令,而天下莫敢违者,乃谓之王。王德既衰,强大之国能帅诸侯以尊天子者,则谓之霸。故自古天下无道,诸侯力争,或旷世无王者,固亦多矣。秦焚书坑儒,汉兴,学者始推五德生、胜,以秦为闰位,在木火之间,霸而不王,于是正闰之论兴矣。"③认为先秦只有王霸之别,至汉代始有正闰之论。

继曰:"及汉室颠覆,三国鼎跱。晋氏失驭,五胡云扰。宋、魏

① 司马光:《传家集》卷六十一,影印《文渊阁四库全书》本。

② 欧阳修:《欧阳修全集》卷十六,中华书局 2001 年版,第 269 页。

③ 《资治通鉴》卷六十九,中华书局 1956 年版,第 2185—2186 页。

以降，南北分治，各有国史，互相排黜，南谓北为索虏，北谓南为岛夷。朱氏代唐，四方幅裂，朱邪入汴，比之穷、新，运历年纪，皆弃而不数，此皆私己之偏辞，非大公之通论也。”①指出三国魏晋南北朝时期，各对立政权皆自为正统，互相排黜，“非大公之通论也”。

接着，归纳和总结了前代正统说并评论其各自之不足：

其一，“以自上相授受者为正邪”说，如此，“则陈氏何所受？拓跋氏何所受？”

其二，“以居中夏者为正邪”说，若是，“则刘、石、慕容、苻、姚、赫连所得之土，皆五帝、三王之旧都也”。

其三，“以有道德者为正邪”说，然“则蕞尔之国，必有令主，三代之季，岂无僻王”！

在此基础上，司马光指出“正闰之论，自古及今，未有能通其义，确然使人不可移夺者也”。

最后，明确提出了自己对待历史上正闰说的观点：“正闰之际，非所敢知，但据其功业之实而言之。”司马光主张据功业之实论史，对待各政权宜区别为天子之制与诸侯之制，而摒弃正闰说。“臣愚诚不足以识前代之正闰，窃以为苟不能使九州合为一统，皆有天子之名，而无其实者也。虽华夷仁暴，大小强弱，或时不同，要皆与古之列国无异，岂得独尊奖一国谓之正统，而其余皆为僭伪哉！”并具体分析说：“据其功业之实而言之。周、秦、汉、晋、隋、唐，皆尝混壹九州，传祚于后，子孙虽微弱播迁，犹承祖宗之业，有绍复之望，四方与之争衡者，皆其故臣也，故全用天子之制以临之。其余地丑德齐，莫能相壹，名号不异，本非君臣者，皆以列国之制处之，彼此钧敌，无所抑扬，庶几不诬事实，近于至公。然天下离析之际，不可无岁、时、月、日以识事之先后。据汉传于魏而晋受之，晋传于宋以至于陈而隋取之，唐传于梁以至于周而大宋承之，故不得不取魏、宋、

① 《资治通鉴》卷六十九，中华书局1956年版，第2186页。

齐、梁、陈、后梁、后唐、后晋、后汉、后周年号，以纪诸国之事，非尊此而卑彼，有正闰之辨也。昭烈之汉，虽云中山靖王之后，而族属疏远，不能纪其世数名位，亦犹宋高祖称楚元王后，南唐烈祖称吴王恪后，是非难辨，故不敢以光武及晋元帝为比，使得绍汉氏之遗统也。"[①]司马光弃正闰说而取功业论，近乎客观允当，集中体现了司马光的卓越见识和学术思想，此真史家求实精神也。

司马光以经论史，明引既多，暗引犹众，广布于史论之字里行间，甚至谓其无字不合于经，亦不谬矣。例如，是论之"苟能禁暴除害以保全其生；赏善罚恶使不至于乱，斯可谓之君矣"句，其下胡注便说："温公之说，正祖《周书》所谓'抚我则后，虐我则仇'之意。"

**（三）否定纵横之学，鄙视纵横之士**

《通鉴》卷三周赧王五年(前 310)记载：

张仪说秦武王曰："为王计者，东方有变，然后王可以多割得地也。臣闻齐王甚憎臣，臣之所在，齐必伐之。臣愿乞其不肖之身以之梁，齐必伐梁，齐、梁交兵而不能相去，王以其间伐韩，入三川，挟天子，案图籍，此王业也！"王许之。齐王果伐梁，梁王恐。张仪曰："王勿患也！请令齐罢兵。"乃使其舍人之楚，借使谓齐王曰："甚矣王之托仪于秦也！"齐王曰："何故？"楚使者曰："张仪之去秦也固与秦王谋矣，欲齐、梁相攻而令秦取三川也。今王果伐梁，是王内罢国而外伐与国，而信仪于秦王也。"齐王乃解兵还。张仪相魏一岁，卒。

仪与苏秦皆以纵横之术游诸侯，致位富贵，天下争慕效之。又有魏人公孙衍者，号曰犀首，亦以谈说显名。其余苏代、苏厉、周最、楼缓之徒，纷纭遍于天下，务以辩诈相高，不可

① 《资治通鉴》卷六十九，中华书局 1956 年版，第 2187—2188 页。

胜纪；而仪、秦、衍最著。①

《孟子》论之曰：

或谓："公孙衍、张仪岂不大丈夫哉；一怒而诸侯惧，安居而天下熄？"孟子曰："是恶足为大丈夫哉！君子立天下之正位，行天下之正道，得志则与民由之，不得志则独行其道，富贵不能淫，贫贱不能移，威武不能诎，是之谓大丈夫。"②

扬子《法言》曰：

或问："仪、秦学乎鬼谷术而习乎纵横言，安中国者各十余年，是夫？"曰："诈人也，圣人恶诸。"曰："孔子读而仪、秦行，何如也？"曰："甚矣凤鸣而鸷翰也！""然则子贡不为欤？"曰："乱而不解，子贡耻诸。说而不富贵，仪、秦耻诸。"或曰："仪、秦其才矣乎，迹不蹈已？"曰："昔在任人，帝而难之。不以才乎？才乎才，非吾徒之才也！"③

《通鉴》概要记述了战国纵横家的代表人物及活动，指出其人不限于张仪、苏秦、公孙衍，三人"最著"耳。"其余苏代、苏厉、周最、楼缓之徒，纷纭遍于天下，务以辩诈相高，不可胜纪"。揭示出其人其术之渊源为"学乎鬼谷术"，特点为"以辩诈相高"，目的为"致位富贵"，并形成了一定的社会影响，"天下争慕效之"，时论亦颇有崇尚之者，"公孙衍、张仪岂不大丈夫哉；一怒而诸侯惧，安居

① 《资治通鉴》卷三，中华书局 1956 年版，第 99—100 页。
② 《资治通鉴》卷三，中华书局 1956 年版，第 100 页。
③ 《资治通鉴》卷三，中华书局 1956 年版，第 100 页。

而天下熄?”记述客观,其言赅简而其事周备,不失为有关纵横家学术思想及影响的精辟概括。

司马光借孟子之论,明确“大丈夫”的礼学衡量标准为:“立天下之正位,行天下之正道,得志则与民由之,不得志则独行其道,富贵不能淫,贫贱不能移,威武不能诎。”批评纵横家“是恶足为大丈夫哉!”朱熹《孟子集注》卷六释曰:“正位,礼也。大道,义也。”①引扬子《法言》直斥纵横家为“诈人也,圣人恶诸”。比照“乱而不解,子贡耻诸”的圣人思想境界,直击纵横家之本质:“说而不富贵,仪、秦耻诸。”并从根本上否定纵横家之才,“才乎才,非吾徒之才也”。

**(四)坚持史以载道,重视文化及学术思想的道德评判**

《通鉴》卷四十八记载:

> 初,班固奴尝醉骂洛阳令种兢,兢因逮考窦氏宾客,收捕固,死狱中。固尝著《汉书》,尚未就,诏固女弟曹寿妻昭踵而成之。②

司马光于班固死,引华峤论班固及其《汉书》曰:

> 固之序事,不激诡,不抑抗,赡而不秽,详而有体,使读之者亹亹而不厌,信哉其能成名也!固讥司马迁是非颇谬于圣人,然其论议,常排死节,否正直,而不叙杀身成仁之为美,则轻仁义,贱守节甚矣!③

“固讥司马迁是非颇谬于圣人”,而峤复讥固“轻仁义,贱守节

① 朱熹:《四书章句集注》,中华书局1983年版,第266页。
② 《资治通鉴》卷四十八,中华书局1956年版,第1534—1535页。
③ 《资治通鉴》卷四十八,中华书局1956年版,第1535页。

甚矣”。华峤评论,未必允当,历来争讼不息。但却生动地反映出自汉武帝独尊儒术文化方针确立以来至西晋间,儒家正统思想日益强化、渐成社会评判主导标尺的不争事实。而如班固这样正统的史家犹不免于讥,则又透露出至西晋时儒家思想在文化统治领域已呈现出一定的僵化和腐化的信息。儒家正统思想的强化与僵化共生而并进。司马光引华峤论,体现出其强烈的文化及学术思想道德评判倾向。

《通鉴》卷六十九黄初二年(221)载“臣光曰”论正闰:“臣今所述,止欲叙国家之兴衰,著生民之休戚,使观者自择其善恶得失,以为劝戒。”①司马光自述《通鉴》编纂思想,明确表达了坚持史以载道、强调道德评判的思想。

**(五)重视音乐对治平社会建设的作用**

音乐,以娱乐、抒情之形式,寓教育功效于其中,源于自然抒情,兴于娱乐,成于教育。

《通鉴》史论及其依托之史为一有机的互联整体,皆为司马光所关注者也。《通鉴》卷一百九十二记载:贞观二年(628),唐太宗君臣论乐,“太常少卿祖孝孙,以为梁、陈之音多吴、楚,周、齐之音多胡、夷,于是斟酌南北,考以古声,作《唐雅乐》,凡八十四调、三十一曲、十二和”。② 揭示了唐代音乐的多民族性。又论礼乐之作用:

> 上曰:“礼乐者,盖圣人缘情以设教耳,治之隆替,岂由于此?”御史大夫杜淹曰:“齐之将亡,作《伴侣曲》,陈之将亡,作《玉树后庭花》,其声哀思,行路闻之皆悲泣,何得言治之隆替不在乐也!”上曰:“不然。夫乐能感人,故乐者闻之则喜,忧者

① 《资治通鉴》卷六十九,中华书局1956年版,第2187页。

② 《资治通鉴》卷一百九十二,中华书局1956年版,第6051页。

闻之则悲，悲喜在人心，非由乐也。将亡之政，民必愁苦，故闻乐而悲耳。今二曲具存，朕为公奏之，公岂悲乎？”右丞魏征曰：“古人称：‘礼云礼云，玉帛云乎哉！乐云乐云，钟鼓云乎哉！’乐诚在人和，不在声音也。”①

由是知唐太宗认为礼乐作用大约只是“缘情以设教”，于“治之隆替”关系不大。开国创业之君于马上得天下，唯识金戈铁马之声而忽于音乐设教之用，不足怪也。且古人崇重音乐设教源于上古三代，定于先贤之教，于其时也，天下、人民不过后世一州之地、口，且制度初创，治理相对简单，制乐设教以正民心，诚为治世要务之一；然时至唐宋，社会发展，制度转繁，幅员辽阔，治世之要务亦远多于上古之时，制乐设教固其一也，而其重要性已非如上古居治世要务之几分之一，而是退居其几十分之一矣。文人每不辨于此，而欲以古之崇重施之于当世，必不免夸大其作用。司马光即其一也。唐太宗以发展社会经济、稳定边疆为治世急要，而将制乐设教放到相对次要的位置，仍“诏协律郎张文收与（祖）孝孙同修定”《唐雅乐》，不失明智也。

司马光由此而出“臣光曰”，且所论扩大到礼仪范畴，擢升到规矩纲纪高度。

其一，首先指出礼乐有重要的政治教育意义。

臣闻垂能目制方圆，心度曲直，然不能以教人，其所以教人者，必规矩而已矣。圣人不勉而中，不思而得，然不能以授人，其所以授人者，必礼乐而已矣。礼者，圣人之所履也；乐者，圣人之所乐也。圣人履中正而乐和平，又思与四海共之，百世传之，于是乎作礼乐焉。故工人执垂之规矩而施之器，是

① 《资治通鉴》卷一百九十二，中华书局1956年版，第6051页。

亦垂之功已；王者执五帝、三王之礼乐而施之世，是亦五帝、三王之治已。五帝、三王，其违世已久，后之人见其礼知其所履，闻其乐知其所乐，炳然若犹存于世焉，此非礼乐之功邪？①

其二，提出礼乐关乎兴亡治乱，其运用之法为守其本而行其文。

夫礼乐有本、有文：中和者，本也；容声者，末也；二者不可偏废。先王守礼乐之本，未尝须臾去于心，行礼乐之文，未尝须臾远于身。兴于闺门，著于朝廷，被于乡遂比邻，达于诸侯，流于四海，自祭祀军旅至于饮食起居，未尝不在礼乐之中；如此数十百年，然后治化周浃，凤凰来仪也。苟无其本而徒有其末，一日行之而百日舍之，求以移风易俗，诚亦难矣。是以汉武帝置协律，歌天瑞，非不美也，不能免哀痛之诏。王莽建羲和，考律吕，非不精也，不能救渐台之祸。晋武制笛尺，调金石，非不详也，不能弭平阳之灾。梁武帝立四器、调八音，非不察也，不能免台城之辱。然则韶、夏、濩、武之音，具存于世，苟其余不足以称之，曾不能化一夫，况四海乎！是犹执垂之规矩而无工与材，坐而待器之成，终不可得也。况齐、陈淫昏之主，亡国之音，暂奏于庭，乌能变一世之哀乐乎！而太宗遽云治之隆替不由于乐，何发言之易而果于非圣人也如此！②

其三，指出礼与威仪（法纪之谓也）犹如声音与乐的本末和质文关系。

---

① 《资治通鉴》卷一百九十二，中华书局1956年版，第6051—6052页。

② 《资治通鉴》卷一百九十二，中华书局1956年版，第6052—6053页。

夫礼非威仪之谓也，然无威仪则礼不可得而行矣。乐非声音之谓也，然无声音则乐不可得而见矣。譬诸山，取其一土一石而谓之山则不可，然土石皆去，山于何在哉！故曰："无本不立，无文不行。"奈何以齐、陈之音不验于今世，而谓乐无益于治乱，何异睹拳石而轻泰山乎！必若所言，则是五帝、三王之作乐皆妄也。"君子于其所不知，盖阙如也，"惜哉！①

**（六）辨章学术，考镜佛道源流，旨在经世"利人"**

1. 指出道家与神仙家生死观异趣，强调君子慎于择术

《通鉴》卷一百一十九宋营阳王景平元年(423)载：

初，嵩山道士寇谦之，赞之弟也，修张道陵之术，自言尝遇老子降，命谦之继道陵为天师，授以辟谷轻身之术及《科戒》二十卷，使之清整道教。又遇神人李谱文，云老子之玄孙也。授以《图箓真经》六十余卷，使之辅佐北方太平真君；出天宫静轮之法，其中数篇，李君之手笔也。谦之奉其书献于魏主。朝野多未之信，崔浩独师事之，从受其术，且上书赞明其事曰："臣闻圣王受命，必有天应，《河图》、《洛书》皆寄言于虫兽之文，未若今日人神接对，手笔粲然，辞旨深妙，自古无比；岂可以世俗常虑而忽上灵之命！臣窃惧之。"帝欣然，使谒者奉玉帛、牲牢祭嵩岳，迎致谦之弟子在山中者，以崇奉天师，显扬新法，宣布天下。起天师道场于平城之东南，重坛五层，给道士百二十人衣食，每月设厨会数千人。②

"臣光曰"评崔浩不喜佛老之书而信神仙：

---

① 《资治通鉴》卷一百九十二，中华书局1956年版，第6053页。
② 《资治通鉴》卷一百一十九，中华书局1956年版，第3762页。

> 老、庄之书，大指欲同死生，轻去就。而为神仙者，服饵修炼以求轻举，炼草石为金银，其为术正相戾矣；是以刘歆《七略》叙道家为诸子，神仙为方技。其后复有符水、禁咒之术，至谦之遂合而为一；至今循之，其讹甚矣！崔浩不喜佛、老之书而信谦之之言，其故何哉！昔臧文仲祀爰居，孔子以为不智；如谦之者，其为爰居亦大矣。"《诗》三百，一言以蔽之，曰思无邪。"君子之于择术，可不慎哉！①

在学术分类上，明确区分佛、道、神仙为三；特别指明老庄道家为诸子，神仙为方技，明确了两者之分野；至谦之合道家、神仙而为一，至今循之，"其讹甚矣"！

司马光持论明晰清朗，于辨章学术源流有着十分积极的意义与价值。而其辨章学术的目的则在于经世，郑重提出了君子慎于择术的现实命题。

司马光能以历史演进观审视佛道发展，洞悉道教思想在寇谦之之前对社会治理有着诸多积极而可取的价值和意义，而其后则在主流形式上蜕变为神仙方技之术，使其社会治理价值与意义遭到严重抹杀，其价值仅保留在待人处事的自然超脱层面；而佛教则经历了汉魏以来的发展，至唐宋时期逐渐完成了其中国化、本土化的过程，开始更多地为封建政权所接纳。所以，唐宋两代帝王多信奉佛道，司马光也并不否定佛道两教的合理成分，其居洛阳修史期间即与佛寺高僧有着亲密交往，"于缁黄之中亦多至友，如西京的僧官绍鉴、嵩山法华庵的僧平、钱塘僧惠、华严真师、赵道士与司马光之间都有着亲密无间的友谊"。②

在《通鉴》中，对西汉初年萧何、曹参行黄老之学，张良欲从赤

① 《资治通鉴》卷一百一十九，中华书局 1956 年版，第 3762—3763 页。

② 李昌宪：《司马光评传》，南京大学出版社 1998 年版，第 221 页。

松子游,[1]东汉光武帝以“恬荡乐道”的卓茂为太傅,[2]辅佐荆南主高从诲善理政事功成而退、“披鹤氅,自称荆台隐士,每诣府,跨黄牛至听事”的梁震,[3]等等,均予以高度赞美和肯定。但对宋代老庄之学神仙化、绝世化、私用化,经世作用淡化、冲击儒学思想等弊端仍一如既往地持明确的批判态度,如熙宁二年,司马光针对当时公卿士大夫喜诵老庄玄虚绝世之言的社会流弊,特作《论风俗劄子》奏进,指出“彼老庄弃仁义而绝礼学,非尧舜而薄周孔,死生不以为忧,存亡不以为患,乃匹夫独行之私言,非国家教人之术也”。否则,其危害蔓延,“正始、永嘉治弊,将复见于今日”。[4] 并请明诏戒之。显然,司马光的宗教文化观始终闪耀着历史唯物主义一分为二的辩证光彩,不可一概而言,尤不可执偏简单置评。

《通鉴》卷一百五十五中大通三年(531)载:昭明太子萧统儒雅仁俊,好读书,擅属文,关心民事,礼遇文学,事亲孝谨,立为太子后,奉命省录朝政,尽心职守,于雄猜之世十余年无变故。

初,昭明太子葬其母丁贵嫔,遣人求墓地之吉者。或赂宦者俞三副求卖地,云若得钱三百万,以百万与之。三副密启上,言“太子所得地不如今地于上为吉”。上年老多忌,即命市之。葬毕,有道士云:“此地不利长子,若厌之,或可申延。”乃为蜡鹅及诸物埋于墓侧长子位。……上遣检掘,果得鹅物,大惊,将穷其事,徐勉固谏而止,但诛道士。由是太子终身惭愤,不能自明。及卒,上征其长子南徐州刺史华容公欢至建康,欲

---

① 《资治通鉴》卷十一,中华书局 1956 年版,第 363 页。
② 《资治通鉴》卷四十,中华书局 1956 年版,第 1285 页。
③ 《资治通鉴》卷二百七十九,中华书局 1956 年版,第 9135 页。
④ 司马光:《传家集》卷四十二,影印《文渊阁四库全书》本。

立以为嗣，衔其前事，犹豫久之，卒不立，庚寅，遣还镇。①

“臣光曰”：

> 君子之于正道，不可少顷离也，不可跬步失也。以昭明太子之仁孝，武帝之慈爱，一染嫌疑之迹，身以忧死，罪及后昆，求吉得凶，不可湔涤，可不戒哉！是以诡诞之士，奇邪之术，君子远之。②

司马光论昭明太子被谗忧死，再次强调了君子慎于择术的观点。

**2. 主张“佛志在利人”，指出佛教发展扭曲了本旨**

《通鉴》卷二百九十二后周世宗显德二年(955)记载：

> 帝以县官久不铸钱，而民间多销钱为器皿及佛像，钱益少，九月，丙寅朔，敕始立监采铜铸钱，自非县官法物、军器及寺观钟磬钹铎之类听留外，自余民间铜器、佛像，五十日内悉令输官，给其直；过期隐匿不输，五斤以上其罪死，不及者论刑有差。上谓侍臣曰：“卿辈勿以毁佛为疑。夫佛以善道化人，苟志于善，斯奉佛矣。彼铜像岂所谓佛邪！且吾闻佛志在利人，虽头目犹舍以布施，若朕身可以济民，亦非所惜也。”③

周世宗主张“佛志在利人”，“臣光曰”：“若周世宗，可谓明矣！不以无益废有益。”④

---

① 《资治通鉴》卷一百五十五，中华书局1956年版，第4808页。

② 《资治通鉴》卷一百五十五，中华书局1956年版，第4809页。

③ 《资治通鉴》卷二百九十二，中华书局1956年版，第9529—9530页。

④ 《资治通鉴》卷二百九十二，中华书局1956年版，第9530页。

《通鉴》卷一百九十二载：武德九年(626)，唐太宗尝谓傅奕曰："佛之为教，玄妙可师，卿何独不悟其理？"对曰："佛乃胡中桀黠，诳耀彼土。中国邪僻之人，取庄、老玄谈，饰以妖幻之语，用欺愚俗。无益于民，有害于国，臣非不悟，鄙不学也。""上颇然之"。显示出佛教进入中国以后，出现了一股与老庄玄谈、妖幻之语杂合交融、"无益于民，有害于国"的扭曲发展态势。

## 三　司马光的学术文化史观呈现出鲜明而通彻的特点

综而言之，司马光的学术文化史观呈现出如下特点：

**（一）鲜明的主次本末观**

如其论四学，即将四者同置于社会治理指导思想和文化取向的"天下之道"高度而论，得出"史者儒之一端，文者儒之余事；至于老、庄虚无，固非所以为教也"和"天下无二道，安有四学哉"的结论。以儒学为至高无上之"天下之道"本体层，以史、文学为儒学之附属或辅助层，以玄学虚无而不取。其评唐太宗君臣论乐，重在探讨乐之本末，求其经世致用之本。

**（二）通达的包容性**

如其论四学，将史学、文学皆纳入儒学体系，而玄学作为儒道的融合体，仅是对汉末以来僵化儒学的适应性解释，或者说就是儒学的玄学化，本质上并无差异。又如论老释："或问老释有取乎？迂叟曰有。或曰何取？曰释取其空，老取其无为、自然，舍是无取也。或曰空则人不为善，无为则人不可治，奈何？曰非谓其然也。空取其无利欲之心，善则死而不朽，非空矣；无为取其因任治，则一日万机，有为矣。"[①]又云："学黄老者，以心如死灰、形如槁木为无为。迂叟以为不然，作无为赞。治心以正，保

① 司马光：《传家集》卷七十四《迂书·老释》，影印《文渊阁四库全书》本。

躬以静,进退有义,得失有命,守道在己,成功则天,夫复何为,莫非自然。”①显示出司马光虽于社会治理指导思想和文化取向的“天下之道”层面否定和批评老释之学,但并不否定其在其它层面的可取价值与作用。

**(三)强烈的溯本性**

司马光论王霸无异道,谓“皆本仁祖义”。司马光《毋我知》云:“孔子曰:‘殷有三仁焉。’盖孔子之前,为比干者,则非微子矣;为微子者,则非比干矣;为箕子者,则非比干与微子矣。至孔子,然后,人知三子者皆仁人也。孔子曰:‘微管仲,吾其被发左衽矣。如其仁,如其仁。’孟、荀氏之言曰:‘仲尼之门,五尺童子羞称五伯。’以是观之,孟、荀氏之道,概诸孔子,其隘甚矣。”②表现出对儒学本质精神的准确把握。又如其论周世宗毁佛铸钱,即揭示了佛教应有的本质精神——“佛志在利人”。

**(四)通彻的批判性与强烈的道德评判意识**

《通鉴》论光武帝好谶而流放不善谶之桓谭、论唐玄宗立太公庙、论荀彧言史文之弊、论正闰等,均体现出司马光通彻的文化批判精神。又,论纵横之士曰“务以辩诈相高”,“是恶足以为大丈夫哉”,“诈人也,圣人恶诸”。论冯道曰“为臣不忠,虽复材智之多,治行之优,不足贵矣”,“兹乃奸臣之尤”。论周世宗曰“若周世宗,可谓仁矣!不爱其身而爱民;若周世宗,可谓明矣!不以无益废有益”。自述《通鉴》编纂思想曰:“臣今所述,止欲叙国家之兴衰,著生民之休戚,使观者自择其善恶得失,以为劝戒。”论班固《汉书》曰“固讥司马迁是非颇谬于圣人”,而华峤复讥固“轻仁义,贱守节甚

① 司马光:《传家集》卷七十四《迂书·无为赞》,影印《文渊阁四库全书》本。

② 司马光:《传家集》卷七十四《迂书·毋我知》,影印《文渊阁四库全书》本。

矣”！均体现出其强烈的文化道德评判倾向。

**（五）文化经世思想**

论宋立四学曰“学者所以求道”，“天下无二道”，唯儒学可当之。论汉宣帝训责太子好儒曰“王霸无异道”，“皆本仁祖义，任贤使能，赏善罚恶，禁暴诛乱”。论荀彧曰：“荀彧佐魏武而兴之，举贤用能，训卒厉兵，决机发策，征伐四克，遂能以弱为强，化乱为治，十分天下而有其八，其功岂在管仲之后乎？”论叔孙通定朝仪，不识治世大礼，讥之为“俗儒”。斥叛汉助孙策攻伐扩张的虞翻为“邪儒”。论“名士”黄宪曰“友人劝其仕，宪亦不拒之，暂到京师，即还，竟无所就”。论“少有学行，名著海内”的樊英曰“郡县强征乃应，然应对无奇谋深策，谈者以为失望”。无不传递出强烈的文化经世思想。

## 第二节　通变史观

《通鉴》史论虽皆因事而发，却无不关预社会治理之宏旨，且其中之一部分体现出鲜明的综合论述特点，它们是司马光以社会治理为根本诉求、注重长时段全方位通识性分析研究的集中反映，其内容则对传统编年史体形成了有益的补充，构成了《通鉴》新式编年体史书的重要组成部分和特点。

### 一　综论隐者

《通鉴》卷五十一永建二年(127)载：

> 南阳樊英，少有学行，名著海内，隐于壶山之阳，州郡前后礼请，不应；公卿举贤良、方正、有道，皆不行；安帝赐策书征之，不赴。……诏切责郡县，驾载上道。……及后应对无奇谋

深策，谈者以为失望。①

司马光由此而发论，并由樊英虚名应征一事延及对历史上隐者这一特殊群体的一般性态度。探讨了隐者的分类、隐世原因和对待隐者的原则与方法。是对《通鉴》史论数十处涉及隐者的讨论的综合归纳和系统阐释。

“臣光曰”首先表达了对君子之隐的基本态度和理解，指出：“古之君子，邦有道则仕，邦无道则隐。隐非君子之所欲也。人莫已知而道不得行，群邪共处而害将及身，故深藏以避之。”②接着分类论述了对待四种隐者的态度，重点表达了“取其道不取其人，务其实不务其名也”的用人思想，识见深邃透彻。隐有君子之隐、非君子之隐两类，隐者具体则可分为君子类、贪位畏刑类、清修吉士类、邀誉逐利类四种，应区别对待之。

君子类：其“道德足以尊主，智能足以庇民，被褐怀玉，深藏不市，则王者当尽礼以致之，屈体以下之，虚心以访之，克己以从之，然后能利泽施于四表，功烈格于上下。盖取其道不取其人，务其实不务其名也”；或“人主耻不能致，乃至诱之以高位，胁之以严刑”，“使彼诚君子邪，则位非所贪，刑非所畏，终不可得而致也”。③ 在此，司马光提出了用人的两大目的：尊主与庇民。概言之，皆有益于国家。主与民被视为国家之两大主体，各级官吏则是为其服务的，一尊一庇，官吏之职也；

贪位畏刑类：“可致者，皆贪位畏刑之人也，乌足贵哉！”④

清修吉士类：“若乃孝弟著于家庭，行谊隆于乡曲，利不苟取，

① 《资治通鉴》卷五十一，中华书局 1956 年版，第 1647—1648 页。

② 《资治通鉴》卷五十一，中华书局 1956 年版，第 1648—1650 页。

③ 《资治通鉴》卷五十一，中华书局 1956 年版，第 1649 页。

④ 《资治通鉴》卷五十一，中华书局 1956 年版，第 1649 页。

仕不苟进，洁己安分，优游卒岁，虽不足以尊主庇民，是亦清修之吉士也。王者当褒优安养，俾遂其志。若孝昭之待韩福，光武之遇周党，以励廉耻，美风俗，斯亦可矣，固不当如范升之诋毁，又不可如张楷之责望也”。①

邀誉逐利类："至于饰伪以邀誉，钓奇以惊俗，不食君禄而争屠沽之利，不受小官而规卿相之位，名与实反，心与迹违，斯乃华士、少正卯之流，其得免于圣王之诛幸矣，尚何聘召之有哉！"②

此外，我们还可从中归纳出司马光主张的人君求贤用人方法：

首先，态度诚恳，求贤若渴。"有道德足以尊主，智能足以庇民，被褐怀玉，深藏不市，则王者当尽礼以致之，屈体以下之，虚心以访之，克己以从之"。③

其次，尊重君子之隐，访求其治世卓见。"取其道不取其人，务其实不务其名也"。④

再次，贤者不至，当内自循省。"其或礼备而不至，意勤而不起，则姑内自循省而不敢强致其人，曰：'岂吾德之薄而不足慕乎？政之乱而不可辅乎？群小在朝而不敢进乎？诚心不至而忧其言之不用乎？何贤者之不我从也？苟其德已厚矣，政已治矣，群小远矣，诚心至矣，彼将扣阍以自售，又安有勤求而不至者哉！'"⑤

## 二　综论藩镇之乱、朋党之患、宦官之祸

缔造了灿烂的古代文明、气度恢宏、驰名中外的唐帝国，由鼎

---

① 《资治通鉴》卷五十一，中华书局 1956 年版，第 1649—1650 页。

② 《资治通鉴》卷五十一，中华书局 1956 年版，第 1650 页。

③ 《资治通鉴》卷五十一，中华书局 1956 年版，第 1650 页。

④ 《资治通鉴》卷五十一，中华书局 1956 年版，第 1649 页。

⑤ 《资治通鉴》卷五十一，中华书局 1956 年版，第 1649 页。

盛而衰亡，与藩镇之乱、朋党之患、宦官之祸三者有着直接而紧密的联系，三者亦前宋历史上社会衰亡的典型事件和突出原因。对此，司马光皆能因事而发论，分类综述其始末，提炼史鉴，以为后世和谐社会建设之警戒。

**(一) 由唐肃宗听由军士废立节度使综论唐代藩镇之乱**

《通鉴》卷二百二十唐肃宗乾元元年(758)载：

> 平卢节度使王玄志薨，上遣中使往抚将士，且就察军中所欲立者，授以旌节。高丽人李怀玉为裨将，杀玄志之子，推侯希逸为平卢军使。希逸之母，怀玉姑也，故怀玉立之。朝廷因以希逸为节度副使。节度使由军士废立自此始。①

绵延约一个半世纪直至唐亡的藩镇割据局面亦由此愈演愈烈。若将五代十国亦视为唐藩镇割据之余绪，则藩镇割据局面长达两个多世纪矣，对中国历史产生过极其深刻的影响。司马光以“重微”的史鉴精神，结合其后之危害综合置论，较为深刻而全面地揭示了唐代藩镇之乱的特点、成因，以及给后世留下的沉痛历史教训。

“臣光曰”首先论述了人君驭民之道必立等级治理体系，行八柄之权威。

> 夫民生有欲，无主则乱。是故圣人制礼以治之。自天子、诸侯至于卿、大夫、士、庶人，尊卑有分，大小有伦，若纲条之相维，臂指之相使，是以民服事其上，而下无觊觎。其在《周易》，“上天、下泽，履。”象曰：“君子以辨上下，定民志。”此之谓也。凡人君所以能有其臣民者，以八柄存乎己也。苟或舍之，则彼

---

① 《资治通鉴》卷二百二十，中华书局1956年版，第7064页。

此之势均，何以使其下哉！①

此所谓之礼或纲纪，核心即等级治理体系。八柄，出《周礼·天官》："一曰爵，以驭其贵；二曰禄，以驭其富；三曰予，以驭其幸；四曰置，以驭其行；五曰生，以驭其福；六曰夺，以驭其贫；七曰废，以驭其罪；八曰诛，以驭其过。"②要而言之，即下文所谓爵禄、废置、杀生、予夺。

其次，指出人君用人失礼、败坏纲纪的危害。

肃宗遭唐中衰，幸而复国，是宜正上下之礼以纲纪四方；而偷取一时之安，不思永久之患。彼命将帅，统藩维，国之大事也，乃委一介之使，徇行伍之情，无问贤不肖，惟其所欲与者则授之。自是之后，积习为常，君臣循守，以为得策，谓之姑息。乃至偏裨士卒，杀逐主帅，亦不治其罪，因以其位任授之。然则爵禄、废置、杀生、予夺皆不出于上而出于下，乱之生也，庸有极乎！③

再次，强调了严法制、明赏罚为社会治理的主要途径。

且夫有国家者，赏善而诛恶，故为善者劝，为恶者惩。彼为人下而杀逐其上，恶孰大焉！乃使之拥旄秉钺，师长一方，是赏之也。赏以劝恶，恶其何所不至乎！《书》云："远乃猷。"《诗》云："猷之未远，是用大谏。"孔子曰："人无远虑，必有近

① 《资治通鉴》卷二百二十，中华书局1956年版，第7064—7065页。

② 《周礼注疏》卷二，阮元校勘《十三经注疏》本，中华书局1980年影印，第646页。

③ 《资治通鉴》卷二百二十，中华书局1956年版，第7065页。

忧。”为天下之政而专事姑息，其忧患可胜校乎！由是为下者常眄眄焉伺其上，苟得间则攻而族之；为上者常惴惴焉畏其下，苟得间则掩而屠之；争务先发以逞其志，非有相保养为俱利久存之计也。如是而求天下之安，其可得乎！迹其厉阶，肇于此矣。①

又次，指出必须以礼治军。

盖古者治军必本于礼，故晋文公城濮之战，见其师少长有礼，知其可用。今唐治军而不顾礼，使士卒得以陵偏裨，偏裨得以陵将帅，则将帅之陵天子，自然之势也。②

最后，综合叙述了姑息方镇之危害。

由是祸乱继起，兵革不息，民坠涂炭，无所控诉，凡二百余年，然后大宋受命。太祖始制军法，使以阶级相承，小有违犯，咸伏斧质。是以上下有叙，令行禁止，四征不庭，无思不服，宇内乂安，兆民允殖，以迄于今，皆由治军以礼故也。岂非诒谋之远哉！③

**（二）由唐文宗叹去朋党难而综论唐代朋党之患**

《通鉴》卷二百四十五记载：唐文宗大和八年（834），时李德裕、李宗闵各有朋党，互相挤援。上患之，每叹曰：“去河北贼易，去朝中朋党难！”

① 《资治通鉴》卷二百二十，中华书局 1956 年版，第 7065 页。
② 《资治通鉴》卷二百二十，中华书局 1956 年版，第 7066 页。
③ 《资治通鉴》卷二百二十，中华书局 1956 年版，第 7066 页。

“臣光曰”首先强调君子与小人、正直与朋党之辨。指出其根本区别在于“公且实”和“私且诬”，此亦人君察人之本。“夫君子小人之不相容，犹水炭之不可同器而处也。故君子得位则斥小人，小人得势则排君子，此自然之理也。然君子进贤退不肖，其处心也公，其指事也实；小人誉其所好，毁其所恶，其处心也私，其指事也诬。公且实者谓之正直，私且诬者谓之朋党，在人主所以辨之耳。”①司马光考察了小人与朋党特征后，将朋党直视为小人。

接着探讨了朋党兴灭的环境与条件，指出灭绝朋党的方法。人君明辨君子小人，“明主在上：度德而叙位，量能而授官；有功者赏，有罪者刑；奸不能惑，佞不能移。夫如是，则朋党何自而生哉！彼昏主则不然，明不能烛，强不能断；邪正并进，毁誉交至；取舍不在于己，威福潜移于人。于是谗慝得志，而朋党之议兴矣”。对小人“匪徒弃其言，又当刑之”，则朋党绝矣。“文宗苟患群臣之朋党，何不察其所毁誉者为实，为诬，所进退者为贤，为不肖；其心为公，为私；其人为君子，为小人！苟实也，贤也，公也，君子也，匪徒用其言，又当进之；诬也，不肖也，私也，小人也，匪徒弃其言，又当刑之。如是，虽驱之使为朋党，孰敢哉！释是不为，乃怨群臣之难治，是犹不种不芸而怨田之芜也。朝中之党且不能去，况河北贼乎！”将解决朋党这一复杂问题的关键总归和寄望于人君一人之明，并说：“夫木腐而蠹生，醯酸而蚋集，故朝廷有朋党，则人主当自咎，而不当以咎群臣也。”②从严以责君、史为君鉴的角度分析是有道理的，但不免简单化。

**（三）由朱全忠诛宦官综论宦官之祸**

《通鉴》卷二百六十三记载：唐昭宗天复三年（903）正月，朱全忠不论善恶，尽诛宦官。司马光假此发论，综述宦官之祸，所论上

① 《资治通鉴》卷二百四十五，中华书局 1956 年版，第 7899 页。

② 《资治通鉴》卷二百四十五，中华书局 1956 年版，第 7899—7900 页。

溯至东汉，下延及本朝，时间跨度长达七个多世纪，文约1500字。

"臣光曰"首论宦官特点。

宦官用权，为国家患，其来久矣。盖以出入宫禁，人主自幼及长，与之亲狎，非如三公六卿，进见有时，可严惮也。其间复有性识儇利，语言辩给，伺候颜色，承迎志趣，受命则无违迕之患，使令则有称惬之效。自非上智之主，烛知物情，虑患深远，侍奉之外，不任以事，则近者日亲，远者日疏，甘言悲辞之请有时而从，浸润肤受之诉有时而听。于是黜陟刑赏之政，潜移于近习而不自知，如饮醇酒，嗜其味而忘其醉也。黜陟刑赏之柄移而国家不危乱者，未之有也。①

继言汉唐宦官用权之不同。

东汉之衰，宦官最名骄横，然皆假人主之权，依凭城社，以浊乱天下，未有能劫胁天子如制婴儿，废置在手，东西出其意，使天子畏之若乘虎狼而挟蛇虺如唐世者也。所以然者非他，汉不握兵，唐握兵故也。②

再述唐代宦官之祸的发展与危害。唐初抑制宦官势力，明皇时宦官势力始炽。肃宗时，宦官参豫军谋，不复能制。代宗时，宦官已"视天子如委裘，陵宰相如奴虏"，大臣不能自保。德宗时曾稍绌宦官，而终授以兵权。宪宗以后文、武、宣、懿、僖、昭六帝，皆为宦官所立，其势愈加骄横。昭宗不胜其耻，召朱全忠以讨之，虽翦灭了宦官势力，"而唐之庙社因以丘墟矣!"总之，唐代宦者之祸，

① 《资治通鉴》卷二百六十三，中华书局1956年版，第8595—8596页。

② 《资治通鉴》卷二百六十三，中华书局1956年版，第8596页。

“始于明皇，盛于肃、代，成于德宗，极于昭宗”。论述简明，条理清晰，要而不烦。然后，司马光引《易》“履霜坚冰至”发论曰：“为国家者，防微杜渐，可不慎其始哉！”其论唐代宦官之祸的危害则曰：“此其为患，章章尤著者也。自余伤贤害能，召乱致祸，卖官鬻狱，沮败师徒，蠹害烝民，不可遍举。”终致“朱氏（朱全忠）篡唐”。①

终论正确对待和使用宦官。首先，肯定宦官职有所司，不可缺无，且其中不乏贤才。“去寺人之官，自三王之世，载于《诗》、《礼》，所以谨闺闼之禁，通内外之言，安可无也。如巷伯之疾恶，寺人披之事君，郑众之辞赏，吕强之直谏，曹日升之救患，马存亮之弭乱，杨复光之讨贼，严遵美之避权，张承业之竭忠，其中岂无贤才乎！”其次，主张严明宦官职权，“顾人主不当与之谋议政事，进退士大夫，使有威福足以动人耳”。其三，主张依法治理宦官。“果或有罪，小则刑之，大则诛之，无所宽赦；如此，虽使之专横，孰敢焉！岂可不察臧否，不择是非，欲草薙而禽狝之，能无乱乎！是以袁绍行之于前而董卓弱汉，崔昌遐袭之于后而朱氏篡唐，虽快一时之忿而国随以亡。是犹恶衣之垢而焚之，患木之蠹而伐之，其为害岂不益多哉！孔子曰：‘人而不仁，疾之已甚，乱也。’斯之谓矣！”②

## 三　综论三游

《通鉴》由游侠郭解被族综论三游。一事两论，合计约千言。所论起于“周室既微”、“桓、文之后”，至汉武帝诛郭解，逾500年矣。其间礼乐崩毁，纷乱相循，治世难觅。三游者，“乱之所由生也”，不去三游，王道不成。司马光从民间视角论述了社会治理的要求。

### （一）由郭解被族综论游侠

《通鉴》卷十八载游侠郭解被族之后，司马光首引“班固曰”：

---

① 《资治通鉴》卷二百六十三，中华书局1956年版，第8596—8598页。

② 《资治通鉴》卷二百六十三，中华书局1956年版，第8598—8599页。

> 古者天子建国，诸侯立家，自卿大夫以至于庶人，各有等差，是以民服事其上而下无觊觎。周室既微，礼乐、征伐自诸侯出；桓、文之后，大夫世权，陪臣执命。陵夷至于战国，合从连衡，繇是列国公子，魏有信陵，赵有平原，齐有孟尝，楚有春申，皆藉王公之势，竞为游侠，鸡鸣狗盗，无不宾礼。而赵相虞卿，弃国捐君，以周穷交魏齐之厄；信陵无忌，窃符矫命，戮将专师，以赴平原之急；皆以取重诸侯，显名天下，搤腕而游谈者，以四豪为称首。于是背公死党之议成，守职奉上之义废矣。及至汉兴，禁网疏阔，未知匡改也。是故代相陈豨从车千乘，而吴濞、淮南皆招宾客以千数；外戚大臣魏其、武安之属竞逐于京师，布衣游侠剧孟、郭解之徒驰骛于闾阎，权行州域，力折公侯，众庶荣其名迹，觊而慕之。虽其陷于刑辟，自与杀身成名，若季路、仇牧，死而不悔。故曾子曰："上失其道，民散久矣。"非明主在上，示之以好恶，齐之以礼法，民曷由知禁而反正乎！古之正法：五伯，三王之罪人也；而六国，五伯之罪人也。夫四豪者，又六国之罪人也。况于郭解之伦，以匹夫之细，窃杀生之权，其罪已不容于诛矣。观其温良泛爱，振穷周急，谦退不伐，亦皆有绝异之姿。惜乎，不入于道德，苟放纵于末流，杀身亡宗，非不幸也。①

是论长逾五百言，因事溯往，较全面地叙述了汉武帝杀郭解之前的游侠史，显示了司马光对这一在民间社会产生较大反响的特殊群体应有的关注，有补编年体例不足之益。

《史记》、《汉书》均设《游侠传》，并载郭解事。司马迁重视"天下"之评，对游侠褒赞较多，"今游侠，其行虽不轨于正义，然其言必信，其行必果，已诺必诚，不爱其躯，赴士之厄困，既已存亡死生矣，

① 《资治通鉴》卷十八，中华书局1956年版，第606—607页。

而不矜其能，羞伐其德，盖亦有足多者焉”，[1]称郭解“天下无贤与不肖，知与不知，皆慕其声，言侠者皆引以为名”。[2] 班固则重视维护礼法纲纪，对游侠批评较多，认为游侠乃“背公死党”，其行为破坏了“守职奉上之义”，虽称善郭解“观其温良泛爱，振穷周急，谦退不伐，亦皆有绝异之姿”，但在道德礼法层面却予以坚拒和抨击，“以匹夫之细，窃杀生之权，其罪已不容于诛矣。……不入于道德，苟放纵于末流，杀身亡宗，非不幸也”。[3] 司马光不采司马迁之评而取班固之论，显然是同意班固观点的。

**（二）由郭解被族综论三游**

司马光由游侠郭解被族，引班固论游侠后，复引“荀悦论”以推广之，其要旨皆在维护纲纪礼义、伦理道德也。

“荀悦论”首先指出三游乃“乱之所由生也”：

> 世有三游，德之贼也：一曰游侠，二曰游说，三曰游行。立气势，作威福，结私交以立强于世者，谓之游侠；饰辩辞，设诈谋，驰逐于天下以要时势者，谓之游说；色取仁以合时好，连党类，立虚誉以为权利者，谓之游行。此三者，乱之所由生也；伤道害德，败法惑世，先王之所慎也。国有四民，各修其业；不由四民之业者，谓之奸民。奸民不生，王道乃成。[4]

基层社会，四民之外，别有“三游”。“此三者，乱之所由生也；伤道害德，败法惑世”，“不由四民之业者，谓之奸民”，危害社会治理与道德礼法。士、农、工、商四民“各修其业”，乃社会治理与财富

① 司马迁：《史记》卷一百二十四，中华书局1959年版，第3181页。
② 司马迁：《史记》卷一百二十四，中华书局1959年版，第3189页。
③ 班固：《汉书》卷九十二，中华书局1962年版，第3699页。
④ 《资治通鉴》卷十八，中华书局1956年版，第607页。

生产的基础。三游则“不由四民之业者,谓之奸民”,“奸民不生,王道乃成”。故必遏制之,方可实现社会治理与财富丰足。

接着论述了三游产生的社会背景与环境。“三游之作,生于季世”,即通常在混乱之世迅速发展并形成规模,有其深刻的社会基础:

上不明,下不正,制度不立,纲纪弛废;以毁誉为荣辱,不核其真;以爱憎为利害,不论其实;以喜怒为赏罚,不察其理。上下相冒,万事乖错,是以言论者计薄厚而吐辞,选举者度亲疏而举笔,善恶谬于众声,功罪乱于王法。然则利不可以义求,害不可以道避也。是以君子犯礼,小人犯法,奔走驰骋,越职僭度,饰华废实,竞趣时利。简父兄之尊而崇宾客之礼,薄骨肉之恩而笃朋友之爱,忘修身之道而求众人之誉,割衣食之业以供飨宴之好,苞苴盈于门庭,聘问交于道路,书记繁于公文,私务众于官事,于是流俗成而正道坏矣。①

这为三游的产生与发展提供了适宜的土壤。而其一旦形成规模,又必将对这种纲纪弛废、道德扭曲的社会现象起到推波助澜的作用,加速社会衰亡。

最后,探讨了遏止三游之治道。鉴于此,圣王在上,应“经国序民,正其制度”;“听其言而责其事,举其名而指其实”;务使“虚伪之行不得设,诬罔之辞不得行,有罪恶者无侥幸,无罪过者不忧惧,请谒无所行,货赂无所用,息华文,去浮辞,禁伪辩,绝淫智,放百家之纷乱,壹圣人之至道,养之以仁惠,文之以礼乐,则风俗定而大化成矣”。② 社会风气的扭转,才能从根本上杜绝三游势力的蔓延。

---

① 《资治通鉴》卷十八,中华书局 1956 年版,第 607—608 页。

② 《资治通鉴》卷十八,中华书局 1956 年版,第 608 页。

## 四 由汉代封诸侯综论封国发展史

《通鉴》卷三十七记载:王莽始建国二年(10)春,二月,五威将帅七十二人还奏事,汉诸侯王为公者悉上玺绶为民,无违命者。独故广阳王嘉以献符命,鲁王闵以献神书,中山王成都以献书言莽德,皆封列侯。

司马光引“班固论”首论周秦封国的产生与发展:

> 昔周封国八百,同姓五十有余,所以亲亲贤贤,关诸盛衰,深根固本,为不可拔者也。故盛则周、召相其治,致刑错;衰则五伯扶其弱,与共守;天下谓之共主,强大弗之敢倾。历载八百余年,数极德尽,降为庶人,用天年终。秦讪笑三代,窃自号为皇帝,而子弟为匹夫,内无骨肉本根之辅,外无尺土藩翼之卫;陈、吴奋其白梃,刘、项随而毙之。故曰,周过其历,秦不及期,国势然也。①

继陈汉代封国情况:

> 汉兴之初,惩戒亡秦孤立之败,于是尊王子弟,大启九国。自雁门以东尽辽阳,为燕、代;常山以南,太行左转,渡河、济,渐于海,为齐、赵;谷、泗以往,奄有龟、蒙,为梁、楚;东带江、湖,薄会稽,为荆、吴;北界淮濒,略庐、衡,为淮南;波汉之阳,亘九嶷,为长沙。诸侯比境,周匝三垂,外接胡、越。天子自有三河、东郡、颍川、南阳,自江陵以西至巴、蜀,北自云中至陇西,与京师、内史,凡十五郡;公主、列侯颇邑其中。而藩国大

---

① 《资治通鉴》卷三十七,中华书局1956年版,第1178页。

者夸州兼郡，连城数十，宫室、百官同制京师，可谓矫枉过其正矣。①

又论汉代分封之利弊及封国的曲折发展与式微：

虽然，高祖创业，日不暇给，孝惠享国又浅，高后女主摄位，而海内晏如，亡狂狡之忧，卒折诸吕之难，成太宗之业者，亦赖之于诸侯也。

然诸侯原本以大末，流滥以致溢，小者淫荒越法，大者睽孤横逆以害身丧国，故文帝分齐、赵，景帝削吴、楚，武帝下推恩之令而藩国自析。自此以来，齐分为七，赵分为六，梁分为五，淮南分为三。皇子始立者，大国不过十余城。长沙、燕、代虽有旧名，皆亡南北边矣。景遭七国之难，抑损诸侯，减黜其官。武有衡山、淮南之谋，作左官之律，设附益之法；诸侯惟得衣食税租，不与政事。至于哀、平之际，皆继体苗裔，亲属疏远，生于帷墙之中，不为士民所尊，势与富室亡异。而本朝短祚，国统三绝。是故王莽知汉中外殚微，本末俱弱，无所忌惮，生其奸心，因母后之权，假伊、周之称，颛作威福庙堂之上，不降阶序而运天下。诈谋既成，遂据南面之尊，分遣五威之吏，驰传天下，班行符命；汉诸侯王厥角稽首，奉上玺韨，惟恐在后；或乃称美颂德以求容媚，岂不哀哉！②

是论简要地论述了汉代及其以前封国发展的历史，涉及时间跨度逾千年，融纪传体列专志之长，补编年体记事分散之失。

---

① 《资治通鉴》卷三十七，中华书局 1956 年版，第 1179 页。
② 《资治通鉴》卷三十七，中华书局 1956 年版，第 1179—1181 页。

## 五 综论一代兴亡

### （一）因刘曜陷长安、西晋亡而综论西晋兴亡

《通鉴》卷八十九晋愍帝建兴四年(316)载：十六国时期，匈奴人建立的汉国大将刘曜攻陷长安，晋愍帝出降，西晋亡。《通鉴》引“干宝论”曰：

昔高祖宣皇帝，以雄才硕量，应时而起，性深阻有若城府，而能宽绰以容纳；行数术以御物，而知人善采拔。于是百姓与能，大象始构。世宗承基，太祖继业，咸黜异图，用融前烈。至于世祖，遂享皇极，仁以厚下，俭以足用，和而不弛，宽而能断，掩唐、虞之旧域，班正朔于八荒，于时有“天下无穷人”之谚，虽太平未洽，亦足以明民乐其生矣。

武皇既崩，山陵未干而变难继起。宗子无维城之助，师尹无具瞻之贵，朝为伊、周，夕成桀、跖；国政迭移于乱人，禁兵外散于四方，方岳无钧石之镇，关门无结草之固。戎、羯称制，二帝失尊，何哉？树立失权，托付非才，四维不张而苟且之政多也。

夫基广则难倾，根深则难拔，理节则不乱，胶结则不迁。昔之有天下者所以能长久，用此道也。周自后稷爱民，十六王而武始君之，其积基树本，如此其固。今晋之兴也，其创基立本，固异于先代矣。加以朝寡纯德之人，乡乏不贰之老，风俗淫僻，耻尚失所。学者以庄、老为宗而黜六经，谈者以虚荡为辨而贱名检，行身者以放浊为通而狭节信，进仕者以苟得为贵而鄙居正，当官者以望空为高而笑勤恪。是以刘颂屡言治道，傅咸每纠邪正，皆谓之俗吏；其倚杖虚旷，依阿无心者，皆名重海内。若夫文王日昃不暇食，仲山甫夙夜匪懈者，盖共嗤黜以为灰尘矣！由是毁誉乱于善恶之实，情慝奔于货欲之涂，选者

为人择官，官者为身择利，世族贵戚之子弟，陵迈超越，不拘资次。悠悠风尘，皆奔竞之士；列官千百，无让贤之举。子真著《崇让》而莫之省，子雅制九班而不得用。其妇女不知女工，任情而动，有逆于舅姑，有杀戮妾媵，父兄弗之罪也，天下莫之非也。礼法刑政，于此大坏，“国之将亡，本必先颠”，其此之谓乎！

故观阮籍之行而觉礼教崩弛之所由，察庾纯、贾充之争而见师尹之多僻，考平吴之功而知将帅之不让，思郭钦之谋而寤戎狄之有衅，览傅玄、刘毅之言而得百官之邪，核傅咸之奏、《钱神》之论而睹宠赂之彰。民风国势，既已如此，虽以中庸之才、守文之主治之，犹惧致乱，况我惠帝以放荡之德临之哉！怀帝承乱得位，羁以强臣；愍帝奔播之后，徒守虚名。天下之势既去，非命世之雄才，不能复取之矣！①

是论约八百字，起论创业立基之君的功业。自高祖司马懿，经世宗司马昭，至于世祖司马炎，多“能宽绰以容纳；行数术以御物，而知人善采拔”，行“仁以厚下，俭以足用，和而不弛，宽而能断”，故能一统“八荒”，使“天下无穷人”，“民乐其生”，育成“大象”、“太平”之基。继论西晋迅速衰亡之原因。世祖武皇帝甫崩，变难继起。先有八王之乱，继有“戎、羯称制，二帝失尊”，“何哉？树立失权，托付非才，四维不张，而苟且之政多也”。再论西晋迅速衰败之根本症结在于根基不固。“国之将亡，本必先颠”。“昔之有天下者所以能长久”，以其“基广则难倾，根深则难拔”。“加以朝寡纯德之人，乡乏不贰之老，风俗淫僻，耻尚失所。学者以庄、老为宗而黜六经，谈者以虚荡为辨而贱名检，行身者以放浊为通而狭节信，进仕者以苟得为贵而鄙居正，当官者以望空为高而笑勤恪”，由是善恶是非

① 《资治通鉴》卷八十九，中华书局 1956 年版，第 2835—2837 页。

大乱。在选官用人中,"选者为人择官,官者为身择利,世族贵戚之子弟,陵迈超越,不拘资次。悠悠风尘,皆奔竞之士;列官千百,无让贤之举"。在礼法方面,"其妇女不知女工,任情而动,有逆于舅姑,有杀戮妾媵,父兄弗之罪也,天下莫之非也。礼法刑政,于此大坏"。最后,论西晋末世夷陵、亡国之君不能守业。"民风国势"既坏,而惠帝又"以放荡之德临之";怀帝"羁以强臣";至愍帝则"奔播之后,徒守虚名"。天下大势已去。

**(二)由徐羡之等废帝为营阳王综论刘宋兴亡**

《通鉴》卷一百二十元嘉元年(424)记载:

> 羡之等以宜都王义隆素有令望,又多符瑞,乃称皇太后令,数帝过恶,废为营阳王,以宜都王辰承大统,赦死罪以下。又称皇太后令,奉还玺绂;并废皇后为营阳王妃,迁营阳王于吴。使檀道济入守朝堂。王至吴,止金昌亭;六月,癸丑,羡之等使邢安泰就弑之。①

《通鉴》由徐羡之等废帝为营阳王,引"裴子野论"综论刘宋兴亡。指出刘宋灭亡的主要原因在于皇室教育之失,师友不得其人,教育太子、皇子不得其道。"古者人君养子,能言而师授之辞,能行而傅相之礼。宋之教诲,雅异于斯,居中则任仆妾,处外则近趋走。"其一,"太子、皇子,有帅,有侍,是二职者,皆台皂也。制其行止,授其法则,导达臧否,罔弗由之",但其人却素质太差,"言不及于礼义,识不达于今古",以致于"谨敕者能劝之以吝啬,狂愚者或诱之以凶慝"。其二,"虽有师傅,多以耆艾大夫为之;虽有友及文学,多以膏粱年少为之;具位而已,亦弗与游"。其三,"幼王临州,长史行事;宣传教命,又有典签;往往专恣,窃弄威权,是以本枝虽

① 《资治通鉴》卷一百二十,中华书局1956年版,第3767页。

茂而端良甚寡”。其四,“嗣君冲幼,世继奸回,虽恶物丑类,天然自出,然习则生常,其流远矣”。其五,“降及太宗,举天下而弃之,亦昵比(亲近小人)之为也。呜呼!有国有家,其鉴之矣!”①

司马光《稽古录》卷十四论刘宋亡国原因时,又增新说:如论文帝,则称其勤于行政,而北伐蒙羞,晚年又“狐疑不决”,可谓“文有余而武不足”;论孝武帝,则直陈其“骄淫”;论明帝,则谓其“猜忍”。②

## 六　综论历代官人法

任人选官始终是司马光治平社会建设理论体系的核心和焦点。

### (一)由宋武帝用人综论历代官人法

《通鉴》卷一百二十八宋武帝大明二年(458)记载:初,晋世,散骑常侍选望甚重,与侍中不异;其后职任闲散,用人渐轻。宋武帝欲重其选,乃用当时名士临海太守孔觊、司徒长史王彧为之。侍中蔡兴宗谓人曰:“选曹要重,常侍闲淡,改之以名而不以实,虽主意欲为轻重,人心岂可变邪!”既而常侍之选复卑,选部之贵不异。

王以设官,官以治民,官分九等,职有百种,形成社会治理的基本组织管理结构。《通鉴》引“裴子野论”集中论述了历代选人任官的制度、方法和程序:

第一,在周代就已订立为四个步骤:始于学校教育;继以家乡评议;然后责其优异者推荐上报给州郡的六事;最后由六事审核后报呈朝廷。即“始于学校,论之州里,告诸六事,而后贡于王庭”。

第二,汉代,其程序更为严密,效果也十分显著。“州郡积其功能,五府举为掾属,三公参其得失,尚书奏之天子;一人之身,所阅

---

① 《资治通鉴》卷一百二十,中华书局 1956 年版,第 3767—3768 页。

② 司马光:《稽古录》卷十六,北京师范大学出版社 1988 年版,第121 页。

者众，故能官得其才，鲜有败事”。

第三，魏晋时期，选人任官的方法和程序发生了很大变化，结果也很不理想。“魏、晋易是，所失弘多”。

第四，刘宋以来，承魏晋官人重门第之流弊，以致于“今万品千群，俄折乎一面，庶僚百位，专断于一司，于是嚣风遂行，不可抑止。干进务得，兼加谄渎；无复廉耻之风，谨厚之操；官邪国败，不可纪纲。……孝武虽分曹为两，不能反之于周、汉，朝三暮四，其庸愈乎”！①

**（二）因王僧达死综论历代官人之法及门第取人之弊**

《通鉴》卷一百二十八宋武帝大明二年（458）记载：

> 中书令王僧达，幼聪警能文，而跌荡不拘。帝初践阼，擢为仆射，居颜（竣）、刘（延孙）之右。自负才地，谓当时莫及，一二年间，即望宰相。既而迁护军，怏怏不得志，累启求出。上不悦，由是稍稍下迁，五岁七徙，再被弹削。僧达既耻且怨，所上表奏，辞旨抑扬，又好非议时政，上已积愤怒。路太后兄子尝诣僧达，趋升其榻，僧达令舁弃之。太后大怒，固邀上令必杀僧达。会高阇反，上因诬僧达与阇通谋，八月，丙戌，收付廷尉，赐死。②

《通鉴》引“沈约论”首先强调了君子、小人之辨。“夫君子、小人，类物之通称，蹈道则为君子，违之则为小人”。然后论历代官人之法。殷周“太公起屠钓为周师，傅说去版筑为殷相，明扬幽仄，唯才是与”；两汉“兹道未革：胡广累世农夫，致位公相；黄宪牛医之子，名重京师”；“魏武始立九品，盖以论人才优劣，非谓世族高卑。

① 《资治通鉴》卷一百二十八，中华书局 1956 年版，第 4036—4037 页。
② 《资治通鉴》卷一百二十八，中华书局 1956 年版，第 4037—4038 页。

而都正俗士，随时俯仰，凭藉世资，用相陵驾；因此相沿，遂为成法。”此言魏武立九品官人之法，因小人利用为变而成弊。总之，周、汉之道，“以智役愚”，“唯才是与”；魏、晋以来，“以贵役贱”，唯门第是重，从此，“士庶之科，较然有辨矣”。[①] “沈约论”起于“傅说去版筑为殷相”，至其萧梁之际，已逾二千年矣。司马光采而用之，正是其通识经世史学思想的反映。

继引裴子野论门第取仕：“古者，德义可尊，无择负贩；苟非其人，何取世族！名公子孙，还齐布衣之伍；士庶虽分，本无华素之隔”；“自晋以来，其流稍改，草泽奇士，犹显清途；降及季年，专限阀阅。自是三公之子，傲九棘之家，黄散之孙，蔑令长之室；转相骄矜，互争铢两，唯论门户，不问贤能”。[②] 简明得要。门第取仕制度由东晋算起，至隋止，行世约三百年，而其流弊影响所及，迄今不能除免。可见，司马光所关注者，往往是具有重大社会影响的问题。

此外，司马光因刘备称帝改元而综论正闰，[③]亦很好地体现了司马光的通变史观。上节已详，此不赘述。

## 第三节 天命史观

天命迷信作为中国古代社会意识与世俗通用语境的重要构成部分，深刻地影响着社会的各个层面。史以存实，故不免多所涉及。但《通鉴》较之专设充斥着浓郁天命迷信色彩的《符瑞志》、《五行志》、《孝义传》、《烈女传》、《隐逸传》等的历代正史，其关涉天命迷信的记载已大为删减，反映了司马光对天命迷信的基本文化取

① 《资治通鉴》卷一百二十八，中华书局 1956 年版，第 4038 页。
② 《资治通鉴》卷一百二十八，中华书局 1956 年版，第 4038—4039 页。
③ 《资治通鉴》卷六十九，中华书局 1956 年版，第 2185—2188 页。

向。而《通鉴》史论复精纯之，但毕竟不能摆脱其语境约制，所涉及之天命迷信略可分两类：其一曰世俗类，杂糅虚妄迷信者也。在古代中国政治制度设计中，位居政权最高层的国君、权臣之权力缺乏有效的监督制约机制，而位居政权最底层的小民欲改变其命运，时起反抗。儒家学说不得不于制度之外别寻精神制衡力量以约束人们之行为，“略以助政”，此即天命论及其后的天人感应说。子曰：“君子有三畏：畏天命，畏大人，畏圣人之言。”（《论语·季氏》）在科学知识远不足以解释全部自然与社会现象，天人感应说盛行并成为社会普遍认同的衡量人们言行正确与否的重要参考标尺时，附会自然灾异、使人存畏葸的世俗天命迷信说亦有其存在合理性。于此，司马光以通达的态度，利用因之而生成的神秘性、敬畏感、约束力，沿用世俗天命迷信之说，以达到扬善警恶、经世致用目的。正如四库馆臣撰《涑水记闻》提要中称：“光集有与范梦得《论修通鉴长编书》，称‘妖异有所警戒，诙谐有所补益，并告存之’。”[①]此则必待高识明辨之，方不至曲解司马光致意而轻浅地目之为天命迷信也。其二曰探真类，乃司马光因事求索本真之见也，集中反映了司马光对天命迷信的理性诠释和对世俗天命迷信观的超越。

作为一对矛盾统一体，人类之于自然，始终存在着敬畏心理。进入阶级社会后，这种敬畏心理被统治者加以利用，演化成为稳固其统治制度的重要理论基础，而被统治者亦冀望天命论成为约束统治者行为的无形力量。于是，天命论在人们自觉与不自觉的混一过程中，渐成为社会共同接受的思想和观念。其中既有符合客观规律的合理成分，亦颇杂虚妄迷信之说。司马光能以其通达明识，区分对待之，存“其实”而绝其“幽僻之语以欺人”者，[②]诚可贵也。

---

① 《钦定四库全书总日》（整理本）卷一百四十，中华书局 1997 年版，第 1847 页。

② 司马光：《传家集》卷七十四《迂书·理性》，影印《文渊阁四库全书》本。

## 一　对天命迷信的基本文化认知和探真诠释

### （一）无怪无神

司马光《无怪》云："迂叟曰：'有兹事，必有兹理；无兹理，必无兹事。世人之怪，怪所希见。由明者视之，天下无可怪之事。'"①

司马光《事神》云："或问迂叟事神乎？曰事神。或曰何神之事？曰事其心。或曰其事之何如？曰至简矣，不黍稷，不牺牲，惟不欺之为用。君子上戴天，下履地，中函心，虽欲欺之，其可得乎！"②神者，惟心也，余则不足事；事神之道至简矣，惟不欺而已。在此，司马光惟以心为可敬事之神，形似有神论者，实则否定世俗众神，为无神论者也。

《通鉴》卷十一汉太祖高皇帝五年（前202）论张良欲从赤松子游，"臣光曰"："夫生之有死，譬犹夜旦之必然；自古及今，固未尝有超然而独存者也。以子房之明辨达理，足以知神仙之为虚诡矣。"③明确表达了"神仙之为虚诡"的科学认识。

司马光无怪无神的明达科学认知，在天神合一、天命即神意的社会通行神意哲学体系下，略等同于从根本上对世俗的虚妄迷信天命的彻底否定和对神意哲学的颠覆，意义深远而重大。司马光天命神仙观通彻明透如此，今人亦罕出其右。不悟司马光基本精神，取其片言支语，断章裁意，臆断其迷信者，诚可悲哉！

### （二）"人力之所不及者，天也"；"遇不遇，命也"

司马光所谓之天命，已赋予了具体实在的内涵，完全摒弃了世俗的幽僻迷信因素。

司马光《天人》云："迂叟曰：'天力之所不及者，人也，故有耕耘

---

① 司马光：《传家集》卷七十四《迂书·无怪》，影印《文渊阁四库全书》本。

② 司马光：《传家集》卷七十四《迂书·事神》，影印《文渊阁四库全书》本。

③ 《资治通鉴》卷十一，中华书局1956年版，第363页。

敛藏;人力之所不及者,天也,故有水旱螟蝗。'"又曰:"天之所不能为,而人能之者,人也;人之所不能为,而天能之者,天也。稼穑人也,丰歉天也。"①司马光所谓之"天","水旱螟蝗"、"丰歉"之属也,皆有其实,断无一丝虚妄迷信成分。

司马光《理性》云:"易曰:'穷理尽性,以至于命。'世之高论者,竞为幽僻之语以欺人,使人跂悬而不可及,愦瞀而不能知,则尽而舍之。其实奚远哉!是不是,理也;才不才,性也;遇不遇,命也。"②司马光坚决反对以玄虚"幽僻之语"解经论性命,径以之为"欺人",宜"尽而舍之",主张求"其实"。玄之又玄之"命",不出机遇与概率范畴,司马光仅用"遇不遇"三字即尽揭其实。

《通鉴》卷二十三记载:汉昭帝八岁即位,大将军霍光、车骑将军金日磾、左将军上官桀等辅政。霍光忠心辅政,但权威过重,也引起了一些朝臣的不满。上官桀不甘居霍光之下,便结党造谣,以墨霍光。年幼的汉昭帝却表现出难得的清醒,不信传言诬告,并明令"敢有毁者坐之"。司马光引"李德裕论"曰:

> 人君之德,莫大于至明,明以照奸,则百邪不能蔽矣,汉昭帝是也。周成王有惭德矣;高祖、文、景俱不如也。成王闻管、蔡流言,遂使周公狼跋而东。汉高闻陈平去魏背楚,欲舍腹心臣。汉文惑季布使酒难近,罢归股肱郡;疑贾生擅权纷乱,复疏贤士。景帝信诛晁错兵解,遂戮三公。所谓"执狐疑之心,来谗贼之口"。使昭帝得伊、吕之佐,则成、康不足侔矣。③

其中"使昭帝得伊、吕之佐,则成、康不足侔矣"之论,乃抒情之

① 司马光:《传家集》卷七十四《迂书·天人》,影印《文渊阁四库全书》本。
② 司马光:《传家集》卷七十四《迂书·理性》,影印《文渊阁四库全书》本。
③ 《资治通鉴》卷二十三,中华书局1956年版,第763—764页。

言,“不遇”之谓也,无关预于迷信之天命。

《通鉴》卷八十八记载:晋怀帝建兴元年(313)正月,十六国中匈奴人建立的汉国君主刘聪宴群臣于光极殿,使被俘的晋怀帝着青衣行酒。同时被俘的西晋大臣“庾珉、王俊等不胜悲愤,因号哭;聪恶之。有告珉等谋以平阳应刘琨者,二月,丁未,聪杀珉、俊等故晋臣十余人,怀帝亦遇害”。

司马光引“荀崧曰”:“怀帝天姿清劭,少著英猷,若遇承平,足为守文佳主。而继惠帝扰乱之后,东海专政,故无幽、厉之衅而有流亡之祸矣!”①是论亦基于“遇不遇,命也”之科学命题,论社会环境对个人命运的影响,客观质实,无预迷信之天命。

**(三)洞悉人事,行所宜行,谓知天命;善终恶终不涉天命迷信**

《通鉴》卷十一汉太祖高皇帝五年(前202)记载:

> 张良素多病,从上入关,即道引,不食谷,杜门不出,曰:“家世相韩;及韩灭,不爱万金之资,为韩报仇强秦,天下振动。今以三寸舌为帝者师,封万户侯,此布衣之极,于良足矣。愿弃人间事,欲从赤松子游耳。”②

“臣光曰”:“夫生之有死,譬犹夜旦之必然;自古及今,固未有超然而独存者也。以子房之明辨达理,足以知神仙之为虚诡矣。”明确表达了生死乃客观规律、神仙为虚诡的科学认识。并指出张良欲从仙人游实乃明哲保身:“然其欲从赤松子游者,其智可知也。夫功名之际,人臣之所难处。如高帝所称者,三杰而已。淮阴诛夷,萧何系狱,非以履盛满而不止耶!故子房托于神仙,遗弃人间,

① 《资治通鉴》卷八十八,中华书局1956年版,第2791页。

② 《资治通鉴》卷十一,中华书局1956年版,第362—363页。

等功名于外物，置荣利而不顾，所谓明哲保身者，子房有焉。”①

司马光至明至切地指出“生之有死，譬犹夜旦之必然”，“神仙之为虚诡矣”。从根本上否定了道教神仙一门修炼以求长生不死而成仙的精神文化诉求。司马光是论之逻辑为，张良智者，从仙无益非智，寄意必系其外。该论之真实旨意乃表达洞悉人事即真知天命的观点。

《通鉴》卷二百九十一“臣光曰”评冯道：

> 或谓道能全身远害于乱世，斯亦贤已。臣谓君子有杀身成仁，无求生害仁，岂专以全身远害为贤哉！然则盗跖病终而子路醢，果谁贤乎？②

天人感应迷信观演绎下的世俗之见以为：善有善报，恶有恶报；善得善终，恶得恶终。司马光之论彻底否定了这一世俗的迷信观。“盗跖病终而子路醢”，明确表达了善终恶终本于自然与环境，无关贤愚善恶，不涉天命迷信的思想。

**（四）瑞应灾异实人事得失，成败在人不在天**

1. 瑞应灾异实人事得失

以功举贤，则万化成，瑞应著；以毁誉取人，故功业废而致灾异。《通鉴》卷二十九汉元帝建昭二年（前37）记载：东郡京房学《易》于梁人焦延寿，“其说长于灾变，分六十卦，更直日用事，以风雨寒温为候，各有占验。房用之尤精，以孝廉为郎，上疏屡言灾异，有验”。天子悦之，数召见问。房对曰：“古帝王以功举贤，则万化成，瑞应著；末世以毁誉取人，故功业废而致灾异。宜令百官各试其功，灾异可息。”汉元帝知谏而不纳。

---

① 《资治通鉴》卷十一，中华书局1956年版，第363页。

② 《资治通鉴》卷二百九十一，中华书局1956年版，第9512页。

"臣光曰":"观京房所以晓孝元,可谓明白切至矣!"[①]由此可知司马光赞同京房之论。京房答对,词意明切,知瑞应灾异之实,用人治事之得失耳。其人事与瑞应灾异间因果关系明晰。不同于双向互感、深陷玄虚迷信泥潭的天人感应说。瑞应灾异,实本人事,唯末世俗儒不能解经真义,滥加附会,以致掩其"本人事"之真义而本末倒置为天象决定人事矣。是论揭瑞应灾异为人事得失之实,从而否定了瑞应灾异乃天命迷信之说。

《通鉴》卷四十九载:汉安帝永初元年(107)九月,"太尉徐防以灾异、寇贼策免。三公以灾异免,自防始。辛未,司空尹勤以水雨漂流策免"。司马光就此引仲长统《昌言》曰:

> 光武皇帝愠数世之失权,忿强臣之窃命,矫枉过直,政不任下,虽置三公,事归台阁。自此以来,三公之职,备员而已;然政有不治,犹加谴责。而权移外戚之家,宠被近习之竖,亲其党类,用其私人,内充京师,外布州郡,颠倒贤愚,贸易选举,疲驽守境,贪残牧民,挠扰百姓,忿怒四夷,招致乖叛,乱离斯瘼,怨气并作,阴阳失和,三光亏缺,怪异数至,虫螟食稼,水旱为灾。此皆戚宦之臣所致然也,反以策让三公,至于死、免,乃足为叫呼苍天,号咷泣血者矣!……今人主诚专委三公,分任责成,而在位病民,举用失贤,百姓不安,争讼不息,天地多变,人物多妖,然后可以分此罪矣![②]

东汉以来,三公备员,权移戚宦,史论明确指出"三光亏缺,怪异数至,虫螟食稼,水旱为灾","天地多变,人物多妖","此皆戚宦之臣所致然也,反以策让三公,至于死、免,乃足为叫呼苍天,号咷

① 《资治通鉴》卷二十九,中华书局1956年版,第930页。
② 《资治通鉴》卷四十九,中华书局1956年版,第1571—1572页。

泣血者矣!”其实乃以三公为帝王治世失败之替罪羊,“可以分此罪矣!”清晰表达了灾异不预迷信、乃人事得失的唯物史观。

2. 成败在人不在天

《通鉴》卷十一记载:汉太祖高皇帝五年(前202),项羽败亡。

司马光首引“太史公论”,从项羽败亡主观原因进行分析,明确指出项羽败亡之因在于其“放逐义帝而自立;怨王侯叛已,难矣!自矜功伐,奋其私智而不师古,谓霸王之业,欲以力征经营天下”。项羽“乃引‘天亡我,非用兵之罪也’,岂不谬哉”![1] 是论中项羽所谓之“天”,乃世俗所谓可主宰人事之虚妄迷信之“天”。对此,史论以“谬哉”予以彻底否定。

司马光复引扬子《法言》,从项羽与敌对方刘邦之比较研究角度进行分析。指出项羽之亡在于不能群策群力。一事两论,相互补充发明,而结论相同:“谬哉!”[2]“天曷故焉!”[3]是论之“天”,乃无预人事之自然客观存在。项羽之亡,尽在人事之失,非人力所不能及者也。

《通鉴》卷一百三十三司马光引裴子野论宋明帝翦除诸弟曰:

> 夫噬虎之兽,知爱己子;搏狸之鸟,非护异巢。太宗保字螟蛉,剿拉同气,既迷在原之天属,未识父子之自然。宋德告终,非天废也。夫危亡之君,未尝不先弃本枝,妪煦旁孽;推诚嬖狎,疾恶父兄。前乘覆车,后来并辔。借使叔仲有国,犹不失配天;而他人入室,将七庙绝祀;曾是莫怀,甘心揃落。晋武背文明之托,而覆中州者贾后;太祖弃初宁之誓,而登合殿者元凶。祸福无门,奚其豫择!友于兄弟,不亦安乎![4]

① 《资治通鉴》卷十一,中华书局1956年版,第354—355页。
② 《资治通鉴》卷十一,中华书局1956年版,第355页。
③ 《资治通鉴》卷一百三十三,中华书局1956年版,第4161页。
④ 《资治通鉴》卷一百三十三,中华书局1956年版,第4161—4162页。

“宋德告终，非天废也”，明确排斥了虚妄迷信因素。

**（五）天象、符命皆无关预于天命**

该命题与司马光“有兹事，必有兹理；无兹理，必无兹事。世人之怪，怪所希见。由明者视之，天下无可怪之事”①的哲学认知紧密相关。

《通鉴》卷三十三记载：汉成帝绥和二年（前7），时荧惑守心，或以为大臣宜当之。上乃召见丞相翟方进。

> （翟方进）还归，未及引决，上遂赐册，责让以政事不治，灾害并臻，百姓穷困，曰：“欲退君位，尚未忍，使尚书令赐君上尊酒十石，养牛一，君审处焉！”方进即日自杀。上秘之，遣九卿策赠印绶，赐乘舆秘器、少府供张，柱槛皆衣素。天子亲临吊者数至，礼赐异于他相故事。②

“臣光曰”：

> 晏婴有言：“天命不慆，不贰其命。”祸福之至，安可移乎！昔楚昭王、宋景公不忍移灾于卿佐，曰：“移腹心之疾，寘诸股肱，何益也！”藉其灾可移，仁君犹不忍为，况不可乎！使方进罪不至死而诛之，以当大变，是诬天也；方进有罪当刑，隐其诛而厚其葬，是诬人也；孝成欲诬天、人而卒无所益，可谓不知命矣。③

天命说，在古代中国，乃浸染于社会细胞深处的通用语境，固

① 司马光：《传家集》卷七十四《迂书·无怪》，影印《文渊阁四库全书》本。

② 《资治通鉴》卷三十三，中华书局1956年版，第1051—1052页。

③ 《资治通鉴》卷三十三，中华书局1956年版，第1052—1053页。

不可回避之。司马光撰史作论，颇沿其词语，实有不得不为者，要在审其旨要。

天命之论，固驳杂不纯，时以为“荧惑守心”、“灾害并臻”，乃天变示警，“或以为大臣宜当之”。司马光引晏婴言“天命不慆，不贰其命”，指出天命惟恒，不可更改；既如此，则“祸福之至，安可移乎”！从而否定了汉成帝杀大臣以当天谴的做法。是论乃建立在世俗通用的天命语境平台之上，沿用天命之辞述事论史，而终于批判汉成帝承天命杀翟方进而厚葬之为“诬天、人而卒无所益，可谓不知命矣”。实为对天命论的巧妙批判，亦司马光是论之要旨也。

《通鉴》卷二百一十一记载：唐玄宗开元二年(714)八月，乙酉，太子宾客薛谦光献武后所制《豫州鼎铭》，其末云：“上玄降鉴，方建隆基。”以为玄宗“受命之符”。宰相姚崇表贺，且请宣示史官，颁告中外。

“臣光曰”起论即明确指出“日食不验，太史之过也”。即日食不应验，是负责天文观测与记录的太史的过失。完全排斥了天文现象迷信观念。所以，“君臣相贺，是诬天也”。这里的“天”是指天象运行的自然规律及现象，本非玄宗“受命”之兆，而玄宗君臣附会解释其意，“是诬天也”。人臣“采偶然之文以为符命”，附会阿谀之贺，乃“小臣之谄也”。“宰相因而实之，是侮其君也”。司马光使用了“偶然”、“实之”两词，明确表达出自己认为其事虚妄不足信的态度。最后表达了对玄宗君臣行为的惋惜之意，以示垂戒。“上诬于天，下侮其君，以明皇之明，姚崇之贤，犹不免于是，岂不惜哉！”[①] 天命，天象运行之常道也，引申为不变之天下正道。天行健，即天道、天命有常，不容滥加附会。不诬不欺谓知天命，天象无关天命。司马光对唐玄宗与姚崇迷信符命的旗帜鲜明批判，昭示了其天象、符命皆无关预于天命的基本文化史观。

① 《资治通鉴》卷二百一十一，中华书局1956年版，第6704页。

司马光所谓之天命，空明而简纯，虽难以精细表述其为何物，却能清醒地意识到何者非天命，从而与附会迷信神怪之驳杂滥章体系形成了鲜明的分野。

## 二　对天命迷信之批判

历史上无数鲜活而惨痛的教训，使司马光对世俗的天命迷信保持着超越常人的清醒认知与批判精神。

### （一）信惑神怪、迷信天命，或亡或衰或灾

《通鉴》卷二十二太始三年(前 94)载：

> 是岁，皇子弗陵生。弗陵母曰河间赵倢伃，居钩弋宫，任身十四月而生。上曰："闻昔尧十四月而生，今钩弋亦然。"乃命其所生门曰尧母门。①

"臣光曰"：

> 为人君者，动静举措不可不慎，发于中必形于外，天下无不知之。当是时也，皇后、太子皆无恙，而命钩弋之门曰尧母，非名也。是以奸人逆探上意，知其奇爱少子，欲以为嗣，遂有危皇后、太子之心，卒成巫蛊之祸，悲夫！②

人君怀其私宠，不谨言行，乱宫廷之礼，命钩弋之门曰尧母，宠隆赵倢伃过度，迷信刘弗陵能如古圣尧一般贤明。太子刘据失宠，奸臣逆探上意，卒成巫蛊之祸，太子等数万人被杀。表明司马光不信附会虚妄之说。

---

① 《资治通鉴》卷二十二，中华书局 1956 年版，第 723 页。

② 《资治通鉴》卷二十二，中华书局 1956 年版，第 723 页。

《通鉴》卷二十二载"臣光曰"评汉武帝：

> 孝武穷奢极欲，繁刑重敛，内侈宫室，外事四夷，信惑神怪，巡游无度，使百姓疲敝，起为盗贼，其所以异于秦始皇者无几矣。然秦以之亡，汉以之兴者，孝武能尊先王之道，知所统守，受忠直之言，恶人欺蔽，好贤不倦，诛赏严明，晚而改过，顾托得人，此其所以有亡秦之失而免亡秦之祸乎！①

指出"信惑神怪"乃秦皇、汉武政治之失，并将其与"穷奢极欲，繁刑重敛，内侈宫室，外事四夷"、"巡游无度"等过失并列对待，视为亡国之征，予以高度重视。

《通鉴》卷二百三武则天光宅元年(684)记载：徐敬业因不满武氏执政，起兵于扬州。时有两种意见：一为魏思温之策，"直指河、洛，专以匡复为事"；一为薛宗璋之策，守"金陵王气"，恃大江天险，先取江南。徐敬业采纳薛宗璋之策，兵败被杀。

司马光引"陈岳论"曰："敬业苟能用魏思温之策，直指河、洛，专以匡复为事，纵军败身戮，亦忠义在焉。而妄希金陵王气，是真为叛逆，不败何待！"②徐敬业虽从守"金陵王气"之策，犹不免于兵败身死。知迷信之虚妄害人、不足为信矣。信惑神怪、迷信天命，秦以之亡国，汉武因之衰落，徐敬业由是败亡。

**(二) 或记其虚妄，或载而不论，或删而除之，以示天命迷信之不足信**

《通鉴》卷二百四十五清楚而明确地记载了唐文宗大和九年(835)甘露之变中的夜降甘露之祥为欺。以史明论，昭其虚妄。

《通鉴》卷六十八汉献帝建安二十四年(219)载：

---

① 《资治通鉴》卷二十二，中华书局1956年版，第747—748页。

② 《资治通鉴》卷二百三，中华书局1956年版，第6431页。

魏王操表孙权为票骑将军，假节，领荆州牧，封南昌侯。权遣校尉梁寓入贡，又遣朱光等归，上书称臣于操，称说天命。操以权书示外曰："是儿欲踞吾著炉火上邪！"侍中陈群等皆曰："汉祚已终，非适今日。殿下功德巍巍，群生注望，故孙权在远称臣。此天人之应，异气齐声，殿下宜正大位，复何疑哉！"操曰："若天命在吾，吾为周文王矣。"①

"臣光曰"由曹操不从劝进而论教化风俗之重要，其旨尽在敦睦风俗教化，一字不及于"天命"，由是知司马光不信世俗虚妄迷信之天命。②

《通鉴》卷三十九引"班固赞"评王莽曰：

王莽始起外戚，折节力行以要名誉，及居位辅政，勤劳国家，直道而行，岂所谓"色取仁而行违"者邪！莽既不仁而有佞邪之材，又乘四父历世之权，遭汉中微，国统三绝，而太后寿考，为之宗主，故得肆其奸慝以成篡盗之祸。推是言之，亦天时，非人力之致矣！及其窃位南面，颠覆之势险于桀、纣，而莽晏然自以黄、虞复出也，乃始恣睢，奋其威诈，毒流诸夏，乱延蛮貉，犹未足逞其欲焉。是以四海之内，嚣然丧其乐生之心，中外愤怨，远近俱发，城池不守，支体分裂，遂令天下城邑为虚，害遍生民，自书传所载乱臣贼子，考其祸败，未有如莽之甚者也！昔秦燔《诗》、《书》以立私议，莽诵六艺以文奸言，同归殊涂，俱用灭亡，皆圣王之驱除云尔。③

① 《资治通鉴》卷六十八，中华书局 1956 年版，第 2172—2173 页。
② 《资治通鉴》卷六十八，中华书局 1956 年版，第 2173—2174 页。
③ 《资治通鉴》卷三十九，中华书局 1956 年版，第 1251 页。

考“班固赞”,出《汉书·王莽传》。司马光引“班固赞”,在“俱用灭亡”后有意删除了原文中“皆炕龙绝气,非命之运,紫色蛙声,余分闰位”数句。表明司马光对天命、命运之说不感兴趣,也不相信,对“紫色蛙声,余分闰位”所指新莽政权如间色淫声、不能列入历史正位的五行替代说也不认同,体现出鲜明的抵制虚妄迷信的文化史观。

**(三)或直书“意过其通者”,或以史明其无稽,或间接否定,反对迷信虚妄之说**

《通鉴》卷七十三记载:魏明帝景初元年(237)正月,山茌县称有黄龙出现。高堂隆认为:“魏得土德,故其瑞黄龙见,宜改正朔,易服色,以神明其政,变民耳目。”帝从其议。

陈寿评高堂隆“志存匡君”,临终口占上疏“发于恳诚,忠矣哉”,褒赞其忠君忧国之义。但却指出:“及至必改正朔,俾魏祖虞,所谓意过其通者欤!”①即否定其祥瑞虚妄之说,这是对当时盛行的五德终始与天人感应思想的明确批判。司马光采之,即同意其观点,反对迷信虚妄之说。

《通鉴》卷一百一十五义熙六年(410)记载:刘裕率东晋军北伐南燕,广固之役,遭到顽强抵抗。“刘裕悉众攻城”,或曰:“今日往亡,不利行师。”裕曰:“我往彼亡,何为不利!”四面急攻之,大获全胜,破城灭燕,“送超(南燕主慕容超)诣建康,斩之”。②

对待虚妄迷信之说,司马光常采用以史代论编纂书法,此即以大胜之结果比照“今日往亡,不利行师”之预言,使之不逮攻而自破,司马光态度亦不逮言而自明。“臣光曰”评刘裕克广固,唯论其屠城“无仁义”,并无一字关涉于此迷信之无征,则以史实胜于雄辩故也,正是司马光不信虚妄迷信坚定态度的客观表征。

---

① 《资治通鉴》卷七十三,中华书局1956年版,第2326页。

② 《资治通鉴》卷一百一十五,中华书局1956年版,第3626—3627页。

《通鉴》卷二十七汉宣帝五凤四年（前 54）载赵广汉、盖宽饶、韩延寿、杨恽之死曰："会有日食之变，驺马猥佐成上书告'恽骄奢，不悔过。日食之咎，此人所致。'章下廷尉……廷尉当恽大逆无道，要斩；妻子徙酒泉郡；……诸在位与恽厚善者，未央卫尉韦玄成及孙会宗等，皆免官。"①"臣光曰"：

以孝宣之明，魏相、丙吉为丞相，于定国为廷尉，而赵、盖、韩、杨之死皆不厌众心，其为善政之累大矣！《周官》司寇之法，有议贤、议能。若广汉、延寿之治民，可不谓能乎！宽饶、恽之刚直，可不谓贤乎！然则虽有死罪，犹将宥之，况罪不足以死乎！②

四人者，世所公认之贤能者也。"臣光曰"："虽有死罪，犹将宥之，况罪不足以死乎！"明确指出杨恽乃以"刚直"被杀，从而间接地否定了借口"日食之咎，此人所致"而杀杨恽的荒谬。

## 三 疑似天命迷信之史论辨析

为时代所限，司马光自然难以彻底摆脱天命迷信观窠臼，但却能自觉坚持以经世致用为本，对之保持难得的清醒。司马光言天命，强调人当敬天畏命，目的在求人之自我约束，进而育成社会规范之治。天命观既广为当时社会所接受，即当引导使成可用之治世工具也。《通鉴》及其史论屡取世俗天命迷信之言辞，然审辨其意，皆在扬善警恶也。

### （一）沿用天命迷信之言辞与逻辑，旨在扬善警恶、济世益国

《通鉴》卷三十六引"班固赞"评王莽专权曰：

① 《资治通鉴》卷二十七，中华书局 1956 年版，第 878 页。

② 《资治通鉴》卷二十七，中华书局 1956 年版，第 878 页。

孝平之世，政自莽出，褒善显功，以自尊盛。观其文辞，方外百蛮，无思不服，休征嘉应，颂声并作；至乎变异见于上，民怨于下，莽亦不能文也。[①]

是论以“变异见于上”为天意示警，传达了王莽篡政，文饰太平，天意不容，故不能久长的天命史观。此疑似天命迷信之论，实乃司马光着意于对天命观的积极利用，旨在扬善警恶，非传递迷信思想也。

《通鉴》卷七十三记载：魏明帝景初元年(237)正月，山茌县称有黄龙出现。高堂隆认为：“魏得土德，故其瑞黄龙见，宜改正朔，易服色，以神明其政，变民耳目。”帝从其议。[②] 高堂隆临终又上疏魏明帝曰：“臣寝疾有增无损，常恐奄忽，忠款不昭……黄初之际，天兆其戒，异类之鸟，育长燕巢，口爪胸赤，此魏室之大异也。宜防鹰扬之臣(暗指司马懿父子)于萧墙之内。”据《晋书·五行志》，未央宫有燕生鹰，口爪俱赤。盖为鹊巢之变，本于自然，庙堂不识乡野事，故以为怪耳；或知而故怪，假以进言，亦未可知也。此天命迷信说为高堂隆奏疏中言，以启“宜防鹰扬之臣于萧墙之内”之论，以助进谏之效，陈寿评亦称此乃高堂隆“因变陈戒”，[③]史固如是，故存之，不可据以指称司马光迷信天命。

**(二) 天者民也，天意即民意；爱养生民为合天意、知天命；行非所宜，为违天意、逆天命**

《通鉴》卷七十三记载：魏明帝青龙四年(236)冬十月“甲申，有星孛于大辰，又孛于东方”，时帝方大兴宫室，高堂隆上疏曰：“《书》曰：‘天聪明自我民聪明，天明畏自我民明威。’言天之赏罚，随民

① 《资治通鉴》卷三十六，中华书局1956年版，第1156页。

② 《资治通鉴》卷七十三，中华书局1956年版，第2318页。

③ 《资治通鉴》卷七十三，中华书局1956年版，第2326页。

言,顺民心也。……今宫室过盛,天慧章灼,斯乃慈父恳切之训。"①此所引《尚书》之言,意即上天耳聪目明,实际是人民耳聪目明,上天显赫威灵,实际是人民显赫威灵。天即民也。清晰地表明了自己的天命观,透彻地揭示了天命的本质。司马光载而是之。

《通鉴》卷一百九十二记载:贞观二年(628),关内旱饥,民多卖子以接衣食;己巳,诏出御府金帛为赎之,归其父母。庚午,诏以去岁霖雨,今兹旱、蝗,赦天下。诏书略曰:"若使年谷丰稔,天下又安,移灾朕身,以存万国,是所愿也,甘心无吝。""会所在有雨,民大悦。"同卷又载:畿内有蝗。上入苑中,见蝗,掇数枚,祝之曰:"民以谷为命,而汝食之,宁食吾之肺肠。"举手欲吞之,左右谏曰:"恶物或成疾。"上曰:"朕为民受灾,何疾之避!"遂吞之。"是岁,蝗不为灾"。疑似天命有征之迷信记载。然则《通鉴》以一"会"字,清晰传递出事属偶合、并无天命的信息。其旨在借以倡赞关注民生、为民受灾的帝王胸怀,乃政治宣传技巧,不可以天命迷信视之。实则"遇"(巧合)而已。若客观面对无以回避的天命论社会意志,必曰天命有征,则司马光传达之文化史观乃爱养生民为合天意、知天命。

《通鉴》卷二百四十五大和九年(835)记载:唐中叶以降,宦官势力迅速膨胀,逐渐把持了朝廷的军政大权。唐文宗欲改变宦官专权局面,于大和九年诏郑注、李训密谋剪除宦官。毒死大宦官王守澄后,任命李训为宰相,郑注为凤翔节度使,预谋进一步铲除宦官势力。李训急功,未做好充分准备便以宫中出现甘露之祥欲诱宦官入宫而杀之。被宦官仇士良等识破,引军杀死郑注、李训,然后又杀了王涯、贾悚等,其亲属无问亲疏皆死,孩稚无遗,妻女不死者没为官婢。史称"甘露之变"。两《唐书》均以为王涯、贾悚初不知训、注之谋。"臣光曰":

① 《资治通鉴》卷七十三,中华书局 1956 年版,第 2315—2316 页。

> 论者皆谓涯、悚有文学名声，初不知训、注之谋，横罹覆族之祸。臣独以为不然。夫颠危不扶，焉用彼相！涯、悚安高位，饱重禄；训、注小人，穷奸究险，力取将相。涯、悚与之比肩，不以为耻；国家危殆，不以为忧。偷合苟容，日复一日，自谓得保身之良策，莫我如也。若使人人如此而无祸，则奸臣孰不愿之哉！一旦祸生不虞，足折刑剭，盖天诛之也，士良安能族之哉！①

司马光之论是建立在甘露之祥瑞为虚的史实记载基础之上的，明确表达了祥瑞类迷信不过是历史上一些人为达到某种目的而加以利用之工具。臣光曰"盖天诛之也"之"天"，实公理、正道也。涯、悚"安高位，饱重禄"，"国家危殆，不以为忧。偷合苟容"，行非所宜，故曰"盖天诛之也"。又，此明以"盖"起论，不做定论，多抒情成分，不可视同天命迷信。类似言论，今犹时见，不必深责古人。司马光所欲表达之真实旨意为：行所宜行，谓知天命；行非所宜，乃违天命。

## 四　关于司马光天命迷信观的拓展分析

### （一）彻底否定丧葬迷信

"人之贵贱、贫富、寿夭系于天，贤愚系于人，固无关预于葬"。司马光《葬论》云：

> 葬者，藏也。孝子不忍其亲之暴露，故敛而藏之。赍送不必厚，厚者有损无益。古人论之详矣！今人葬不厚于古，而拘于阴阳禁忌则甚焉。古者虽卜宅、卜日，盖先谋人事之便，然后质诸蓍龟，庶无后艰耳。无常地与常日也。今之葬书，乃相

① 《资治通鉴》卷二百四十五，中华书局1956年版，第7916—7917页。

山川冈畎之形势，考岁月日时之支干，以为子孙、贵贱、贫富、寿夭、贤愚皆系焉，非此地、非此时不可葬也。举世惑而信之，于是丧亲者往往久而不葬，问之，曰岁月未利也；又曰未有吉地也；又曰游宦远方未得归也；又曰贫未能办葬具也。至有终身累世而不葬，遂弃失尸柩，不知其处者。呜呼，可不令人深叹愍哉！人所贵，于身后有子孙者为能藏其形骸也。其所为乃如是，曷若无子孙！死于道路，犹有仁者见而殣之邪。先王制礼，葬期远不过七月。今世著令自王公以下皆三月而葬。又礼，未葬不变服食粥居倚庐，哀亲之未有所归也。既葬，然后渐有变除。今之人背礼违法，未葬而除丧从宦四方，食稻衣锦饮酒作乐，其心安乎！人之贵贱、贫富、寿夭系于天，贤愚系于人，固无关预于葬。就使皆如葬师之言，为人子者方当哀穷之际，何忍不顾其亲之暴露乃欲自营福利邪！昔者，吾诸祖之葬也，家甚贫，不能具棺椁。自太尉公而下始有棺椁，然金银珠玉之物未尝以锱铢入于圹中。将葬，太尉公族人皆曰："葬者家之大事，奈何不询阴阳？此必不可。"吾兄伯康无如之何，乃曰："询于阴阳则可矣，安得良葬师而询之？"族人曰："近村有张生者，良师也，数县皆用之。"兄乃召张生，许以钱贰万。张生野夫也，世为葬师，为野人葬，所得不过千钱，闻之大喜。兄曰："汝能用吾言，吾畀尔葬，不用吾言，将求佗师。"张师曰："惟命是听。"于是，兄自以己意处岁月日时及圹之浅深广狭，道路所从出，皆取便于事者。使张生以葬书缘饰之曰大吉，以示族人。族人皆悦，无违异者。今吾兄年七十九，以列卿致仕。吾年六十六，忝备侍从，宗族之从仕者，二十有三人。视佗人之谨用葬书，未必胜吾家也。前年，吾妻死，棺成而敛，装办而行，圹成，而葬未尝以一言询阴阳家，迄今无佗。故吾常疾阴阳家立邪说以惑众、为世患，于丧家尤甚。顷为谏官，尝奏乞禁天下葬书，当时执政，莫以为意。今著兹论，庶俾后之子孙葬必以时。欲知葬具之不必厚，视吾祖；欲知葬书之不足信，视吾家。①

是论揭示出宋代民间有专门葬师，问阴阳、从葬师蔚成风气的客观事实和丧葬迷信文化背景。司马光以事实为依据，明确表达了“人之贵贱、贫富、寿夭系于天，贤愚系于人，固无关预于葬”的观点，彻底否定了丧葬中的虚妄迷信说。

**（二）“天地与人了不相关”析**

赵宋熙宁三年（1070）三月二十八日，王安石言于上，以为天命不足畏，祖宗不足法，流俗不足恤，故立为考试题目，以此三事质于所试者。

司马光《学士院试李清臣等策问》载：“今之论者，或曰：‘天地与人了不相关，薄食、震摇，皆有常数，不足畏忌。祖宗之法未必尽善，可革则革，不足循守。庸人之情，喜因循而惮改为，可与乐成，难与虑始，纷纭之议不足听采。’……愿闻所以辨之。”②时，司马光以翰林学士负责拟定策问试题，其厝意至为鲜明，即引起对王安石“三不足”说的讨论和批判。对此，学界素无争议，并一般认为这反映出司马光的保守思想和天人感应迷信观。然而，由前揭分析与研究，尤其结合司马光“瑞应灾异实人事得失，成败在人不在天”、“天象、符命皆无关预于天命”等命题综合考察，笔者未敢苟同，以为司马光此策问之核心旨意不在辨析“天地与人了不相关，薄食、震摇，皆有常数”科学与否，而在批判其后“不足畏忌”四字之潜在的巨大危害。此亦其时有识之士之共识，如大臣富弼在闻知王安石有关天命不足畏的言论后，就曾忧虑曰：“人君所畏惟天，若不畏天，何事不可为者？去乱亡无几矣！此必奸臣欲进邪说，故先导上

① 司马光：《传家集》卷六十五，影印《文渊阁四库全书》本。

② 司马光：《传家集》卷七十五，影印《文渊阁四库全书》本。

以无所畏，使辅弼谏诤之臣无所复施。”①且王、马所谓之“天”，其实有别也。王安石之“天”，意为无预人事之客观自然存在；司马光之“天”，要指正道与公义也。两者各循其意，执论皆不为过，目的均在利国，只是关注点不同、治世方略有异罢了。又，司马光引扬子论项羽败亡“天曷故焉”时，其“天”之所取意正与王安石同，亦足证司马光策问意不在论“天”，而在于令人君有所畏忌而行正道。由上可知，此策问乃司马光在清醒认识到难以摧撼与改变天人相预迷信社会思潮的前提下，明智地将厝意重心转入对有益于约束人们行为的积极作用的追求上。策问只是取用世俗天命迷信之通用言辞，以达其制约人君行为之目的，不足以表明司马光持迷信天命思想。

**（三）为后世所诟病的迷信记载分析**

《通鉴》卷一百九十九唐太宗贞观二十二年(648)载：

> 初，左武卫将军武连县公武安李君羡直玄武门，时太白屡昼见，太史占云：“女主昌。”民间又传《秘记》云：“唐三世之后，女主武王代有天下。”上恶之。会与诸武臣宴宫中，行酒令，使各言小名。君羡自言名五娘，上愕然，因笑曰：“何物女子，乃尔勇健！”又以君羡官称封邑皆有“武”字，深恶之，后出为华州刺史。有布衣员道信，自言能绝粒，晓佛法，君羡深敬信之，数相从，屏人语。御史奏君羡与妖人交通，谋不轨。壬辰，君羡坐诛，籍没其家。
>
> 上密问太史令李淳风：“《秘记》所云，信有之乎?”对曰：“臣仰稽天象，俯察历数，其人已在陛下宫中，为亲属，自今不过三十年，当王天下，杀唐子孙殆尽，其兆既成矣。”上曰：“疑似者尽杀之，何如?”对曰：“天之所命，人不能违也。王者不死，徒多杀无辜。且自今以往三十年，其人已老，庶几颇有慈

① 王称：《东都事略》卷六十八《富弼传》，影印《文渊阁四库全书》本。

心,为祸或浅。今借使得而杀之,天或生壮者肆其怨毒,恐陛下子孙,无遗类矣!"上乃止。①

《通鉴》载上述暗喻武则天日后当王天下事及太史令李淳风言,乃因其事直接关涉大臣李君羡之死、间接关涉众多无辜"疑似者"之生,进而王朝政权与社会之安定故也。太白星屡昼见主"女主昌"之占辞,固有浓重之迷信色彩,但民间广为流传已成不争之实,两相交织危害了唐王朝统治,方使唐太宗深恶之,致有诛大臣之实、杀"疑似者"之心。其实,唐太宗真正惧怕的并不是迷信本身,而是迷信对王朝统治带来的不安定因素,其对相关迷信说至多是半信半疑。《通鉴》载之,乃记实之必需,不仅不可认定为司马光具有迷信思想,反倒以得出司马光谴责唐太宗因迷信说而滥开杀戒的结论更近合理。

《通鉴》卷二百一十五唐纪三十一天宝六年(747)记载:

户部侍郎兼御史中丞杨慎矜为上所厚,李林甫浸忌之。……

慎矜与术士史敬忠善,敬忠言天下将乱,劝慎矜于临汝山中买庄为避乱之所。会慎矜父墓田中草木皆流血,慎矜恶之,以问敬忠。敬忠请禳之,设道场于后园,慎矜退朝,辄裸贯桎梏坐其中。旬日血止。……上以慎矜与术士为妖法,恶之,含怒未发。……

鉷乃遣人以飞语告"慎矜隋炀帝孙,与凶人往来,家有谶书,谋复祖业"。上大怒,收慎矜系狱。②

① 《资治通鉴》卷一百九十九,中华书局1956年版,第6259—6260页。
② 《资治通鉴》卷二百一十九,中华书局1956年版,第6879—6881页。

御史中丞杨慎矜之死，一则因其“为上所厚，李林甫浸忌之”，二则因其信术士“言天下将乱”，危害了李氏王朝安定，失去了唐玄宗的信任与庇护，设道场不过导火索耳。而封建帝王之于谶书谶言、宗教迷信等，本无一定之好恶，大体上遵循有益于其统治则好而推重之、危害其统治则恶而打压之的一般规律。司马光记载此事，主要是为了说明大臣权力之争的严酷，如实反映杨慎矜的死因。主观上虽不在渲染迷信，但客观上显然产生了一定的负面结果，引致后人诟病亦不足怪。或者，司马光根本就不信其迷信，亦不屑又无从辨其伪，故载之玄而又玄，令人自辨其伪，亦未可知。

## 第四节　忠文化观

《通鉴》史论所谓之忠，包括忠道、忠国、忠君、忠职守等。其中亦常谓狭义之忠，特指忠君。

### 一　忠　道

道在中国哲学中，是一个重要的概念，表示“终极真理”。此一概念，不惟为儒释道所共同重视和使用，并深入中国基层社会。《周易·系辞传》曰“一阴一阳之谓道”，“天之道，曰阴与阳”。并引孔子言以释道：“形而上者谓之道，形而下者谓之器。”所以，在我国文化史上，历来都是将《周易》作为经书对待的。儒家认为，道为阴阳变化之理，即宇宙运行与自然变化的根本规律和最高法则。

万事万物皆有道，但通常所谓之道，乃指不可分的具有集合性、模糊性与最高性的概念，《通鉴》史论所谓之道，基本皆取此意。德与礼则是可分解的概念，合可达于道，意义重大，地位尊崇，无以复加；分可极于微，其意义与作用可仅及二人分梨之小。

**（一）志士以忠道为至高原则**

《通鉴》卷六秦始皇帝十四年（前 233）记载韩非死后，引扬子《法言》曰：

或问："韩非作《说难》之书而卒死乎说难，敢问何反也？"曰："《说难》盖其所以死乎！"曰："何也？""君子以礼动，以义止，合则进，否则退，确乎不忧其不合也。夫说人而忧其不合，则亦无所不至矣。"或曰："（韩）非忧说之不合，非邪？"曰："说不由道，忧也。由道而不合，非忧也。"①

继出"臣光曰"：

臣闻君子亲其亲以及人之亲，爱其国以及人之国，是以功大名美而享有百福也。今非为秦画谋，而首欲覆其宗国，以售其言，罪固不容于死矣，乌足愍哉！②

史论以为，韩非事秦，乃助暴秦肆其淫志于天下，且"首欲覆其宗国"，悖于道义，失于忠国，死不足愍。"说不由道"，明确表达了志士忠道的至高原则。

**（二）忠道为忠之评价的根本标准**

《通鉴》卷七始皇帝三十七年（前 210）载：二世欲诛蒙恬兄弟。恬曰："自吾先人及至子孙，积功信于秦三世矣。今臣将兵三十余万，身虽囚系，其势足以倍畔。然自知必死而守义者，不敢辱先人之教以不忘先帝也！"乃吞药自杀。

《通鉴》就此而发论，首引扬子《法言》曰：

---

① 《资治通鉴》卷六，中华书局 1956 年版，第 221 页。
② 《资治通鉴》卷六，中华书局 1956 年版，第 221—222 页。

或问："蒙恬忠而被诛，忠奚可为也？"曰："堑山，堙谷，起临洮，击辽水，力不足而尸有余，忠不足相也。"①

继出"臣光曰"：

始皇方毒天下而蒙恬为之使，恬不仁不知矣。然恬明于为人臣之义，虽无罪见诛，能守死不贰，斯亦足称也。②

扬子之论深刻，颇能启人深思。直谓蒙恬"忠不足相"。即不苟同世俗以蒙恬自杀为忠之认识，认为蒙恬不具备忠之品质。由是，似可推知，其认同之忠必合于利国利民之道义，是为忠之评价的根本标准。蒙恬筑长城，"堑山，堙谷，起临洮，击辽水，力不足而尸有余"，既背于此，虽能忠君自杀，乃愚忠、"不足相"之忠。忠，当忠于道义，而非忠于昏君及错误诏令。体现出中国知识分子追求真理、"从道不从君"的可贵品质和精神。司马光之论颇具一分为二的辩证思想，既严厉抨击蒙恬"毒天下"的无道行为为"不仁不知"；又肯定其守死不贰、忠君而尽人臣之义为"亦足称也"。

此所谓足相之忠，意为忠道与忠君之统一者。大忠忠于道，直忠忠于君。忠道为本，忠君其次。忠君而毒天下，则悖于忠道，不惟"忠不足相也"，且罪于天下，"不仁不知矣"。

## 二　忠　国

国家的基本构成是人民，故本质上，忠国即忠于全体人民之利益。

---

① 《资治通鉴》卷七，中华书局 1956 年版，第 251 页。

② 《资治通鉴》卷七，中华书局 1956 年版，第 251 页。

### (一) 不思尽忠于国家,唯念谋其私利,真倾危之士哉

《通鉴》卷五周赧王五十年(前265)载"臣光曰"评范雎谮穰侯:

> 穰侯援立昭王,除其灾害;荐白起为将,南取鄢、郢,东属地于齐,使天下诸侯稽首而事秦,秦益强大者,穰侯之功也。虽其专恣骄贪足以贾祸,亦未至尽如范雎之言。若雎者,亦非能为秦忠谋,直欲得穰侯之处,故搤其吭而夺之耳。遂使秦王绝母子之义,失舅甥之恩。要之,雎真倾危之士哉![1]

为臣之道,忌如穰侯居功,"专恣骄贪足以贾祸";尤恨如范雎谮穰侯,不思尽忠于国,唯念谋其私利,"非能为秦忠谋,直欲得穰侯之处","遂使秦王绝母子之义,失舅甥之恩",损毁人君孝行威义。司马光谴责其"非能为秦忠谋","真倾危之士哉!"表达了为大臣者必忠于国家的思想。

### (二) 临终不忘国事,忠矣哉

《通鉴》卷七十三载:高堂隆疾笃,口占上疏魏明帝曰:"曾子有言曰:'人之将死,其言也善。'臣寝疾有增无损,常恐奄忽,忠款不昭,臣之丹诚,愿陛下少垂省览!……宜防鹰扬之臣于萧墙之内;可选诸王,使君国典兵,往往棋跱,镇抚皇畿,翼亮帝室。夫皇天无亲,惟德是辅。民咏德政,则延期过历;下有怨叹,则辍录授能。由此观之,天下乃天下之天下,非独陛下之天下也!"陈寿评高堂隆"志存匡君",临终口占上疏"发于恳诚,忠矣哉!"[2]褒赞其忠君忧国之义。君有昏暴,行兼得失;"天下乃天下之天下,非独陛下之天下也!"则清晰地表达了忠国高于忠君的思想。

---

① 《资治通鉴》卷五,中华书局1956年版,第163页。

② 《资治通鉴》卷七十三,中华书局1956年版,第2326页。

## 三 忠 君

### (一) 知其君之过,不以告,非忠臣也

《通鉴》卷八十七永嘉三年(309)载:

> 初,何曾侍武帝宴,退,谓诸子曰:"主上开创大业,吾每宴见,未尝闻经国远图,惟说平生常事,非贻厥孙谋之道也,及身而已,后嗣其殆乎! 汝辈犹可以免;"指诸孙曰:"此属必及于难。"及绥死,兄嵩哭之曰:"我祖其殆圣乎!"曾日食万钱,犹云无下箸处。子劭,日食二万。绥及弟机、羡,汰侈尤甚;与人书疏,词礼简傲。河内王尼见绥书,谓人曰:"伯蔚(何绥字)居乱世而矜豪乃尔,其能免乎!"人曰:"伯蔚闻卿言,必相危害。"尼曰:"伯蔚比闻我言,自已死矣!"及永嘉之末,何氏无遗种。①

"臣光曰":

> 何曾讥武帝偷惰,取过目前,不为远虑;知天下将乱,子孙必与其忧,何其明也! 然身为僭侈,使子孙承流,卒以骄奢亡族,其明安在哉! 且身为宰相,知其君之过,不以告而私语于家,非忠臣也。②

帝王之道当"经国远图",晋武帝虽有"开创大业"之功与能,但甫得天下,帝位初固,便"偷惰"无为,"未尝闻经国远图,惟说平生常事"。史载晋武帝平吴,迁吴宫女五千人后宫,至晋宫女逾万人,又公然卖官敛财,纵其奢侈荒淫之欲。上行下效,以致世风奢靡腐

① 《资治通鉴》卷八十七,中华书局1956年版,第2741页。
② 《资治通鉴》卷八十七,中华书局1956年版,第2742页。

败。时人刘毅评晋武帝卖官，逾于东汉桓、灵帝。果如宰相何曾之言，晋武帝身死不过一年，西晋便陷入了长达十六年(291—306)之久的黑暗的“八王之乱”中，社会政治、经济遭到毁灭性破坏，人民深陷水深火热之中，各地流民纷纷起义，五胡十六国乘势而起，公元316年，匈奴人建立的汉政权攻破长安，西晋灭亡。

司马光论何曾睹武帝偷惰而知天下将乱，为“何其明也”！然身为僭侈，子孙承流，“卒以骄奢亡族，其明安在哉”！尤其身为宰相，知其君之过，不以告而私语于家，“非忠臣也”。

**（二）倡导“正女不从二夫，忠臣不事二君”、“臣之事君，有死无贰”的忠君观**

《通鉴》卷二百九十一引“欧阳修论”严斥五代宰相冯道“礼义廉耻”沦丧，复出“臣光曰”，指出冯道“历五朝、八姓，若逆旅之视过客，朝为仇敌，暮为君臣，易面变辞，曾无愧怍”，忠君忠国“大节已亏”，“臣之事君，有死无贰；此人道之大伦也。苟或废之，乱莫大焉！范质称冯道厚德稽古，宏才伟量，虽朝代迁贸，人无间言，屹若巨山，不可转也。臣愚以为正女不从二夫，忠臣不事二君。为女不正，虽复华色之美，织纴之巧，不足贤矣；为臣不忠，虽复材智之多，治行之优，不足贵矣”。①

有人认为，冯道于五代乱世能保身显贵，亦可称智矣。针对世俗的保身为贤论，司马光别出“臣光曰”给予了坚决驳斥：“臣谓君子有杀身成仁，无求生害仁，岂专以全身远害为贤哉！然则盗跖病终而子路醢。果谁贤乎？”明确表达了全身远害不必为贤的观点。评冯道：“大节如此，虽有小善，庸足称乎！”“今道尊宠则冠三师，权任则首诸相，国存则依违拱嘿，窃位素餐，国亡则图全苟免，迎谒劝进。君则兴亡接踵，道则富贵自如，兹乃奸臣之尤”。②

---

① 《资治通鉴》卷二百九十一，中华书局1956年版，第9510—9512页。

② 《资治通鉴》卷二百九十一，中华书局1956年版，第9512页。

司马光在严辞指责孟子主张宗卿可以取代大过拒谏之君时，也表达过同样的观点："人臣之义，谏于君而不听，去之可也，死之可也，若之何其以贵戚之故敢易位而处也？孟子之言，适足以为篡乱之资！"①提出了类似的忠君要求。

在此，应予简要说明以下几点：

其一，"正女不从二夫，忠臣不事二君"与"臣之事君，有死无贰"的命题，由来已久，并非司马光所创，如《史记·田单列传》已有"忠臣不事二君，忠女不更二夫"之说，更大程度上体现为一种理想态的寄望和励志口号。

其二，熟悉历史者均知道，这一命题并不具备法律依据。若机械地按字面意思解释，则司马光历仕四君，当四绝其命矣！一经改朝换代，忠臣俱将绝迹矣！又，司马光十分清楚，历史上帝王女再嫁、三嫁，以至数嫁者，屡见不鲜，且并未受到什么谴责。而且，司马光时期的宋代妇女地位其实并不低，据司马光《家范》记载，当时甚至出现了多悍妻制夫，士大夫欲出妻而众则非之的社会现象：

> 昔晋惠帝为贾后所制，废武悼杨太后于金墉，绝膳而终，囚愍怀太子于许昌，寻杀之。唐肃宗为张后所制，迁上皇于西内，以忧崩，建宁王倓以忠孝受诛。彼二君者，贵为天子，制于悍妻，上不能保其亲，下不能庇其子，况于臣民？自古及今，以悍妻而乖离六亲、败乱其家者，可胜数哉？然则悍妻之为害大也！故凡娶妻，不可不慎择也。既娶，而防之以礼，不可不在其初也。其或骄纵悍戾，训厉禁约，而终不从，不可以不弃也。夫妇以义合，义绝则离之。今士大夫有出妻者，众则非之，以

① 司马光：《传家集》卷七十三《疑孟·齐宣王问卿》，影印《文渊阁四库全书》本。

为无行，故士大夫难之。[①]

司马光认为“夫妇以义合，义绝则离之”，即赞同离婚。既赞同离婚，便无从断绝妇女再嫁，“女不从二夫”也便无以成立。而在宋代法律中，也是支持妇女再嫁的。据初步统计，见于史籍的再嫁妇女，仅北宋一代即多达五十二位。[②]

其三，以现代语言说，这样的命题是有着诸多假设前提条件的，如这里的“忠臣”，主要是对食俸禄的官吏尤其是高官，而非“率土之滨，莫非王臣”意义上的黎民百姓而言的，等等，不可偏执一端绝对化地理解司马光的忠君思想。

其四，司马光仅是针对五代时期忠君观淡化严重，流弊深峻，危害当世社会安定的现状，而借成说，重言辞以矫正之耳。参考本书相关部分所论可知，其忠君观始终是建立在忠道、忠国及民本思想之上的，并非至高无上的原则。

其五，司马光引“太史公曰”评项羽灭秦功不可没[③]、“臣光曰”评裴矩佞于隋而忠于唐[④]、“臣光曰”论后晋高祖赦李彦珣反叛为可[⑤]等，不责其叛国反君与不能死君，亦提醒我们不可绝对化地理解其“正女不从二夫，忠臣不事二君”与“臣之事君，有死无贰”的忠君命题。司马光的忠君思想较好地体现了儒家传统的“闻诛一独夫纣，未闻臣弑君也”的历史分析与变通精神。

其六，《通鉴》卷一百九十二贞观元年(627)载唐太宗君臣论政，右丞魏征拜曰：“臣幸得奉事陛下，愿使臣为良臣，勿为忠臣。”

① 司马光：《家范》卷七，影印《文渊阁四库全书》本。

② 陶晋生：《北宋妇女的再嫁与改嫁》，《新史学》第6卷第3期。

③ 《资治通鉴》卷十一，中华书局1956年版，第355页。

④ 《资治通鉴》卷一百九十二，中华书局1956年版，第6029页。

⑤ 《资治通鉴》卷二百八十一，中华书局1956年版，第9191页。

上曰:"忠、良有以异乎?"对曰:"稷、契、皋陶,君臣协心,俱享尊荣,所谓良臣。龙逄、比干,面折廷争,身诛国亡,所谓忠臣。"上悦,赐绢五百匹。[①] 区分良臣与忠臣,"愿使臣为良臣,勿为忠臣",表达了在特殊语境下不慕忠臣死君的观点。

**(三)臣之事君,宜将顺其美,正救其恶**

《通鉴》卷一百六十九陈文帝天康元年(566)记载:

> 上不豫,台阁众事,并令尚书仆射到仲举、五兵尚书孔奂共决之。……太子伯宗柔弱,上忧其不能守位,谓(安成王)顼曰:"吾欲遵太伯之事。"顼拜伏泣涕,固辞。上又谓仲举、奂等曰:"今三方鼎峙,四海事重,宜须长君。朕欲近则晋成,远隆殷法,卿等宜遵此意。"孔奂流涕对曰:"陛下御膳违和,痊复非久。皇太子为鼎盛,圣德日跻。安成介弟之尊,足为周旦。若有废立之心,臣等愚诚,不敢闻诏。"上曰:"古之遗直,复见于卿。"乃以奂为太子詹事。[②]

但太子继立仅一年,陈顼便废之而自立为宣帝。对此,孔奂全然无动于衷,并恬然接受宣帝招用,历任清要,天年善终,不见一丝维护太子的"古之遗直"气节。

"臣光曰"起论便明确表达了"夫臣之事君,宜将顺其美,正救其恶"的原则,接着具体分析了孔奂事君的表现:第一,"苟以世祖之言为不诚,则当如窦婴面辩,袁盎廷争,防微杜渐以绝觊觎之心"。第二,"以为诚邪,则当请明下诏书,宣告中外,使世祖有宋宣之美,高宗无楚灵之恶"。第三,"不然,谓太子嫡嗣,不可动摇,欲保辅而安全之,则当尽忠竭节,如晋之荀息,赵之肥义"。赞美人君

① 《资治通鉴》卷一百九十二,中华书局1956年版,第6040页。

② 《资治通鉴》卷一百六十九,中华书局1956年版,第5255页。

有过则人臣面辩、廷争“正救其恶”，君有诚而“顺其美”，君有难则“尽忠竭节，以死继之”。最后得出结论，孔奂“奈何于君之存，则逆探其情而求合焉；及其既没，则权臣移国而不能救，嗣主失位而不能死！斯乃奸谀之尤者，而世祖谓之遗直，以托六尺之孤，岂不悖哉！”①

## 四　忠职守

### （一）食人之禄而不预人事，不可谓忠

《通鉴》卷一百三十九齐明帝建武元年(494)记载：

以宣城公萧鸾为太傅、领大将军、扬州牧、都督中外诸军事，加殊礼，进爵为王。

宣城王谋继大统，多引朝廷名士与参筹策。侍中谢朏心不愿，乃求出为吴兴太守。至郡，致酒数斛，遗其弟吏部尚书瀹，为书曰：“可力饮此，勿豫人事！”②

“臣光曰”：“臣闻‘衣人之衣者怀人之忧，食人之食者死人之事。’二谢兄弟，比肩贵近，安享荣禄，危不预知；为臣如此，可谓忠乎！”③批评谢朏兄弟不预人事，苟求富贵，表达了食人之禄而不预人事，不可谓忠的观点。

### （二）下级事上级有两罪：上级不肖，下级从之；上级贤智，下级愚惑以乱其治，专固以分其权，媢嫉以毁其功，愎戾以窃其名

《通鉴》卷二百一十一唐玄宗开元三年(715)记载：开元间，卢怀慎与姚崇同为相，自以才不及崇，每事推之，时人谓之“伴食

① 《资治通鉴》卷一百六十九，中华书局1956年版，第5255—5256页。

② 《资治通鉴》卷一百三十九，中华书局1956年版，第4363页。

③ 《资治通鉴》卷一百三十九，中华书局1956年版，第4363页。

宰相”。

“臣光曰”引史发论，“昔鲍叔之于管仲，子皮之于子产，皆位居其上，能知其贤而下之，授以国政；孔子美之。曹参自谓不及萧何，一遵其法，无所变更；汉业以成。”赞古人知贤而下之、遵贤者法而不改之。卢怀慎为相，似无所作为，但职责所系，皆得其宜，故司马光肯定之。继论为臣对待上级两罪：一曰“不肖用事，为其僚者，爱身保禄而从之，不顾国家之安危，是诚罪人也”。保身或为明哲，或为罪人。明哲之保身，能守大义、辞禄引退、不扈从“不肖用事”者以害天下；二曰“贤智用事，为其僚者，愚惑以乱其治，专固以分其权，媢嫉以毁其功，愎戾以窃其名，是亦罪人也”。贤智用事，亦不免失察于下，受下级“愚惑以乱其治，专固以分其权，媢嫉以毁其功，愎戾以窃其名”。① 表达了为官必以尽忠职守为根本的思想。

**（三）一般情况下忠于职守宜以忠君忠国为前提**

贯高为赵相，忠于职守，尽忠于赵王张敖。愤高祖待赵王傲慢无礼，乃谋弑高祖，事泄下狱，复能揽罪于己，以死保全赵王。《通鉴》卷十二汉高祖九年（前198）记载：

> 高对狱曰：“独吾属为之，王实不知。”吏治，搒笞数千，刺剟，身无可击者，终不复言。……正月，上赦赵王敖，废为宣平侯。……
>
> 上贤贯高为人……因赦贯高。……贯高曰：“所以不死、一身无余者，白张王不反也。今王已出，吾责已塞，死不恨矣。且人臣有篡弑之名，何面目复事上哉！纵上不杀我，我不愧于

① 《资治通鉴》卷二百一十一，中华书局1956年版，第6708—6709页。

心乎!”乃仰绝亢,遂死。①

“荀悦论”曰:“贯高首为乱谋,杀主之贼;虽能证明其王,小亮不塞大逆,私行不赎公罪。《春秋》之义大居正,罪无赦可也。”②继之“臣光曰”:“高祖骄以失臣,贯高狠以亡君。使贯高谋逆者,高祖之过也;使张敖亡国者,贯高之罪也。”③

“上贤贯高为人,因赦贯高”,反映了对贯高忠于职守的肯定。贯高又因“人臣有篡弑之名,何面目复事上哉!纵上不杀我,我不愧于心乎”,乃自杀而死。客观地显示了社会舆论对“忠”的评判指向具有层次性和矛盾性。于职当忠其王,于臣当忠其君,二者矛盾,当持中“居正”,去其“小”、“私”,存其“大”、“公”。故史论虽肯定其忠职行为,但坚持认为“小亮不塞大逆,私行不赎公罪”,贯高“罪无赦可也”。人君无大过,则忠君与忠国合一矣。史论表达了一般情况下忠于职守应以忠君忠国为前提的观点。

## 五　和谐之忠

### (一)思慕忠且无私,辨别爱不同于忠,指出忠佞可以转换

1. 忠且无私,君子之德

《通鉴》卷一百五十一梁武帝大通元年(527)记载:

谯州刺史湛僧智围魏东豫州刺史元庆和于广陵,魏将军元显伯救之,司州刺史夏侯夔自武阳引兵助僧智。冬,十月,夔至城下,庆和举城降。夔以让僧智,僧智曰:“庆和欲降公,不欲降僧智,今往,必乖其意。且僧智所将应募乌合之人,不

① 《资治通鉴》卷十二,中华书局1956年版,第384—385页。
② 《资治通鉴》卷十二,中华书局1956年版,第385页。
③ 《资治通鉴》卷十二,中华书局1956年版,第385页。

可御以法；公持军素严，必无侵暴，受降纳附，深得其宜。”夔乃登城，拔魏帜，建梁帜；庆和束兵而出，吏民安堵，获男女四万余口。①

司马光赞湛僧智忠且无私，有君子之德。“臣光曰”：“忘其积时攻战之劳，以授一朝新至之将，知己之短，不掩人之长，功成不取以济国事，忠且无私，可谓君子矣！”②知己之短、明人之长、功成不取、成人之美、尽心国事，总之，“忠且无私”，是君子的重要美德。为人为臣，仅有忠，还不够完美。

2. 爱而不忠，仁之贼也

《汉书·张汤附放传》载，张放乃张汤后裔，与汉皇室有姻戚之亲，行事不辨是非，唯以帝王私意为用，常侍从成帝微出游戏，斗鸡走马，颇得成帝宠幸，封富平侯。王太后及正直朝臣多不满其所为，遂将其左迁外放。成帝“上迫太后，下用大臣”，涕泣而遣之，并赐钱五百万。又每思念之，时予关照。

《通鉴》卷三十三载，汉成帝绥和二年（前7）三月，帝崩，放闻成帝崩，“思慕哭泣而死”。③ 继引“荀悦论”曰：“放非不爱上，忠不存焉。故爱而不忠，仁之贼也！”④将“爱”与“忠”明确区分开来，直斥张放为“仁之贼也”。

3. 忠、佞转换

裴矩仕于隋唐两代，表现却大相径庭，佞于隋而忠于唐。对隋炀帝，则阿谀迎奉，投其所好，被炀帝称为“至诚”，说他“大识朕意，凡所陈奏，皆朕之成算。未发之顷，矩辄以闻。自非奉国用心，孰

① 《资治通鉴》卷一百五十一，中华书局1956年版，第4726页。

② 《资治通鉴》卷一百五十一，中华书局1956年版，第4727页。

③ 《资治通鉴》卷三十三，中华书局1956年版，第1055页。

④ 《资治通鉴》卷三十三，中华书局1956年版，第1055页。

能若是”！魏征评价他，“承望风旨，与时消息”。①

仕于唐，则勇于直谏。《通鉴》卷十二武德九年(626)载：唐太宗患吏多受贼，密使左右试赂之。有司门令史受绢一匹，唐太宗欲杀之，民部尚书裴矩谏称，是乃“陷人于法”，非“导之以德，齐之以礼”的善策。唐太宗称赞“裴矩能当官力争，不为面从”，并说“倘每事皆然，何忧不治！”

“臣光曰”：“君明臣直。裴矩佞于隋而忠于唐，非其性之有变也。”臣之忠佞随君之纳谏态度而转变。“君恶闻其过，则忠化为佞，君乐闻直言，则佞化为忠。”君臣关系为“君者表也，臣者景也，表动则景随矣”。② 同卷又载唐太宗言：“君，源也；臣，流也；浊其源而求其流之清，不可得矣。”与此意略同。表明人君之明暗对人臣能否尽忠奉职有着重大影响。

**（二）追求忠孝合一**

在此，略可将尽孝于家作为忠于职守看待。

1. 因忠成孝

《通鉴》卷一百一晋哀帝兴宁三年(365)载：沈劲父沈充，从王敦构逆，兵败身死。依律，当族诛。乡人匿沈劲。劲耻其父之非义，立志建勋雪耻。前燕慕容恪攻洛阳，劲乃自募壮士千余助晋冠军将军守御，以寡敌众，屡建奇功，粮尽援绝，城陷被执，不屈死义，朝廷嘉之。事载《晋书·忠义传》。其忠义甚至感动了前燕，慕容恪曾说：“吾前平广固，不能济辟闾蔚；今定洛阳，使沈劲为戮；虽皆非本情，然身为元帅，实有愧于四海。”③

“臣光曰”：

---

① 魏征等：《隋书》卷六十七《裴矩传》，中华书局1973年版，第1581、1584页。

② 《资治通鉴》卷一百九十二，中华书局1956年版，第6029页。

③ 《资治通鉴》卷一百一，中华书局1956年版，第3199页。

沈劲可谓能子矣！耻父之恶，致死以涤之，变凶逆之族为忠义之门。《易》曰："干父之蛊，用誉。"《蔡仲之命》曰："尔尚盖前人之愆，惟忠惟孝。"其是之谓乎！①

史称太宰慕容恪为将，不事威严，专用恩信，抚士卒务综大要，不为苛令，使人人得便安。平时营中宽纵，似若可犯；然警备严密，敌至莫能近者，故未尝负败。

慕容恪忠于职守则亏于本情、愧于四海。沈劲变凶逆之族为忠义之门。敌对双方各忠其国事，行为结果不同，本质精神则一也，故有慕容恪惜愧之言。

2. 君"至公"则以忠君为先，君失道于臣则以孝亲为大，隐而不叛，以全忠孝

嵇绍父嵇康，蔑视礼法，菲薄汤武以讥司马氏篡政，触怒当政之司马昭、钟会，被诬以协助毌丘俭反叛而遭杀害。山涛与康同列竹林七贤，素交好。泰始十年(274)，山涛被任命为吏部尚书，并向晋武帝举荐嵇绍为秘书郎，帝发诏征之。绍以父康得罪，屏居私门，欲辞不就。涛谓之曰："天地四时，犹有消息，况于人乎！""绍乃应命，帝以为秘书丞"。② 晋惠帝永兴元年(304)，八王之乱中，守忠"卫帝"，死于荡阴。③

东关之战，司马昭时为安东将军，监诸军。王裒父王仪因直言东关之败"责在元帅"，激怒了司马昭，竟被"引出斩之"。裒痛父非命，隐居教授，三征七辟，皆不就，"遂不仕而终"。④

"臣光曰"因嵇绍仕晋而王裒不仕晋而论"至公"与私仇、忠君

① 《资治通鉴》卷一百一，中华书局 1956 年版，第 3199 页。

② 《资治通鉴》卷八十，中华书局 1956 年版，第 2536 页。

③ 《资治通鉴》卷八十五，中华书局 1956 年版，第 2696 页。

④ 《资治通鉴》卷八十，中华书局 1956 年版，第 2536 页。

与孝道，表达了君“至公”则以忠为先，君失道于臣则以孝为大的观点。

“臣光曰”首言“昔舜诛鲧而禹事舜，不敢废至公也”，意为君臣皆当以“至公”为行事本要，“至公”者，大义也。若君王出于“至公”而杀人臣之父，人臣当弃其私孝而从“至公”以事君。“至公”高于私孝也。接着说“嵇康、王仪，死皆不以其罪，二子不仕晋室可也”，此论取儒家“邦有道则仕，邦无道则隐”和事仇为不孝之意，孝道高于个人仕进发展。最后又谓“嵇绍苟无荡阴之忠，殆不免于君子之讥乎”。[①] 知司马光是肯定王裒守孝不仕晋而不赞同嵇绍忘孝而仕晋的。但既称嵇绍“荡阴之忠”，亦非绝对否定嵇绍仕晋。毕竟仇怨终“有消息”，立身、立家、立功、立业、立言、立德为君子之美，忠君利国近乎“至公”，此似有回归“至公”论之意。苟如此，方不致社会人才之无谓浪费也。另应指出，司马光之措意，尽管人君于某具体关涉人臣的事件处理上表现无道，但尚未至于总体无道，人臣犹当以国家利益至上，可隐而不可叛也。

3. 忠孝之择因情势而异，忠君思想并不僵化

叛而讨之，降而赦之，于信为可；杀母恶逆不可赦，因而治之，无损于信。《通鉴》卷二百八十一后晋高祖天福三年(938)载：河阳行军司马李彦珣参与反叛，后晋发兵征讨。后晋将领访获其母，“置城下以招之，彦珣引弓射杀其母”。叛军既降，“帝以彦珣为坊州刺史。近臣言彦珣杀母，杀母恶逆不可赦。帝曰：‘赦令已行，不可改也。’乃遣之官”。[②] “臣光曰”：

治国家者固不可无信。然彦珣之恶，三灵所不容，晋高祖

① 《资治通鉴》卷八十，中华书局1956年版，第2537页。

② 《资治通鉴》卷二百八十一，中华书局1956年版，第9190页。

赦其叛君之愆,治其杀母之罪,何损于信哉!①

五代乱世,多反叛,帝王不以为深罪,每赦且官之。忠孝道德淡化。司马光站在以信治国的战略高度,认为“赦其叛君之愆,治其杀母之罪”,无损于信。司马光对忠君认识的时代特点,反映出司马光强烈的务实精神。乱世纷争之际,立信重于无甚实际意义的片面强调忠君。

又,处无君之乱世,“未成君臣”时,以孝为先,“欲为天下者恕人子之情也”。《通鉴》卷六十一载:汉献帝兴平元年(194),曹操与吕布争夺兖州,靳允时为范县令,吕布欲逼其归顺于己,执其母、弟、妻子。程昱游说靳允,说:“今天下大乱,英雄并起,必有命世能息天下之乱者,此智者所宜详择也。得主者昌,失主者亡。陈宫叛迎吕布而百城皆应,似能有为;然以君观之,布何如人哉?夫布粗中少亲,刚而无礼,匹夫之雄耳。宫等以势假合,不能相君也;兵虽众,终必无成。曹使君智略不世出,殆天所授;君必固范,我守东阿,则田单之功可立也。孰与违忠从恶而母子俱亡乎?唯君详虑之!”②靳允乃杀吕布所遣之使,勒兵自守。

《通鉴》引徐众评靳允向背,重孝道,认为“允于曹公未成君臣”,母至亲也,“于义”应去曹从吕“先救至亲”。并强调“不怀其亲,安能爱君!是以求忠臣必于孝子之门”,还引“徐庶母为曹公所得,刘备遣庶归北”,指出“欲为天下者恕人子之情也。曹公亦宜遣允”。③

值得注意者,司马光引“徐众评”,首句即“允于曹公未成君臣”。时汉献帝兴平元年,形式上汉尚在,魏未立。守死宗法礼教

① 《资治通鉴》卷二百八十一,中华书局1956年版,第9191页。

② 《资治通鉴》卷六十一,中华书局1956年版,第1952—1953页。

③ 《资治通鉴》卷六十一,中华书局1956年版,第1953页。

者，不可于是时贸论曹允"君臣"之礼。于此可窥司马光史家求实精神和历史阶段观，以为其时名有君、实无君也。时人择主而仕，欲建功业耳，不涉"忠君"大义。此乃建功业与存孝义之矛盾，当以孝为先。

司马光将"天下大乱，英雄并起"的乱世作为一个特殊的历史阶段来对待，对这一时期人、事之评价标准与治平之世固不尽同也。惜其未能执之如一，思想光辉乍现即晦。如《通鉴》卷六十三华歆素享名士之誉，建安四年(199)任豫章太守，孙策"盛兵将徇豫章"，遣功曹虞翻前往说降，华歆"乃夜作檄，明旦，遣吏赍迎。策便进军，歆葛巾迎策，策……礼为上宾"。司马光引"孙盛曰"："歆既无夷、皓韬邈之风，又失王臣匪躬之操，桡心于邪儒(指虞翻)之说，交臂于陵肆之徒，位夺节堕，咎孰大焉！"[①]讥评华歆既无隐士之志，又失忠臣之节。时曹操未篡汉代立，歆犹汉臣，故讥之。显然与前论靳允向背关注点相左，绝对化的愚忠观重归其思想中心。在忠君观上多所矛盾的司马光，若从积极的角度理解，或许正是其对维护封建君主专制不合理性痛苦反思的真实反映。简单的归纳概括从来就难以还原复杂的历史真实，要当慎之。

**(三) 为臣不忠，虽复材智之多，治行之优，不足贵矣；才智不匹职任，不足达其忠**

1. 为臣不忠，虽复材智之多，治行之优，不足贵矣

《通鉴》显德元年(954)载"臣光曰"评冯道："为臣不忠，虽复材智之多，治行之优，不足贵矣。何则？大节已亏故也。"[②]

此与司马光才德论观点相仿，忠国忠君略相当于德，"臣光

---

① 《资治通鉴》卷六十三，中华书局 1956 年版，第 2022 页。

② 《资治通鉴》卷二百九十一，中华书局 1956 年版，第 9511—9512 页。

曰”:“才者,德之资也;德者,才之帅也。”[①]表达了材智、治行必以忠国忠君之德为统帅的思想。

2. 才智不匹其职任,不足以达其忠

南朝宋明帝时,袁粲(字景倩)累官尚书令,受顾命。顺帝即位,迁中书监,出镇石头。时萧道成方图篡位,粲谋攻之,事泄身死。《通鉴》卷一百三十四载:“粲简淡平素,而无经世之才;好饮酒,喜吟讽,身居剧任,不肯当事;主事每往咨决,或高咏对之。闲居高卧,门无杂宾,物情不接,故及于败。”裴子野论曰:“袁景倩,民望国华,受付托之重;智不足以除奸,权不足以处变,萧条散落,危而不扶。及九鼎既轻,三才将换,区区斗城之里,出万死而不辞,盖蹈匹夫之节而无栋梁之具矣。”[②]袁粲虽享“民望国华”之誉,受顾托之重,有忠君赴死之节,而才不能与匹,智不足与配,身居剧任而荒于职守,位在辅国而不能扶危,虚慕清流名士之风,诗酒高朋相伴,闲居高卧终日,以至九鼎既轻,三才将换。察其夙行,不可谓忠。故史评其死不过“蹈匹夫之节而无栋梁之具”。

结合“张放爱而不忠”[③]及“蒙恬忠不足相”[④]等条史论,表达了司马光对忠的全面而深刻理解:以正确性为前提和基础,以利国利民为根本,以求真考实为方式。首先,辨明死君、爱君不必为忠;其次,忠贵一贯之落实,而不贵一时之死节;再次,忠君必与终于职任、终于社稷(国家与人民)相统一;第四,忠与职任相匹配,职任要求之忠必体现于其行为结果,职任则必以相应之才智为条件和保障,无之不足达其忠。

---

① 《资治通鉴》卷一,中华书局1956年版,第14页。

② 《资治通鉴》卷一百三十四,中华书局1956年版,第4208页。

③ 《资治通鉴》卷三十三,中华书局1956年版,第1055页。

④ 《资治通鉴》卷七,中华书局1956年版,第251页。

# 第五节　隐文化观

## 一　隐者的分类及其特征

《通鉴》卷五十一永建二年(127)“臣光曰”评樊英虚名应征，认为隐有君子之隐、非君子之隐两类；隐者约可分四种，君子类、贪位畏刑类、清修吉士类、邀誉逐利类。其君子类，“道德足以尊主，智能足以庇民，被褐怀玉，深藏不市，则王者当尽礼而致之，屈己以访之，克己以从之，然后能利泽施于四表，功烈格于上下。盖取其道不取其人，务其实不务其名也”。或“人主耻不能致，乃至诱之以高位，胁之以严刑”，“使彼诚君子邪，则位非所贪，刑非所畏，终不可得而致也”；“可致者，皆贪位畏刑之人也，乌足贵哉”！“若乃孝弟著于家庭，行谊隆于乡曲，利不苟取，仕不苟进，洁己安分，优游卒岁，虽不足以尊主庇民，是亦清修之吉士也；王者当褒优安养，俾遂其志。若孝昭之待韩福，光武之遇周党，以励廉耻，美风俗，斯亦可矣，固不当如范升之诋毁，又不可如张楷之责望也”。“至于饰伪以邀誉，钓奇以惊俗，不食君禄而争屠沽之利，不受小官而规卿相之位，名与实反，心与迹违，斯乃华士、少正卯之流，其得免于圣王之诛幸矣，尚何聘召之有哉！”①

## 二　邦无道之隐

**（一）隐非君子之所欲，邦无道，人莫己知而道不得行，群邪共处而害将及身，故深藏以避之**

《通鉴》卷五十一永建二年论樊英虚名应征，“臣光曰”肯定了

① 《资治通鉴》卷五十一，中华书局1956年版，第1649—1650页。

“古之君子，邦有道则仕，邦无道则隐”的合理性与明智性，同时明确指出“隐非君子之所欲也”。然后，简要解释了其原因：“人莫已知而道不得行，群邪共处而害将及身，故深藏以避之。”①

（二）昏乱之世，天下无道，言则致祸，明哲而隐，以保其身

《通鉴》卷五十六建宁二年(169)载：

> 初，范滂等非讦朝政，自公卿以下皆折节下之，太学生争慕其风，以为文学将兴，处士复用。申屠蟠独叹曰：“昔战国之世，处士横议，列国之王至为拥彗先驱，卒有坑儒烧书之祸，今之谓矣。”乃绝迹于梁、砀之间，因树为屋，自同佣人。居二年，滂等果罹党锢之祸，唯蟠超然免于评论。②

“臣光曰”论党锢之祸：“党人生昏乱之世，不在其位，四海横流，而欲以口舌救之，臧否人物，激浊扬清，撩虺蛇之头，践虎狼之尾，以至身被淫刑，祸及朋友，士类歼灭而国随以亡，不亦悲乎！”清醒地认识到昏乱之世黑暗势力强大，党人的悲剧结局早已注定，表达了对党人遭遇的痛惜之情，指出“夫唯郭泰既明且哲，以保其身，申屠蟠见几而作，不俟终日，卓乎其不可及已！”③这显然深受孔子“邦有道则仕，邦无道则隐”、“不在其位，不谋其政”、“邦有道，危言危行；邦无道，危行言逊”等思想的影响。

《诗经·大雅·烝民》：“既明且哲，以保其身。”明哲，以无伤大义、顺乎事理为根本，因其明哲，而得保身。若冯道之以保身为根本，丧君臣大节，不可谓明哲，“兹乃奸臣之尤”。④ 司马光称许郭

① 《资治通鉴》卷五十一，中华书局 1956 年版，第 1648 页。

② 《资治通鉴》卷五十六，中华书局 1956 年版，第 1822—1823 页。

③ 《资治通鉴》卷五十六，中华书局 1956 年版，第 1823 页。

④ 《资治通鉴》卷二百九十一，中华书局 1956 年版，第 9512 页。

泰明哲保身、申屠蟠隐世避祸，较之一般党人“欲以口舌救之，臧否人物，激浊扬清……以至身被淫刑，祸及朋友，士类歼灭而国随以亡”，为“卓乎其不可及已”！但决非一概肯定保身避祸而诎直谏死忠也。其前提为“生昏乱之世，不在其位”，即其时“天下无道”，其人不食君禄。若在位食禄，则要求不同，“忠臣忧公如家，见危致命，君有过则强谏力争，国败亡则竭节致死”。①

**（三）不为昏庸者用，不行昏聩之政，以免毒害天下，故其隐**

《通鉴》卷三十五引“班固赞”论大司空彭宣求退曰：“薛广德保县车之荣，平当逡巡有耻，彭宣见险而止，异乎苟患失之者矣！”②

彭宣位居大司空，封长平侯，位显爵尊。因不满王莽专权，又不愿尸位素餐，遂上书辞官，并请退还侯印，回归乡里。薛广德不受官、平当不受封，其意与彭宣同。《通鉴》因彭宣求退，并论薛、平二人之事，赞其识大义、淡泊爵禄名利。

又，《通鉴》卷一百一十九刘宋景平元年(423)载：时君昏世暗，傅亮、徐羡之等权臣当道，诏征豫章太守蔡廓为吏部尚书。蔡廓“耻为志屈”，以不愿为徐羡之“署纸尾”为由，辞而不拜。沈约评蔡廓于“主暗世难”时辞官不拜为“远矣哉”，③即眼光深远。

## 三　道德高洁之隐

**（一）成功而能退，退以让贤，深寓道德高洁之美**

《通鉴》卷二百七十九清泰二年(935)载：

> 荆南节度使高从诲，性明达，亲礼贤士，委任梁震，以兄事之。……

① 《资治通鉴》卷二百九十一，中华书局1956年版，第9512页。
② 《资治通鉴》卷三十五，中华书局1956年版，第1128页。
③ 《资治通鉴》卷一百一十九，中华书局1956年版，第3753页。

> 楚王希范好奢靡，游谈者共夸其盛。……孙光宪对曰："天子诸侯，礼有等差。彼乳臭子骄侈僭忲，取快一时，不为远虑，危亡无日，又足慕乎！"从诲久而悟，曰："公言是也。"……乃捐去玩好，以经史自娱，省刑薄赋，境内以安。①

梁震见高从诲已能善理政事，遂固请退居。从诲为之筑室于土洲。"震披鹤氅，自称荆台隐士，每诣府，跨黄牛至听事。从诲时过其家，四时赐与甚厚。自是悉以政事属孙光宪"。这一记载不见于新、旧《五代史》，当为司马光别采杂史而来，于世颇有教益。"臣光曰"："孙光宪见微而能谏，高从诲闻善而能徙，梁震成功而能退，自古有国家者能如是，夫何亡国败家丧身之有。"②赞梁震"成功而能退"，"自是悉以政事属孙光宪"，符合儒家让贤的道德规范与和谐社会建设方略。

**（二）有功而不伐，美德可保身**

《通鉴》卷六十初平三年（192）载：始，"王允自专讨卓之劳"，士孙瑞虽参与谋诛董卓，而能归功于王允，不言己功，不求闻达封侯。故至郭汜、李傕之乱，得免于难。

"臣光曰"："《易》称'劳谦君子有终吉'，士孙瑞有功不伐，以保其身，可不谓之智乎！"③王允、士孙瑞对待诛董卓之功，态度迥异，形成鲜明对比，结果亦成鲜明比照。君子之德、君子之乐，在于行善卫道本身，是即其终极目的，而不在于"求闻达封侯"。

**（三）等功名于外物，置荣利而不顾，所谓明哲保身**

《通鉴》卷十一汉高祖五年（前202）载：

---

① 《资治通鉴》卷二百七十九，中华书局1956年版，第9135页。

② 《资治通鉴》卷二百七十九，中华书局1956年版，第9135—9136页。

③ 《资治通鉴》卷六十，中华书局1956年版，第1939页。

张良素多病，从上入关，即道引，不食谷，杜门不出，曰："家世相韩；及韩灭，不爱万金之资，为韩报仇强秦，天下振动。今以三寸舌为帝者师，封万户侯，此布衣之极，于良足矣。愿弃人间事，欲从赤松子游耳。"①

"臣光曰"：

欲从赤松子游者，其智可知也。夫功名之际，人臣之所难处。如高帝所称者，三杰而已；淮阴诛夷，萧何系狱，非以履盛满而不止耶！故子房托于神仙，遗弃人间，等功名于外物，置荣利而不顾，所谓"明哲保身"者，子房有焉。②

"夫功名之际，人臣之所难处"。汉初三杰，淮阴诛夷，萧何系狱，皆"以履盛满而不止"。唯张良能"等功名于外物，置荣利而不顾"，故曰"所谓'明哲保身'者，子房有焉"。明哲为因，保身为果。

开国功臣，才智集优于创业，且与开国帝王关系特殊，或功高盖主，或居功傲物，难以避免地在一定程度上模糊了君臣之礼，不利于封建统治秩序的贯彻执行。明哲保身，寓智明之美。功名之际，人臣之所难处；盛满而不止，祸之所由生。故功成而退不失为明智之举。

## 第六节　谏文化观

自嘉祐六年（1061）至治平二年（1065），司马光以谏官任职于

① 《资治通鉴》卷十一，中华书局1956年版，第362—363页。
② 《资治通鉴》卷十一，中华书局1956年版，第363页。

谏院达五年之久，据初步统计，其间司马光共进呈了170余篇谏章[①]，体现司马光重要社会治理思想的《陈三德上殿劄子》、《进五规状》等，均形成于这一时期。但所陈谏议多不被采纳，也促使其对谏的认识上升到文化层面进行深刻的思考，并集中体现于此后开始编纂的《资治通鉴》史论中。

从内容与形式上划分，谏可分为进谏与纳谏两方面。从主体上划分，则包括臣谏君，下谏上（含下级谏上级、子谏父母等，人君谏父母亦在其中），同级之谏（同僚、朋友之谏等）等。

## 一　谏的治世价值与作用

《孝经》云："昔者，天子有争臣七人，虽无道不失其天下；诸侯有争臣五人，虽无道不失其国；大夫有争臣三人，虽无道不失其家；士有争友，则身不离于令名；父有争子，则身不陷于不义。故当不义，则子不可以弗争于父，臣不可以弗争于君。"司马光《指解》曰："天下至大，万机至重，故必有能争者，及七人，然后能无失也。"唐玄宗《指解》曰："争，谓谏也。""令，善也。""不争则非忠孝。"又云："子曰：君子事上，进思尽忠，将顺其美，匡救其恶。"司马光《指解》曰："尽忠以谏诤。""上有美，则助顺而成之。""上有恶，则正救之。"[②]

### （一）纳谏改过，以济危亡，有助于扶大厦于将倾，挽狂澜于既倒

司马光认为，汉武帝有亡秦之失而免亡秦之祸，重要原因之一乃能受忠直之言，过而能改。

《通鉴》卷二十二记载汉武帝后元二年（前87），帝崩。乃综评之。

---

① 李昌宪：《司马光评传》，南京大学出版社1998年版，第135页。

② 《孝经指解》，影印《文渊阁四库全书》本。

"班固赞曰"：

汉承百王之弊，高祖拨乱反正，文、景务在养民，至于稽古礼文之事，犹多阙焉。孝武初立，卓然罢黜百家，表章六经，遂畴咨海内，举其俊茂，与之立功；兴太修学，修郊祀，改正朔，定历数，协音律，作诗乐，建封禅，礼百神，绍周后，号令文章，焕焉可述，后嗣得遵洪业而有三代之风。如武帝之雄材大略，不改文、景之恭俭以济斯民，虽《诗》、《书》所称何有加焉！①

"臣光曰"：

孝武穷奢极欲，繁刑重敛，内侈宫室，外事四夷，信惑神怪，巡游无度，使百姓疲敝，起为盗贼，其所以异于秦始皇者无几矣。然秦以之亡，汉以之兴者，孝武能尊先王之道，知所统守，受忠直之言，恶人欺蔽，好贤不倦，诛赏严明，晚而改过，顾托得人，此其所以有亡秦之失而免亡秦之祸乎！②

司马光引"班固赞"盛称汉武帝功业，不及其过。"臣光曰"补充之，兼述功过，全面客观而得其要。其论尤着眼于汉武帝之过，并指出汉武帝"有亡秦之失而免亡秦之祸"的原因在于：能"尊先王之道，知所统守，受忠直之言，恶人欺蔽，好贤不倦，诛赏严明，晚而改过，顾托得人"。"受忠直之言"为其中之重要因素。

**（二）掩过杀谏而绝忠臣，世罕直谅而衰亡**

《通鉴》卷一百二十三宋文帝元嘉十八年(441)记载：

① 《资治通鉴》卷二十二，中华书局 1956 年版，第 747 页。

② 《资治通鉴》卷二十二，中华书局 1956 年版，第 747—748 页。

彭城王义康至豫章，辞刺史，甲辰，以义康都督江、交、广三州诸军事。前龙骧参军巴东扶令育诣阙上表，称："昔袁盎谏汉文帝曰：'淮南王若道路遇霜露死，陛下有杀弟之名。'文帝不用，追悔无及。彭城王义康，先朝之爱子，陛下之次弟，若有迷谬之愆，正可数之以善恶，导之以义方，奈何信疑似之嫌，一旦黜削，远送南垂！草莱黔首，皆为陛下痛之。庐陵往事，足为龟鉴。恐义康年穷命尽，奄忽于南，臣虽微贱，窃为陛下羞之。陛下徒知恶枝之宜伐，岂知伐枝之伤树！伏愿亟召义康返于京甸，兄弟协和，君臣辑睦，则四海之望塞，多言之路绝矣。何必司徒公、扬州牧然后可以置彭城王哉。若臣所言于国为非，请伏重诛以谢陛下。"表奏，即收付建康狱，赐死。①

裴子野因宋文帝杀扶令育而论刘宋危亡之因曰："以太祖之含弘，尚掩耳于彭城之戮；自斯以后，谁易由言！有宋累叶，罕闻直谅，岂骨鲠之气，俗愧前古？抑时王刑政使之然乎？张约陨于权臣，扶育毙于哲后，宋之鼎镬，吁，可畏哉！"②人君忌疾之性深刻地影响着进谏的环境，太祖掩过，而人不敢直言；至文帝杀直谏，而有宋一代罕闻直谅矣。大臣进谏，直言君过政非，则不免于死。故史论悲叹：刘宋对待非议君政之失者刑法之严酷，实在可怕啊。文帝以后，不闻直谅，刘宋政治江河日下，衰亡之势已难逆转，终致亡国。

**（三）见微而能谏，闻善而能徙，何亡国败家丧身之有**

《通鉴》卷二百七十九清泰二年(935)载：五代十国乱世时期，"荆南节度使高从诲，性明达，亲礼贤士，委任梁震，以兄事之。……楚王希范好奢靡，游谈者共夸其盛。从诲谓僚佐曰：'如

① 《资治通鉴》卷一百二十三，中华书局 1956 年版，第 3890—3891 页。

② 《资治通鉴》卷一百二十三，中华书局 1956 年版，第 3891 页。

马王可谓大丈夫矣。'孙光宪对曰：'天子诸侯，礼有等差。彼乳臭子骄侈僭怯，取快一时，不为远虑，危亡无日，又足慕乎！'从诲久而悟，曰：'公言是也。'……乃捐去玩好，以经史自娱，省刑薄赋，境内以安"。

"臣光曰"："孙光宪见微而能谏，高从诲闻善而能徙，梁震成功而能退，自古有国家者能如是，夫何亡国败家丧身之有。"①盛赞荆南君臣"见微而能谏"，"闻善而能徙"，虽处五代十国之乱世，无亡国败家丧身之虞也。

（四）兼听则明，偏信则暗

《通鉴》卷一百九十二贞观二年(628)，载唐太宗、魏征论政：

> 上问魏征曰："人主何为而明，何为而暗？"对曰："兼听则明，偏信则暗。昔尧清问下民，故有苗之恶得以上闻；舜明四目，达四聪，故共、鲧、驩兜不能蔽也。秦二世偏信赵高，以成望夷之祸；梁武帝偏信朱异，以取台城之辱；隋炀帝偏信虞世基，以致彭城阁之变。是故人君兼听广纳，则贵臣不得拥蔽，而下情得以上通也。"上曰："善！"②

司马光载而美之，表达了兼听则明、偏信则暗的纳谏思想。

## 二　谏的原则

### （一）纳谏原则

1. 用谏不避私

《通鉴》卷二周显王四十八年(前321)载孟尝君接纳公孙戌谏言之事，史出《战国策·齐策三》，《史记》无载，其事于史则微，于鉴

① 《资治通鉴》卷二百七十九，中华书局1956年版，第9135—9136页。
② 《资治通鉴》卷一百九十二，中华书局1956年版，第6047页。

则大,彰显了司马光著史明鉴之意。

司马光素来褒赞正直坦荡,鄙薄挟私智诈。孟尝君以义闻名于当世,诸国迫于强秦威力,多欲连齐抗秦,拜孟尝君为相。孟尝君聘于楚,楚王遗之象床。楚王令登徒直负责运送。登徒直谓孟尝君门人公孙戌曰:"象床之直千金,苟伤之毫发,则卖妻子不足偿也。足下能使仆无行者,有先人之宝剑,愿献之。"公孙戌许诺,入见孟尝君曰:"小国所以皆致相印于君者,以君能振达贫穷,存亡继绝,故莫不悦君之义,慕君之廉也。今始至楚而受象床,则未至之国将何以待君哉!"孟尝君曰:"善。"遂不受。孟尝君门人公孙戌得人所赠宝剑而为人进言,本不足道。然公孙戌面对孟尝君之问能坦言其实,且其进言中肯有益,孟尝君亦欣然接受,并书曰:"有能扬文之名,止文之过,私得宝于外者,疾入谏!"对此,司马光极赞之:"孟尝君可谓能用谏矣。苟其言之善也,虽怀诈谖之心,犹将用之,况尽忠无私以事其上乎!《诗》云:'采葑采菲,无以下体。'孟尝君有焉。"①

《通鉴》引"采葑采菲,无以下体",先用于评孟尝君纳谏,又用于论王猛用人,均取其唯用所美、不及其恶之意。

2. 核真谏言而后信之、褒之、必用之

《通鉴》卷二十九载荀悦论石显惑君曰:"夫佞臣之惑君主也甚矣,故孔子曰:'远佞人。'非但不用而已,乃远而绝之,隔塞其源,戒之极也。"②将为政之要归于求真。提出用人责事八真论:考德授位、量能定事、因功论赏、核罪明刑、行真贵之、言真信之、物真用之、事真修之。"言必核其真,然后信之"即其中重要内容之一,亦"远佞人"的重要途径,表达了核真谏言而后信的纳谏思想。

又,《通鉴》卷七十九晋武帝泰始三年(267)记载:

---

① 《资治通鉴》卷二,中华书局1956年版,第78—79页。

② 《资治通鉴》卷二十九,中华书局1956年版,第934页。

司隶校尉李憙劾奏故立进令刘友、前尚书山涛、中山王睦、尚书仆射武陔各占官稻田，请免涛、睦等官，陔已亡，请贬其谥。诏曰："友侵剥百姓以缪惑朝士，其考竟以惩邪佞。涛等不贰其过，皆勿有所问。憙亢志在公，当官而行，可谓邦之司直矣。光武有云：'贵戚且敛手以避二鲍。'其申敕群僚，各慎所词，宽宥之恩，不可数遇也！"①

"臣光曰"：

政之大本，在于刑赏，刑赏不明，政何以成！晋武帝赦山涛而褒李憙，其于刑赏两失之。使憙所言为是，则涛不可赦；所言为非，则憙不足褒。褒之使言，言而不用，怨结于下，威玩于上，将安用之！且四臣同罪，刘友伏诛而涛等不问，避贵施贱，可谓政乎！创业之初而政本不立，将以垂统后世，不亦难乎！②

司马光首先表达了听谏必核其真而后褒之的观点；又指出"褒之使言，言而不用，怨结于下，威玩于上"，核真谏言而不用，危害甚烈。表达了知谏必用的思想。

3. 贵重直谏

《通鉴》卷四十三光武帝建武十五年(39)记载：

(韩)歆好直言，无隐讳，帝每不能容。歆于上前证岁将饥凶，指天画地，言甚刚切，故坐免归田里。帝犹不释，复遣使宣诏责之；歆及子婴皆自杀。歆素有重名，死非其罪，众多不厌；

---

① 《资治通鉴》卷七十九，中华书局1956年版，第2502页。

② 《资治通鉴》卷七十九，中华书局1956年版，第2503页。

帝乃追赐钱谷，以成礼葬之。①

“臣光曰”明确指出“药弗瞑眩，厥疾弗瘳”；“切直之言，非人臣之利，乃国家之福也”；“人君日夜求之，唯惧弗得闻”。批评光武帝杀直谏之过，“惜乎，以光武之世而韩歆用直谏死，岂不为仁明之累哉！”②表达了贵重直谏的思想。

4. 闻善速于雷动，从谏急于风移

《通鉴》卷七十五记载：

吴主以太子亮幼少，议所付托，孙峻荐大将军诸葛恪可付大事。吴主嫌恪刚很自用，峻曰：“当今朝臣之才，无及恪者。”乃召恪于武昌。恪将行，上大将军吕岱戒之曰：“世方多难，子每事必十思。”恪曰：“昔季文子三思而后行，夫子曰：‘再思可矣。’今君令恪十思，明恪之劣也！”岱无以答，时咸谓之失言。③

虞喜论诸葛恪拒戒曰：

夫托以天下，至重也；以人臣行主威，至难也；兼二至而管万机，能胜之者鲜矣。吕侯，国之元耆，志度经远，甫以十思戒之，而便以示劣见拒；此元逊（恪字）之疏，机神不俱者也！若因十思之义，广咨当世之务，闻善速于雷动，从谏急于风移，岂得殒身殿堂，死于凶竖之刃！世人奇其英辩，造次可观，而哂吕侯无对为陋，不思安危终始之虑，是乐春藻之繁华，而忘秋

① 《资治通鉴》卷四十三，中华书局 1956 年版，第 1384—1385 页。
② 《资治通鉴》卷四十三，中华书局 1956 年版，第 1385 页。
③ 《资治通鉴》卷七十五，中华书局 1956 年版，第 2392 页。

实之甘口也。昔魏人伐蜀，蜀人御之，精严垂发，而费祎方与来敏对棋，意无厌倦。敏以为必能办贼，言其明略内定，貌无忧色也。况长宁以为君子临事而惧，好谋而成，蜀为蕞尔之国，而方向大敌，所规所图，唯守与战，何可矜己有余，晏然无戚！斯乃祎性之宽简，不防细微，卒为降人郭循所害，岂非兆见于彼而祸成于此哉！往闻长宁之甄文伟，今睹元逊之逆吕侯，二事体同，皆足以为世鉴也。①

诸葛恪受托孤之重，行涉国家安危，吕侯“甫以十思戒之，而便以示劣见拒”，“若因十思之义，广咨当世之务，闻善速于雷动，从谏急于风移，岂得殒身殿堂，死于凶竖之刃!”表达了对“闻善速于雷动，从谏急于风移”纳谏精神的强烈渴慕。

**（二）进谏原则**

1. 进谏使人纳善，不可教人文过遂非

《通鉴》卷十二汉孝惠皇帝四年（前191）记载：叔孙通谏孝惠帝筑复道于宗庙道上不合礼制，帝欲坏之，乃曰“人主无过举”，请迁宗庙。“臣光曰”：

过者，人之所必不免也；惟圣贤为能知而改之。古之圣王，患其有过而不自知也，故设诽谤之木，置敢谏之鼓；岂畏百姓之闻其过哉！是以仲虺美成汤曰：“改过不吝。”傅说戒高宗曰：“无耻过作非。”由是观之，则为人君者，固不以无过为贤，而以改过为美也。今叔孙通谏孝惠，乃云“人主无过举”，是教人君以文过遂非也，岂不缪哉！②

① 《资治通鉴》卷七十五，中华书局1956年版，第2392—2393页。

② 《资治通鉴》卷十二，中华书局1956年版，第416页。

明确表达了人臣进谏不可“教人君以文过遂非”的态度。并提出人君对待过失之正确态度:一、“过者,人之所必不免也,惟圣贤为能知而改之”;二、“为人君者,固不以无过为贤,而以改过为美也”;三、明辨人臣之谏,择善而从,其不善者弃之。

2. 进谏宜责难补短,先急后缓,务言急要

《通鉴》卷二十八汉元帝初元元年(前48)载:

(贡)禹至,拜为谏大夫。上数虚己问以政,禹奏言:“古者人君节俭,什一而税,无他赋役,故家给人足。高祖、孝文、孝景皇帝,宫女不过十余人,厩马百余匹。后世争为奢侈,转转益甚;臣下亦稍放效。臣愚以为如太古难,宜少放古以自节焉。方今宫室已定,无可奈何矣;其余尽可减损。故时齐三服官,输物不过十笥;方今齐三服官,作工各数千人,一岁费数钜万,厩马食粟将万匹。武帝时,又多取好女至数千人,以填后宫。及弃天下,多藏金钱、财物,鸟兽、鱼鳖凡百九十物;又皆以后宫女置于园陵。至孝宣皇帝时,陛下恶有所言,群臣亦随故事,甚可痛也!故使天下承化,取女皆大过度:诸侯妻妾或至数百人,豪富吏民畜歌者至数十人,是以内多怨女,外多旷夫。及众庶葬埋,皆虚地上以实地下。其过自上生,皆在大臣循故事之罪也。唯陛下深察古道,从其俭者:大减损乘舆服御器物,三分去二;择后宫贤者,留二十人,余悉归之,及诸陵园女无子者,宜悉遣;厩马可无过数十匹,独舍长安城南苑地,以为田猎之囿。以方今天下饥馑,可无大自损减以救之称天意乎!天生圣人,盖为万民,非独使自娱乐而已也。”天子纳善其言,下诏,令诸宫馆希御幸者勿缮治;太仆减谷食马;水衡减肉食兽。①

① 《资治通鉴》卷二十八,中华书局1956年版,第894—895页。

贡禹谏节俭,恰合司马光一贯主张,此论却避节俭而不论,不称贡禹之是,而论其非,“臣光曰”:“忠臣之事君也,责其所难,则其易者不劳而正;补其所短,则其长者不劝而遂。孝元践位之初,虚心以问禹,禹宜先其所急,后其所缓。然则优游不断,谗佞用权,当时之大患也,而禹不以为言;恭谨节俭,孝元之素志也,而禹孜孜而言之;何哉!使禹之智足不以知,乌得为贤!知而不言,为罪愈大矣。”[①]要在明进谏务急要也。贡禹既不能此,以致司马光对世论贡禹之贤乃至其人品亦提出质疑,认为或盗贤智之名,或不忠。透露出由谏知人、察谏识人的思想。

司马光强调进谏务急要,“宜先其所急,后其所缓”。并指出若知其急要而不谏,反谏以无关时要之琐事,乃“知而不言,为罪愈大矣!”。

司马光固重节俭,节俭亦人君治国常守之德,然每非治国急务也。在司马光设计的常规治国体系中,纲纪礼仪第一,用人第二,明法第三,节俭其后也。当然,在特殊时期,节俭亦可成为治世之急要。

3. 谏以止人之非、成人之美

《通鉴》卷六十六建安十七年(212)载:

董昭言于曹操曰:“自古以来,人臣匡世,未有今日之功;有今日之功,未有久处人臣之势者也。今明公耻有惭德,乐保名节;然处大臣之势,使人以大事疑己,诚不可不重虑也。”乃与列侯诸将议,以丞相宜进爵国公,九锡备物,以彰殊勋。荀彧以为:“曹公本兴义兵以匡朝宁国,秉忠贞之诚,守退让之实;君子爱人以德,不宜如此。”操由是不悦。……(彧)饮药而

① 《资治通鉴》卷二十八,中华书局 1956 年版,第 895—896 页。

卒。彧行义修整而有智谋,好推贤进士,故时人皆惜之。①

"臣光曰"盛赞管仲之仁,"齐桓之行若狗彘,管仲不羞而相之,其志盖以非桓公则生民不可得而济也。"又称荀彧佐魏武"征伐四克"、"化乱为治"之功"其仁复居管仲之先矣"!并借荀彧批评董昭劝进曰:"君子爱人以德,不宜如此。"②表达了谏的原则与终极目的在于止人之非、成人之美,决不可导人失"德"。

4. 导之以德,齐之以礼;当官力争,不为面从

《通鉴》卷一百九十二唐太宗武德九年(626)载:

上患吏多受赇,密使左右试赂之。有司门令史受绢一匹,上欲杀之,民部尚书裴矩谏曰:"为吏受赂,罪诚当死;但陛下使人遗之而受,乃陷人于法也,恐非所谓'道之以德,齐之以礼。"上悦,召文武五品已上告之曰:"裴矩能当官力争,不为面从,傥每事皆然,何忧不治!"③

"臣光曰"评裴矩佞于隋而忠于唐:

古人有言:君明臣直。裴矩佞于隋而忠于唐,非其性之有变也;君恶闻其过,则忠化为佞,君乐闻直言,则佞化为忠。是知君者表也,臣者景也,表动则景随矣。④

裴矩仕于隋唐两代,表现却大相径庭,佞于隋而忠于唐。对隋

① 《资治通鉴》卷六十六,中华书局 1956 年版,第 2114—2115 页。
② 《资治通鉴》卷六十六,中华书局 1956 年版,第 2115—2116 页。
③ 《资治通鉴》卷一百九十二,中华书局 1956 年版,第 6029 页。
④ 《资治通鉴》卷一百九十二,中华书局 1956 年版,第 6029 页。

炀帝，则阿谀迎奉，投其所好，被炀帝称为"至诚"，说他"大识朕意，凡所陈奏，皆朕之成算。未发之顷，矩辄以闻。自非奉国用心，孰能若是！"①唐太宗患吏多受贿，密使左右试赂之。有司门令史受绢一匹，唐太宗欲杀之，裴矩谏称，是乃"陷人于法"，非"导之以德，齐之以礼"的善策。唐太宗与司马光均充分肯定裴矩进谏"当官力争，不为面从"之忠，表明"导之以德，齐之以礼"既是帝王行为准则，亦是人臣进谏原则。

5. 忠臣忧公如家，见危致命，君有过则强谏力争，国败亡则竭节致死

《通鉴》卷二百九十一载"臣光曰"评冯道："臣愚以为忠臣忧公如家，见危致命，君有过则强谏力争，国败亡则竭节致死。"又曰："为臣不忠，虽复材智之多，治行之优，不足贵矣。"批评"道之为相，历五朝、八姓，若逆旅之视过客，朝为仇敌，暮为君臣，易面变辞，曾无愧怍，大节如此，虽有小善，庸足称乎"；直斥冯道"乃奸臣之尤"。②

## 三 谏的艺术

鉴于历史上多有忠谏无果和忠谏致祸的情况，司马光既强调忠谏，亦重视进谏技巧与艺术。

### （一）强调善谏

《通鉴》卷十一汉太祖高皇帝六年（前 201）记载：

> 上已封大功臣二十余人，其余日夜争功不决，未得行封。上在洛阳南宫，从复道望见诸将，往往相与坐沙中语。上曰：

① 魏征等：《隋书》卷六十七《裴矩传》，中华书局 1973 年版，第 1581、1584 页。

② 《资治通鉴》卷二百九十一，中华书局 1956 年版，第 9511—9512 页。

“此何语?”留侯张良曰:“陛下不知乎? 此谋反耳!”上曰:“天下属安定,何故反乎?”留侯曰:“陛下起布衣,以此属取天下;今陛下为天子,而所封皆故人所亲爱,所诛皆平生所仇怨。今军吏计功,以天下不足遍封;此属畏陛下不能尽封,恐又见疑平生过失及诛,故即相聚谋反耳。”上乃忧曰:“为之奈何?”留侯曰:“上平生所憎、群臣所共知,谁最甚者?”上曰:“雍齿与我有故怨,数尝窘辱我;我欲杀之,为其功多,故不忍。”留侯曰:“今急先封雍齿,则群臣人人自坚矣。”于是上乃置酒,封雍齿为什方侯;而急趋丞相、御史定功行封。群臣罢酒,皆喜,曰:“雍齿尚为侯,我属无患矣!”①

“臣光曰”论张良善谏:

张良为高帝谋臣,委以心腹,宜其知无不言;安有闻诸将谋反,必待高帝目见偶语,然后乃言之邪? 盖以高帝初得天下,数用爱憎行诛赏,或时害至公,群臣往往有觖望自危之心;故良因事纳忠以变移帝意,使上无阿私之失,下无猜惧之谋,国家无虞,利及后世。若良者,可谓善谏矣。②

指明为臣之常道,“宜其知无不言”;褒赞张良进谏方法技巧及效果,良见诸将卧沙聚语,“因事纳忠以变移帝意,使上无阿私之失,下无猜惧之谋,国家无虞,利及后世。若良者,可谓善谏矣”。

**(二)忠臣陈大体以格君心之非,故进谏务求简要而忌烦碎,听纳必取关键而杜丛脞**

《通鉴》卷一百五十九记载:梁高祖(即梁武帝)大同十一年

① 《资治通鉴》卷十一,中华书局 1956 年版,第 369—370 页。
② 《资治通鉴》卷十一,中华书局 1956 年版,第 370 页。

(545)，贺琛进谏，言辞委婉地指出当时风俗淫侈、官寡廉耻、法尚严苛、盘剥苛重等弊端，提出反对浮华、提倡俭朴、黜退奸佞、省事息费等建议。不料梁武帝闻而大怒，不待其言毕，便当廷与之辩难，吓得贺琛但谢过而已，不复敢言。

"臣光曰"首先提出纳谏与进谏之通弊："夫人君听纳之失，在于丛脞；人臣献替之病，在于烦碎。是以明主守要道以御万机之本，忠臣陈大体以格君心之非。"如此，方可得其最佳效果，使"身不劳而收功远，言至约而为益大也"。表达了进谏务求简要而忌烦碎，听纳必取关键而杜丛脞的观点。

然后谴责了梁高祖拒鉴之过："观夫贺琛之谏亦未至于切直，而高祖已赫然震怒，护其所短，矜其所长；诘贪暴之主名，问劳费之条目，困以难对之状，责以必穷之辞。自以蔬食之俭为盛德，日昃之勤为至治，君道已备，无复可加，群臣箴规，举不足听。"

最后指出梁高祖愎鉴之危害："如此，则自余切直之言过于琛者，谁敢进哉！由是奸佞居前而不见，大谋颠错而不知，名辱身危，覆邦绝祀，为千古所闵笑，岂不哀哉！"终致身危国亡。"梁高祖之不终也，宜哉！"①

**（三）不反对因人而异谏**

《通鉴》卷一百九十二唐太宗贞观元年(627)记载：

(杜)淹荐刑部员外郎邸怀道，上问其行能，对曰："炀帝将幸江都，召百官问行留之计，怀道为吏部主事，独言不可。臣亲见之。"上曰："卿称怀道为是，何为自不正谏？"对曰："臣尔时不居重任，又知谏不从，徒死无益。"上曰："卿知炀帝不可谏，何为立其朝？既立其朝，何得不谏？卿仕隋，容可云位卑；后仕王世充，尊显矣，何得亦不谏？"对曰："臣于世充非不谏，

① 《资治通鉴》卷一百五十九，中华书局1956年版，第4934—4935页。

但不从耳。”上曰：“世充若贤而纳谏，不应亡国；若暴而拒谏，卿何得免祸？”淹不能对。上曰：“今日可谓尊任矣，可以谏未？”对曰：“愿尽死。”上笑。①

由此可知，司马光并不否定因人而异谏，并将进谏区分为其人（如隋炀帝）不可谏（谏则徒死无益）则不正谏，知谏不从（如王世充）则少谏或不力谏，其人贤而纳谏（如唐太宗）则死谏等几种。

《通鉴》卷一百九十二贞观元年（627）载唐太宗君臣论政，魏征所言“愿使臣为良臣，勿为忠臣”②诸语亦表达了类似观点。

在此，《通鉴》将良臣与忠臣做了明确的区分。“愿使臣为良臣，勿为忠臣”，从进谏者的角度透露出不慕忠臣死谏的信息。

**（四）仁爱忠厚的长者之谏优于直讦其非而播扬其恶之谏**

《通鉴》卷七十三魏明帝青龙四年（236）记载：

> 颍阴靖侯陈群卒。群前后数陈得失，每上封事，辄削其草，时人及其子弟莫能知也。论者或讥群居位拱默；正始中，诏撰群臣上书以为《名臣奏议》，朝士乃见群谏事，皆叹息焉。③

司马光引“袁子论”，将陈群谏事与少府杨阜“见人主之非则勃然触之，与人言未尝不道”的谏事方法进行了比照，“袁子论”曰：“夫仁者爱人，施之君谓之忠，施于亲谓之孝。今为人臣，见人主失道，直诋其非而播扬其恶，可谓直士，未为忠臣也。故司空陈群则不然，谈论终日，未尝言人主之非；书数十上，外人不知。君子谓群

---

① 《资治通鉴》卷一百九十二，中华书局1956年版，第6038页。

② 《资治通鉴》卷一百九十二，中华书局1956年版，第6040页。

③ 《资治通鉴》卷七十三，中华书局1956年版，第2316页。

于是乎长者矣。”[①]称杨阜为“直士，未为忠臣”；褒赞陈群为“长者”。这与司马光一贯主张的直谏思想似有所出入。王夫之《读通鉴论》就认为表扬陈群不当，力挺直谏，说：“君之有过也，谏之而速改，改过之美莫大焉。……谏而不听，君过成矣。……导谀之臣，方且为之饰非为是，弭在廷之口。”[②]王夫之论有理但不尽切实，陈群谏事虽不免“弭在庭之口”，却非“饰非为是”。司马光引袁子此论，其要旨并非否定直谏，而是认识到谏事方式的重要，认为“直诋其非”或可，“播扬其恶”则“未为忠臣”，要求谏事与维护人君尊威统一起来。并赞美陈群谏事宽厚、内敛，既能尽其责、达其效，又能维护帝王尊威，具有“长者”之风。现代说服学理论和心理学实验研究均表明，提意见的目的在于使人接受，而提意见的方法是达成目的极其重要的因素。司马光这种维护帝王尊威与重视谏事方法合一的思想，也蕴涵着科学的成分。

## 四　赞进谏、纳谏之美，斥进谏、纳谏之失

### （一）赞美开容善直，虽犯颜极谏，无所摧戮

《通鉴》卷七十四魏明帝景初二年（239）记载：帝病笃，急诏司马懿返京嘱托后事。

> 懿至，入见，帝执其手曰：“吾以后事属君，君与曹爽辅少子。死乃可忍，吾忍死待君，得相见，无所复恨矣！”……懿顿首流涕。是日，立齐王为皇太子。帝寻殂。
>
> 帝沈毅明敏，任心而行，料简功能，屏绝浮伪。行师动众，论决大事，谋臣将相，咸服帝之大略。性特强识，虽左右小臣，

① 《资治通鉴》卷七十三，中华书局 1956 年版，第 2316—2317 页。

② 王夫之：《读通鉴论》卷十，中华书局 1975 年版，第 279 页。

官簿性行，名迹所履，及其父兄子弟，一经耳目，终不遗忘。①

"孙盛论"曰：

闻之长老，魏明帝天姿秀出，立发垂地，口吃少言，而沈毅好断。初，诸公受遗辅导，帝皆以方任处之，政自己出。优礼大臣，开容善直，虽犯颜极谏，无所摧戮，其君人之量如此之伟也。然不思建德垂风，不固维城之基，至使大权偏据，社稷无卫，悲夫！②

史论盛赞明帝容谏之量："开容善直，虽犯颜极谏，无所摧戮，其君人之量如此之伟也"。但也指出仅有容谏之量，而忽于纪纲名分大礼，疏于保国，终不免失其国。

**（二）批评笃小仁而失忠谏大谊**

《通鉴》卷十二汉孝惠皇帝元年（前194）记载：

冬，十二月，帝晨出射。赵王年少，不能蚤起；太后使人持鸩饮之。黎明，帝还，赵王已死。太后遂断戚夫人手足，去眼，辉耳，饮喑药，使居厕中，命曰"人彘"。居数日，乃召帝观人彘。帝见，问知其戚夫人，乃大哭，因病，岁余不能起。使人请太后曰："此非人所为。臣为太后子，终不能治天下。"帝以此日饮为淫乐，不听政。③

汉惠帝溺于仁孝之礼不敢谏母之过，并"以此日饮为淫乐，不

① 《资治通鉴》卷七十四，中华书局1956年版，第2345页。

② 《资治通鉴》卷七十四，中华书局1956年版，第2345页。

③ 《资治通鉴》卷十二，中华书局1956年版，第409—410页。

听政”，乃“笃于小仁而未知大谊”的表现，即未达于中和之德。“臣光曰”指出人子谏父母之过，原则有二：其一曰“为人子者，父母有过则谏”；其二谓明“大谊”而弃“小仁”。方法为“谏而不听，则号泣而随之”，不可“为天下之主，不忍母之残酷，遂弃国家而不恤，纵酒色以伤生！”①

**（三）指出知君之过而不直谏，“非忠臣也”**

《通鉴》卷八十七永嘉三年（309）载：何曾乃晋武帝时丞相，常“侍武帝宴”。谓诸子曰：“主上开创大业，吾每宴见，未尝闻经国远图，惟说平生常事，非贻厥孙谋之道也；及身而已，后嗣其殆乎！汝辈犹可以免；”指诸孙曰：“此属必及于难。”何曾日食万钱，犹云无下箸处。子劭，日食二万。孙绥及弟机、羡，汰侈尤甚；与人书疏，词礼简傲。时人曰：“伯蔚（何绥字）居乱世而矜豪乃尔，其能免乎？”及永嘉之末，“何氏无遗种”。②

帝王之道当“经国远图”，晋武帝虽有“开创大业”之功与能，但甫得天下，初固帝位，便“偷惰”无为，“未尝闻经国远图，惟说平生常事”。史载晋武帝平吴，迁吴宫女五千入后宫，至晋宫女逾万人，又公然卖官敛财，纵其奢侈荒淫之欲。上行下效，以致世风奢靡腐败。时人刘毅评晋武帝卖官，甚于东汉桓帝、灵帝。果如宰相何曾之言，晋武帝身死不过一年，西晋便陷入了长达16年（291—306）之久的黑暗的“八王之乱”中，各地流民纷纷起义，五胡十六国乘势而起，316年，匈奴人建立的汉政权攻破长安，西晋灭亡。

“臣光曰”论何曾讥武帝偷惰，“取过目前，不为远虑”；知天下将乱，子孙必与其忧，“何其明也”！然身为僭侈，使子孙承流，“卒以骄奢亡族，其明安在哉！且身为宰相，知其君之过，不以告而私

① 《资治通鉴》卷十二，中华书局1956年版，第410页。

② 《资治通鉴》卷八十七，中华书局1956年版，第2741页。

语于家,非忠臣也”。[1] 明确表达了知君之过而不直谏“非忠臣也”的观点。

**(四)谴责知谏不纳**

强调知行合一。知非目的,知谏不纳,则所知徒然无益。“人君之德不明,则臣下虽欲竭忠,何自而入乎!”“唯有道者能以往知来耳。”德、道决定纳谏。

《通鉴》卷二十九汉元帝建昭二年(前37)记载:

> 京房学《易》……上疏屡言灾异,有验。天子说之,数召见问。……
>
> 是时,中书令石显颛权,显友人五鹿充宗为尚书令,二人用事。房尝宴见,问上曰:“幽、厉之君何以危?所任者何人也?”上曰:“君不明而所任者巧佞。”房曰:“知其巧佞而用之邪,将以为贤也?”上曰:“贤之。”房曰:“然则今何以知其不贤也?”上曰:“以其时乱而君危知之。”房曰:“若是,任贤必治,任不肖必乱,必然之道也。幽、厉何不觉悟而更求贤,曷为卒任不肖以至于是?”上曰:“临乱之君,各贤其臣;令皆觉寤,天下安得危亡之君!”房曰:“齐桓公、秦二世亦尝闻此君而非笑之;然则任竖刁、赵高,政治日乱,盗贼满山,何不以幽、厉卜之而觉寤乎?”上曰:“唯有道者能以往知来耳。”房因免冠顿首曰:“《春秋》纪二百四十二年灾异,以示万世之君。今陛下即位以来,日月失明,星辰逆行,山崩,泉涌,地震,石陨,夏霜,冬雷,春凋,秋荣,陨霜不杀,水、旱、螟虫,民人饥、疫,盗贼不禁,刑人满市,《春秋》所记灾异尽备。陛下视今为治邪,乱邪?”上曰:“亦极乱耳,尚何道!”房曰:“今所任用者谁与?”上曰:“然,幸其愈于彼,又以为不在此人也。”房曰:“夫前世之君,亦皆然

---

① 《资治通鉴》卷八十七,中华书局1956年版,第2742页。

矣。臣恐后之视今，犹今之视前也！”上良久乃曰：“今为乱者谁哉？”房曰：“明主宜自知之。”上曰：“不知也；如知，何故用之！”房曰：“上最所信任，与图事帷幄之中，进退天下之士者是矣。”房指谓石显，上亦知之，谓房曰：“已谕。”房罢出，后上亦不能退显也。①

“臣光曰”论汉元帝知谏不纳：

人君之德不明，则臣下虽欲竭忠，何自而入乎！观京房之所以晓孝元，可谓明白切至矣，而终不能寤，悲夫！《诗》曰：“匪面命之，言提其耳。匪手携之，言示之事。”又曰：“诲尔谆谆，听我藐藐。”孝元之谓矣！②

京房言“任贤必治，任不肖必乱，必然之道也”，“后之视今，犹今之视前也”；汉元帝言“临乱之君，各贤其臣；令皆觉寤，天下安得危亡之君”，“唯有道者能以往知来耳”等，皆足为治世警句矣。然汉元帝既知当时世“亦极乱耳”，由“所任用者”石显所致，却终“不能退显也”。明于理而寐于行，于世无补矣，终不可谓“明”，且其为害巨大，故“臣光曰”：“人君之德不明，则臣下虽欲竭忠，何自而入乎！”虽有京房竭忠进谏，而遇汉元帝之不明，终不能入于其心，践于其行，补于时弊。批判了汉元帝知谏不纳之过。

**（五）批评巧言托辞拒谏**

《通鉴》卷二百八十一后晋高祖天福三年（938）载：河阳行军司马李彦珣参与反叛，后晋发兵征讨。后晋将领访获其母，“置城下以招之，彦珣引弓射杀其母”。叛军既降，“帝以彦珣为坊州刺史。

① 《资治通鉴》卷二十九，中华书局 1956 年版，第 928—930 页。
② 《资治通鉴》卷二十九，中华书局 1956 年版，第 930 页。

近臣言彦珣杀母，杀母恶逆不可赦。帝曰：'赦令已行，不可改也。'乃遣之官”。①

“臣光曰”：“治国家者固不可无信。然彦珣之恶，三灵所不容，晋高祖赦其叛君之愆，治其杀母之罪，何损于信哉！”②后晋高祖赦李彦珣失当，拒谏而不改，形似信而实损信，欲尊君威而速其亡，故此后不足十年后晋即亡其国。

《通鉴》卷一百八十六唐高祖武德元年(618)记载：

> 上以舞胡安比奴为散骑侍郎。礼部尚书李纲谏曰：“古者乐工不与士齿，虽贤如子野、师襄，皆世不易其业。唯齐末封曹妙达为王，安马驹为开府，有国家者以为殷鉴。今天下新定，建义功臣，行赏未遍，高才硕学，犹滞草莱；而先擢舞胡为五品，使鸣玉曳组，趋翔廊庙，非所以规模后世也。”上不从，曰：“吾业已授之，不可追也。”③

“陈岳论”曰：

> 受命之主，发号施令，为子孙法；一不中理，则为厉阶。今高祖曰：“业已授之，不可追。”苟授之而是，则已；授之而非，胡不可追欤！君人之道，不得不以“业已授之”为诫哉！④

人君治世，要知政有先后缓急。君人之道，贵知过能改，不得以“业已授之，不可追也”为推脱而拒谏。

① 《资治通鉴》卷二百八十一，中华书局1956年版，第9190页。
② 《资治通鉴》卷二百八十一，中华书局1956年版，第9191页。
③ 《资治通鉴》卷一百八十六，中华书局1956年版，第5834页。
④ 《资治通鉴》卷一百八十六，中华书局1956年版，第5835页。

### （六）批评不从直谏反“听纳谶记”

《通鉴》卷四十四光武帝中元元年(56)记载：

> 是岁，起明堂、灵台、辟雍，宣布图谶于天下。
>
> 初，上以《赤伏符》即帝位，由是信用谶文，多以决定嫌疑。给事中桓谭上疏谏曰：“凡人情忽于见事而贵于异闻。观先王之所记述，咸以仁义正道为本，非有奇怪虚诞之事。盖天道性命，圣人所难言也，自子贡以下，不得而闻，况后世浅儒，能通之乎！今诸巧慧小才、伎数之人，增益图书，矫称谶记，以欺惑贪邪，诖误人主，焉可不抑远之哉！臣谭伏闻陛下穷折方士黄白之术，甚为明矣；而乃欲听纳谶记，又何误也！其事虽有时合，譬犹卜数只偶之类。陛下宜垂明听，发圣意，屏群小之曲说，述五经之正义。”疏奏，帝不悦。会议灵台所处，帝谓谭曰：“吾欲以谶决之，何如？”谭默然，良久曰：“臣不读谶。”帝问其故，谭复极言谶之非经。帝大怒曰：“桓谭非圣无法，将下，斩之！”谭叩头流血，良久，乃得解。出为六安郡丞，道病卒。①

“范晔论”曰：“桓谭以不善谶流亡，郑兴以逊辞仅免；贾逵能傅会文致，最差贵显；世主以此论学，悲哉！”②

总之，司马光高度重视谏在社会治理中的作用，并将其擢升到关预治平社会建设的重要文化思想高度去对待。

① 《资治通鉴》卷四十四，中华书局 1956 年版，第 1427—1428 页。

② 《资治通鉴》卷四十四，中华书局 1956 年版，第 1428 页。

# 第六章　司马光治平社会建设思想探源

司马光所处之宋朝，是一个堪与汉、唐媲美的古代盛世，三者被元人合而艳称为“后三代”。[①]“三代”之誉原本是从社会风俗之美置评的，风俗美，人民安居乐业，则社会经济、文化、科技发展。宋朝即大体如此，其生产关系较好地适应着生产力的发展要求，社会主要矛盾即维护安定、发展生产。这构成了司马光稳健务实政治思想的宏观社会背景。

## 第一节　由司马光的阅历探寻其思想来源

阅历是人思想形成与发展的现实空间，是人关注和思考问题的主要对象，在很大程度上规定和影响着人的思维模式与行为规范；同时，它又是人真实思想的体现和对思想与行为一致度的检验。察其言而观其行，方可准确把握人之真实思想，如魏收、沈约之史，历代帝王之言，莫不极力褒赞忠孝仁义、温良恭俭，而其行为却多所不及乃至悖逆。故考察司马光思想，必由此入手。鉴于前人相关研究已详，此仅勾其大要，尤致力于前人关注不足处。

① 郝经：《陵川集》卷十《温公画像》，影印《文渊阁四库全书》本。

## 一　少年时期，礼、学双修

苏轼《司马温公行状》记载："其先河内人，晋安平献王孚之后。王之裔孙征东大将军阳，始葬今陕州夏县涑水乡，子孙因家焉。"①司马孚乃司马懿之次弟，据考，其远祖可上溯至颛顼氏时代司天司地的重黎氏。司马迁亦重黎氏后代。如此，则史坛"两司马"同出一祖，且与史学有着悠久的历史渊源。后司马氏家道中衰，"至唐，仕宦陵夷，降在畎田"。② 直至司马光的祖父司马炫考中进士，出任耀州富平县(今陕西富平)令，司马氏才渐渐复兴起来。

其父司马池(979—1041)也以进士入仕，天禧三年(1019)，任光山县令时，司马光诞生，此后多年，司马光便随父游宦四方，这有益于他初识地方民情。司马池一生，为官清廉，严以律己，久居地方官，亦曾任三司户部、度支、盐铁副使等主管经济事物的京官，最后做到从四品天章阁待制，一方知府，"号称一时名臣"。③ 其同僚、朋友庞籍《宋天章阁待制司马府君碑铭》称他"生平奉上官不回曲，于朋友尽规切，知人之善，面则励之，背则扬之，为政大抵以正纲纪、塞侥幸、抑权豪、恤孤弱。为心尤不好名誉"。司马光之母聂氏，"才淑之懿，孝睦之行，著于闺门而称于乡党"。④ 司马池的品质和聂氏的孝睦，显然对司马光尤其是思想启蒙期的少年司马光

① 苏轼：《苏轼文集》卷十六，中华书局 1986 年版，第 475 页。按，河内，今河南沁阳。

② 司马光：《传家集》卷七十七《赠都官郎中司马君墓志铭》，影印《文渊阁四库全书》本。

③ 苏轼：《苏轼文集》卷十六《司马温公行状》，中华书局 1986 年版，第 475 页。参见《宋史》卷二百九十八《司马池传》，中华书局 1977 年版，第 9903—9905 页。

④ 黄缙荣：《(光绪)夏县志》卷十《艺文志》，清光绪刻本。

产生了潜移默化而又深刻巨大的影响。

在做人修礼方面,司马光的父母兄姊都是其启蒙老师。而司马池结交的同僚朋友,也都是为官达礼之人,亦对司马光产生了良好的影响。《宋史》本传载"光生七岁,凛然如成人"。

在修学上,正如司马光所自言"臣少好史学",①"独于前史粗尝尽心,自幼至老嗜之不厌"。② 不过,司马光并非"神童",据其自述,"臣性识愚鲁,学术荒疏,凡百事为,皆出人下",③六岁时,父兄教其读书,虽可背诵,却常不解其意。与同龄孩子相比,也表现得"记诵不如人",但他却能以勤补拙,直至烂熟于胸。

司马光《书仪》述童幼教育曰:"稍有知,则教之以恭敬尊长,有不识尊卑长幼者则严诃禁之。"并解释说:"古有胎教,况于已生子;始生未有知,固举以礼,况于已有知。孔子曰:'幼成若天性,习惯如自然。'《颜氏家训》曰:'教妇初来,教子婴孩。'故慎在其始,此其理也。若夫子之幼也,使之不知尊卑长幼之礼,每致侮詈父母,驱击兄姊,父母不加诃禁,反笑而奖之,彼既未辨好恶,谓礼当然。及其既长,习已成性,乃怒而禁之,不可复制。于是父疾其子,子怨其父,残忍悖逆,无所不至。此盖父母无深识远虑,不能防微杜渐,溺于小慈,养成其恶故也"。儿童"六岁,教之数者。七岁,男女不同席,不共食,始诵《孝经》、《论语》,虽女子亦宜诵之"。"八岁,出入门户及即席饮食必后长者,始教之以谦让,男子诵《尚书》,女子不出中门。九岁,男子读《春秋》及诸史,始为之讲解使晓义理,女子亦为之讲解《论语》、《孝经》及《列女传》、《女戒》之类,略晓大意。十岁,男子出就外傅,居宿于外,读《诗》、《礼》、《传》,为之讲解,使知仁义礼智信。自是以往,可以读《孟》、《荀》、《扬子》,博观群书,

① 司马光:《传家集》卷十七《进〈通志〉表》,影印《文渊阁四库全书》本。

② 司马光:《传家集》卷十七《进〈资治通鉴〉表》,影印《文渊阁四库全书》本。

③ 司马光:《传家集》卷十七《进〈资治通鉴〉表》,影印《文渊阁四库全书》本。

凡所读书，必择其精要者而诵之，如《礼记》、《学记》、《大学》、《中庸》、《乐记》之类，他书仿此。其异端非圣贤之书传，宜禁之，勿使妄观，以惑乱其志。观书皆通，始可学文辞。女子则教以婉娩听从及女工之大者”。“若既冠笄，则皆责以成人之礼，不得复言童幼矣”。[①] 少年司马光大体上正是依此原则与顺序，礼、学双修并进的。《司马温公行状》称：“公自儿童，凛然如成人。七岁闻讲《左氏春秋》，大爱之，退为家人讲，即了其大义。自是手不释书，至不知饥渴寒暑。年十五，书无所不通。文辞醇深，有西汉风。”[②]

司马光谈及其学习体会时曾说：“书不可为成诵，或在马上，或在中夜不寝，时咏其文，思其义，所得多矣。”[③]司马光刻苦读书，养成于少年，贯穿其一生，修《资治通鉴》时，他“日力不足，继之以夜”，[④]怕睡觉浪费时间，特用木头做了一光滑的枕头，名曰“警枕”，动辄警醒，以济写作。

少年时代的司马光，经史双修，品学并进。

七岁时的司马光就在历史上留下了砸缸救友的佳话，展示出少年时代的司马光已是一个善于直击事物本质与关键、机灵冷静而有胆识的与众不同的孩子。人们惊佩司马光的机灵和胆识，有画家把该故事绘成图画，刻版印刷，竟一印再印，供不应求。此事使少年时代的司马光即已名动两京，家喻户晓了。现代激励理论认为，缺少激励时，人的潜力通常只发挥了20%，少年时代的成功，对人的自信与未来成就有着重大心理暗示和激励作用。

---

① 司马光：《书仪》卷四《居家杂仪》，影印《文渊阁四库全书》本。

② 苏轼：《苏轼文集》卷十六，中华书局1986年版，第475页。

③ 朱熹：《三朝名臣言行录》卷七，《四部丛刊初编》本。

④ 司马光：《传家集》卷十七《进〈资治通鉴〉表》，影印《文渊阁四库全书》本。

司马光少年时代还表现出不慕荣禄的高尚品质。司马光曾获得以父荫为官的机会，但却坚决地让给了堂兄，十五岁时，才受补郊社斋郎。父慈子孝、兄友弟恭的礼教思想已内化为司马光的优良品德和自觉行为规范。

少年司马光的学识和道德，为其一生的忠直尚礼、仁厚俭朴奠定了风格，并深刻地影响着其思想的形成。

## 二 初涉仕途，体验民情

仁宗景祐四年(1037)，司马光十九岁，所作《铁界方铭》和《勇箴》两篇铭文，[①]表达了他对直方无私、诚正勇义、立身践道品德的追求。

宝元元年(1038)，二十岁的司马光中进士甲科第六名，以奉礼郎，出任华州判官。次年，其父司马池调知杭州，为便于侍奉双亲，乃请调苏州，获准为签书平江军(苏州)节度判官公事，康定元年(1040)赴任。是年初，日渐强盛的西夏大举进攻延州，宋军大败。于是，诏令强征百姓充军守边，并增添各路弓手，以保证地方治安。自宋开国，两浙路近百年不闻风尘之警，经济发达，为宋朝财赋之地，其民无不视军伍为畏途，致“众情鼎沸，至欲毁体捐生，窜匿山泽”。司马光目睹其情，毅然代父起草了《论两浙不宜添置弓手状》，以维护地方社会安定、生产发展为根本目标，以实事求是的态度，因地制宜施政和发展经济的思想，全面而深刻地阐释了其观点：一，不利社会稳定；二，逼使百姓“窜匿山泽”，甚至为盗、武装走私贩卖盐茶，使地方治安进一步恶化；三，为贪官污吏借机敲诈民财提供了可能，且“厚利所诱，死亦冒之”(此言与现代经济学以利为核心建构理论体系的思想颇多神似)；四，以农为兵，“徒烦教调，终无所成”，“虚有烦费而与不添置无异”；五，历史上吴人“乐乱”，

① 司马光：《传家集》卷十七，影印《文渊阁四库全书》本。

自宋奠基至今，经历代“敦化”，其“暴乱之风，移变无迹”，今强行征发，恐不免使之“生奸回之心，启祸患之兆”。① 显见，司马光绝非不重视经济，唯其将之纳入社会治理之总体框架中而极少单独述论耳。此论实即司马光之首道奏疏。

正当司马光政治才华锋芒初露时，母亲聂氏不幸去世。依礼法，需离职服丧三年。可是未满三年，父亲又去世了。这使司马光在故乡守丧长达五年之久。五年乡里生活，也使司马光得以更深刻地了解民情，并阅读了大量书籍，留下了许多颇具识见的治国安邦文论，《十哲论》、《四豪论》、《贾生论》即其此时之代表作。

仁宗庆历四年(1044)，二十六岁的司马光守孝期满重回官场。历任武成军判官，宣德郎、将作监主簿，权知韦城县事，从其《豢龙庙祈雨文》②中可知，其任县令那年，整个夏天，当地滴雨未落，苗枯仓竭，他心焦如焚，亲随百姓入庙求雨，恳求神灵只惩罚他这个“邑宰”。与其视此为司马光迷信，毋宁视为一种闪烁着共民戚欢民本思想光芒与体恤民寞代民受过精神，对灾难中百姓的心理慰藉与动员。

在武成、韦城两年，司马光研经、读史不辍，又完成了《机权论》、《才德论》、《廉颇论》、《龚君实论》、《河间献王赞》、《不以卑临尊议》、《述〈国语〉》等史论、史评18篇。

仁宗庆历五年(1045)冬，司马光奉调进京。先任大理评事兼国子监直讲，不久晋升大理寺丞。大理寺，相当今天的最高法院，评事即审判员；国子监，是国家最高学府，直讲即教师。在北宋，国子监直讲，不是专职的，皆以京官兼职。大理寺评事为正八品，大理寺丞是从七品，丞比评事高半格，其职权是对评事所判的案子进行复审，有最后定案权。

---

① 司马光：《传家集》卷六十六，影印《文渊阁四库全书》本。

② 司马光：《传家集》卷十八，影印《文渊阁四库全书》本。

司马光一贯主张“仁政”和“忠君”。庆历七年(1047)十一月冬至,仁宗皇帝颁布大赦令,司马光为此十分振奋,立即写了《庆历七年祀南郊礼毕贺赦》①绝句一首,予以热情颂赞。但就在大赦的当天,河北贝州就发生了王则领导的士兵起义,对大赦形成了一种绝妙的讽刺。这促使司马光对待赦的态度发生了一定的转变,体现在《通鉴》史论中,便是有多达十余处探讨相关问题。

王则起义被镇压后,经庞籍推荐,司马光被召为试馆阁校勘、同知太常礼院。此次晋升,官品并不高,但地位却大不相同了。在宋代,馆阁一职已具备对国家大政方针“顾问”的资格,最受士大夫羡慕。南宋洪迈就曾说:“国朝馆阁之选,皆天下英俊,然必试而后命。一经此职,遂为名流。”②

在馆阁校勘职位上,司马光获得了更好的学术探研环境,很快完成了对古文《孝经》的注释校勘工作。接着又与同僚一起上书《乞印行〈荀子〉、扬子〈法言〉状》。荀子是先秦儒家的集大成者,扬雄是西汉末年道、儒合流的哲学家,曾仿《易》作《太玄》,仿《论语》作《法言》。司马光对荀、扬两家思想极为推崇,并集北宋以前各家之注自作《太玄注》六卷。《孝经》、《荀子》、《法言》的刊印,不但有益学术,有利北宋统治的思想建设,其思想内涵也成为司马光思想的重要的来源和组成部分。

皇祐二年(1050),司马光三十二岁时,其子司马康出生。据《邹氏闻见录》等文献记载,司马光“中年无子”,“夫人为置一妾”,光终不纳,而司马康乃“族人之子”。关于司马康是否为司马光亲生,曾引起学术界的争论。后来,从苏轼《西楼贴·与堂兄三首》之末,寻到了司马康是“君实之亲兄子,君实未有子,养为嗣也”的明

① 司马光:《传家集》卷十一,影印《文渊阁四库全书》本。

② 洪迈:《容斋随笔》卷十六《馆职名存》,上海古籍出版社 1996 年版,第 206 页。

确记载，争论平息。如此，则司马康应为司马旦之亲生子，过继给司马光的。在“不孝有三，无后为大”①的传统社会，司马光拒不纳妾的行为体现出他对传统封建伦理道德的本质理解，表现出超越世俗的大德情操。

皇祐三年（1051），司马光除史馆检讨，修《日历》。这对编年体史著的编纂有着十分积极的意义。

此后，司马光又以殿中丞、集贤校理先后通判郓州和并州，嘉祐元年（1056），深以仁宗无子、久不立储为忧，三度上书请立国储；二年（1057），麟州府路宋军为西夏所败，麟州事件后，司马光被调回京，任太常博士、祠部员外郎、直秘阁、判吏部南曹，完成了《功名论》、《知人论》等，这在一定程度上也是对麟州事件的反思。嘉祐三年（1058）五月二十三日，又作《朋党论》，强调了朋党无所谓“君子朋”和“小人朋”之别，皆害政者，但“不足专罪”，亦人君之“不明”使然；上《进交趾献奇兽赋表》，表达了不信祥瑞、“不为无益害有益，不贵异物贱用物”的思想。这些观点都在《通鉴》史论中得到了体现。

### 三　谏院生涯，尽忠国事

嘉祐六年（1061），司马光以忠直迁升起居舍人同知谏院。旋改知谏院，直到治平二年（1065），任谏官长达五年之久。司马光的政治才华开始得到淋漓的发挥。

司马光上任的第一道奏札就是论“君德”，第二道奏札是论“致

---

①　“不孝有三，无后为大”之语出自《孟子·离娄上》：“不孝有三，无后为大，舜不告而娶，为无后也，君子以为犹告也。”《十三经注疏》中在“无后为大”下注云：“于礼有不孝者三事，谓阿意曲从，陷亲不义，一不孝也；家贫亲老，不为禄仕，二不孝也；不娶无子，绝先祖祀，三不孝也。三者之中无后为大。”

治之道”，第三道奏札是论“拣兵”。在《陈三德上殿劄子》中说：“人君之大德有三：曰仁、曰明、曰武。”①“仁”非软弱姑息，而是兴教化、修政治、养百姓、利万物。“明”不是事无巨细的苛察，而是知道义、识安危、别贤愚、辨是非。“武”非暴强，而是认准了就果断去做，不受坏人的左右。三者兼备，国家大治，缺一则衰，缺二则危，三者皆缺则亡。

针对仁宗皇帝的仁弱寡断，司马光特别强调“武”，希望皇帝冲破朝臣因循成风之弊，明辨善恶是非，当断则断，敢于对社会弊端进行改革。

在《言御臣上殿劄子》中说：“致治之道无他，在三而已。一曰任官、二曰信赏、三曰必罚。”②说到底，是用人问题。

司马光对人君三德和致治三道的关系也进行了阐述。他说：“仁、明、武，所出于内也；用人、赏功、罚罪，所施于外者也。”③即二者为表里关系，相辅相成。

仁宗皇帝对司马光这位勇于进谏的新谏官的谏议是很重视的。把《陈三德上殿劄子》留在禁中，以便随时观览，又将《言御臣上殿劄子》转送至中书省，以供施政参考。

嘉祐六年（1061）八月十七日，司马光又上奏了《进五规状》。所谓“五规”，即保业、惜时、远谋、重微和务实。这五个方面是司马光“夙夜惶惑，口与心谋，涉历累旬，乃敢自决”的，即是经深思熟虑得出的看法。他认为这五个方面是帝王应具备的重要认识，是“守邦之要道，当世之切务”。④

---

① 司马光：《传家集》卷二十，影印《文渊阁四库全书》本。

② 司马光：《传家集》卷二十，影印《文渊阁四库全书》本。

③ 司马光：《传家集》卷四十六《进修必治国之要劄子状》，影印《文渊阁四库全书》本。

④ 司马光：《传家集》卷二十一，影印《文渊阁四库全书》本。

上述谏奏是针对北宋社会弊端提出的重要治世纲领，表现了一个远见卓识的政治家正视现实、改革时弊的深刻思考，稳重而不保守。这些基本思想在《通鉴》史论中均得到了充分展示。

嘉祐七年(1062)，司马光奏《上谨习疏》。这是针对仁宗朝“国家怠于久安，乐因循而务省事，执政之臣颇行姑息之政”，①导致地方权力过重，下级不服从上级的现象所发，表达了“天下之祸生于无礼”和重“礼”明“分”、防微杜渐的重要思想。

仁宗去世，英宗继位。司马光在《进〈历年图〉表》中，再次以人君三德敦导英宗。此后，神宗、哲宗继位时，他都以“人君三德”、“致治三道”奏启新帝，②并自谓：“臣平生力学所得，至精至要，尽在于是。”③可以肯定，这构成了司马光治世思想的核心内容。

司马光任谏官后，为人君所设计的致治三道的核心是用人，此后他又不断地阐述这一问题，指出“人君之要道，在于进贤退不肖，赏善罚恶而已”，④“王者之职，在于量材任人，赏功罚罪而已”，⑤“宽恤民力，在于择人，不在立法”。⑥ 他在仁、英、神、哲四朝为臣，每一皇帝在位，都反复阐述这种观点。他在五年谏官生涯中，不仅对进贤和退不肖发表了许多论述，而且对人才的任用和废黜也做出了大量实际而有益的工作。

一是改革科举考试。

---

① 司马光：《传家集》卷二十四，影印《文渊阁四库全书》本。

② 司马光：《稽古录》卷十六，北京师范大学出版社 1988 年版，第 178—180 页。

③ 司马光：《传家集》卷三十八《初除中丞上殿劄子》，影印《文渊阁四库全书》本。

④ 司马光：《传家集》卷三十一《言为治所先上殿劄子》，影印《文渊阁四库全书》本。

⑤ 司马光：《传家集》卷四十三《上体要疏》，影印《文渊阁四库全书》本。

⑥ 司马光：《传家集》卷二十五《论财利疏》，影印《文渊阁四库全书》本。

第一,改革取人标准。

在《论举选状》中,司马光针对以前选人注重文辞的状况,旗帜鲜明地提出"以德行为先"的意见,认为"经术"其次,"政事"再次,最后才是"艺能"(即文辞水平)。① 也就是说在德才关系上,司马光把德放在首位。后来他修《资治通鉴》论智伯之亡时,对德、才关系进行了全面阐述:"才者,德之资也;德者,才之帅也。……才德全尽谓之'圣人',才德兼亡谓之'愚人';德胜才谓之'君子',才胜德谓之'小人'。凡取人之术,苟不得圣人、君子而与之,与其得小人,不若得愚人。"②司马光这一态度鲜明而激进的观点,曾引起后人无数的争论,如南宋理学大师朱熹就不同意司马光的观点,认为循此逻辑,易导向"才"是坏东西的结论。

以今日观点审视,司马光之论无疑是偏颇的,正确的提法应为"德才兼备"。但考虑到司马光发论的历史背景是战国礼乐崩毁之际,司马光认为社会安定的首要问题就是维护传统的道德体系,从主次矛盾关系出发,我们对司马光此论表示理解。此外,还应注意,司马光此论是有强烈的现实针对性的。宋初以来的科举考试,首先考词赋,词赋不及格,便难以录取了。这样就使一些德高望重的人遭到遗弃,有些只会写文章,德行不佳又无实际工作能力的人却窃取高位。后来,王安石变法启用了一些无德小人,唯以逐利敛财为务,害民深重,更使司马光坚信自己的观点了。即司马光此论乃就特殊历史背景所发。而在一般情况下,司马光是十分重才的。如司马光在《进〈稽古录〉表》中,就以"智勇冠一时"、"中才能自修"、"中才不自修"、"才过人而善自强"、"下愚不可移"为标准,把国君分成创业、守成、陵夷、中兴、乱亡五等,并说"才有美恶,故世有兴衰"。可见司马光的德才观是因时因人不尽相同的。

---

① 司马光:《传家集》卷二十,影印《文渊阁四库全书》本。
② 《资治通鉴》卷一,中华书局 1956 年版,第 14 页。

为了贯彻“德行为先”的主张，他建议每次录取进士，要留出30个名额给各地方推举上来的“孝廉”，对这些人任官要与进士第一甲相同，在“明经”之上。这实际是实行考试与推荐相结合的选人办法。

在衡量德的标准上，司马光也表现出不同寻常的深刻见解。嘉祐六年(1061)，“三苏”之一的苏辙参加贤良方正能直言极谏科考试，在卷中直陈仁宗不关心边防、沉溺后宫、赏赐无度。评审官范镇、胡宿等人认为此乃攻击皇帝，思想欠佳，不能录取；司马光虽与范镇素相交好，彼此钦重，却能坚持自身意见，认为苏辙指陈朝政无所顾虑，正是忠臣的本色，越切直越好。最后经仁宗表态：“求直言而以直弃之，天下其谓我何!”[①]苏辙方得被录用。

第二，改革明经科。

自唐朝以来，明经一科，不过贴书、墨义，只是看对五经、九经背诵如何，所以只要善背书就能考取。因此明经一科普遍被人所瞧不起。司马光在《论举选状》中提出“明经所试墨义，止问正文，不问注疏”，“若能先具注疏本意，次引诸家杂说，更以己意裁定，援据该赡，义理高远……为优等”，[②]就是说把“明经”一科从死记硬背中解放出来；即使要求背诵，也只限于正文，从而大大减轻了背诵的分量。将学者的精力引向“以己意裁定”之正途，一如刘恕当年被录取时的标准。明经一科原先考九经，改革后只考六经。

第三，反对出偏题、怪题。

北宋中期，科举名额不断扩大，仁宗朝又间年一考(此前为三年一考)。为了考题不重复，命题者便翻着花样出题，于是试题越来越偏，越来越怪，“或离合句读，故相迷误；或取卷末经注字数以

---

① 李焘:《续资治通鉴长编》卷一百九十四，中华书局1990年版，第4711页。

② 司马光:《传家集》卷二十《论举选状》，影印《文渊阁四库全书》本。

为问”。[1] 每次进京赴试的士子，百分之八九十都受困于这些偏题、怪题。对此，朝廷却归究于地方发解官选人标准不严，并罢黜了一些人的官职。司马光认为这是本末倒置，主张重新遴选贡院的命题官，用那些真正“通经术，晓大体”之人命题。

第四，录取进士按地区分配名额。

北宋时期，录取进士按成绩优劣，结果“东南进士多，而西北进士少”，[2]有的地区文化、经济落后，多年无一人考中进士，而开封一带因有天时地利，每次考试都有多人中的。这样，一些偏远地区的应试者就离开家乡，常年聚集在京城，讨消息，拉关系。

司马光为此上奏了《贡院乞逐路取人状》[3]，提出学习古代取孝廉以郡国户口决定取人多少的办法。仁宗皇帝赞成，不过，参知政事欧阳修不赞成。后世学者如元代马端临赞成欧阳修的主张，清代顾栋高则赞成司马光的主张。欧阳修是江西人，可能站在东南文化先进地区角度说话；司马光是山西人，也可能站在西北文化落后地区角度说话。北宋朝廷重臣北人多，南人少，北人重经术而轻艺文，南人反之。为了巩固朝廷的基本政策，所以仁宗皇帝和许多重臣拥护司马光的主张。

二是关于对官吏的赏罚。

第一，赏赐有节。

宋初以来，官吏赏赐滥溢。司马光认为，如果赏赐无节，就失去了赏赐的意义。他说：官爵像皇帝手里的利剑，可以用之驾驭群臣，控制天下。所以，国君不能以官爵去轻易赏人。只有当人们感

---

① 司马光：《传家集》卷二十三《论诸科试官状》，影印《文渊阁四库全书》本。

② 欧阳修：《欧阳修全集》卷一百一十三《论逐路取人劄子》，中华书局2001年版，第1716页。

③ 司马光：《传家集》卷三十二，影印《文渊阁四库全书》本。

到不能轻易得到它时，才显得有价值，轻易赏赐便“贱于泥土”了。

英宗由外藩入宫即位，包括司马光在内的众多大臣都是有功的。事后英宗出于感恩，欲赏赐两府（中书、枢密）大臣。司马光立即上奏，说明大臣们拥戴英宗皇帝即位，只是实践先帝（仁宗）的圣意，安定国家，并非为了邀功请赏；皇帝如果因此而为大臣们加官进爵，反而是掩没了大臣的忠心，把大臣们视为自私之人了。

第二，破格选贤，不求全责备。

司马光主张对德才兼备的人要破格选任，北宋朝廷有一项传统规定，国子监直讲必须是九经出身，年龄在四十岁以上。司马光认为这是一种“苛法”，嘉祐七年（1062）九月一日，上奏了《乞直讲不限年及出身劄子》[①]。

他不仅主张破格用人，还主张对人不要求全责备。福州有一个处士叫陈烈，学问高深，欧阳修曾举荐他入朝做官，他却甘愿在福州做一个教书先生。后来，妻子有病，被他休回娘家，十年不见一面，在当时被视为缺德的行为，又有人告发他还有贪污行为。司马光认为，对陈烈的处分要慎重，对问题要核实，不能闻风是雨，如果只是私生活，就让他离婚，如果真有罪，当然要处分，而且对荐举人也要同时处罪。

并州通判夏倚是一个能干的官吏，因麟州事件，与庞籍等一起遭贬。事过五年了，中经两次大赦，不少遭贬的人，都官复原职了，唯有夏倚没有平反。司马光在嘉祐七年（1062）九月十七日上奏章，请朝廷尽早核实问题，不要因一个麟州事件，使夏倚永远不得翻身。

第三，勇于弹劾不肖官吏。

建设性的谏议易提，弹劾性的谏议难办，司马光在任谏官之初就认识到了这点。应该说，敢不敢弹劾，特别是对那些权势炽烈、

① 司马光：《传家集》卷二十六，影印《文渊阁四库全书》本。

后台坚挺的官吏的错误，敢不敢弹劾，是对一位谏官是否尽职的严峻考验。综观司马光《传家集》，弹劾奏章甚多，无论对谁，他都毫不顾忌。

嘉祐年间，张方平任秦凤路经略安抚使，执掌陕西甘肃一带军政大权，位显权重。嘉祐六年(1061)的一天，有人谎报西夏发兵入侵，张方平不问虚实，先是惊慌失措，接着是简括兵马声言出塞，继之又闭门不出而向邻近各路请求救援，弄得永兴军(治今西安)以西的军马全被调发，近边百姓一日三惊，朝廷闻讯后也一片混乱。结果却是子虚乌有。为此，司马光连上三状进行弹劾。时任宰相的曾公亮同张方平关系甚笃，极力为之讲情。但司马光不惧权势，坚持要治张方平的罪，指出曾公亮这种袒护行为是“爱一人而失一方”，最后张方平只得自请调往他处，离开前线重地了事。①

赵滋是一员镇守河北、使契丹畏惧的边将，但是，他恃功自傲。司马光认为赵滋如此刚愎狂妄，不适合继续带兵镇守边境，果然，赵滋轻启衅端，扑杀界河中的契丹渔民，司马光就同河北路转运使唐介、安抚使彭水思先后上章免去赵滋知雄州(治今河北雄县)之职。②

张叔詹任寿州(今安徽凤台)知州时，监司认为其无能，不足以任知州之重。朝廷却不但未予罢免，反将其调往比寿州更大、工作更繁剧的蔡州去任知州。司马光指出，无才反被重用的作法更加不当，应予撤职才对。③

---

① 司马光:《传家集》卷二十二《论张方平状》、《论张方平第二状》、《论张方平第三状》，影印《文渊阁四库全书》本。

② 司马光:《传家集》卷二十八《言赵滋劄子》、《言赵滋第二劄子》，卷三十五《言北边上殿劄子》，影印《文渊阁四库全书》本。

③ 司马光:《传家集》卷二十《论移张叔詹知蔡州不当状》，影印《文渊阁四库全书》本。

对宦官头子任守忠的弹劾,更体现了司马光的无畏精神。任守忠在仁宗时即已得宠,为入内都都知(宦官首领),英宗初立,他便极力挑拨曹太后与英宗的关系。富弼、韩琦、欧阳修等老臣都深知任守忠之为人,担心他在宫中制造祸乱。司马光首先揭发他擅取府库金珠数万两献给皇后,陷皇上于不义,请求皇帝彻查其罪行,明正典刑;接着又列举他十大罪状,再次要求处任守忠以重刑,直至把任守忠流放为止。司马光深通东汉、唐朝宦官专权虐害国家的历史,所以他初任谏官就上奏了《论臣僚上殿屏人劄子》,不允许宦官“进至殿角板障门以里”,不允许宦官靠近皇上窃听皇上和大臣议事。仁宗皇帝要提拔宦官苏安静为两省押班,当时苏安静不到五十岁,按朝廷旧规,不能任此重职,司马光便上奏,请追回成命。① 英宗即位,要提拔宦官张茂则为内侍省押班,司马光以同样理由坚决反对。司马光一贯主张不拘一格用人,但是对宦官则不然,而是严加防范。这种观点在《资治通鉴》唐昭宗天复三年(903)“臣光曰”历述宦官之祸中得到了集中体现。由上述可见,司马光始终都注意防范宦官为患。

第四,提出八项任官建议。

北宋实行文官三年、武官五年一迁的任官制度,一个人做了官,没有成绩,熬到年头,也可垂手升迁。

为了纠正这一任官制度的弊端,司马光在嘉祐六年(1061)闰八月八日上奏了《乞分十二等以进退群臣上殿劄子》,提出了八项具体建议:

(一) 在原有官分九品之外,另分职任差遣为 12 等,待有缺员,方由次等中择优补充。

(二) 以现有官员为定数,不再增额。

(三) 提点刑狱以上官,无任期之限,以下的官,行三年、四年

---

① 司马光:《传家集》卷二十二,影印《文渊阁四库全书》本。

的任期,任期内如有功劳,可随时升任加禄;不称职者,即使任期已满,也不能垂手得官。

（四）不论资排辈。

（五）提点刑狱以上高官的选任,由皇帝批准,知州以下由审官院批准,幕职以下由流内铨批准。

（六）地方官升为京官,也要看政绩和荐举人多少。

（七）恩荫者,先登记在册,然后按工作成绩和荐举人多少,分三等依次任官。

（八）凡贪污、不称职者永不恢复旧等差遣,特殊情况,另作处理。①

司马光这些建议没有完全实行,但它带有鲜明的革新气魄。仁宗对司马光的基本思想是赞同的。

三是谏言崇俭去奢。

随着阅历的增长和对历史教训的反思,司马光的崇俭去奢思想日趋成熟,并形成一套理论,不惟律己,亦以励人。

他说:"有德者,皆由俭来也。夫俭则寡欲,君子寡欲,则不役于物,可以直道而行;小人寡欲,则能谨身节用,远罪丰家。故曰:俭,德之共也。侈则多欲,君子多欲,则贪慕富贵,枉道速祸;小人多欲,则多求妄用,败家丧身。是以居官必贿,居乡必盗。故曰:侈,恶之大也。"又说:"由俭入奢易,由奢入俭难。"②并认为对平民如此,对国君亦如此,具有普遍意义。他在谏官任上不避斧钺之诛,多次奏请仁宗、英宗崇俭戒奢。

仁宗、英宗两帝,在中国历史上虽非奢侈荒淫之主,但也只是程度不同而已。文献记载他们都是习于宴安、乐于怠惰的,仁宗甚

① 司马光:《传家集》卷二十一,影印《文渊阁四库全书》本。

② 司马光:《传家集》卷六十七《训俭示康》,影印《文渊阁四库全书》本。

至还曾祭出“好色于内，不害外事”[①]的荒谬论调，英宗皇帝在位四年，既不勤政，又赏赐无节。

嘉祐六年(1061)八月，苏辙在应贤良方正能直言极谏科考试时，将该问题尖锐地提了出来，在朝中引起了一场轩然大波。司马光十分赏识苏辙，之后，为了加深仁宗皇帝的认识，他又联合几位谏官，上奏了《论燕饮状》，直言不讳地批评皇帝沉溺后宫、宴饮无度，赏赐滥溢。[②] 因有苏辙策论制造的舆论氛围在前，所以当司马光等人再次进谏时，仁宗就虚心延纳了。这次谏诤的成功，不失为君明臣直的一次典型事例。

嘉祐七年(1062)初，一些大臣为博取帝后的欢心，不顾连年水旱，百姓流离，竟拟定了一个规模盛大的元宵大会。司马光闻讯后，立即上奏，表示反对。可是仁宗却说：“因岁时与万民同乐耳，非朕独肆游观也。”正月十五晚上照例到宣德门观看灯火演出，对妇女赤膊摔跟头的演出，看得尤其兴奋，并赏赐演员不少银绢。司马光深感如鲠在喉，尽管庆典已过，还是于正月二十八日上奏了《论上元令妇人相扑状》，严词指斥如此行为有伤风化，“非所以隆礼法，示四方也”。[③]

英宗即位伊始，把仁宗的遗物，遍赐大臣，两府、宗室、近臣、军将皆有所得，司马光也得到一份赏赐。但他不以既得利益而随波逐流，立即上奏《言遗赐劄子》，指出：“臣伏睹圣恩，颁赐群臣以大行皇帝遗留物。如臣所得，已近千缗，况名位渐高，必沾赉愈厚，举朝之内，所费何啻巨万。窃以国家用度素窘，复遭大丧，累世所藏，几乎扫地。传闻外州、军官库无钱之处，或借贷民钱以供赏给。一

① 李焘：《续资治通鉴长编》卷一百九十四，中华书局 1990 年版，第 4711 页。

② 司马光：《传家集》卷二十二，影印《文渊阁四库全书》本。

③ 司马光：《传家集》卷二十三，影印《文渊阁四库全书》本。

朝取办,逼以捶楚。当此之际,群臣何心以当厚赐?况将来山陵所须,全未有备,国信往来,又当供亿。万一更有水旱、军旅之虞,不知朝廷何以处之?若国用不足,必重敛于民,民已困穷,何以供命,饥寒所驱,必为盗贼。此乃安危之本,愿陛下深思熟虑,勿以为细事而忽之也。”①然后,司马光把自己所得赏赐交到谏院充公,黄金送给了舅舅,自己一点未留。英宗以真宗去世、仁宗即位时有过先例,未接受司马光的谏议。司马光不屈不挠,又上第二道奏章。但遭到一些逐利之徒的阻挠,甚至造谣说司马光的作法是为自己捞取政治资本。

仁宗皇帝安葬完毕,司马光又上奏请求把宫女放出宫,可以取得“遂物情,重人世,省浮费,远嫌疑”的好影响。②

新帝即位,照例要对宫廷进行一次大修。司马光在开工之前又上奏章,建议没有严重损坏的房屋就不要翻新了,必须修葺的,也要有所节制。

仁宗、英宗都信佛,仁宗时在全国广建寺庙,英宗即位后又大修感慈塔。司马光均上奏反对,并指出佛教无益社会治理,只能坑害人民。并指出,在灾荒遍地的情况下,修千座佛塔也无济于事。

醉心于奢,必荒于政。所以,司马光在劝俭戒奢的同时,也屡劝皇帝“勤政”。治平元年(1064)初,久旱不雨,依常例皇帝应率群臣到寺观祈雨,以安百姓,抚民心。可英宗却一拖再拖,迄无动静。一时街谈巷议,猜疑纷起,或曰皇帝病了,或言皇帝把祈雨之事忘了。而自英宗即位以来,尚未在公众前露过面,官民都想一瞻天颜。于是司马光又于四月十七日上奏,敦请英宗出宫。此时曹太后主政,未经太后准允,英宗不敢擅自行动。司马光又与宰相韩琦

---

① 司马光:《传家集》卷二十七,影印《文渊阁四库全书》本。

② 司马光:《传家集》卷二十九《乞放宫人劄子》,影印《文渊阁四库全书》本。

配合，说服太后，终于使英宗皇帝出宫祈雨，与官民见了面。

四是整肃军队。

至北宋中期，军队出现两大突出问题：一是军额膨胀，太祖时正军不过22万，此时禁军、厢军、乡军总数已逾200万。二是军队素质下降，为了充数，老弱残都被征来当兵，军队内部纪律松弛，下陵上替，屡生兵变。因此，司马光在任谏官五年的生涯中，整顿军队的谏议连篇累牍地上奏。其整军思想主要有三：一曰以礼治兵，二曰精练军队，三曰加强经济实力。但由于庆历以来，迫于西夏的威逼，朝廷无限括兵，规定募兵一千，官升一级。如此则为官升级者未必有指挥才能，而军官无能，兵再多也只能是乌合之众。尤为可悲者，朝中大臣明明看到这是个问题，却怕承担责任，都不出面说话，而是“容身保位，苟且目前”。①

司马光不为身谋，为整肃军队，先后上奏了《言阶级劄子》、《言招军劄子》、《言孙长卿第一劄子》、《言孙长卿第二劄子》、《言陈述古劄子》、《言北边上殿劄子》等。最能代表他此时整顿军队主张的，是他上奏的数道罢刺陕西义勇劄子。

所谓刺义勇，就是给招募来的士兵在手上刺字，一旦刺字，便永隶军籍。司马光早在任苏州通判时就曾代父写过奏章，反对强募江浙籍乡民为弓手。治平元年（1064）秋，西夏又大举进攻秦凤路（治今甘肃天水）、泾原路（治今甘肃平凉），杀掠人畜以万计，宰相韩琦率由旧章，决定在陕西诸州三丁中抽一人为义勇，在手背刺字，共得156873人。

司马光得知消息后，于治平元年（1064）十一月二十二日到十二月五日，接连六次上疏。他说：当年刺保捷正军时，我正在故乡服丧，亲眼看到那种号哭之声弥天漫野的情景，旧伤未平，新创复

① 司马光：《传家集》卷三十五《言招军劄子》，影印《文渊阁四库全书》本。

启，这真是敌寇未到，“先自困弊也”。① 第一道奏札上去，无下文。于是又写第二道，这次是上殿直呈英宗皇帝，毫不顾忌地指出康定、庆历年间朝廷先说不充正军，后来又调往前线的作法已言而不信，这次又说是守护乡里，百姓也不会相信的。第二道奏札呈上，英宗皇帝批转给中书省、枢密院商议处理。刚刚即位的皇帝也不知道，此时诏令已颁下陕州，开始实行了。生米做成熟饭，看来难以挽回了。司马光是个执着不渝的人，仍然不懈地上奏第三道、第四道奏札，恳请执政“追而止之”。这时陕西的情况也反馈到朝廷，各州百姓惶惶不可终日，如在汤火，民心骚动了。宰相韩琦也觉得考虑欠周，无法回击司马光的连奏。

但司马光的谏议却未被采纳。他便接连六次上状，请求免官。一般情况，谏官任职三年，到治平二年（1065）初，司马光已任谏官三年半了，他回忆这三年半的工作，觉得无补于朝廷，因而问心有愧。但是英宗皇帝不接受司马光辞职的请求。

五是立储君和濮议之争。

这一时期，司马光最突出的进谏体现在建言仁宗早立储君和濮议之争中。

早在嘉祐元年（1056）春节，柔弱多病的仁宗即表露出身体危机，退朝后竟从龙椅上摔了下来。但此时其尚未得一子，一些忠直老臣在担忧之余，急奏仁宗早立皇储。此时的司马光，官职仅是并州通判，依常规，尚无过问社稷大事的资格，但他却出于忠君之诚，连上三状，请早建皇储。仁宗深知建储有利政治安定，也能体察臣子之忠，但却总寄望能尽快生个儿子，加之身体状况又有所好转，所以尽管奏章如雪片般飞来，建储之事仍被搁置了下来。

至嘉祐六年（1061）司马光知谏院时，仁宗仍未得子，而身体状

---

① 司马光:《传家集》卷三十四《乞罢陕西义勇劄子》，影印《文渊阁四库全书》本。

况却更糟了，精神也时有恍惚。但诸大臣却心存余悸，谁都不愿再牵头上奏。司马光以国家为重，忠于职守，于嘉祐六年(1061)闰八月二十六日，即在任谏官三个月后，率先奏上《乞建储上殿劄子》①，赤诚忠心，溢于言表。

司马光认定正确的事，便坚持做好。他怕奏疏成一纸空文，便又面见仁宗，反复陈述早定储嗣的必要性，仁宗终于答应了。

仁宗决定立濮王赵允让的第十三子赵宗实(为皇子后更名曙)为太子，但宦官头子任守忠担心失宠，从中作梗。二十余天过去了，建储之事仍了无声息。司马光冒死再上奏疏，感动了仁宗，十月终于确定以赵宗实为嗣。

然而皇族子弟以数十计，无不觊觎皇位，加之皇后曹氏本即与仁宗在立嗣人选上意见不一。赵宗实深知宫廷险恶，惧怕成为众矢之的，所以立嗣后，屡以居丧为由，拒不入宫受命。居丧期满，又以身体欠佳相辞。嘉祐七年(1062)，司马光再上《乞召皇侄就职上殿劄子》②和《请早令皇子入内劄子》③，终于促成赵曙入宫。

嘉祐八年(1063)三月，仁宗崩。四月，赵曙即位，是为英宗。在这场皇权移交过程中，司马光一片忠心，尽智尽谋，不遗余力，成为首功之臣，政治威望更高了。

司马光的忠诚，前得仁宗认可，继得英宗感恩，英宗在位仅四年而终，其子神宗实得司马光力谏仁宗立储之惠。这些都为司马光的政治与学术生涯提供了良好的外部环境。

英宗即位后，一度停开经筵。司马光坚决主张恢复经筵传统，请吕公著讲《论语》，刘敬讲《史记》，大谈孝友，缓和了英宗与太后的矛盾，太后还政英宗。司马光爱憎分明，疾恶如仇，又四次上奏，

---

① 司马光：《传家集》卷二十二，影印《文渊阁四库全书》本。
② 司马光：《传家集》卷二十六，影印《文渊阁四库全书》本。
③ 司马光：《传家集》卷二十六，影印《文渊阁四库全书》本。

陈列任守忠十大罪状，直至英宗下诏将其驱逐。

治平四年(1067)，欧阳修在《荐司马光劄子》中把仁宗建储前后司马光的表现，当成一桩大功来介绍，说："光于国有功为不浅矣。"①清人顾栋高在《司马温公年谱》卷三中也说："当日昌言不讳，尤称盛事。"

英宗以过继之子即位，如何称呼其生父濮王赵允让，就成了关乎礼制的大问题。朝臣激烈论争，形成历史上著名的"濮议之争"。在争论中形成了两派。一是执政派，另一是台谏派。

司马光属台谏派，又是这场争论的最早发难者。站在这一派的还有翰林学士王廷，侍御史吕诲、范纯仁，监察御史吕大防、赵鼎、赵瞻、傅尧俞等。他们主张：英宗皇帝称仁宗皇帝为父亲，称生身之父为伯父。

执政派有宰相韩琦，副相欧阳修、曾公亮、赵概等。他们主张：英宗皇帝对生身之父只能称父。

台谏派以汉宣帝、光武帝为先例。执政派以汉哀帝、汉安帝、汉桓帝、汉灵帝为先例。

英宗皇帝是倾向执政派的，但又怕人说他对仁宗皇帝有贰心。台谏派知道了英宗皇帝的内心活动，都开始顾虑起来，只有司马光坚持己见，率先上奏。

奏章送到中书省，但中书省大权掌握在执政派手里，所以奏章送上后，以理由不具体为由，被压下来，没有马上立案讨论。执政派欧阳修等人经过一番准备也写出了意见。双方意见仍然针锋相对，不可调和，英宗皇帝想让更多的人，包括三省、御史台的大臣都来发表意见。不料曹太后突然表态，站到司马光等台谏派一边，并严厉批评韩琦、欧阳修等人的观点，实际上矛头指向英宗皇帝。

① 欧阳修：《欧阳修全集》卷一百一十四，中华书局2001年版，第1730页。

于是，皇帝与太后在此问题上的矛盾又明朗化了。英宗皇帝只得下诏停止讨论。台谏派有了太后支持，原持观望态度的人，也纷纷上奏，翰林学士范镇甚至率众礼官，到朝廷上指斥执政派是"佞臣"，言辞激烈。

执政派毕竟握有实权，暗中又有皇帝做后台。为了战胜论敌，便拉拢宦官苏利涉和高居简。在两个宦官巧词饰说之后，太后又站到了执政派一边。台谏派立即失去支柱，再也无力申辩理由了。

治平三年(1066)，司马光升任龙图阁直学士，不再担任谏官，再加太后态度的转变，对"濮议"既无责任发表意见，也无法挽回大局了。但他还是坚持自己认定正确的主张，上奏《论追尊濮安懿王为安懿皇劄子》①，再申己见。又一次表现了他的不为权势所屈的顽强精神。不仅如此，当吕诲、范纯仁、吕大防、赵鼎、赵瞻、傅尧俞等台谏派人物遭到贬逐时，司马光又挺身而出，先后上奏了《留吕诲等劄子》②、《留傅尧俞劄子》③，并一针见血地指出执政派的作法，是闭塞言路，专秉大权。为示抗议，他一连四次上奏朝廷，请求处分。上奏之后，居家待罪，不上朝。

英宗皇帝深知司马光的为人，特遣宦官把司马光请到迩英阁，好言劝慰，让司马光上朝供职。

欧阳修虽与司马光意见相左，但对司马光的正派作风，勇于承担责任、开诚布公、无私无畏的品德及表现十分赞赏，在《荐司马光劄子》中说司马光"德性淳正，学术通明，自列侍从，久司谏诤，谠言嘉话，著在两朝"。

司马光为赵宋王朝殚精竭虑，直谏力诤，有利于赵宋政权的巩固和社会的稳定。

---

① 司马光:《传家集》卷三十七，影印《文渊阁四库全书》本。
② 司马光:《传家集》卷三十七，影印《文渊阁四库全书》本。
③ 司马光:《传家集》卷三十七，影印《文渊阁四库全书》本。

## 四 屡辞任授,彰显人品高洁

嘉祐六年(1061),朝廷擢升司马光为修起居注,他五上辞呈,主要理由是自己不擅长作文章。

唐宋以来,骈四俪六的六朝文虽然受到"古文运动"的冲击,但是皇帝的诏令、官府的公文以及科举应试,仍然使用,士大夫之间通信往来,也大量使用着。总之,四六文仍被视为一种高雅的文体。

年轻时,司马光为准备科举考试,受过严格的四六文训练。但在司马光的内心,对四六文是反感的,他认为这种浮华的文体只会毒化社会空气,而无益于治国安邦。给亲友写信,不用四六文似乎是对人不尊重,司马光常为此而犯愁,出于应酬,有时竟请人代笔。事实上,从传世作品看,司马光的四六文写得是很漂亮的,而且也并不空洞浮华。可见,问题的关键不在于文体本身,而在于文体背后的浮华世风,只是这一文体又适应并助长了这种浮华世风。所以凡是朝廷任命他做公务性格式化的文字工作,都一推再推。

转年,朝廷又擢升司马光为知制诰。此官为正四品,专掌中书省词命,向来被视为"文士之高选,儒林之极致",①是士大夫梦寐以求的清要之职。但司马光却视为畏途,上书坚辞。

司马光是极谨慎的人,曾留下"视地然后敢行,顿足然后敢立"②这样一句传世名言。做事发言,没有充分把握,他是不轻举妄动的,即使有再大的好处,也坚决不干。司马光一连上了九道辞呈,终于辞掉了"恩命"。

到了治平二年(1065)十月,英宗又擢升司马光到龙图阁任直

① 司马光:《传家集》卷二十四《辞知制诰状》,影印《文渊阁四库全书》本。

② 司马光:《传家集》卷五十九《答刘蒙书》,影印《文渊阁四库全书》本。

学士兼侍讲。龙图阁是收藏宋太宗文物的场所，直学士是从三品，在宋代，官入三品，开始享受诸多特权，并属于统治阶段的最高层了。但他仍然连上三道辞呈，后来英宗免去了他原来知谏院的工作，专作龙图阁直学士兼侍讲。同年，王安石为母守孝期满，回到朝廷任工部侍郎、知制诰。

神宗即位后，血气方刚，锐于求治，对王安石的政见十分欣赏，对忠亮方直、勇于谏诤的司马光也特别器重，希望这两位久负盛名的大臣能成为他的左右手。适逢参知政事欧阳修向神宗上奏《荐司马光劄子》①，神宗便首先擢升司马光为翰林学士。翰林学士一职，专掌制、诰、令的撰写，习惯上被称为“内制”（中书舍人被称为“外制”），是皇帝的秘书，比知制诰的职位责任更重要。唐宋以来，知识分子所重清要之职，以翰林学士为最重，必为朝野公认的一流人才，才有可能中选。可是，司马光还是以“拙于文辞”为由，辞让不就。最后，神宗皇帝干脆让宦官把告身（任命书）塞到司马光手里。司马光就这样做了翰林学士。

司马光执意不就翰林学士，是神宗始料未及的。事后，神宗问御史中丞王陶：吕公著和司马光被任命为翰林学士，怎么样？王陶说：这两个人，我都推荐过。陛下启用这样的贤能，何愁天下不治啊！神宗又问吕公著：都说司马光方直，但我也听说他是个书呆子，太迂阔了，你怎样看这个问题？吕公著说：孔夫子是大圣人，可是他的弟子子路还说他迂阔呢；孟夫子是大贤人，当时不是也有人嫌他迂阔？一般来说，虑事深远的人，就会被见识短浅的人看成书呆子，嫌其迂阔。希望陛下对迂阔之论要斟酌呀！

司马光的人品得到上至皇帝，下到群臣的普遍称赞，就连远在塞外的辽国也都久闻其大名了。据《宋史》记载，吕公著出使辽国时，辽国礼宾官员就说：听说司马光是个忠心耿耿、节操很高的人。

---

① 欧阳修：《欧阳修全集》卷一百一十四，中华书局2001年版，第1730页。

司马光屡辞任授，既有不喜四六官文的因素，更有专心修史的原因。嘉祐(1056—1063)以来，司马光就一直潜心于历史研究，到治平三年(1066)初，已完成了今天所见的《资治通鉴》前八卷(秦以前部分，初名《通志》)，并进呈英宗。四月十八日，英宗下诏，令接续所进奏八卷编写，并确立了这部通史的主要内容是反映“历代君臣事迹”。

英宗对司马光修史给予了充分肯定和大力支持。英宗下诏：允许司马光自选两名助手，书局就设在崇文院，准许其借阅龙图阁、天章阁、三馆(昭文馆、集贤馆、史馆)、秘阁的所有皇家图书，赐予英宗皇帝亲自使用的书、笔、墨、纸帛，费用也由皇帝的御前钱支出，并让宦官来办理一切事务。这种待遇是空前的，司马光也认为“眷遇之荣，近臣莫及”。[①]

神宗即位后，又赐颍邸(神宗以太子进封颍王，颍邸即神宗即位前的居处)旧书 2402 卷。治平四年(1067)十月，司马光受命为神宗开经筵，“神宗皇帝以鉴于往事，有资于治道，赐名曰《资治通鉴》，且为序其造端立意之由”。[②] 并把写好的“序”面交司马光。

英宗、神宗两帝对司马光修《资治通鉴》的支持，使司马光的“夙昔所愿，一朝获伸”，[③]他“踊跃奉承……唯恐不称”，[④]开始集中精力去完成这一非常使命。

助手负责搜集资料，写出“长编”，他自己则亲笔加工，决定去

① 司马光：《传家集》卷十七《进〈资治通鉴〉表》，影印《文渊阁四库全书》本。

② 胡三省：《新注〈资治通鉴〉序》，《资治通鉴》卷首，中华书局 1956 年版。

③ 司马光：《传家集》卷十七《进〈资治通鉴〉表》，影印《文渊阁四库全书》本。

④ 司马光：《传家集》卷十七《进〈资治通鉴〉表》，影印《文渊阁四库全书》本。

取，写成定稿。到治平四年(1067)四月中旬，又完成了“前汉纪”30卷。而神宗皇帝擢升他为翰林学士时，正是他写作的紧张阶段。他在上奏《乞免翰林学士劄子》[①]时，希望神宗皇帝体谅其实际情况，让他“只以侍读学士，专修《资治通鉴》”。《续资治通鉴长编纪事本末》卷二十五记载，神宗皇帝下诏暂时不让司马光承担翰林院的文字撰写工作，并且五天上班一天就可以了。司马光本想把翰林学士辞掉，神宗未答应。此后，直到熙宁三年(1070)出知永兴军前，司马光和他的助手们又完成了“后汉纪”30卷，“魏纪”10卷。据李攸《宋朝事实》记载，自治平三年(1066)置局，每修一代史毕，便上奏皇帝。

司马光坚辞枢密副使，则表达了注重名节、道不同不相为伍的鲜明态度。

熙宁二年(1069)二月二十八日制置三司条例司成立，标志“熙丰新法”的正式开始。王安石在神宗的支持下开始变法，大权总揽，一切号令都以圣旨形式发出。对支持变法者，不辨人品，破格擢用；对反对变法者，一概排斥，弄得中央和地方一片哗然。老臣唐介号称“真御史”，向王安石进谏不听而被气死，曾公亮告老还家，富弼称疾不朝，赵抃本来能力不高，一遇变更，只是叫苦连声。当时人们称中书省的几位宰相、副宰相为“生、老、病、死、苦”。生，指王安石；死，指唐介；老，指曾公亮；病，指富弼；苦，指赵抃。

司马光就王安石的用人，曾当面与之交换过意见，王安石说：变法开始时，一些老官僚不思进取，所以就用了一些有才能的人，等变法成功后就撤掉他们，再用一些厚重老成的人守业，所谓“智者行之，仁者守之”。司马光说：君子难以进用，容易撤去；小人正好相反，一旦得势，就难以撤掉了，如果要撤，便成了仇敌。果然，不久，因王安石重用提拔而官居显要的吕惠卿就背叛了王安石，而

① 司马光：《传家集》卷四十一，影印《文渊阁四库全书》本。

陈升之爬上宰相之位后，也立即与王安石分庭抗礼，对制置三司条例司的事根本不予支持。

王安石派遣41名使者到全国去推行“青苗法”，这些使者为了邀功，让地方上强行推广，弄得天下不安。苏轼上七千言之奏反对，宰相陈升之、曾公亮当面和王安石争吵。时任河北安抚使的老臣韩琦，于熙宁三年(1070)二月上书，极陈“青苗法”之害，尖锐地指出“青苗法”破坏了汉代以来的常平仓法。按新法规定，乡户家家都有规定的借钱数目，富户和城镇有产业的人户，还要多借，借1000，还1300，这就等于国家取代富户向农民放高利贷。诏令虽然规定不强迫，但是在执行中，不搞强迫命令，上户就不借，下户借贷只顾眼前，不虑将来还债之难，到还债时纠纷肯定要多。

神宗看过韩琦的上奏，肯定了韩琦的忠诚，并说：朕始以为青苗法可以利民，没想到会害民如此！

王安石见神宗变法态度有所动摇，便以辞职相要挟。神宗不允，并让司马光拟写了《批答》。司马光在《赐参知政事王安石乞退不允批答》中写道：“今士夫沸腾，黎民骚动，乃欲委还事任，退处便安。卿之私谋，固为无憾，朕以素望，将以诿谁?”①王安石见《批答》，更添怨愤，上章抗辩。神宗不得已作手诏自责：“诏中二语，失于详阅，今览之甚愧!”②把责任扔给了司马光。王安石又趁机抨击司马光“为异论者立赤帜”。

神宗欲调合王马矛盾，让司马光出任枢密副使，专管军事。司马光此时已决心不与王安石为伍了，自熙宁三年(1070)二月十二日到二十七日，半个月间，连上数道奏札，坚辞枢密副使。

司马光陈述的理由很多，比如：患眼疾，膝生疮；枢密要地，力不胜任，不懂军事；编修《通鉴》……理由列了一大堆，但明眼人一

---

① 司马光：《传家集》卷十六，影印《文渊阁四库全书》本。

② 《资治通鉴后编》卷七十八，影印《文渊阁四库全书》本。

看便知，这都是托词。真正的原因只有一条，即不与王安石为伍。

据明代马峦《司马温公年谱》记载，当司马光的第六道辞呈递上后，神宗仍未放弃让司马光出任枢密副使。

司马光从理论和行动上都采取了不与变法者合作的态度。神宗只得忍痛割爱，放弃对司马光的任命。

韩琦在河北闻讯后，特地派人送信给文彦博，让文彦博说服司马光就任。司马光说：自古以来因追求官爵坏了多少人的“名节”啊！

司马光高风亮节，不为高官所诱，获得了广泛的社会认可与敬重。神宗就曾说过，像司马光这样坚辞枢密副使，自我即位以来，仅见此一人。元丰年间，北宋改革官制时，神宗又说：御史大夫，非用司马光不可。临终遗嘱子孙时，只说了一句话：我打算让司马光、吕公著教导你们。

神宗皇帝去世前，变法实际上已失败，在他的心中，已默认司马光是“真宰相”。

司马光在辞枢密副使的同时，仍然寄望王安石能幡然改弦。他在长达3000余字的《与王介甫书》中，直言不讳地说，王安石“用心太过，自信太厚”，用轻佻狂躁之人，骚扰百姓，“侵官乱政”，以为我之所见，天下莫能及。人之议论，与我合则喜之，与我不合则恶之，或所见小异，微言新令之不便者，介甫则艴然加怒，或诟骂以辱之，或言于上而逐之，不待其辞之毕也。并批评“青苗”、“均输”之法完全是为了“财利”，“介甫为政，尽变更祖宗旧法，先者后之，上者下之，右者左之，成者毁之。矻矻焉穷日力继之以夜而不得息，使上自朝廷，下及田野，内起京师，外周四海，士吏兵农工商僧道，无一人得袭故而守常者，纷纷扰扰，莫安其居”；“介甫之意，必欲力战天下之人，与之一决胜负，不复顾义理之是非，生民之忧乐，国家之安危”。但他也表明与王安石的观点是“趣向虽殊，大归则同。介甫方欲得位以行其道，泽天下之民；光方欲辞位以行其志，救天下之民，此所谓和而不同者也”。最后，司马光以诤友之谊敬告王安石要注意辨识好坏人。“彼忠信之士，于介甫当路之时，或龃龉可憎，及失势之后，必徐得其力；谄谀之士，于介甫当路之时，诚有顺适之快，一旦失势，必有卖介甫以自售者（暗指吕惠卿）矣。”①

这里，既说王安石“不复顾义理之是非，生民之忧乐，国家之安危”，又说“介甫方欲得位以行其道，泽天下之民”，显然矛盾。其实，前者乃就结果而论，后者则就动机而言。司马光又云，两人“趣向虽殊，大归则同”，联系司马光对谏文化的理解和对诤友的界定，可知司马光对王安石的人品与变法动机是肯定的，其过激言辞乃就事而言，不可单独取以置论。

接着，司马光又有答介甫第二、第三书。他给王安石信中所表达的意思，都曾公开向皇上和大臣讲过，所以都是肺腑之言，毫不隐讳。

司马光辞掉枢密副使之后，决意离开京城，熙宁三年（1070）八月，他到垂拱殿谒见皇帝时，正式提出了到许州（治今河南许昌）或西京洛阳的留司御史台或国子监做一个闲官（闲散官职，有名无实权）的申请。

离京前，司马光又写了著名的《奏弹王安石表》，言辞更加尖锐了：

> 安石首倡邪术，欲生乱阶，违法易常，轻革朝典，学非言伪，王制所诛，非曰良臣，是为民贼。而又牵合衰世，文饰奸言，徒有啬夫之辩谈，拒塞争臣之正论。加以朋党鳞集，亲旧星攒，式备近送，或居重任，窥伺神器，专制威福，人心动摇，天

① 司马光：《传家集》卷六十，影印《文渊阁四库全书》本。

下惊骇。①

至此，司马光与王安石已“犹冰炭之不可共器，若寒暑之不可同时”。

## 五　知永兴军，总理边境军政

熙宁变法开始后，司马光因与王安石分歧的日益加剧和不可调和，自请外任闲官。司马光先是被安置到西京（洛阳）御史台，继而又被安置到河南府。这时，朝廷人事大变动，司马光尚未就任，熙宁三年（1070）九月，又以端明殿学士兼翰林侍读学士、集贤殿修撰出知永兴军（治今陕西西安市），离开已工作和生活了十四年之久的京师开封，一变而成西北前线大吏了。

临行前，神宗嘱咐司马光随时把边境的虚实和当地民情上报朝廷，仍对司马光寄予厚望。

这是司马光一生所做级别最高的地方官。他迅速调适心境，怀着忠君报国、造福一方的志愿赴任了。

出发前，他连上三道奏札，请求在永兴军不执行王安石新法，实行特殊政策。

第一，不行“青苗法”。

第二，不行“募役法”。

司马光治平四年（1067）所上《论衙前劄子》②是主张实行募役的，此时又予反对，是否有意与王安石对立呢？回答是否定的。募役本无过，问题在于其具体做法。司马光在《乞免永兴军路苗役钱劄子》、《乞不令陕西义勇戍边及刺充正兵劄子》、《乞留诸州屯兵劄

① 司马光：《传家集》卷十七，影印《文渊阁四库全书》本。

② 司马光：《传家集》卷四十一，影印《文渊阁四库全书》本。

子》①中就具体指出了王安石所行募役法的不妥：

一是，原由上等户（五等户中的三等以上户）轮流当差，“有时休息”；如今是年年出钱，“常无休息”。

二是，原下等户（三等以下户）及单丁、女户不负担差役，如今也要出免役钱，加重了贫困户的负担。

三是，受雇之差人多无业流民，品行不端，又无家产之累，其侵盗公物，犯奸作科则不可免，一旦败露，又会铤而走险，酿成大患。

四是，因雇役价格偏低，无人应募，如果保证雇役，势必加钱，这将进一步加重出免役钱人家的负担。

总之，司马光认为王安石所行募役法是一项徒自加重人民负担，却不利国家的做法。

本来，在熙宁二年(1069)，募役法刚出台时，条例司只想先在一两个州内试点，取得经验后，再向全国推广，应该说是慎重的。但是，转年，主管司农寺事务的吕惠卿、林旦、曾布为了邀功，在经验不成熟的情况下，草草推向全国。司马光无力阻止其在全国推广，但却用自己为一方大吏的权力，在永兴军坚决不予执行。

第三，不在陕西实行义勇戍边和刺充正兵政策。

司马光一向反对刺义勇戍边。但以前只能是发表政见，无权决定。熙宁三年(1070)八月，西夏以20万大军进攻怀庆路，攻克城塞，杀掠军民，朝廷又想训练陕西义勇以充正兵。司马光坚决予以抵制。

第四，不赞同诸州禁军全部戍边。

司马光以永兴军兵马都总管安抚使的身份，提请朝廷不要把屯驻在各州的禁兵完全调往边防前线。由于要对付西夏，永兴军路所辖州、军普遍驻有大量禁军。宋制，禁军分上下两番，轮流驻防地方和戍守边境。但自西夏进攻后，永兴军所属禁军全部调往

① 司马光:《传家集》卷四十四，影印《文渊阁四库全书》本。

前线，后防空虚了。司马光认为这样头疼医头、脚疼医脚是缺乏全局观的。如只考虑外患，忽略内地防守镇压的职能，一旦发生内乱，地方官将无以应付。永兴军是关中的根本，应该添置两指挥。司马光建议从沿边军队中，拨出一定数量留驻各州。司马光这一主张是富有政治家眼光的。

司马光到永兴军就任的日子，文献无明确记载，大致是在熙宁三年(1070)十二月。是年夏，关中大旱，黄河两岸、渭水以北最为严重，几近绝收；南部山区稍好，但入秋以来又天阴雨湿，收成锐减，一斗谷只能碾出三四升质量很差的米。灾民携妻挈子，成群结队前往河南逃荒。赴任途中所见，深深刺痛了司马光的心，他决心为民请命，"直输赤诚，唯陛下裁察"。

下车伊始，他便亲到地方调查民情，了解到沉重的征调与灾荒一样严重：各地方正把乡兵分成四番轮流开赴前线，在诸军中选拔精锐，在农民中招募少年，组成"奇兵"。百姓被迫承担战争供应，家家都要制造干粮，缝制干粮囊袋，准备车辆上前线。以前向西夏交纳的"岁贡"，统统散发给沿边州、军，内地府库的甲兵，也络绎不绝于路。永兴军需摊派人马甲八千副，纳钱九万贯，银二万三千两，等等。而且都迫以军期，督促甚急。百姓几无活路。司马光心寒股栗，不胜惶恐，急急拟写《谏西征疏》，指出"夫兵者凶器，圣人不得已而用之。自古以来，国家富强，将良卒精，因人主好战不已，以致危乱者多矣！况今公私困竭，将愚卒懦，乃欲驱之塞外，以捕狡悍之虏，其无功必矣！岂惟无功，兼后患甚多，不可尽言也"。恳请神宗皇帝"深监安危之机，消之于未萌，救之于未形，速下明诏，抚谕关中之民，以为朝廷不为出征之计，其义勇更不分番于缘边戍守，亦不选募奇兵，凡诸调发馈运之具者，悉令停罢，爱惜内地仓库之储，以备春深周济饥穷之人"。司马光客观地估计宋、夏形势，认为西夏不可能正面向宋朝发动进攻，宋朝应利用时机"举百职，修庶政，安百姓，实仓库，选将帅，立军法，练士卒，精器械"，加强国内建设。只有国力充实了，“然后可以征发四夷”。①

司马光至永兴军不过数月，便发现了新法在推行中存在的诸多严重问题，多次进言暂缓和减免青苗钱，但都被中央否定了。司马光意识到自己的政治主张难以执行，遂决定乞闲弃官，专心修史，于是，两次申请判西京留司御史台。神宗欲留司马光于身旁，准其改知许州，说“如光者常在左右，人主自可无过矣”。但司马光坚决推辞，终于获准赴西京留台。

## 六　居洛著述，元祐更化

熙宁四年至元丰八年（1071—1085），司马光居西京洛阳的十五年间，六任冗官，得以潜心学术研究，其主要著作《资治通鉴》、《通鉴目录》、《通鉴考异》、《稽古录》、《百官公卿年表》、《迂书》、《疑孟》、《法言集注》、《集注太玄经》、《致知在格物论》、《葬论》、《中和论》、《潜虚》、《书仪》等，均完成于该时期，奠定了其在中国学术史上的崇高地位。

这一时期，司马光除了历史研究与学术写作外，还广交学者名士、耆旧元老，参悟物理人情，探究天人之道，寄情山林苑囿，体味和谐人生。同时，亦不忘国事，关注政治。

元丰八年（1085）三月初，神宗病逝，哲宗即位，因哲宗年幼，太皇太后高氏垂帘听政。司马光闻讯，赶赴汴京奔丧。一到汴京，便受到京城官民的热情拥戴，高呼“无归洛，留相天子，活百姓”。②

太皇太后高氏一贯反对新法，又素知司马光中正仁厚，“清德雅望，贤愚同敬”，听政后，立即遣使请司马光出知陈州，并入朝参见。

三月，司马光入朝觐见，随后上《乞开言路劄子》，指出“斯乃治

① 司马光：《传家集》卷四十五，影印《文渊阁四库全书》本。
② 王辟之：《渑水燕谈录》卷二，中华书局 1981 年版，第 20 页。

安之源,太平之基也”,促成太皇太后颁布求谏诏,一时,“四方吏民言新法不便者数千人”。① 纠正新法的工作拉开了序幕。

四月,司马光上《进修心治国之要劄子状》,指出治国之要在于用人。六月,太皇太后请司马光推荐人才,一大批德才兼备的人才进入中央政权,逐渐改变了新党专居要职的格局,并为元祐更化准备了人才基础。

同月,司马光又上《乞罢保甲状》、《乞罢免役钱状》,元祐元年(1086)初,上《乞罢免役钱依旧差役劄子》、《乞罢提举官劄子》、《请革弊劄子》等,拨乱反正,对新法多所废改,并力主和戎,守内虚外,执行华夷两安政策,将国家政策由战时体制转变到和平发展的常规体制上来。

## 七　忠清粹德,誉载青史

《宋史·司马光传》说他“自少至老,语未尝妄,自言:‘吾无过人者,但平生所为,未尝有不可对人言者耳。’”②清代乾隆年间江西巡抚陈宏谋向朝廷进奏《司马文正公传家集》时,也说司马光“以至诚为主,以不欺为本”。

据《宋史·司马光传》载:元祐元年(1086)九月初一,司马光在弥留之际,“不复自觉,谆谆如梦中语,然皆朝廷天下事也”。又据《续资治通鉴长编》等史籍记载,他死后,家人从其床头发现了八页上奏的劄子和《役书》一卷。除此而外,身边再无值钱之物。真正践行了鞠躬尽瘁,死而后已。

据《宋史》本传记载,司马光去世的消息传进宫中时,百官正在明堂举行大礼。高太后与哲宗皇帝立即停止贺辞,哭号着奔向西府,百官亦纷纷赶去吊唁,朝野一片悲哀:

---

① 司马光:《传家集》卷四十六,影印《文渊阁四库全书》本。

② 脱脱等:《宋史》卷三百三十六,中华书局 1977 年版,第 10769 页。

朝廷停止办公两天。

京城百姓自发地停止交易，无数平民涌向西府。

消息传至地方，百姓纷纷设祭悼念。偏居岭南的封州（今广东西部）父老，也不约而同地聚集到城里举行悼念仪式。

京城的画师们赶画司马光的肖像，刻印出卖。市民家置一画，在喝茶吃饭前，对着画像祷告，外地也有相当多的人赶到京城购买画像。有的画工竟因此而在这短短的时日中发了大财。

当司马光的灵车缓缓行往夏县时，数不清的人群夹道送别，如同告别亲人一样，哭泣不止。炷香于头顶送葬者九百余人，四方来会葬者达数万人之多。一个专制制度下首相的去世，获得如此广泛真诚的悼念，在中国历史上是极少见的。

朝廷给司马光的评价和安葬规格都是最高的。赠太师温国公，一品礼服，谥“文正”。司马光生前论谥号曰“谥之美者，极于文正”。①朝廷赐司马光治丧费银 3000 两、绢 4000 匹，并赐龙脑水银以敛，另予其亲族 10 人加官。元祐三年（1088），哲宗皇帝又亲撰“忠清粹德”碑额，并命翰林学士苏轼撰书神道碑文，立碑于司马光墓地东南，碑高 4 丈 5 尺，周围绕以回廊，用工 16000 余、用时 7 个月告竣。

司马光以其人品学识、忠贞爱民得到了广泛的尊重。

《宋史·司马光传》载，光“居洛阳十五年，天下以为真宰相，田夫野老皆号为司马相公，妇人孺子亦知其为君实也”。“帝崩，赴阙临，卫士望见，皆以手加额曰：‘此司马相公也。’所至，民遮道聚观，马至不得行，曰：‘公无归洛，留相天子，活百姓。’”②宋徽宗朝，奸臣蔡京擅政，打击元祐党人，“撰《奸党碑》，令郡国皆刻石。长安石工安民当镌字，辞曰：‘民愚人，固不知立碑之意。但如司马相公

① 王称：《东都事略》卷八十七上《司马光传》，影印《文渊阁四库全书》本。

② 脱脱等：《宋史》卷三百三十六，中华书局 1977 年版，第 10767 页。

者，海内称其正直，今谓之奸邪，民不忍刻也。'府官怒，欲加罪，泣曰：'被役不敢辞，乞免镌安民二字于石末，恐得罪于后世。'闻者愧之"。[①] 又载，司马光之子司马康病危，乡民闻之，往告医曰："百姓受司马公恩深，今其子病，愿速往也。"以致"来者日夜不绝"。及其卒，"公卿嗟痛于朝，士大夫相吊于家，市井之人，无不哀之"。[②]《司马光传》论综评曰："熙宁新法病民，海内骚动，忠言谠论，沮抑不行；正人端士，摈弃不用。聚敛之臣日进，民被其虐者将二十年。方是时，光退居于洛，若将终身焉。而世之贤人君子，以及庸夫愚妇，日夕引领望其为相，至或号呼道路，愿其毋去朝廷，是岂以区区材智所能得此于人人哉？德之盛而诚之著也。"[③]

金军围攻汴京时，司马光后人司马朴为金兵掳获，问以家世，朴据实而言，金将敬而释之，并传令不得惊扰司马太师家。

熙宁十年(1077)，苏轼在一首题为"独乐园"的古诗中，称颂司马光"冠盖倾洛社"，"四海望陶冶"，"儿童颂君实"，"走卒知司马"，真切地再现了司马光生前是何等深得人心！诗中也不无诤词，其中的"抚掌笑先生，年来效喑哑"句，就是对司马光"闭口不谈政事"的婉转批评。当然，司马光不谈政事，乃是一种无声的抗争，企望无声胜有声，将朝堂谏诤转为著述明鉴，并非真的"喑哑"。苏轼当然能理解这一点，所以苏轼的"抚掌"和"笑"还有另一层意思，就是讥时刺世，对司马光这样德高望重的老臣弃而不用，是一种可笑的事！苏轼认为，司马光的德行是崇高的。他那句"吾无过人者，但平生所为，未尝有不可对人言者"，苏轼认为是"至言"，"可终身守之"。[④]

无论是政治上志同道合的朋友，还是政敌，都钦佩和服膺司马

① 脱脱等：《宋史》卷三百三十六，中华书局 1977 年版，第 10769 页。
② 脱脱等：《宋史》卷三百三十六，中华书局 1977 年版，第 10771 页。
③ 脱脱等：《宋史》卷三百三十六，中华书局 1977 年版，第 10771 页。
④ 苏轼：《东坡志林》卷三，中华书局 1981 年版，第 59 页。

光的学识与人品。

吕诲是司马光政治上志同道合的挚友，临终前给司马光写信，以墓志相托，并说："天下事尚可为，君实勉之！"①对司马光寄望极深。

司马光怀着激情为吕诲撰写墓志铭，尚没写完，河南监牧使刘航（仲通）请求由他书写于石。但当他看完铭文，觉得其中直斥王安石的言辞太激烈，便迟疑起来。刘航的儿子刘安世（器之）是司马光的崇拜者，且血气方刚，主动承担书写于石的使命。刘航悄悄嘱咐儿子，千万不要将摹本外传，免生不测。但其事还是泄露了。一个叫蔡天申的人，以高价贿赂石工，得到摹本，送给王安石，企图邀功。但王安石不仅未加罪三家，还将摹本挂至室内墙壁上欣赏，并谓属下曰："君实之文，两汉之文也。"②

司马光是在罢废"新法"斗争未获全胜时匆匆离世的。从此，北宋社会再未出现一位足以与之媲美的惟诚惟一的政治家和学者。

言为心声，行为言表。司马光心口如一，言行一致，赢得了广泛的敬重。其忠直醇厚、深副民望的道德人品是他强调以礼治国、关注民生的治平社会建设思想的重要根源。

## 第二节　由司马光的著作探寻其思想来源

### 一　司马光著作及分析

#### （一）《四库全书》著录司马光著作

《四库全书》著录司马光著作 19 种。其中《扬子法言》（儒家

① 朱熹：《三朝名臣言行录》卷五，《四部丛刊初编》本。

② 朱熹：《三朝名臣言行录》卷五，《四部丛刊初编》本。

类)、《法言集注》(儒家类)、《类篇》(小学类)、《集韵》(小学类)5 种《钦定四库全书总目》(中华书局 1997 年版)未列。另有《田司徒神道碑阴》一文载宋田锡《咸平集》中。

**经部著作:**

1.《温公易说》六卷

2.《书仪》十卷

3.《古文孝经指解》一卷

4.《集韵》十卷

5.《类篇》四十五卷

6.《切韵指掌图》二卷

**史部著作:**

7.《稽古录》二十卷

8.《资治通鉴》二百九十四卷

9.《资治通鉴考异》三十卷

10.《通鉴释例》一卷

11.《资治通鉴目录》三十卷

**了部著作:**

12.《法言集注》十卷

13.《扬子法言》三卷

14.《家范》十卷

15.《潜虚》一卷

16.《涑水记闻》十六卷

17.《徽言》一卷

**集部著作:**

18.《传家集》八十卷

19.《续诗话》 卷

**(二)《中国丛书综录》著录司马光著作**

《中国丛书综录》著录 31 种,其中《疑孟》、《涑水迂书》、《史剡》、《投壶格》等，《四库全书》之《传家集》中已收录，此为单行本。

**《四库全书》未列者：**

1.《疑孟》

2.《温公琐语》

3.《道德真经论》

4.《集注太玄经》

5.《涑水家仪》

6.《涑水迂书》

7.《古局象棋图》

8.《投壶格》

9.《投壶仪节》

10.《司马温公诗集》

11.《司马温公文集》

12.《司马温公诗话》

13.《司马温公尺牍》

14.《独乐园稿》

15.《洛中耆英会》

16.《史剡》

**与《四库全书》重合者（书名略异而实同者仅列通用名，如列《温公易说》，不列《易说》；列《稽古录》，不列《司马温公稽古录》）：**

17.《温公易说》

18.《孝经指解》

19.《司马温公切韵》

20.《资治通鉴》

21.《资治通鉴考异》

22.《资治通鉴目录》

23.《资治通鉴释例图谱》

24.《稽古录》

25.《涑水记闻》

26.《书仪》

27.《纂图互注杨子法言》(司马光等五人合注)

28.《家范》

29.《潜虚》

30.《传家集》

31.《类篇》

（三）《宋史·艺文志》著录司马光著作

《宋史·艺文志》著录42种(著名学者宋衍申统计为37种,或偶有疏漏)。其中《文中子传》、《集注四家扬子》、《集注太玄经》3种,《司马光集》中已收录,此为单行本。

**经部著作:**

《宋史》卷二百二《艺文一》著录:

1.《易说》一卷

2.《易说》三卷(不同于1之别一版本)

3.《系辞说》二卷

4. 司马光等《无逸讲议》一卷

5. 司马光等《六家中庸大学解义》一卷

6. 司马光、程颐、张载定《三家冠婚丧祭礼》五卷

7. 司马光《中庸大学广义》一卷

8. 司马光《古文孝经指解》一卷

9.《古文孝经指解》一卷(不同于8之别一版本)

10. 司马光《切韵指掌图》一卷

11.《类编》四十四卷

**史部著作:**

《宋史》卷二百三《艺文二》著录:

12. 司马光《资治通鉴》三百五十四卷

13.《资治通鉴举要历》八十卷

14.《通鉴前例》一卷

15.《稽古录》二十卷

16.《历年图》六卷

17.《通鉴节要》六十卷

18.《帝统编年纪事珠玑》十二卷

19.《历代累年》二卷

20. 司马光《日录》三卷

21. 司马光《涑水记闻》三十二卷

22. 司马光《百官公卿表》十五卷

23. 司马光《官制遗稿》一卷

《宋史》卷二百四《艺文三》著录：

24. 司马光《书仪》八卷

25.《涑水祭仪》一卷

26.《居家杂仪》一卷

27. 司马光《家范》四卷

28. 司马光《宗室世表》三卷

**子部著作**（**广涉儒家类、道家类、杂艺术类、医书类等，尤以儒家类最重**）：

《宋史》卷二百五《艺文四》著录：

29. 司马光《潜虚》一卷

30.《文中子传》一卷

31.《集注四家扬子》十三卷

32.《集注太玄经》六卷（其中 30—32 并见《司马光集》）

33.《家范》十卷

34. 司马光《老子道德经注》二卷

《宋史》卷二百六《艺文五》著录：

35. 司马光《游山行记》十二卷

《宋史》卷二百七《艺文六》著录：

36. 司马光《投壶新格》一卷

37. 司马光《医问》七卷

**集部著作：**

《宋史》卷二百八《艺文七》著录：

38.《司马光集》八十卷

39.《全集》一百十六卷

《宋史》卷二百九《艺文八》著录：

40. 司马光、欧阳修、冯京著《绍圣三公诗》三卷

41. 司马光《续诗话》一卷

42. 司马光《诗话》一卷

**（四）司马光著作分析**

由司马光著作可知：

1. 司马光学兼四部，知识广博。

2. 司马光的学术途径约可概括为：起于小学，达于儒经，而盛于史学，学风严谨朴实。

3. 司马光著作不排斥娱情养性、洒脱轻松之作。司马光著有《游山行记》、《古局象棋图》、《投壶新格》、《投壶仪节》、《独乐园稿》、《洛中耆英会》、《司马温公诗集》、《司马温公诗话》、《医问》等。仅以顽固僵化、不懂生活之封建卫道士视之，恐难成立。此亦司马光"以人为本"、以"治平美业"为治世目标的重要文化根基。

4. 司马光小学类文字音韵著作有《集韵》、《类篇》与《切韵指掌图》，功力深厚，为其著述奠定了坚实的文字基础，此概《通鉴》载誉九百余年而不衰的重要原因之一。

5. 司马光对传统文化合理成分的汲取是较为全面的，尊儒而不弃释道，著有《老子道德经注》，洛阳著述期间，则时游于石窟寺院，并与高僧论道，建立起良好的个人友谊。

## 二 司马光著述要籍解题

以下主要依据中华书局 1997 年版《钦定四库全书总目》(整理本),并参据其它相关研究成果整理而得。

(一)易类:

1.《温公易说》六卷。司马光《传家集》中有《答韩秉国书》,谓"王辅嗣以老、庄解《易》,非《易》之本旨,不足为据"。盖其意在深辟虚无玄渺之说。故于古今事物之情状,无不贯彻疏通、推阐深至。如解《同人》之《象》曰:"君子乐与人同,小人乐与人异;君子同其远,小人同其近。"《坎》之《大象》曰:"水之流也,习而不止,以成大川;人之学也,习而不止,以成大贤。"《咸》之九四曰:"心苟倾焉,则物以其类应之,故喜则不见其所可怒,怒则不见其所可喜,爱则不见其所可恶,恶则不见其所可爱。"大都不袭先儒旧说,而有得之言[①],要如布帛菽粟之切于日用。

(二)礼类:

2.《书仪》十卷。"书仪"者,古私家仪注之通名。凡《表奏》、《公文》、《私书》、《家书式》一卷,《冠仪》一卷,《婚仪》二卷,《丧礼》六卷。《朱子语录》载"胡叔器问四先生礼,朱子谓二程与横渠多古礼,司马光则大抵本《仪礼》,而参以今之所可行者。要之司马光较稳,其中与古不甚远,是七分好"。又《与蔡元定书》曰"《祭仪》只是于司马光《书仪》内少增损之"云云。则朱子固甚重此书。后朱子所修《祭仪》为人窃去,其稿不传。则此书为礼家之典型矣。[②]

① "有得之言",原作"有德之言",据文渊阁《四库全书》本改。参据《钦定四库全书总目》(整理本)卷二,中华书局 1997 年版,第 10 页。

② 参据《钦定四库全书总目》(整理本)卷二十二,中华书局 1997 年版,第 283 页。

**（三）孝经类：**

3.《古文孝经指解》一卷，不著编辑者名氏。以司马光、范祖禹之说合为一书。光所解及祖禹所说，读者观其宏旨，以求天经地义之原足矣。其今文、古文之争，直谓贤者之过可也。四库馆臣按曰："注《孝经》者，驳今文而尊古文，自此书始；五六百年门户相持，则自朱子用此书作《刊误》始，皆逐其末而遗其本也。"则司马氏影响后世之巨，不唯其史学也。①

**（四）小学类：**

4.《集韵》十卷，旧本题宋丁度等奉敕撰。前有韵例，称景祐四年太常博士直史馆宋祁、太常丞直史馆郑戬等建言陈彭年、邱雍等所定。《广韵》多用旧文，繁略失当。因诏祁、戬与国子监直讲贾昌朝、王洙同加修定，刑部郎中知制诰丁度、礼部员外郎知制诰李淑为之典领。晁公武《读书志》亦同。然考司马光《切韵指掌图序》称"仁宗皇帝诏翰林学士丁公度、李公淑增崇韵学。自许叔重而降，凡数十家，总为《集韵》。而以贾公昌朝、王公洙为之属。治平四年，余得旨继纂其职。书成，上之，有诏颁焉。常因讨究之暇，科别清浊为二十图"云云。则此书奏于英宗时，非仁宗时，成于司马光之手，非尽出丁度等也。其书凡平声四卷，上声、去声、入声各二卷。共五万三千五百二十五字，视《广韵》增二万七千三百三十二字。②

5.《类篇》四十五卷，旧本题宋司马光撰。景定癸亥董南一作《切韵指掌图序》亦称："光尝被命修纂《类篇》，古文奇字，搜猎殆尽。"然书后有《附记》曰："宝元三年十一月，翰林院学士丁度等奏：

---

①　参据《钦定四库全书总目》（整理本）卷三十二，中华书局 1997 年版，第 415—416 页。

②　四库馆臣案《广韵》凡二万六千一百九十四字，应增二万七千三百三十一字，于数乃合。原本误以二万为一万，今改正。参据《钦定四库全书总目》（整理本）卷四十二，中华书局 1997 年版，第 557 页。

今修《集韵》，添字既多，与顾野王《玉篇》不相参协，欲乞委修韵官，将新韵添入，别为《类篇》，与《集韵》相副施行。时修韵官独有史馆检讨王洙在职，诏洙修纂。久之，洙卒。嘉祐二年九月，以翰林学士胡宿代之。三年四月，宿奏乞光禄卿直秘阁掌禹锡、大理寺丞张次立同加校正。六年九月，宿迁枢密副使，又以翰林学士范镇代之。治平三年二月，范镇出知陈州，又以龙图阁直学士司马光代之。时已成书，缮写未毕。至四年十二月，上之。”然则光于是书特监缮写奏进而已，传为光修，非其实也。① 书凡十五卷，每卷各分上、中、下，故称四十五卷。末一卷为目录，用《说文解字》例也。凡分部五百四十三。其编纂之例有九：一曰同音而异形者皆两见，二曰同意而异声者皆一见，三曰古义之不可知者皆从其故，四曰变古而有异义者皆从今，五曰变古而失真者皆从古，六曰字之后出而无据者皆不特见，七曰字之失故而遂然者皆明其由，八曰《集韵》之所遗者皆载，九曰字之无部分者皆以类相聚。考《集韵》所收并重文为五万三千五百二十五字。此书凡文三万一千三百一十九，重音二万一千八百四十六，仅五万三千一百六十五字。较《集韵》所收尚少三百六十字。而例云“《集韵》所遗皆载者”，盖《集韵》重文颇为杂滥，此书凡字之后出而无据者皆不特见，故所删之数多于所增之数也。其所编录，虽不及《说文》、《玉篇》之谨严，然字者，孳也，辗转相生，有非九千旧数所能尽者。《玉篇》已增于《说文》，此书又增于《玉篇》。时会所趋，久则为律，有不知其然而然者，固难以一

---

① 李裕民指出，司马光总纂此书近两年，除缮写总成外，还做了细致的加工，如广收隶变后异字、俗字，武则天自造字，补《集韵》之缺，或探究隶变原因等，凡此皆以“臣光曰”、“臣光按”等形式出现。馆臣未研读全书而妄加推测，实冤司马光之苦心。详《钦定四库全书总目》(整理本)卷四十一，中华书局 1997 年版，第 543 页。

格拘矣。①

6.《切韵指掌图》二卷。后附《切韵检例》一卷，则明邵光祖所补正也（文渊阁《四库全书》合作三卷）。旧有《检例》一卷，光祖以为全背图旨，断非光作；因自撰为检图之例，附于其后。考光自序，实因《集韵》而成是图。②

**（五）编年类：**

7.《稽古录》二十卷。司马光既撰《资治通鉴》及《目录》、《考异》，又有《举要历》、有《历年图》、有《百官表》。《历年图》仍依《通鉴》，起于三晋，终于显德。《百官表》止著宋代。是书则上溯伏羲，下讫有宋，靡不备载，而为书不过二十卷。盖以各书卷帙繁重，又《历年图》刻于他人，或有所增损，乱其卷帙，故芟除繁乱，约为此编，而诸论则仍《历年图》之旧。陈振孙《书录解题》曰："越本录聚诸论于一卷，潭本则分系于各代之后。此刻次第，盖依潭本，较越本易于循览。"朱子甚重其书，尝曰："可备讲筵，续六经读之，虽推之未免少过，然观其诸论，于历代兴衰治乱之故，反复开陈，靡不洞中得失，其言诚不悖于六经。"《通鉴》文繁猝不易究，是编言简而义该，洵读史者之圭臬也。南渡以后龚颐正尝续其书，今《永乐大典》所载尚有全本。然颐正人品逊光远甚，持论未允，是非颇乖于公议。陈振孙不取其书，诚非无见，盖视光所作不可同日语矣。

司马光在《进〈稽古录〉表》中自述其著述旨要曰："窃以九州四

① 《类篇》引《说文》有舛误者，皆有辨正。详《钦定四库全书总目》（整理本）卷四十一，中华书局 1997 年版，第 543 页。

② 《钦定四库全书总目》（整理本）卷四十二，中华书局 1997 年版，第 558 页。注曰："陈澧《切韵考外篇》载：'《切韵指掌图》相传为司马温公作，《四库提要》已疑之。近邹特夫征君考定为杨中修所作，有孙觌序，见觌《内简尺牍》，确凿可据。'"

海，一日万几，将察知民物之性情，盖布在文武之方策。虽历年多，而举其大要，则用力少而见夫全功。恭以皇帝陛下富有春秋，敉宁方夏，念终始典于学，于缉熙单厥心。延登老成，亲近观讲。发《论语》章句，探经艺之同归；诵宝训丁宁，宪祖宗之不易。有本如是，实惟滥觞。惟稽古尧、舜之旧章，惟信史、《春秋》之成法。高山可仰，覆辙在前。其兴亡在知人，其成败在立政。或当艰难之运，而不能师用贤智；或有恻隐之意，而无以照知忠邪。载籍之编，患乎太漫；鉴观之主，力不暇遑。敢用芟夷，略存体要。由三晋开国迄于显德之末造，臣既具之于《历年图》；自六合为宋，接乎熙宁之始元，臣又著之于《百官表》；乃若威烈丁丑而上，伏羲书契以来，对越神人，可用龟镜，悉从论纂，皆有凭依，总而成书，名为《稽古录》二十卷。因仍书局，缮写奏篇，兹冒昧以上陈，助聪明之远览。臣光中谢，恭惟太皇太后陛下，定九鼎以守天下之重器，乘六龙以御古今之正权。思齐之功，启佑圣学；过物之济，燕及宗祧。至于法弊于凉而改为，官非其人而变置；御戎之策，上下措国之势安危；据旧以鉴新，去彼而取此，陶成万化，简在两宫。七庙乘无疆之休，微臣与不朽之业。干冒宸扆，无任司马光进表。”①

8.《资治通鉴》二百九十四卷。司马光以治平二年受诏撰《通鉴》，以元丰七年十二月戊辰书成，与《目录》、《考异》同奏上，凡越十九年而后毕。光《进表》称精力尽于此书。其著述大旨，具见光进书《原表》及马端临《经籍考》中。其所采之书，于正史之外，亦颇用杂史。而其数，各家统计出入甚大，有 222、301、322、339、356、359 种诸说。以张须《通鉴学》356 种为准，则正史 25、编年 32、谱录 11、别史 56、杂史 73、霸史 41、传记 42、奏议 35、地理 13、小说 16、诸子 12。其编撰分工，战国及秦为司马光、两汉则刘攽、唐则

① 司马光：《进〈稽古录〉表》，吉书时点校《稽古录》卷首，北京师范大学出版社 1988 年版。

范祖禹，此则各家之说大体相同；三国、南北朝则或作司马光，或作刘攽，今人李裕民以为南北朝当作刘恕，而五代则应为刘恕撰稿，范祖禹修订补充。① 助其事者皆通儒硕学，非空谈性命之流，故其书网罗宏富，体大思精，为前古之所未有。而名物训诂，浩博奥衍，亦非浅学所能通。

9.《资治通鉴考异》三十卷。司马光编集《通鉴》，时有一事用三四出处纂成者。盖前代纪事之书，传闻、异词、稗官固喜造虚言，本史亦不皆实录。为使读者晓然于记载之得失是非，而不复有所歧惑，乃参考群书，评其同异，卒归一涂，以正其谬误而归之于一，别为此书。此书按《通监》的编年次序排列，共有条目 2977 个。司马光所采书自正史外相传凡二百二十二家，如司马康所述，有司马彪、荀悦、袁宏、崔鸿、萧方等、李延寿及《太清记》、《唐历》之类。洪迈《容斋随笔》所记，有《河洛记》、《魏郑公谏录》、《李司空论事》、《张中丞传》、《凉公平蔡录》、《邺侯家传》、《两朝献替记》、《后史补》、《金銮密记》、《彭门纪乱》、《平剡录》、《广陵妖乱志》之类。其它百家谱录、正集、别集、墓志、碑碣、行状、别传，无不旁搜博引，抉摘幽隐，择可信者而从之。有旧史所不详者，亦必参互考证而明其所以阙疑之故。既著其文于《通鉴》，又本弃取之意，辨论而折衷之，使读者晓然于纪载之得失是非，而不复有所歧惑，千古史法之精密实未有过于是者。其后李焘《续长编》、李心传《系年要录》尚知其义，故所纪特为审核，至陈桱、薛应旗(同旂)辈，欲追续光书而不能网罗极备，仅据本史编排，寻条失枝，贻讥弇陋，则亦考异之法不明有以致之矣。其中或有过信小说为后人所议及，如唐关播平章事拜罢，专引《旧唐书》而不及《新唐书》纪传年表以证其误，亦不免小小渗漏。然卷帙太繁，所谓抵牾，不敢保者，司马光固已自言

① 参据《钦定四库全书总目》(整理本)卷四十七，中华书局 1997 年版，第 649—650 页及页下注。

之,要不足为其累也。《考异》原与《通鉴》并行,胡三省作《音注》,始以散入各文之下,故今《通鉴》本俱附入书内,而亦颇有漏略。《四库全书》收录者,乃明初所刊单本,犹司马光原书卷第。

全书内容丰富,保存了大量的文献资料,运用了丰富的考证方法,开创了自注自考的新体例。在中国历史文献学史上有着不容忽视的地位。

10.《通鉴释例》一卷。皆其修《通鉴》时所定凡例,后附与范祖禹《论修书帖》二通。有司马光曾孙尚书吏部员外郎伋跋语称"遗稿散乱,所藏仅存,脱略已甚,伋辄掇取分类为三十六例",末题丙戌仲秋,乃孝宗乾道二年。胡三省《通鉴释文辨误序》谓:"光没后,《通鉴》之学其家无传,后因金使问司马光子孙,朝廷始访其后之在江南者,得从曾孙伋,使奉公祀。凡言书出于司马公者,必锓梓行之。"其编此书时,尝有浙东提举常平茶盐司板本。惟司马伋跋称三十六例,而今本止分十二类,盖并各类中细目计之也。伋又称"文全字阙者伋亦从而阙之"。而今本并无所阙,则已非原刻之旧。胡三省又云:"温公与范梦得修书二帖,得于三衢学宫,与刘道原十一帖,则得于高文虎氏,伋取以编于前例之后。"今本止有与梦得二帖,而道原十一帖无之。殆后人以《通鉴问疑》别有专本,而削去不载欤?其书杂出于南渡后,恐不无以意损益,未必尽光本旨。而相传已久,今故与《问疑》并著于录,以备参考焉。

用天子例:周秦汉晋隋唐皆尝混一九州,传祚于后,子孙虽微弱,播迁四方,皆其故臣,故全用天子之礼以临之。帝后称崩,王公称薨。

书列国例:三国南北五代与诸国本非君臣,从列国之例。帝后称殂,王公称卒。秦隋未并天下(时),亦依列国之例。

书帝王未即位及受禅例:帝王未即位皆名,自赞拜不名,以后不书名。

书称号例:天子近出称还宫,远出称还京师,列国曰还某都。

凡新君即位必曰某宗，后皆曰上。太上皇止称上皇。上太上皇、太后号曰尊。皇后、太子曰立，改封曰徙，公侯有国邑曰封，无曰赐爵。列国非臣下之言不称乘舆车驾，行在京师，天下及崩，臣下所称，仍其旧文。

书官名例：节度使赴镇曰为使，相曰充，遥授曰领，凡官名可省者不必备书。公相以善去曰罢，以罪去曰免。

书事同日例：两国事同日不可中断者，以日先序一国事已，更以其日起之。如齐建武元年十月辛亥魏主发平城云云、辛亥太后废帝为海陵王云云。

书两国相涉例：凡两国事相涉则称某主，两君相涉则称谥号，不相涉而事首已见则称上、称帝。

书斩获例：凡战伪走而设伏杀之曰斩，斩首千级以下不书，获辎重兵械杂畜非极多不书。

书后姓例：宋永初三年，长孙嵩实姓拓跋，时魏之群臣出于代北者皆复姓，孝文迁洛改为单姓，史患其繁，悉从后姓。

书字例：凡以字行者，始则曰名某、字某、以字行，字及小字可知者不复重述，难知者乃述之。

书反乱例：凡诛得僭曰有罪，逆上曰反，争强曰乱。

司马伋跋语称："曾大父温国文正公作书之例，或因或仿，皆有所据。……其间或书年而不书事，或书事而不著年，或书年书事而不实其数，伋皆不敢增也；或文全而字阙灭者，伋亦从而阙之；或事欲详见而旁附其文者，伋则因其文而述之，万一有助于观览云。"

司马光《与范内翰论修书帖》云："梦得今来所作丛目，方是将实录事目标出。其实录中事，应移在前后者，必已注于逐事下。讫自《旧唐书》以下，俱未曾附注，如何遽可作长编也。请且将新旧《唐书》纪志传及统纪、补录并诸家传记、小说以至诸人文集稍干时事者，皆须依年月日添附。无日者，附于其月之下，称是月；无月者，附于其年之下，称是岁；无年者，附于其事之首尾；有无事可附者,则约其时之早晚,附于一年之下。但稍与其事相涉者即注之,过多不害。尝见道原云,只此已是千余卷书目,看一两卷[1],亦须二三年功夫也。俟如此,附注俱毕,然后请从高祖初起兵修长编,至哀帝禅位而止。其起兵以前、禅位以后事,于今来所看书中见者,亦请令书吏别用草纸录出,每一事中间空一行许素纸,以备剪开粘缀故也。隋以前者与贡父,以后者与道原,令各修入长编中。盖缘二君更不看此书,若足下止修武德以后、天祐以前,则此等尽成遗弃也。二君所看书中有唐事,亦当纳足下处,修入长编耳。其修长编时,请据事目下所纪新旧纪志传及杂史、小说、文集,尽检出一阅,其中事同文异者,则请择一明白详备者录之;彼此互有详略,则请左右采获,错综铨次,自用文辞修正之,一如左传叙事之体也,此并作大字写;若彼此年月、事迹有相违戾不同者,则请选择一证据分明,情理近于得实者修入正文,余者注于其下,仍为叙述所以取此舍彼之意;凡年号皆以后来者为定,假如武德元年,则从正月便为唐高祖武德元年,更不称隋义宁三年。玄宗先天元年正月,便不称景云三年。梁开平元年正月,便不称唐天祐四年也;诗赋等若止为文章,诏诰等若止为除官及妖异止于怪诞,诙谐止于取笑之类,便请直删不妨,或诗赋有所讥讽,诏诰有所戒谕,妖异有所儆戒,诙谐有所补益,并告存之,大抵长编宁失于繁,毋失于略。千万切祷切祷!今寄道原所修广本两卷去,恐要见式样故也。"

又云:"凡人有初入长编者,并告于其下注云某处人;或父祖已见于前者,则注云某人之子或某人之孙。今更寄贡父所作长编一册者,恐要作式样,并道原广本两卷,并告存之,向去不使,却寄示也。"

由上知,《通鉴》之编纂,有着严整、规范的体例。

11.《资治通鉴目录》三十卷。此书亦与《通鉴》同奏上,即《进

---

① 疑"看"字前脱一"日"字。

书表》所谓略举事目以备检阅者也。其法年经国纬，著其岁阳、岁名于上，而各标《通鉴》卷数于下。又以刘义叟《长历》气朔闰月及史所载七政之变著于上方，复撮书中精要之语散于间。次第厘然，具有条理。盖《通鉴》一书，包括宏富，而篇帙浩繁，司马光恐读者倦于披寻，故于编纂之时，提纲挈要，并成斯编，使相辅而行，端绪易于循览。其体全仿年表，用《史记》、《汉书》旧例。其标明卷数，使知某事在某年，某年在某卷。兼用目录之体，则司马光之创例。《通鉴》为纪、志、传之总会，此书又《通鉴》之总会矣。至五星凌犯之类，见于各史《天文志》者，《通鉴》例不备书，皆列上方，亦足补本书所未及。《书录解题》称："光患本书浩大难领略，而《目录》无首尾，晚著《通鉴举要历》八十卷，其稿在晁说之以道家，绍兴初谢克家任伯得而上之。"今其本不传。《读书志》又别载《通鉴节文》六十卷，亦称司马光所自钞。今亦不传。惟此书以附《通鉴》得存，尚足为全书之纲领云。

**（六）儒家类：**

12.《法言集注》十卷，汉扬雄撰，司马光集注。考《汉书·艺文志》儒家，扬雄所序三十八篇，注曰：《法言》十三。雄本传具列其目，曰：《学行》第一，《吾子》第二，《修身》第三，《问道》第四，《问神》第五，《问明》第六，《寡见》第七，《五百》第八，《先知》第九，《重离》第十，《渊骞》第十一，《君子》第十二，《孝至》第十三。凡所列汉人著述，未有若是之详者。盖当时甚重雄书也。自程子始谓其蔓衍而无断，优柔而不决。苏轼始谓其以艰深之词，文浅易之说。至朱子作《通鉴纲目》，始书"莽大夫扬雄死"，雄之人品、著作，遂皆为儒者所轻。若北宋之前，则大抵以为孟、荀之亚，故司马光作《潜虚》以拟《太玄》，而又采诸儒之说以注此书。①

① 参据《钦定四库全书总目》（整理本）卷九十一，中华书局 1997 年版，第 1199 页。

13.《家范》十卷。自颜之推作《家训》以教子弟，其议论甚正，而词旨泛滥，不能尽本诸经训。至狄仁杰，著有《家范》一卷，史志虽载其目，而书已不传。司马光因取狄仁杰旧名，别加甄辑，以示后学准绳。首载《周易·家人》卦辞，及节录《大学》、《孝经》、《尧典》、《诗·思齐篇》语，以为全书之序。其后自《治家》至《乳母》凡十九篇，皆杂采史传事可为法则者。亦间有司马光所论说，与朱子《小学》义例差异，而用意略同。其节目备具，切于日用，简而不烦，实足为儒者治行之要。朱子尝论《周礼·师氏》云："至德以为道本，明道先生以之，敏德以为行本，司马温公以之。""观于是编，犹可见一代伟人修己型家之梗概也"。①

**（七）术数类：**

14.《潜虚》一卷。是编乃拟《太玄》而作。晁公武《读书志》曰此书"首有气、体、性、名、行、度、解七图。然其辞有阙者，盖未成也。其手写草稿一通，今在子建侄房"。朱子跋张氏《潜虚图》亦曰："范仲彪炳文家多藏司马文正公遗墨，尝示予《潜虚》别本，则其所阙之文甚多。问之，云：'温公晚著此书，未竟而薨，故所传止此。'近见泉州所刻，乃无一字之阙，始复惊疑，读至数行，乃释然曰：此赝本也。"其说与公武合。此本首尾完具，当即朱子所谓泉州本，非司马光之旧。陈淳讥其所谓虚者，不免于老氏之归。要其吉臧平否凶之占，以气之过不及为断，亦不失乎圣贤之旨也。②

《潜虚发微论》曰："以温公平生著述论之，其考前古兴衰得失之迹，作为《通鉴》，自《潜虚》视之，则笔学也；留心《太玄》三十年，

---

① 参据《钦定四库全书总目》（整理本）卷九十一，中华书局 1997 年版，第 1203 页。

② 参据《钦定四库全书总目》（整理本）卷一百八，中华书局 1997 年版，第 1421—1422 页。

既集诸说而为注，又作《潜虚》之书，自《通鉴》视之，则心学也。今世于笔力之所及者，家传人诵，无间四夷。至于心思之所及，则见者不传，传者不习，诚可怪也。岂后世之子云于温公见之后世之温公自有时乎！敦实自幼得《潜虚》稿本于其裔孙伋，首尾多阙，寻访数年，始得全文。初若聱牙漫漶，不可测识，深思熟读，乃知立辞命意，左右前后，横斜曲直，皆有成理。因即其图，各为总论，庶几学者易览，少见温公之用心焉。虽然诗三百篇，而圣人蔽之以一言，若道极于微妙而不见于日用之间，则亦何贵于道哉！是故易之所谓人道者，不过乎仁义；玄之所谓太训者，不过乎忠孝；虚之所谓人之务者，不过乎五十五行。仰而推之，以配三百六十五度，日月不能越一度以周天，人不能越一行以全德。兹又述作之深意也。学者以是求之，思过半矣。若夫大衍五行律历之至数，又何患其难知焉！"

**（八）小说类：**

15.《涑水记闻》十六卷。是编杂录宋代旧事，起于太祖，讫于神宗。每条皆注其述说之人，故曰《记闻》。或如张咏请斩丁谓之类，偶忘名姓者，则注曰"不记所传"，明其它皆有证验也。间有数条不注者，或总注于最后一条以括上文，或后来传写，不免有所佚脱也。其中所记，国家大政为多，而亦间涉琐事。案：《文献通考》温公日记条下引李焘之言，曰"文正公初与刘道原共议取《实录》、《国史》，旁采异闻，作《资治通鉴后纪》，今所传《记闻》及《日记》、《朔记》，皆《后纪》之具也"。司马光集有与范祖禹《论修长编书》，称"妖异有所儆戒，诙谐有所补益，并告存之。大抵《长编》宁失于繁，无失于略"云云，此书殆亦是志欤？至于记太祖时宋白知举一事，自注云"疑作陶谷"。记李迪、丁谓斗阋一事，前一条称"上命翰林学士钱惟演草制，罢谓政事，惟演乃出迪而留谓"，后一条称"诏二人俱罢相。迪知郓州，明日，谓复留为相"。种世衡遣王嵩反间一事，前一条云"间旺荣"，后一条云"间刚朗凌"。招抚保州乱兵一事，前一条云“田况”，后一条云“郭逵”。闻见异词，即两存其说，亦仍《通鉴考异》之义也。王明清《玉照新志》曰：“元祐初，修《神宗实录》，秉笔者极天下之文人，如黄、秦、晁、张是也。绍圣初，邓圣求、蔡元长上章，指为谤史，乞行重修。盖旧文多取司马文正公《涑水记闻》如韩、富、欧阳诸公传，及叙刘永年家世，载徐德占母事，王文公之诋永年、常山，吕正献之评曾南丰，安简借书多不还，陈秀公母贱之类，取引甚多。于是裕陵《实录》皆以朱笔抹之，尽取王荆公《日录》以删修焉，号‘朱墨本’。”是光此书，实当日是非之所系。故绍述之党，务欲排之。然明清所举诸条，今乃不见于书中，殆避而删除欤。陈振孙《书录解题》亦曰：“此书行世久矣，其间记吕文靖数事，吕氏子孙颇以为讳。盖尝辨之以为非温公全书，而公之曾孙侍郎伋，遂从而实之，上章乞毁板。识者以为讥。”知当时公论所在，不能以私憾抑矣。其书《宋史·艺文志》作三十卷，《书录解题》作十卷，今所传者凡三本，其文无大同异，而分卷则多寡不齐。一本十卷，与陈氏目录合。一本二卷，不知何人所并。一本十六卷，又补遗一卷，而自九卷至十三卷所载，往往重出，失于刊削。盖本司马光未成之稿，传写者随意编录，故自宋以来，即无一定之卷数也。今参稽厘订，凡一事而详略不同，可以互证者，仍存备考。凡两条复见，徒滋冗赘者，则竟从删定，著为一十五卷。其《补遗》一卷，或疑即李焘所谓《日记》。案《书录解题》载：“温公《日记》一卷，司马光熙宁在朝所记。凡朝廷政事，臣僚迁除，及前后奏对，上所宣谕之语，以及闻见杂事皆记之。起熙宁元年正月，至三年十月出知永兴而止。”此卷虽皆记熙宁之事，然无奏对宣谕之语。且所记至熙宁十年，与止于三年亦不符，其非《日记》明甚。今仍并入此书，共为一十六卷，以较旧本，卷数虽殊，要于司马光之原书无所阙佚也。

**（九）别集类：**

16.《传家集》八十卷。凡赋一卷，诗十四卷，杂文五十六卷，题跋、《疑孟》、《史剡》共一卷，《迂书》一卷，壶格、策问、乐词共一卷，志三卷，碑、行状、墓表、哀辞共一卷，祭文一卷。司马光乃大儒名臣，固不以词章为重。然即以文论，其气象亦包括诸家，凌跨一代。邵伯温《闻见录》记王安石推其文类西汉，语殆不诬。伯温又称司马光除知制诰，自云不善为四六，神宗许其用古文体。今按集中诸诏，亦有用俪体者，但语自质实，不以骈丽为工耳。邵博《闻见后录》称，司马光《辞枢密副使疏》，《传家集》不载，博独记之。熙宁中司马光尝论西夏事，其疏亦不传，惟略见于《元城语录》中。又论张载《私谥》一书，载《张子全书》之首，称其真迹在杨时家，本集不载，则亦颇有散佚矣。司马光所作《疑孟》，今载集中，元白珽《湛渊静语》谓为王安石而发。考《孟子》之表章为经，实自王安石始，或意见相激，务与相反，亦事理所有，疑珽必有所受之，亦可存以备一说也。

**（十）诗文评类：**

17.《续诗话》一卷。司马光续《六一诗话》而作，《传家集》未载，惟见《百川学海》。毛晋《津逮秘书》亦录之，前有司马光自作小引。司马光德行功业冠绝一时，非斤斤于词章之末者，而品第诸诗，乃极精密。如林逋之"疏影横斜水清浅，暗香浮动月黄昏"；魏野之"数声离岸橹，几点别州山"；韩琦之"花去晓丛蜂蝶乱，雨余春圃桔槔闲"；耿仙芝之"草色引开盘马地，箫声吹暖卖饧天"；寇准之《江南春》诗，陈尧佐之《吴江》诗，畅当、王之涣之《鹳雀楼》诗，及其父池《行色》诗，相沿传诵，皆自司马光始表出之。其论魏野诗误改药字及说杜甫"国破山河在"一首，尤妙中理解，非他诗话所及。惟梅尧臣病死一条，与诗无涉，乃载之此书，殊不可解者。司马光别有《涑水纪闻》，皆记当时士大夫逸事。或两书并修，一时误录入此册中，亦未可定也。

**（十一）杂家类存目：**

18.《徽言》一卷。司马光手抄诸子史集精语，置诸座右以为警。自题其首云"迂叟年六十八",盖元祐为相时也。后有陈振孙跋,载司马光自题其末云:"余此书类举人抄书。然举子所抄猎辞,余所抄核其意。举人志科名,余志道德。"今是编已失其题末,未知陈氏所载为全文否?又陈氏称"自《国语》以下六书"。今惟《国语》、《家语》、《韩诗外传》、《孟子》、《荀子》五书,疑有佚缺。又每条下间有题识数字者,卷末又列所欲取书名二十二种。盖未完之稿,后人以司马光手书重之耳。

## 第三节　由《通鉴》取材标准和著述目的探寻其思想来源

### 一　专取关国家兴衰,系生民休戚,善可为法,恶可为戒者

司马光《进〈资治通鉴〉表》云:"伏念臣性识愚鲁,学术荒疏,凡百事为皆出人下,独于前史粗尝尽心,自幼至老嗜之不厌,每患迁、固以来文字繁多,自布衣之士读之不遍,况于人主日有万机,何暇周览。臣常不自揆,欲删削冗长,举撮机要,专取关国家兴衰,系生民休戚,善可为法,恶可为戒者,为编年一书,使先后有伦,精粗不杂。"①明确表达了《通鉴》编修的史料取舍原则。

《通鉴》卷六十九黄初二年(221)载"臣光曰"论正闰:"臣今所述,止欲叙国家之兴衰,著生民之休戚,使观者自择其善恶得失,以为劝戒。"②明确表达了其编纂思想和史料取舍原则。司马光撰《刘道原十国纪年序》亦云:"英宗皇帝雅好稽古,欲遍观前世行事得失,以为龟鉴,光承乏侍臣,尝从容奏,旧史文繁,自布衣之士鲜

---

① 司马光:《传家集》卷十七,影印《文渊阁四库全书》本。
② 《资治通鉴》卷六十九,中华书局 1956 年版,第 2187 页。

能该通，况天子一日万机，诚无暇周览，乞自战国以还，讫于显德，凡关国家之兴衰，系众庶之休戚，善可为法，恶可为戒者，诠次为编年一书。”①再次传达了司马光的取材原则。

司马光《记〈历年图〉后》亦云：“上采共和以来，下讫五代，略记国家兴衰大迹，集为五图，每图为五重，每重为六十行，每行纪一年之事，其年取一国为主，而以朱书佗国元年缀于其下，盖欲指其元年，以推二三四五则从可知矣。凡一千八百年，命曰《历年图》。”②清晰地表述了其著作宗旨与编纂方法。

## 二　述历代兴亡之迹，探治乱之原，以史为鉴

司马光《进〈通志〉表》曰：

> 臣闻治乱之原，古今同体，载在方册，不可不思。臣少好史学，病其烦冗，常欲删取其要为编年一书，力薄道悠，久而未就。今兹伏遇皇帝陛下，丕承基绪，留意艺文，开延儒臣，讲求古训。臣有先所述《通志》八卷（即后之《资治通鉴》“周秦纪”部分八卷），起周威烈王二十二年，尽秦二世三年，《史记》之外，参以佗书，于七国兴亡之迹，大略可见。文理迂疏，无足观采，不敢自匿，谨缮写随表上进。③

明确表达了《通鉴》述历代兴亡之迹，探治乱之原，以史为鉴的著述目的。

司马光《谢赐〈资治通鉴序〉表》曰：

① 司马光：《传家集》卷六十八，影印《文渊阁四库全书》本。
② 司马光：《传家集》卷七，影印《文渊阁四库全书》本。
③ 司马光：《传家集》卷十七，影印《文渊阁四库全书》本。

伏蒙圣恩，令臣读所修《资治通鉴》，仍面赐御制御书序一篇者。臣性识驽钝，学问空浅，偶自幼龄，粗涉群史，常欲芟去芜杂，发挥精俊，穷探治乱之迹，上助圣明之鉴。功大力薄，任重道悠，徒怀寸心，行将白首，伏遇先皇帝，若稽古道，博采微言，俾摭旧闻，遂伸微志。尚方纸墨分于奏御之余，内阁图书从其假借之便，未遑汗简，已泣遗弓。陛下祗服骏命，丕承前烈。臣以属稿有绪，不可不成，受诏所为，不敢不上。铨次无法，抵牾实多，仰污览观，伏须罪戾。岂谓皇帝陛下赦其狂简，赏其专勤，思所以旌异于佗书，焜耀于群下，特发殊恩，不用常例，属当劝讲之始，俾参经史之末，迨此清闲，命之进读，而又序其本原冠于篇帙，发言为典，肆笔成书。炳蔚互变，如虎豹之明，灏噩无涯，逾商周之盛况。复褒贬是非，古人有所未至，造端立意，愚臣不能自言。陛下一赐指陈，涣然冰释。至于博而得其要，简而周于事，典刑之总汇，册牍之渊林，臣实何人，克堪此语？若乃嘉文宣以作则，授正观而为师，兹实生民之福，岂伊微臣之幸！窃以周之南、董，汉之迁、固，皆推高一时，播美千载，未有亲屈帝文，特纡宸翰。曲蒙奖饰，大振辉光，如臣朴樕小才，固非先贤之比，便蕃茂泽，独专后世之荣，退自揣循，殆无容措，遂使萤磷末照依日月以永存，草木常名附天地而不朽，臣不任恳款之至。①

以强烈的经世致用精神，从便于帝王省览取要的角度，表达了删减前代史籍，"发挥精俊，穷探治乱之迹，上助圣明之鉴"的著述目的。

司马光仿《春秋》而作《通鉴》，极为推崇左丘明之学，在其庆历五年所作《述国语》中，司马光认为："先儒多怪左丘明既传《春秋》

① 司马光：《传家集》卷十七，影印《文渊阁四库全书》本。

又作《国语》。为之说者，多矣。皆未甚通也。先君以为丘明将传《春秋》，乃先采集列国之史，国别分之，取其菁英者，为《春秋传》。而先所采集之稿，因为时人所传，命曰《国语》，非丘明之本志也。故其辞语繁重，序事过详，不若《春秋传》之简直精明、浑厚遒峻也，又多驳杂不粹之文，诚由列国之史学有厚薄，才有浅深，不能醇一故也。不然，丘明作此复重之书何为耶？然所载皆国家大节，兴亡之本。柳宗元邪佞之人，智识浅短，岂足以窥望古君子藩篱，而妄著一书以非之。窃惧后之学者惑于宗元之言，而简弃此书，故述其益以张之。”①司马光称左氏之书“所载皆国家大节，兴亡之本”，这也正是《通鉴》编纂大旨之所系。

## 三　懋稽古之盛德，跻无前之至治，俾四海群生咸蒙其福

司马光《进〈资治通鉴〉表》自述成书经过并感谢圣恩云：

私家力薄，无由可成。伏遇英宗皇帝，资睿智之性，敷文明之治，思历览古事，用恢张大猷，爰诏下臣，俾之编集。臣夙昔所愿，一朝获伸。踊跃奉承，惟惧不称。先帝仍命自选辟官属，于崇文院置局，许借龙图、天章阁、三馆、秘阁书籍，赐以御书笔墨缯帛及御前钱，以供果饵。以内臣为承受眷遇之荣，近臣莫及。不幸书未进御，先帝违弃群臣。陛下绍膺大统，钦承先志，宠以冠序，锡之嘉名，每开经筵，常令进读……以衰疾不任治剧，乞就冗官，陛下俯从所欲，曲赐容养，差判西京留司御史台及提举嵩山崇福宫，前后六任，仍听以书局自随，给之禄秩，不责职业。臣既无佗事，得以研精极虑，穷竭所有，日力不足，继之以夜，遍阅旧史，旁采小说，简牍盈积，浩如烟海，抉擿幽隐，校计毫厘，上起战国，下终五代，凡一千三百六十二年，

① 司马光：《传家集》卷六十七，影印《文渊阁四库全书》本。

修成二百九十四卷。又略举事目，年经国纬，以备检寻，为《目录》三十卷。又参考群书，评其同异，俾归一涂，为《考异》三十卷。合三百五十四卷。自治平开局，迨今始成，岁月淹久，其间抵牾，不敢自保，罪负之重，固无所逃。重念臣违离阙庭十有五年，虽身处于外，区区之心，朝夕寤寐，何尝不在陛下之左右。顾以驽蹇，无施而可，是以专事铅椠，用酬大恩，庶竭涓尘，少裨海岳。臣今筋骸癯瘁，目视昏近，齿牙无几，神识衰耗，目前所为，旋踵遗忘，臣之精力，尽于此书。伏望陛下宽其妄作之诛，察其愿忠之意，以清闲之燕，时赐省览，监前世之兴衰，考当今之得失，嘉善矜恶，取是舍非，足以懋稽古之盛德，跻无前之至治，俾四海群生咸蒙其福，则臣虽委骨九泉，志愿永毕矣。①

表达了《通鉴》"监前世之兴衰，考当今之得失，嘉善矜恶，取是舍非，足以懋稽古之盛德，跻无前之至治，俾四海群生咸蒙其福"的著述目的。

总之，司马光有着高尚的道德、卓越的学识、求真务实的工作态度和丰富的执政经验，具有强烈的文人忧患意识、卓越的史家通识眼光、稳健的政治家胸怀，以社会升平为终极追求，以治平社会建设为己任，正视现实，忠直勇谏，揭露黑暗，穷探治乱之道，以为治世借鉴。这些共同影响并构成了司马光思想的主要来源。

① 司马光：《传家集》卷十七，影印《文渊阁四库全书》本。

# 参考文献

## 一 基本史料

1. 司马光:《资治通鉴》,中华书局 1956 年版。

2. 司马光:《传家集》,影印《文渊阁四库全书》本。

3. 司马光:《司马文正公传家集》(全六册),《万有文库》本,商务印书馆 1937 年版。

4. 司马光:《温国文正公文集》,《四部丛刊初编》本。

5. 司马光:《司马温公文集》(全四册),商务印书馆 1936 年版。

6. 司马光:《稽古录》,吉书时点校本,北京师范大学出版社 1988 年版。

7. 脱脱等:《宋史》,中华书局 1977 年版。

8. 李焘:《续资治通鉴长编》,中华书局 1979—1993 年版。

9. 黄以周等:《续资治通鉴长编拾补》,中华书局 2004 年版。

## 二 主要参考书目

1. 胡思敬著:《王船山读通鉴论辨证》二卷,1913 年刊《退庐全书》本。

2. 孙婉修著:《司马光》,商务印书馆 1926 年版。

3. 章钰著:《胡刻通鉴正文校宋记》三十卷、《附录》三卷,长沙章氏 1931 年刊本。

4. 崔万秋著:《通鉴研究》,商务印书馆 1934 年版。

5. 严衍著:《通鉴补正略》,商务印书馆 1935 年版。

6. 李廷机著:《通鉴总论》,知行出版社 1945 年版。

7. 宋晞著:《司马光史论》,台北"中央文物供应社"1954 年版。

8. 陈垣著:《通鉴胡注表微》,中华书局 1962 年版。

9. 岑仲勉著:《通鉴隋唐纪比事质疑》,中华书局 1964 年版。

10. 荒木敏一、米田贤次朗编:《资治通鉴胡注地名索引》,京都大学人文科学研究所人文学会 1967 年版。

11. 吴锡铿著:《司马光的政治思想与政见政绩》,台中东海大学历史所 1973 年硕士论文。

12. (清)王夫之著:《读通鉴论》,中华书局 1975 年版。

13. 左伯富编:《资治通鉴索引》,日本同朋社出版社 1975 年版,台北宗青图书出版公司 1986 年影印。

14. 黄盛雄著:《通鉴史论研究》,台湾文史哲出版社 1979 年版。

15. 李则芬著:《泛论司马光资治通鉴》,台湾商务印书馆 1979 年版。

16. (清)刘体仁撰:《通鉴札记》,台北文海出版社 1980 年影印。

17. 朱杰勤著:《中国古代史学史》,河南人民出版社 1980 年版。

18. 冯惠民著:《司马光和〈资治通鉴〉》,中华书局 1981 年版。

19. 柴德赓著:《资治通鉴介绍》,求实出版社 1981 年版。

20. 李季平著:《王夫之与〈读通鉴论〉》,山东教育出版社 1982 年版。

21. 张煦侯著:《通鉴学》(修订本),安徽人民出版社 1982 年版。

22. 冯惠民辑:《通鉴严补辑要》,齐鲁书社 1983 年版。

23. 张敬琪著:《通鉴研究》,台北远流出版事业有限公司 1984 年版。

24. 马润潮著:《宋代的商业与城市》,台湾“中国文化大学”出版社 1985 年版。

25. 顾奎相著:《司马光》,黑龙江人民出版社 1985 年版。

26. 刘乃和、宋衍申主编:《〈资治通鉴〉丛论》,河南人民出版社 1985 年版。

27. 刘乃和、宋衍申主编:《司马光与资治通鉴》,吉林文史出版社 1986 年版。

28.《纪念司马光逝世九百周年专刊》,山西师大学报编辑部 1986 年刊。

29. 冯惠民等编:《通鉴地理注词典》,齐鲁书社 1986 年版。

30. 王根林点校:《司马光奏议》,山西人民出版社 1986 年版。

31.《纪念司马光王安石逝世九百周年学术研讨会论文集》,台湾文史哲出版社 1986 年版。

32. 季平著:《司马光新论》,西南师大出版社 1987 年版。

33. (清)顾栋高编,刘光胜点校:《司马温公年谱》,中州古籍出版社 1987 年版。

34. (宋)司马光著,(美)王亦令点校:《稽古录点校本》,中国友谊出版公司 1987 年版。

35. 陈秉才、高德著:《中国古代的编年体史书》,人民出版社 1987 年版。

36. 潘英著:《〈资治通鉴〉司马光史论之研究——〈资治通鉴〉之中心思想》,台湾明文书局 1987 年版。

37. 张志哲:《中国史籍概论》,江苏古籍出版社 1988 年版。

38. 牛致功:《唐代的史学与〈通鉴〉》,陕西师范大学出版社 1989 年版。

39. 陈光崇著:《史学研究辑存》,辽宁大学出版社 1989 年版。

40. 陶懋炳著:《司马光史论探微》,湖南师范大学出版社 1989 年版。

41. 宋衍申著:《司马光传》,北京出版社 1990 年版。

42. 陈克明著:《司马光学述》,湖北人民出版社 1990 年版。

43. (明)马峦、(清)顾栋高编著,冯惠民整理:《司马光年谱》,中华书局 1990 年版。

44. 程应镠著:《司马光新传》,上海人民出版社 1991 年版。

45. 尚恒元等编:《司马光轶事类编》,山西人民出版社 1992 年版。

46. 宋衍申主编:《中国史学史纲要》,东北师范大学出版社 1992 年版。

47. 张泽咸主编:《资治通鉴辞典》,中国旅游出版社 1993 年版。

48. 吴玉贵著:《资治通鉴疑年录》,中国社会科学出版社 1993 年版。

49. 张舜徽主编:《资治通鉴全译》,贵州人民出版社 1994 年版。

50. 施丁、沈志华主编:《资治通鉴大辞典》,吉林人民出版社 1994 年版。

51. 李裕民校注:《司马光日记校注》,中国社会科学出版社 1994 年版。

52. 宋衍申著:《司马光评传》,广西教育出版社 1995 年版。

53. 程裕祯主编:《中国学术通览》,北京语言学院出版社 1995 年版。

54. 乔力主编:《中国文化经典要义全书》,光明日报出版社 1996 年版。

55. 中华孔子学会编辑委员会组编:《国学通览》,群众出版社

1996 年版。

56. 王锦贵著:《司马光及其〈资治通鉴〉》,河南教育出版社 1997 年版。

57. 杨洪杰、吴麦黄著:《司马光传》,山西人民出版社 1997 年版。

58. 郭学信著:《宋代士大夫文化品格与心态》,天津人民出版社 1997 年版。

59. 王永兴著:《陈寅恪先生史学述略稿》,北京大学出版社 1997 年版。

60. 李昌宪著:《司马光评传》,南京大学出版社 1998 年版。

61. 邹永贤著:《〈资治通鉴〉治国思想研究》,厦门大学出版社 1998 年版。

62. 陈生玺等译解:《张居正讲评资治通鉴皇家读本》,上海古籍出版社 1998 年版。

63. 陈晋等主编:《名家评点资治通鉴》,九州图书出版社 1998 年版。

64. 杨渭生等著:《两宋文化史研究》,杭州大学出版社 1998 年版。

65. 侯欣桂著:《司马光与〈资治通鉴〉》,山西古籍出版社 1999 年版。

66. 宋衍申著:《司马光大传》,长春出版社 1999 年版。

67. 陈光崇著:《通鉴新论》,辽宁教育出版社 1999 年版。

68. 雷绍锋著:《帝王的镜子:资治通鉴》,云南人民出版社 1999 年版。

69. 雷绍锋编著:《中国学术流变史》,湖北人民出版社 2000 年版。

70. 金毓黻著:《中国史学史》,河北教育出版社 2002 年版。

71. 吴怀祺著:《中国史学思想通史》(宋辽金卷),黄山书社

2002 年版。

72. 胡宝国著:《汉唐间史学的发展》,商务印书馆 2003 年版。

73. (英)安格斯·麦迪森著,伍晓鹰等译:《世界经济千年史》,北京大学出版社 2003 年版。

74. 思妃主编:《影响中国历史进程的 100 人——旷世忠烈》,吉林摄影出版社 2004 年版。

75. 张秀平、王晓明主编:《影响中国的 100 本书》,广西人民出版社 2004 年版。

76. (清)刘体仁著:《通鉴札记》,北京图书馆出版社 2004 年影印。

77. 瞿林东著:《中国简明史学史》,上海人民出版社 2005 年版。

78. 周国林、顾志华主编:《白话资治通鉴》,岳麓书社 2005 年版。

79. 王彦霞著:《清代通鉴学研究》,人民日报出版社 2006 年版。

80. 李晓蕊编著:《儒家经典与中国式管理》,企业管理出版社 2006 年版。

81. 周国林主编:《历史文献研究》(总第 25 辑),华中师范大学出版社 2006 年版。

82. 张岱年、汤一介、庞朴主编:《中华国学·史学卷》,新世界出版社 2006 年版。

## 三　主要参考论文

### (一) 期刊报纸论文

1. 林纾:《续司马文正保身说》,《民彝》1927 年 4 月第 1 卷第 3 期。

2. 张芝联:《〈资治通鉴〉纂修始末》,《汉学》1944 年 9 月第

1 辑。

3. 孙峻:《北宋本资治通鉴跋》,《文澜学报》1936 年第 2 卷第 2 期。

4. 陈千钧:《通鉴民族思想蠡测》,《学术世界》1936—1937 年第 2 卷第 1—4 期。

5. 贝琪:《通鉴胡刻本考略》,《考文学会杂报》1937 年第 1 期。

6. 钱穆:《中国史学名著:司马光〈资治通鉴〉》,《文艺复兴》第 26 卷第 1—4 页,1961 年 2 月。

7. 林瑞翰:《司马光之史学及其政术》,《幼狮学志》第 10 卷第 2 期第 1—20 页,1961 年 6 月版。

8. 黄大受:《资治通鉴编纂法》,《"中央"日报》第 10 版,1965 年 1 月 3—4 日。

9. 李则芬:《泛论司马光资治通鉴》,《东方杂志》第 11 卷第 8—12 期,1967 年 2—6 月。

10. 彭国栋:《资治通鉴帝魏探微》,《明道文艺》第 29 卷第 59—61 页,1967 年 8 月。

11. 黄盛雄:《通鉴史论述例》,《台中师专学报》1968 年第 8 期,第 1—33 页。

12. 权重达:《资治通鉴对中韩学术之影响》,台湾政治大学中文研究所 1968 年。

13. 王曾瑜:《关于编写〈资治通鉴〉的几个问题》,《文史哲》1977 年第 3 期。

14. 陈光崇:《〈资治通鉴〉述论》,《历史研究》1978 年第 11 期;又载《中国史学史论集》(二),上海人民出版社 1980 年版。

15. 王德毅:《司马光和他的著作》,《中华文化复兴月刊》(台湾)1979 年第 12 卷第 4 期。

16. 何冠环:《司马光通鉴与金之帝王学》,《史潮》(台湾)1981 年第 7 期。

17. 季平:《评〈资治通鉴〉中的“臣光曰”——批判封建思想、继承文化遗产初探》,《西南师范学院学报》(哲学社会科学版)1980年第1期。

18. 袁伯诚:《论〈资治通鉴〉的编纂体例——〈资治通鉴〉研究之三》,《固原师专学报》1982年第1、2期。

19. 杨正基:《〈通鉴〉的提纲和〈通鉴〉的编纂程序》,《中国史研究》1982年第2期。

20. 陶懋炳:《“鉴前世之兴衰,考当今之得失”——评司马光的史学思想》,《求索》1982年第2期。

21. 季平:《从〈稽古录〉看司马光的史学观点》,《光明日报》1982年8月2日。

22. 仓修良、夏瑰琦:《司马光无神论思想剖析》,《东北师大学报》1983年第1期。

23. 顾全芳:《司马光的政治思想》,《河南大学学报》(社会科学版)1984年4期。

24. 陈抗生:《两宋在法学理论上的探索》,《中州学刊》1984年第4期。

25. 宋衍申:《建国以来〈资治通鉴〉研究综述》,《文史知识》1984年第8期。

26. 张利群:《试论〈资治通鉴〉中的“臣光曰”》,《晋阳学刊》1985年第1期。

27. 汤一介:《功德史考——读〈资治通鉴〉札记》,《文献》1985年第2期。

28. 宋衍申:《评司马光的经济思想》,《晋阳学刊》1985年第5期。

29. 黄君萍:《漫评司马光的民族思想》,《晋阳学刊》1985年第6期。

30. 顾全芳:《司马光的务实精神》,《中州学刊》1986年第

1 期。

31. 邓广铭:《略论有关〈涑水记闻〉的几个问题》,《北京大学学报》(哲学社会科学版)1986 年第 2 期。

32. 施丁:《司马光史论的特点》,《史学史研究》1986 年第 3 期。

33. 陶懋炳:《司马光史论表微》,《晋阳学刊》1986 年第 3 期。

34. 叶坦:《司马光的理财思想》,《北京大学学报》(哲学社会科学版)1986 年第 5 期。

35. 王淑英:《通鉴论赞选释》,《孔孟月刊》(台湾)1986 年第 24 卷第 6 期。

36. 汪圣铎:《司马光的财政管理思想》,《经济日报》1986 年 8 月 22 日。

37. 张全明:《评司马光对农民起义的态度》,《华中师范大学研究生学报》1986 年第 2 期。

38. 赵吉惠:《论司马光的历史哲学》,《哲学研究》1986 年第 9 期。

39. 刘旭:《司马光的民本思想浅探——纪念司马光逝世 900 周年》,《山西大学学报》(哲学社会科学版)1986 年第 3 期。

40. 宋衍申:《〈资治通鉴〉究竟附有多少史论》,载刘乃和、宋衍申主编《司马光与资治通鉴》,吉林文史出版社 1986 年版。

41. 孙文泱:《〈通鉴〉年代学方法举例》,《北京师院学报》1987 年第 2 期。

42. 虞祖尧:《简论司马光的经济思想》,《河南师范大学学报》(哲学社会科学版)1987 年第 2 期。

43. 施丁:《王夫之对司马光史论的批评》,《史学史研究》1987 年第 2 期。

44. 季平:《司马光的知人善任论述评》,《北京师院学报》1987 年第 3 期。

45. 邬国义:《新发现的司马光〈与范梦得内翰论修书帖〉考论》,《华东师范大学学报》1988 年第 1 期。

46. 杨渭生:《评司马光的历史观》,《山西大学学报》(哲学社会科学版)1988 年第 1 期。

47. 孙方明:《论司马光的史学思想》,《中国人民大学学报》1988 年第 1 期。

48. 张全民:《司马光在〈资治通鉴〉中的非"正统"史观》,《西南师大学报》(哲学社会科学版)1988 年第 2 期。

49. 吴怀祺:《〈资治通鉴〉的价值观和司马光的历史观》,《史学史研究》1988 年第 2 期。

50. 施丁:《论司马光的史学思想》,《文史哲》1988 年第 6 期。

51. 李克武:《王安石与司马光法律思想比较分析》,《华中师范大学学报》(哲学社会科学版)1989 年第 5 期。

52. 施丁:《评〈司马光史论探微〉》,《光明日报》1990 年 9 月 26 日。

53. 翟清福:《近四十年来台湾〈资治通鉴〉研究概述》》,人大复印报刊资料《历史学》1994 年第 2 期。

54. 铮甫:《汉成帝之死与"荧惑守心"——从〈资治通鉴〉关于天人感应的一则记载谈起》,《中华文化论坛》1999 年第 1 期。

55. 瞿林东:《两宋史家的忧患意识》,《学习与探索》1999 年第 3 期。

56. 汪高鑫:《对司马光历史盛衰论的再认识》,《史学史研究》2000 年第 1 期。

57. 姜桂芳:《略说〈资治通鉴〉的史评格式》,《文史杂志》2000 年第 2 期。

58. 郭学信:《略论宋代士大夫的"史学自觉"精神》,《山东师大学报》(社会科学版)2000 年第 6 期。

59. 蔡瑞霞:《从〈稽古录〉看司马光的帝王论》,《浙江学刊》

2000 年第 6 期。

60. 郦波:《从“太史公曰”到“臣光曰”——略论二“司马”史论义例之异同》,《学海》2001 年第 1 期。

61. 汪高鑫:《司马光范祖禹唐史观点不一致论》,《安徽史学》2001 年第 1 期。

62. 蔡瑞霞:《〈稽古录〉的历史兴亡论》,《史学史研究》2001 年第 2 期。

63. 陈国本:《论〈资治通鉴〉的人才观》,《盐城师范学院学报》(人文社会科学版)2001 年第 2 期。

64. 杨松水:《简评司马光的国防论》,《安徽史学》2001 年第 2 期。

65. 王立军:《试论司马光礼学思想的基本特征》,《唐都学刊》2001 年第 3 期。

66. 俞文冉、陈乃宣:《两司马治史之比较研究》,《武汉大学学报》(人文科学版)2001 年第 6 期。

67. 周方高、薛治国:《关于司马光民族观的若干思考》,《史学史研究》2002 年第 1 期。

68. 李建:《论司马光〈通鉴〉史论的内容特点》,《齐鲁学刊》2002 年第 2 期。

69. 王立军:《司马光礼学思想初探》,《中州学刊》2002 年第 2 期。

70. 于瑞桓:《司马光的史学思想及其理学精神》,《山东大学学报》(人文社会科学版)2002 年第 3 期。

71. 张扶直:《司马光的经济思想》,《中南财经政法大学学报》2002 年第 4 期。

72. 武少民:《司马迁与司马光史学思想之异同》,《社会科学辑刊》2002 年第 5 期。

73. 张冰:《评司马光、欧阳修论冯道》,《成都理工大学学报》

（社会科学版）2003 年 2 期。

74. 宋东侠:《司马光的妇女观》,《西北师大学报》（社会科学版）2003 年第 2 期。

75. 聂翔雁、霍矜萍:《谈王夫之与司马光史学思想的相似性》,《白城师范学院学报》2003 年第 2 期。

76. 崔岩:《以隋唐为例驳“〈通鉴〉不载文人”说》,《洛阳师范学院学报》2003 年第 3 期。

77. 刘丽丽:《〈资治通鉴〉“臣光曰”评价》,《河南图书馆学刊》2003 年第 6 期。

78. 张文明:《论宋代史学繁荣的社会环境》,《天中学刊》2003 年第 6 期。

79. 冯立鳌:《司马光〈资治通鉴〉中的治国理念》,《学术研究》2003 年第 8 期。

80. 李胜渝:《论司马光的经济法制变革思想——兼论与王安石变法思想的异同》,《西南民族大学学报》（人文社科版）2004 年第 2 期。

81. 张小兰:《司马光的忧国之心》,《安顺师范高等专科学校学报》2004 年第 2 期。

82. 周方高:《司马光人才思想述论——以〈资治通鉴〉“臣光曰”为中心》,《山东农业大学学报》（社会科学版）2004 年第 3 期。

83. 何忠礼、周方高:《论司马光民族观的继承性与创造性》,《福建论坛》（人文社会科学版）2004 年第 4 期。

84. 王德保、杨晓斌:《以史为鉴与道德评判——论司马光的咏史诗》,《南昌大学学报》（人文社会科学版）2004 年第 5 期。

85. 武国权:《从〈通鉴·唐纪〉看司马光的反佛教思想》,《社科纵横》2005 年第 1 期。

86. 杨建宏:《略论司马光的礼学思想与实践》,《长沙大学学报》2005 年第 1 期。

87. 魏鸿:《从〈资治通鉴〉看司马光的边防思想》,《军事历史研究》2005 年第 2 期。

88. 吴漫:《〈通鉴〉"臣光曰"的内涵和忧思》,《历史教学》2006 年第 6 期。

89. 周方高、宋惠聪:《论司马光民本思想》,《湘潭师范学院学报》(社会科学版)2007 年第 3 期。

90. 郑炜:《略论司马光的民族关系思想》,《烟台大学学报》(哲学社会科学版)2007 年第 3 期。

91. 龙小军:《略谈〈春秋〉与〈资治通鉴〉的相承关系》,《内蒙古农业大学学报》(社会科学版)2007 年第 1 期。

92. 胡文山、胡元楷:《司马光史观管窥》,《井冈山学院学报》(哲学社会科学版)2007 年第 1 期。

93. 瞿林东:《中国古代史学家思想的几个特点——再论古代史学家与中国思想史》,《中州学刊》2007 年第 1 期。

94. 丁万明:《试论司马光的经济思想》,《北京工商大学学报》(社会科学版)2007 年第 2 期。

95. 刘丽丽:《司马光与二程交游考述》,《平原大学学报》2007 年第 2 期。

96. 瞿林东:《寓通识于创见——刘体仁〈通鉴札记〉史论的特点》,《安徽史学》2007 年第 3 期。

97. 马艳辉:《裴子野〈宋略〉史论的价值》,《安徽史学》2007 年第 3 期。

98. 陈涛、范立舟:《司马光哲学与政治思想刍议》,《求索》2007 年第 6 期。

99. 孔令慧:《论司马光家训特色及当代启示》,《运城学院学报》2008 年第 1 期。

100. 王守芝:《论司马光诗歌中的民族观》,《西安石油大学学报》(社会科学版)2008 年第 17 卷第 2 期。

101. 申慧青:《论司马光的史学思想对范祖禹及其所著〈唐鉴〉的影响》,《社科纵横》2008 年 3 月总第 23 卷。

102. 褚海萍:《论司马光的道德教育思想》,《辽宁行政学院学报》2008 年第 10 期。

103. 马加路:《司马光社会控制思想探析》,《聊城大学学报》(社会科学版)2009 年第 2 期。

**(二) 文集论文**

1. 王德毅:《司马光和资治通鉴》,载《史学选集》第 515—536 页,1965 年 9 月版。

2. 林亮琦:《资治通鉴的编纂及其影响》,载《读史札记》第 72—78 页,1961 年 6 月。

3. 宋衍申:《〈资治通鉴〉研究概述——为〈通鉴〉修成九百年而作(代序)》,载《〈资治通鉴〉丛论》,河南人民出版社 1985 年版。

4. 刁书仁:《试论"臣光曰"中可供借鉴的因素》,载《〈资治通鉴〉丛论》,河南人民出版社 1985 年版。

5. 施丁:《两司马史学异同管窥》,载《〈资治通鉴〉丛论》,河南人民出版社 1985 年版。

6. 马忠民:《司马光的史论》,载《史学论丛》第二辑,云南人民出版社 1986 年版。

7. 季平:《再评〈资治通鉴〉的"臣光曰"》,载《司马光与〈资治通鉴〉》,吉林文史出版社 1986 年版。

8. 宋衍申:《〈资治通鉴〉究竟附有多少史论》,载《司马光与〈资治通鉴〉》,吉林文史出版社 1986 年版。

9. 宋衍申:《试论司马光的史学思想》,载《司马光与〈资治通鉴〉》,吉林文史出版社 1986 年版。

10. 姚瀛艇:《论司马光经学史学思想的哲学基础》,载《司马光与〈资治通鉴〉》,吉林文史出版社 1986 年版。

11. 木芹:《试论司马光的民族观》,载《司马光与〈资治通鉴〉》,吉林文史出版社 1986 年版。

12. 邬国义:《宋司马光〈通鉴稿〉研究》,载《司马光与〈资治通鉴〉》,吉林文史出版社 1986 年版。

13. 高振铎:《〈资治通鉴〉刊刻出版考》,载《司马光与〈资治通鉴〉》,吉林文史出版社 1986 年版。

14. 崔凡芝:《司马光的才德观》,载《司马光与〈资治通鉴〉》,吉林文史出版社 1986 年版。

15. 季平:《司马光在〈资治通鉴〉中的史论》,载季平《司马光新论》,西南师范大学出版社 1987 年版。

16. 宋晞:《从资治通鉴看司马光史论》,载"国立编译馆"主编《宋史研究集》第 17 辑,"国立编译馆"1988 年版。

17. 马东瑶:《司马光与熙丰时期的洛阳诗坛》,载《中国文化研究》2004 年夏之卷。

18. 马婧:《二十世纪五十年代以来"通鉴学"研究述评》,载《历史文献研究》总第 25 辑,华中师范大学出版社 2006 年版。

19. 蒙曼:《通鉴学》,载《中华国学·史学卷》,新世界出版社 2006 年版。

**(三)会议及硕博士论文**

1. 李美月:《通鉴考异引书考》,台北文化大学 1982 年博士论文。

2. 宋晞:《司马光史论》,载《纪念司马光王安石逝世九百周年学术研讨会论文集》,台湾文史哲出版社 1986 年版。

3. 王念西:《〈资治通鉴〉的史观——以北魏为例(261—534)》,"中国文化大学"史学研究所 2001 年硕士论文。

4. 木田知生:《略论宋代礼俗思想——以司马光〈书仪〉和〈家范〉为主》,载《宋史研究论文集——国际宋史研讨会暨中国宋史研究会第九届年会编刊》,河北大学出版社 2002 年版。

5. 周方高:《论〈资治通鉴〉史论中司马光的治国思想》,湘潭大学 2002 年硕士论文。

6. 王守芝:《司马光的诗歌与其思想之关系》,陕西师范大学 2003 年硕士论文。

7. 刘丽丽:《司马光交游考述》,郑州大学 2004 年硕士论文。

8. 甄燕:《〈类篇〉研究》,内蒙古师范大学 2004 年硕士论文。

9. 巫蓉:《关于司马光社会历史观的几个问题》,安徽大学 2007 年硕士学位论文。

10. 张晓敏:《〈温公家范〉主体思想研究》,青岛大学 2008 年硕士论文。

11. 冯志珣:《论〈司马温公家范〉》,陕西师范大学 2008 年硕士论文。

12. 韩勇:《司马光与〈资治通鉴〉》,山东大学 2008 年硕士论文。

13. 邱梦艳:《司马光史学的理学精神》,湖南大学 2008 年硕士论文。

14. 刘加志:《司马光的华夷观研究》,山东大学 2008 年硕士论文。

# 后　记

时光如梭，为学日益，在导师周国林教授的精心指导和华中师范大学历史文化学院阵容强盛的导师队伍的悉心教诲下，在中南民族大学的大力支持下，历经六度寒暑，我终于完成了这份尚有一孔之得、聊以自慰的学术论著。

新中国成立以前，尤其是长期的封建社会时期，人们对《通鉴》的重视程度，可谓丝毫不逊于《史记》。然而，新中国成立以来，史学界对两司马的评价及研究却呈现出较大分野，其一为司马光及《通鉴》研究明显滞后于司马迁及《史记》研究，其二为充分肯定司马迁的史学思想，而对司马光思想的评价则批判成分浓重。

事实上，无论是从史料之丰富、考订之精密、组织编纂之严整有序、文字学及史学功力之深湛，还是从社会经济文化发达程度、史书编纂人力与财力投入之多寡、帝王支持度等编纂的外部条件考察，司马光及《通鉴》均无理由逊色于司马迁之《史记》。惟其所处时代不同，面对的社会矛盾有异：司马迁修史于封建制度远未完善，汉武帝积极进取而国力凋敝、民怨渐深、社会矛盾日趋尖锐并与文景治世形成鲜明反差之时；司马光则修史于封建制度日臻完善，和谐稳定成为社会发展主旋律之际。宋代社会弊端与矛盾之解决，关键在于调适和完善封建制度及秩序，而不涉及封建制度及秩序本身的根本改变。故前者更多地体现出历史批判精神，后者更多地表现出维护封建制度的愿望，但均不失为合乎时宜、有益当时社会进步与发展的最佳选择。

随着社会的发展与进步，学术氛围日益开放，和谐社会建设成为时代发展的主旋律，有必要重新审视和发掘司马光《通鉴》的核心思想与价值。

九年前，导师周国林教授建议我以“《资治通鉴》文献若干问题研究”为学位论文选题方向，并从历史文献学研究的深度，对我提出了比勘校对的文献阅读方法，我欣然承命。名师在侧，高学如云，我不能不振作精神，潜心研究，以期无愧师门，从此开始了漫长而艰苦的读书生涯。

二十余年前，我读硕士期间，中南民族大学吕名中、杨武泉、匡裕彻诸师便格外重视和强调读基本史料的极端重要性，指出史料不足，无以为文；文献不读三遍，不能真知其意；无十年史料功夫，著文无益。当时便开始读《通鉴》之魏晋南北朝部分，然不足月便放弃通读，转为按图索骥，偷工减料。先生或已仙去，于今思之，犹感惭愧。乃不敢偷惰，潜心补课。

初定一日一卷，数日后便知难以为继，虽夜以继日，亦仅可保证三日一卷的读书进度。逝者如斯，一晃数年，毕业在即，《通鉴》方读一遍，且仅于魏晋南北朝部分真正做到了比勘校对式阅读，其余皆称草草。整理了大量文献，却理不出头绪；发现了诸多问题，却有更多未解之困。读书愈多，愈知浅薄，恰似井底之蛙出井观天，方识未知之大，于是愈不敢落笔，乃申请延期答辩。

时间既已宽裕，便带着问题开始第二遍研读，时已发现，开题报告中初定之研究框架有泛大之弊，不利于研究的深入。

一些内容前人所述已详，吾不能出其右而别有新论，遂决定放弃。检视整理之材料，仅《通鉴考异》部分内容便已逾 50 万字，且自以为《通鉴考异》为最能集中反映司马光文献学研究成果和思想的内容，便收缩战线，改为《通鉴考异》文献研究，一年多后，提交了约 20 万字的论文草稿，通过与 19 部正史的细密的比勘校对，考证了《通鉴》史源，探讨了《通鉴》史料取舍原则、编撰书法，研究了《通鉴考异》的考订内容、原则与方法，条列出前人未曾发见的中华书局本《通鉴》之误和正史之误计百余处，整理了《通鉴考异》征引亡佚书目及可供辑佚的史料，补充了清代赵翼、钱大昕、王鸣盛三家之书的部分内容，如"南史误处"、"南史与齐书互异处"、"北史与魏齐周隋书歧互处"等。但内容过于繁琐枯燥，兼难以遍周，或难作定论，辑佚文字亦欠精准，又，论文变成了史料的堆砌与简单排列，导师认为博士论文重在出观点，有深度，遂又弃之别开新章，是为今著。好在资料搜集较为齐备，寒暑再易，乃成文，然犹多草就不足处。

十余年前，笔者即在《中国史研究》、《中国边疆史地研究》、《中国农史》等刊物发表了颇具独到见解的万言论文，且其中两文均列刊物首篇。笔者始终坚持不为无益之作、力求专精突破、言人所未言的写作原则，并将超越前人作为基本目标。论著写作的六年间，凡三易思路，最终将原设计之一章转为全部研究课题，力求研究精深而全面。

论著杀青之日，环顾四周，昔之挚友多为博导矣，几分莫名秋凉油然泛起于心中。然学在吾身，无悔而足。无数个黎明的婉约鸟鸣，是对我的奖赏；踯躅数载，得良师赐教，是我终身的收益！

重加审定出版之际，逝者如斯，又是数载之后了。浅薄与疏陋将尽显于众，平复的心境再生波澜，充满了惶恐与不安。幸得林日波、汪允普编辑的倾力襄助、严谨审校，方得稍掩其弊，兹致谢忱！

黄金铸谨识，二〇一二年七月